中国社会科学院老学者文库

罗素的逻辑与哲学探究

张家龙 ◎ 著

中国社会科学出版社

图书在版编目（CIP）数据

罗素的逻辑与哲学探究／张家龙著．—北京：中国社会科学出版社，2021.8
（中国社会科学院老学者文库）
ISBN 978 – 7 – 5203 – 8786 – 6

Ⅰ. ①罗…　Ⅱ. ①张…　Ⅲ. ①罗素（Russell，Bertrand 1872 – 1970）—哲学思想—研究②罗素（Russell，Bertrand 1872 – 1970）—数理逻辑—研究　Ⅳ. ①B561.54

中国版本图书馆 CIP 数据核字（2021）第 147059 号

出 版 人	赵剑英
责任编辑	孙　萍
责任校对	杨　林
责任印制	戴　宽

出　　版	中国社会科学出版社
社　　址	北京鼓楼西大街甲 158 号
邮　　编	100720
网　　址	http://www.csspw.cn
发 行 部	010 – 84083685
门 市 部	010 – 84029450
经　　销	新华书店及其他书店

印　　刷	北京君升印刷有限公司
装　　订	廊坊市广阳区广增装订厂
版　　次	2021 年 8 月第 1 版
印　　次	2021 年 8 月第 1 次印刷

开　　本	710×1000　1/16
印　　张	25.25
插　　页	2
字　　数	341 千字
定　　价	148.00 元

凡购买中国社会科学出版社图书，如有质量问题请与本社营销中心联系调换
电话:010 – 84083683

自　序

　　伯特兰·罗素（Bertrand Russell，1872—1970）是 20 世纪国际知名的数理逻辑学家、数学家和哲学家，也是一位十分罕见的跨越诸多学科的专家与社会活动家。他给后人留下了约 70 部论著以及大量论文，涉及逻辑学、数学、哲学、伦理、宗教、政治、历史、文学以及教育等领域。罗素的哲学以多变著称，其特点是与数理逻辑紧密结合，在一般的哲学研究中采用数理逻辑的技术，形成了一套独特的逻辑分析方法；另外，对数理逻辑本身的哲学问题提出了一整套逻辑主义的理论。罗素的逻辑与哲学是一个十分庞大的思想宝库，具有十分丰富的内容，对 20 世纪的数理逻辑、数学基础、分析哲学和语言哲学的发展产生了里程碑式的影响。

　　西方哲学界对罗素的哲学进行了大量的研究，主要集中在以下方面：（1）一些著名的哲学百科全书条目，如《斯坦福大学哲学百科全书》中有几条关于罗素的重要条目："罗素""数学原理"和"罗素悖论"等。（2）论述罗素的生平、全部思想、著作以及社会活动的著作，在这方面有一些以"罗素"作为书名的著作，如罗素的学生和好友艾伦·乌德的《罗素——热烈的怀疑主义者》，深受罗素哲学熏陶的艾耶尔的小册子《罗素》等。（3）综合论述罗素哲学思想的著作，如艾伦·乌德的《罗素哲学——它的发展之研究》，但令人遗憾的是这本书未写完作者就去世了。值得一提的是，1944 年出版了由希尔普编的作为"在世哲学家丛书"之一的《罗素的哲学》，这是一本论文集，由著名的哲学家和逻辑学家撰稿，论述了罗素哲学思想的一些主要方面，但不够全面系统。（4）论述罗素哲学思想某一方面的著作，如《罗素与分析哲学的起源》（R. Monk 和 A. Palmer 著）、《罗素的形而上学逻辑》（B. Linsky 著）、《罗素的知觉论》（Sajahan Miah 著）、《罗素论模态和逻辑相干》（Jan Dejnozka 著）。（5）论文，自 1993 年到 2004 年西方哲学界发表研究罗素的论文近百篇，2018 年中国人民大学出版社出版的《分析哲学》收录了有关罗素分析哲学的多篇论文。国际上建立了罗素学会，出版了罗素学会季刊。加拿大 McMaster 大学获得了罗素全部著作、手稿的版权，建立了罗素档案馆和罗素研究中心，计划出版罗素全集 34 卷。由上可见，自罗素哲学产生之后，国外对它的研究持续不断，成果是多方面的。

　　罗素曾在 1920 年到中国访问，在北京大学做了五大讲演：数理逻辑、哲学问题、心的分析、物的分析和社会结构论，在别处还做了其他一些讲演，从此，罗素的逻辑与哲学传入中国。新中国成立前，张申府主要从事罗素哲学的翻译介绍工作（1989 年以《罗素哲学译述集》为书名出版），金岳霖在 1936 年写的作为大学丛书的《逻辑》一书，主要介绍了罗素数理逻辑的基本内容。50年代后，罗素哲学处于受批判的地位。1956 年出版了朱宝昌的小册子《批判罗素哲学的纯客观主义态度》，说"罗素哲学这一唯心主义的变种是维护垂死阶级利益的极厉害的武器"，把罗素哲学一棍子打死。金岳霖在 50 年代花了很大精力从事罗素哲学的批判工作，在北京大学哲学系开设了"罗素哲学批判"课程，他的《罗素哲学》一书在他去世后于 1988 年出版。这部书并不是科学地评述罗素哲学的书，而是一部全盘否定罗素哲学的书，将罗素哲学定性为从客观唯心主义到主观唯心主义，甚至是"唯我论"，连逻辑分析方法都被一笔抹杀，这种批判是不科学的、不准确的、不公正的。金岳霖是中国学术界最有影响力的学者之一，研究他的《罗素哲学》一书具有重要的现实意义，一方面可以使我们正确地了解金岳霖晚年的思想以及在研究罗素哲学时失误的原因；另一方面可以使我们找到研究罗素哲学的科学方法，推倒许多不实之词，对罗素哲学做出实事求是的评价。改革开放以后，对罗素哲学的研究走上科学化的道路，但由于对罗素哲学的研究必须学习数理逻辑，因而在哲学界研究者不多。在对现代西方哲学的研究著作中，主要介绍罗素的摹状词理论和逻辑原子主义。有一些论文论述了罗素的逻辑原子论、亲知理论、认识论、指称理论、意义理论。在已出版的《西方著名哲学家传略》《现代西方著名哲学家评传》和《当代西方著名哲学家评传》中都有"罗素"的词条。在 2018 年，高宣扬出版了一部《罗素哲学概论》，该书使用的"罗素哲学"这个概念的内涵与一般不同，非常广泛；仅在第二章讲解了一般意义上的哲学——逻辑原子论和实在论，第三章是道德哲学，第四章是社会哲学（包括宗教），第五章是文化哲学。笔者不同意这样来论述"罗素哲学"，而应当从世界观和方法论的角度来论述，至于罗素的伦理学、社会学、宗教和文化等方面的思想应当分别用专书加以论述。

综合上述国内外研究罗素的逻辑与哲学的情况可以看出，直到目前还没有一部熔罗素的数理逻辑与哲学理论于一炉、将罗素的逻辑与哲学有机结合起来的专著，本书希望能填补这一空白。

罗素的好友艾伦·乌德说："罗素的著述所涉及的学科是那么多，大概现存的人没有一个能通晓所有这些学科，写一篇像样的评论——当然，罗素自己不在此列。本文的作者并不以为有这种资格。……凡论述罗素的人都应该说清楚所研究的范围，这样他个人的局限性才不致被人误认是他所研究的那个题目的局限性，也应该说明白，在这一个领域里还有多少别人可做的工作。"① 笔者已经用本书的书名表明了本书的局限性，表明了本书只是对罗素的逻辑与哲学的探究，既然是"探究"，难免挂一漏万，希望有后薪相随。

研究罗素哲学的难点在于怎样才能以马克思主义哲学为指导来进行研究呢？2016 年 5 月 17 日，习近平总书记在哲学社会科学工作座谈会上的讲话中说："要按照立足中国、借鉴国外，挖掘历史、把握当代，关怀人类、面向未来的思路，着力构建中国特色哲学社会科学，在指导思想、学科体系、学术体系、话语体系等方面充分体现中国特色、中国风格、中国气派。""要坚持古为今用、洋为中用，融通各种资源，不断推进知识创新、理论创新、方法创新。我们要坚持不忘本来、吸收外来、面向未来，既向内看、深入研究关系国计民生的重大课题，又向外看、积极探索关系人类前途命运的重大问题；既向前看、准确判断中国特色社会主义发展趋势，又向后看、善于继承和弘扬中华优秀传统文化精华。"②

这两段话为我们研究罗素哲学指明了方向。

胡绳在金岳霖百年诞辰纪念大会的讲话中说："马克思主义者对待包括罗素哲学在内的现代西方哲学的态度，就是要吸取其中的一切合理内核。在这个问题上，我们不能采取全盘否定的态度。当然，全盘肯定现代西方哲学，鼓吹什么现代西方哲学热，这种态度也是完全错误的。"③

罗素的逻辑主义和整个罗素哲学中的合理内核究竟有哪些？这些合理内核对于马克思主义哲学有何意义？本书就是要在认真研究的基础上做出科学的回答。

---

① 参看罗素《我的哲学的发展》，温锡增译，商务印书馆 1982 年版，第 238 页。
② 习近平：《在哲学社会科学工作座谈会上的讲话》（2016 年 5 月 17 日），人民出版社 2016 年版，第 15、16 页。
③ 《哲学研究》1995 年增刊（纪念金岳霖百年诞辰专辑）。

现将本书的创新之处列举如下，但愿不是"老王卖瓜，自卖自夸"。

第一，熔罗素的数理逻辑与哲学理论于一炉、将罗素的逻辑与哲学有机结合起来，全面系统地加以论述。揭示出罗素哲学的特点：多变性与不变性的辩证统一，各个时期有各种不同的哲学理论，但是也有一条红线贯穿于各个时期，这就是逻辑分析方法。

第二，以马克思主义哲学为指导，深刻地论述了罗素的数理逻辑的创建不是偶然的，它有深刻的社会历史基础、自然科学基础和逻辑学本身发展的基础。科学地评价了罗素的数理逻辑为20世纪现代逻辑的发展奠定了基础，起了承先启后、继往开来的里程碑式的作用。

第三，高度评价了罗素关于将数学化归为逻辑的逻辑主义在数理逻辑发展史上的地位。罗素在从逻辑推演数学的过程中，一方面，表明逻辑与数学有重大区别，从纯逻辑即一阶逻辑演算推不出全部数学，还需要增加非逻辑的公理。另一方面，逻辑主义所取得的成果揭示了逻辑与数学的密切关系，说明数学概念可以化归为纯逻辑的概念，并说明一阶逻辑演算是各门数学形式化的基础，它可以决定一个特殊的数学系统的推理过程。从这一方面来说，罗素的逻辑主义并没有完全失败，它得到了部分的成功，为弄清数学与逻辑的关系提供了强有力的证据。

第四，罗素对新黑格尔主义代表人物布拉德雷的"内在关系说"的批判是深刻的，他对自己的"外在关系说"的论述在哲学上和逻辑学上具有重要意义。笔者对"内在关系说"做了几点补充批判，对"外在关系说"做了几点补充论述；并且反驳了陈启伟对罗素观点的两点异议，捍卫了罗素的"外在关系说"。

第五，在罗素的摹状词理论方面，本书提出了以下几个新观点：（1）罗素提出的"专名是缩略的摹状词"理论不能成立；（2）罗素的"存在不是个体的性质"的观点是正确的，与康德、弗雷格和恩格斯的观点相一致；（3）蒯因将存在的本体论问题转到语言系统的本体论承诺问题，将语言系统中的何物存在问题归结为约束变元的值，为语言哲学的研究开辟了方向；（4）空专名本身没有涵义，但有所指，而罗素错误地否定像哈姆雷特这样的空专名具有所指，并把它像普通专名一样当成缩写的摹状词；（5）指出金岳霖对罗素摹状词理论的批评有诸多不当之处，并加以纠正。

本书在论述了罗素的摹状词理论之后，接着论述了摹状词理论的发展历史，使摹状词理论全面系统地展现在读者面前；本书对克里普克的指示词理论还作了补充论证。

第六，金岳霖对罗素的感觉材料论以及基于其上的感觉材料的推出论与逻辑构造论全盘否定，本书详细论证了罗素的感觉论或感觉材料论基本上是唯物论，绝不是像金岳霖所说的是什么"唯我论"。

罗素的感觉材料推出论是一种唯物论。我们必须肯定罗素由果（感觉材料）推因（客观事物）的学说是正确的。罗素把感觉材料作为人的认识与客观事物联系的纽带，是符合辩证唯物主义的。罗素作为"感觉材料"概念的最早提出者之一，对于哲学的发展有重要意义。

罗素的感觉材料逻辑构造论绝不是像金岳霖所批评的"主观唯心主义"，而是一种复杂的哲学理论。它总的倾向是唯心主义的，但是，在逻辑构造论中有许多既具有唯物主义因素又具有辩证法因素的合理内核，如两种空间三个地点的理论，事物的定义，等等。吸取这些合理内核，对于丰富和发展马克思主义的认识论具有重要意义。

第七，罗素的逻辑原子主义是一种否定物质世界客观实在性的唯心主义理论。他从逻辑学出发，将客观存在的桌子、物理学中的原子以及具有客观基础的类、关系等都变成"殊相类"的一个序列，也就是"逻辑虚构"。逻辑原子主义实际上就是用第一性的"逻辑原子"即他所谓的"殊相"、性质和关系来构造物质世界的一种新型的"逻辑构造论"。

第八，金岳霖通过对罗素的中立一元论所做的批评，得出结论说：中立一元论是一种形而上学的主观唯心论。本书认为，罗素的中立一元论是一个复杂的哲学体系，总的倾向是唯心主义的，但其中也有不少合理内核，有不少唯物主义因素、辩证法因素和自然科学因素，可用于解释一些难解的问题，诸如不同的人对于一件东西有不同的知觉、关于一个物理上的物体和它在不同的地方所呈的现象二者之间的因果关系、心与物之间的因果关系。笔者的结论是：罗素的中立一元论是含有唯物主义和辩证法因素的因果实在论，不能全盘否定。

第九，本书根据马克思主义哲学关于语言与思维关系的理论，对罗素关于语言与意义的理论进行了分析，认为其中有许多合理内核，应当吸收，以丰富和发展马克思主义哲学的语言理论。

第十，指出了罗素对事实、信念、真理和知识这四个哲学词项的定义脱离了实践，脱离了人的认识过程，笔者根据辩证唯物论的认识论重新对这四个词项做出了解释。

第十一，论述了罗素对假说—演绎法、归纳法原则和科学推理的贡献，认为罗素的科学推理系统实质上构造了归纳逻辑的一个非形式的公理系统。这一系统推广和加深了人们对或然性的研究，以五条公设补充了归纳法，为或然性推理提供了根据。这个系统的特点是，在五条公设的基础上，已知的一个全称命题"所有 A 是 B"在检验之前有一个有限的概率，归纳法使这个命题的实例数目无限增加时具有以确定性为极限的概率。罗素的科学推理的系统是一个独特的归纳逻辑系统，有很大的实用价值，为现代归纳逻辑的发展开了先河。

第十二，罗素论证了在经验知识之外有超越经验的知识，弱化了纯经验主义的立场，这是值得肯定的，但是罗素从经验主义的局限性得出了具有不可知论倾向的结论：人类的全部知识都是不确定的、不准确的和片面性的。本书根据辩证唯物论的认识论批判了这种不可知论的倾向，指出人类的知识是不确定性与确定性的辩证统一。

第十三，罗素关于哲学史同政治、社会情况有密切联系以及哲学家同社会环境有关系的观点，同唯物史观有相通之处，值得肯定。

笔者希望，本书能具有以下诸方面的理论意义和实践意义：（1）为深入掌握整个罗素哲学提供逻辑技术的工具；（2）为进一步研究数理逻辑与数学基础问题奠定基础；（3）为深入研究20世纪的分析哲学运动提供理论基础；（4）对罗素的成就和失误做出科学的实事求是的分析，从而能科学地确定罗素在西方哲学史上的地位；（5）吸取罗素哲学的合理内核丰富马克思主义哲学。

是为序。

张家龙

2020 年 4 月

于中国社会科学院干面胡同宿舍

目　　录

·哲学篇·

第 一 章

罗素的生平及其逻辑与
哲学著作

伯特兰·罗素于 1872 年 5 月 18 日生于英国辉格党贵族世家。其祖父约翰·罗素在维多利亚时代两度出任首相,并获封伯爵爵位。其父安伯力·罗素是一位激进的自由主义者,因为鼓吹节育而失去国会的议席。罗素的母亲也出身于辉格党贵族。

1874 年,母亲和姐姐去世;1876 年,父亲去世。罗素由祖母抚养。他的祖母在道德方面要求极为严格,精神上无所畏惧,敢于蔑视习俗,曾将《圣经》中的经文"不可随众行恶"题赠给罗素,这句话成为罗素一生的座右铭。罗素的童年是孤独的。祖母没有让他上一般贵族子弟上的公学,而是让他在家接受保姆和家庭教师的教育。到了罗素的青少年时代,由于他拒绝祖母的宗教信仰,因而增强了理智上的疏远,感到十分苦恼。11 岁时他的哥哥教给他欧氏几何学,从此数学成为他一生的爱好。他的叔叔零碎地给他讲过一些科学知识。他很快发现科学和宗教是有矛盾的,约在 17 岁时经思考放弃基督教信仰。他在祖父的书房里阅读了大量历史和文学著作,这对他后来的著述有很大影响。1889 年 12 月,罗素应考剑桥大学三一学院数学奖学金,考官怀特海非常赏识他的才能,使得罗素获得奖学金,于 1890 年 10 月进入剑桥大学三一学院,学习数学。当时他才 18 岁。怀特海介绍他与时任剑桥大学哲学讲师麦克塔戈和后来成为哲学家的穆尔相识。

　　1893 年罗素通过了剑桥大学数学荣誉学位考试，名列第七名。而后他的兴趣转到哲学，为通过伦理学荣誉学位考试（第二部分）继续修读第四年课程。他获得这个考试的第一名之后，就开始为争取做研究员而学习。1895 年，他撰写了一篇论述非欧氏几何学研究员资格论文，这篇成功的论文使他在三一学院获得为期六年的研究员资格，直到 1901 年。他在 1896 年出版《德国的社会民主》一书，这本著作是他婚后去柏林研究政治学和经济学的一个成果，也是他出版的第一本书，是一部关于政治的著作。他在该书中，引述了恩格斯的观点；恩格斯认为，德国社会主义者不仅继承了圣西门、傅里叶、欧文的思想，也继承了康德、费希特和黑格尔的思想，实际上是德国古典哲学的继承人。这激发了罗素对黑格尔学说的热情。1897 年，他出版了《论几何学的基础》，这是在他研究员资格论文的基础上整理而成的。罗素的几何学理论主要是属于康德那一派的，他提出康德的问题"几何学如何能够成立？"认为几何学能成立的唯一条件是：如果空间是人们所成立的三种形式之一，那么其一是欧几里得的，另两种是非欧几里得的（但有保持一个不变的曲率度量的属性）。爱因斯坦的广义相对论推翻了罗素的看法。罗素说："在我这本早期的书里，完全没有什么可靠的东西。"[1] 罗素在研究几何学基础问题之后，便全力以赴地研究黑格尔的辩证法，写了一些文章。在这一时期，罗素主要由于好友穆尔的帮助而抛弃了黑格尔的唯心论。罗素说："将近 1898 年终的时候，穆尔和我背叛了康德和黑格尔。穆尔在前引路，我紧步其后尘。"[2]

　　1900 年，罗素出版了《对莱布尼茨哲学的批判性解释》，主要内容是从莱布尼茨的逻辑学，特别是从其假定"一切命题都是

---

① 罗素：《我的哲学的发展》，商务印书馆 1982 年版，第 32 页。
② 罗素：《我的哲学的发展》，商务印书馆 1982 年版，第 46 页。

主谓形式"中推论出莱布尼茨的形而上学。1900 年 7 月，罗素在巴黎国际哲学会议上遇到了意大利逻辑学家皮亚诺，在皮亚诺的数理逻辑系统中找到他多年来所寻求的"用于逻辑分析的工具"，从而使他在实现把数学化归为逻辑的技术可能性上打开了眼界。罗素对皮亚诺的技术进行改进，扩充皮亚诺的方法，而后转到分析数学基本概念工作上。他于该年底完成 500 页的《数学的原则》（*The Principles of Mathematics*）初稿，经过仔细修改于 1903 年出版，提出了"数学与逻辑同一"的论题，被称为"逻辑主义"，这部著作至今依然是数学基础研究发展史上的一个重大成果。为实现"数学与逻辑同一"这个论题，罗素着手建立新的逻辑系统。从 1900 年到 1910 年，他和怀特海合作撰写《数学原理》（*Principia Mathematica*，缩写为 PM）。罗素主要负责哲学方面的内容，怀特海主要负责数学方面的内容，他们相互交换草稿，共同订正。由于怀特海忙于教学工作，因而罗素的工作量较大，从发现类型论后的 1907 年到 1910 年连续每年工作 8 个月，每天工作 10—12 小时。他们的巨大成果分为 3 大卷，分别于 1910 年、1912 年和 1913 年出版，历时十年，真可谓"十年辛苦不寻常，字字看来都是血"。这部著作完成时，剑桥大学出版社的负责人估计出版这部书要使出版社亏损 600 英镑，他们只愿意负担 300 英镑。由于罗素和怀特海都是皇家学会会员，[①] 因而皇家学会同意出 200 英镑，剩下 100 英镑还需两位作者自筹，十年辛苦所得到的报酬是每人负债 50 英镑。罗素和怀特海这种为科学献身的精神值得后人敬仰。《数学原理》这部著作是 20 世纪数理逻辑与数学基础发展的一个里程碑，为罗素赢得了学术上的崇高地位和荣誉。在此期间，罗素并没有忽视哲学的其他方面。1901 年，他在皮亚诺的《数学

---

①　1903 年，怀特海因为在泛代数、符号逻辑与数学基础方面的论著被选为皇家学会会员；1908 年，罗素因有 1901 年的《关系逻辑》和 1905 年的《论指称》等论文被选为皇家学会会员。

评论》上发表《关系逻辑》一文。他于 1905 年在《心灵》杂志
上发表了《论指称》这一名文，奠定了他著名的摹状词理论的基
础。1908 年罗素发表《以类型论为基础的数理逻辑》一文。1910
年，罗素任三一学院逻辑与数学原理讲师。他于 1911 年发表的
《亲知的知识和摹状的知识》首次阐明了这两种知识间的重要区
别；同年在亚里士多德学会发表了主席致辞，题目是《论共相和
殊相的关系》，1912 年正式发表。1912 年，他在"家庭大学丛书"
中出版了《哲学问题》一书，它包含了他的许多基本哲学观点。
1914 年 3 月，罗素赴美国，在哈佛大学开课，为诺威尔讲座作系
列讲演。他的讲演受到了热烈欢迎，讲演稿以《我们关于外间世
界的知识》为题于 1914 年 8 月出版。该书所采取的是彻底的经验
主义立场。同年，罗素发表《论亲知的性质》与《感觉材料对物
理学的关系》两文。

　　罗素对哲学的兴趣受到第一次世界大战的冲击，他成为反战
人士，投身到写作、演说和组织活动中去。自 1914 年英国参战到
1917 年底，他还一直为反战活动而奔波。他参加了"不应征委员
会"的活动，1916 年因一张传单而被法院判为有罪，并因此被三
一学院解职（1919 年复职，1919 年到 1921 年请假，但在 1921 年
辞职）。1918 年前几个月他在伦敦戈登广场作了连续 8 次《逻辑
原子主义哲学》的讲演。1918 年 5 月，他因撰写一篇反战文章而
被判刑入狱 6 个月，他在狱中完成《数理哲学导论》，于 1919 年
出版，对《数学原理》中的一些主要概念做了简洁的说明。同年
发表《论命题：命题是什么和命题怎样具有意义》。

　　1916 年后，罗素只有相对短期的大学职业，主要依赖写作谋
生。这是他以后著述多产的部分原因。

　　1920 年 5 月，罗素以非正式成员身份随工党代表团访问苏联。
1920 年 8 月，罗素应邀到中国讲学一年，共进行了 20 个主题的讲
演，包括《哲学问题》《心的分析》《物的分析》《数理逻辑》

等。1921 年 9 月，罗素回到英国。同年出版了《心的分析》，转向中立一元论。1924 年，罗素发表《逻辑原子主义》一文。1925年他应邀在三一学院做塔尔纳讲演，其讲稿于 1927 年以《物的分析》为题出版，该书表明他的哲学观点进一步转向中立一元论，同年出版了比较普及的《哲学大纲》。从 20 年代到 30 年代，罗素撰写了大量有关苏联、中国、相对论、历史、教育、婚姻与道德、国际关系、宗教等方面的著作。1931 年，罗素在其长兄去世后成为第三代罗素伯爵。1938 年，罗素的研究工作又转向哲学。他在伦敦经济学院和牛津大学发表了一系列讲演。1938 年秋天，罗素离英赴美，就任芝加哥大学访问教授，1939 年被聘为加州大学哲学教授。1940 年，哈佛大学邀请罗素去作詹姆斯讲座的讲演，讲演稿于 1940 年以《意义与真理的探究》为书名出版。罗素在哈佛大学完成了一个学期的教学之后，巴恩斯博士邀请罗素在费城的巴恩斯艺术基金会讲授西方哲学史（1941—1943）。他的讲演成为使他获得巨大成功的《西方哲学史》（1945）的基础。1944 年 10月，罗素回到英国，并接受了三一学院的聘请，担任研究员，并在那里完成了最后一部重要的哲学著作《人类的知识——其范围与限度》（1948）。1949 年，他获得了荣誉勋章，并成为英国皇家学会的荣誉研究员。1950 年，罗素去澳大利亚和美国作讲演。在去普林斯顿大学作讲演的途中，传来诺贝尔奖委员会向他颁发文学奖的消息，获奖原因是"为表彰他所写的捍卫了人道主义理想和思想自由的多样而意义重大的作品"①。罗素飞抵瑞典受奖，发

---

① 1950 年，瑞典科学院常务秘书安德斯·奥斯特林在诺贝尔文学奖颁奖词中说：罗素的《西方哲学史》《人类的知识》等哲学著作"即使从纯文学的观点看，也是令人倾倒的"，"毫无疑问地有助于道德文明，而且对诺贝尔设奖的精神作出了最卓越的回答"。"在诺贝尔基金会设立五十周年之际，瑞典科学院相信自己正是按照诺贝尔设奖的精神把这份荣誉授予伯特兰·罗素，当代的理性和人道主义的杰出代言人，西方世界的言论自由和思想自由的无畏战士。"但据罗素说，获奖作品是《婚姻与道德》（《罗素自传》第三卷，商务印书馆 2006 年版，第 25 页），克拉克也如是说（《罗素传》，知识出版社 1998 年版，第 552 页）。笔者认为，罗素获奖并不只是《婚姻与道德》这一部著作。

表获奖演说《政治上的重要愿望》，他借这个重要讲坛呼吁世界和平。

1959 年，罗素出版了《我的哲学的发展》，作为对自己哲学思想的总结。1967 年、1968 年与 1969 年出版了三卷本的《罗素自传》。

在 20 世纪 50 年代和 60 年代，罗素积极从事世界和平事业，并写了一些有关的著作，为人类的和平事业做出了重要贡献。1964 年，他建立了"罗素和平基金会"，为筹集基金而拍卖了他的部分文献档案给加拿大的 McMaster 大学。

1970 年 2 月 2 日罗素逝世，享年 98 岁。

逻辑篇

第 二 章

罗素的数理逻辑建立前的
历史背景与逻辑发展概览

第一节　数理逻辑产生的历史背景

　　17 世纪是资产阶级革命的初期，资本主义正处在上升阶段，生产力获得了突飞猛进的发展。当时，工场手工业生产十分发达，行会关系瓦解，地主土地占有制发生危机，商业贸易发展，各国人民之间的经济和文化联系日益密切，这一切使得刚刚由封建社会脱胎而来的资本主义社会迅速发展。马克思在评述英国与法国革命时，特别强调它们对整个欧洲的意义："1648 年的革命和 1789 年的革命，并不是英国的革命和法国的革命；这是欧洲范围的革命。它们不是社会中某一阶级对旧政治制度的胜利；它们宣告了欧洲新社会的政治制度。资产阶级在这两次革命中获得了胜利；然而，当时资产阶级的胜利意味着新社会制度的胜利，资产阶级所有制对封建所有制的胜利，民族对地方主义的胜利，竞争对行会制度的胜利，财产分配制对长子继承制的胜利，土地所有者支配土地制对土地所有者隶属于土地制的胜利，教育对迷信的胜利，家庭对宗教的胜利，进取精神对游侠怠惰的胜利，资产阶级法权对中世纪特权的胜利。1648 年的革命是 17 世纪对 16 世纪的革命，1789 年的革命是 18 世纪对 17 世纪的革命。这两次革命不仅反映了它们本身发生的地区即英法两国的要求，而且在更大得多的程度上反映了当时整个世界的要求。"①

　　随着生产力的发展，自然科学得到了长足的进步。由于机器工业、水利、商业和航海的需要，天文学和力学得到迅速的发展。在当时的自然科学中，力学占据首位。主要原因有两个：一是由于技术的发展，在手工工场时期因生产的需要而提出了许多力学问题，主要能源是力（自然力、牲畜和人的体力）；二是由于认识上的因素，在当时已知的物质运动形式中，机械运动形式是最简单的一种。力学的发展又与数学密不可分。数学的成就提供了表达机械运动的形式及其计算的方法，力学的需要又推动了对数学做进一步的研究。当时科学家们用准确的数学形式确立了地球上物体和天体的机械运动规律。数学的发展是数理逻辑产生的科学前提。

　　由于数学方法在认识自然、发展技术方面在当时起了十分重要的作用，因而一些思想家提出了把数学方法推广到其他科学领域的设想，试图用数学方法来研究思维，把思维过程转换为数学的计算。法国哲学家笛卡尔（Descartes，1596—1650）认为数学是最重要的学科。他想把几何学、代数学和逻辑学三门学科的优点统一于一种方法。为此，就要扩大数学符号的狭窄范围，必须把那些迄今尚未取得数学名称的学科归入数学。笛卡尔认为，数学不仅是关于数的科学，而且是一门无所不包的科学，它包括了一切有次序和度量的东西，包括数目、图形、星体、声音等。天文学、光学和声学都属于数学范围。数学方法也可应用到哲学中。笛卡尔根据这些想法，提出了建立"普遍数学"的思想。

　　英国哲学家霍布斯（Hobbes，1588—1679）把思维解释为一些特殊的数学推演的总和。他认为，不仅数目可以进行运算，而

---

① 《马克思恩格斯选集》第 1 卷，人民出版社 1995 年版，第 321 页。

且线、图形和角也可以作加减运算。逻辑学所研究的就是名词、名称和三段论的运算，推理就是计算。

笛卡尔和霍布斯的这些想法为莱布尼茨创立数理逻辑提供了思想前提。

数理逻辑产生的另一个重要前提是由传统形式逻辑这门学科的性质所决定的。传统形式逻辑是研究思维的形式及其规律的科学，从亚里士多德至17世纪，传统形式逻辑在逻辑形式化方面取得了许多成就。这为用数学方法处理传统形式逻辑创造了前提。另外，传统形式逻辑有局限性，这种局限性随着科学的发展日益明显。它没有将亚里士多德逻辑中包含的关系理论发扬光大，把一个简单命题只分析成主词和谓词，这样做的后果就是取消了关系命题和关系推理。例如，北京人口多于天津人口，被分析为：北京人口是多于天津人口的，"北京人口"是主词，"多于天津人口的"是谓词。这种分析方法也取消了对量词的研究。传统形式逻辑虽然按"量"把命题分为全称和特称，但由于把命题限于主谓式，更由于没有引入"个体变元"的概念，因而全称量词"所有"和特称量词"有"的作用受到很大限制；总之，传统形式逻辑没有抓住量词的实质，只能得出量词的一些次要性质。另外，传统形式逻辑不区分单称命题和全称命题，把单称命题当作全称命题来处理。用传统形式逻辑无法表示出科学和日常生活中大量含有量词的词句的形式结构，如"任给一个自然数，都有一个自然数比它大"。传统形式逻辑的主要内容是三段论、假言推理和选言推理等，比较简单，不能适应日益发展的科学的需要。有些逻辑学家对古典形式逻辑做了一些推广工作，例如，琼金·雍吉厄斯的《汉堡逻辑》就提出了关系推理。

综上所说，数理逻辑不是从天上掉下来的，它有深刻的社会历史基础、自然科学基础和逻辑学本身发展的基础。具体地说，资本主义上升时期生产力的突飞猛进的发展，自然科学的长足进步，数学方法的广泛应用，传统形式逻辑在逻辑形式化方面的初步成果以及克服其局限性的要求，这些都是数理逻辑在 17 世纪产生的前提。

第二节　莱布尼茨创建数理逻辑的指导思想

莱布尼茨（Gottfried Wilhelm Leibniz，1646—1716）是德国近代哲学家、数学家和数理逻辑创始人。他 15 岁时进入莱比锡大学学习法律，毕业后曾入耶拿大学学习数学和逻辑学等学科。他的学问十分渊博，涉及很多领域。1673 年，他改进了巴斯加尔的计算器，设计制造了一台性能更好的计算器并把它献给了英国皇家学会，被选为皇家学会会员。1676 年，他发明了微积分。以后一直在汉诺威任职。莱布尼茨还积极推动科学研究事业的发展，柏林科学院就是由于他的努力创办起来的（1870 年），曾任第一任院长。

莱布尼茨的哲学论著有《人类理智新论》《单子论》等，他的很多论著和通信尚未发表。他的逻辑论著的主要资料有：法国逻辑学家古杜拉写的《莱布尼茨的逻辑——根据未发表的文献》（巴黎，1901），古杜拉编的《莱布尼茨未发表的短论及摘录》（巴黎，1903）。从现有的资料来看，莱布尼茨关于逻辑的论述足以表明，他是数理逻辑的创始人。下面论述莱布尼茨的思想。

一　逻辑演算

莱布尼茨继承了思维可以计算的思想，提出了建立逻辑演算的设想，他说："逻辑演算或技巧，能使人们很容易而不犯错误地进行推理。"[①] 他把这种逻辑演算也叫作"逻辑斯蒂""数理逻

---

① 参看肖尔兹《简明逻辑史》，张家龙译，商务印书馆1977年版，第100页。

辑"。这就是莱布尼茨所要建立的新逻辑。他认为，演算就是用符号作运算，在数量方面、思维方面都起作用。他说："确实存在着某种演算同普遍习惯的演算完全不同，在这里符号不代表量，也不代表数（确定的和不确定的），而完全是其他一些东西，例如点、性质、关系。"① 他指出，在这种演算中，一切推理的正确性将化归于计算，除了事实的错误之外，所有错误将只由于计算失误而来。莱布尼茨要求演算能使人们的推理不依赖于对推理过程中的命题的含义内容的思考，这就是说，要把一般推理的规则改变为演算规则。肖尔兹在评述莱布尼茨的这一设想时深刻地指出："我们必须把这种对演算规则的真正作用的见解，看做是莱布尼茨的最伟大的发现之一，并看做是一般人类精神的最精彩发现之一。"②

莱布尼茨想象到一个新时代即将来临。在这个时期，根据新逻辑，一切问题包括哲学问题将用"演算"来解决。他说："我们要造成这样的一个结果，使所有推理的错误都只成为计算的错误，这样，当争论发生的时候，两个哲学家同两个计算家一样，用不着辩论，只要把笔拿在手里，并且在计算器面前坐下，两个人面对面地说：让我们来计算一下吧！"③

二 普遍语言

为了能获得逻辑演算，就必须用一种人工语言代替自然语言，莱布尼茨把这种人工语言叫作"普遍语言"。这种语言的符号是表意的，是拼音的，每一个符号表达一个概念，如同数学的符号一样。他有时说这种普遍语言好像是代数，有时他又说它是中国表意文字系统的改进说法。可见，中国表意文字的特点对莱布尼茨

---

① 参看肖尔兹《简明逻辑史》，商务印书馆 1977 年版，第 100 页。

② 肖尔兹：《简明逻辑史》，商务印书馆 1977 年版，第 51 页。

③ 参看肖尔兹《简明逻辑史》，商务印书馆 1977 年版，第 54 页。

提出"普遍语言"起了重要的推动作用。

　　莱布尼茨说:"关于符号的科学是这样的一种科学,它能这样地形成和排列符号,使得它们能够表达一些思想,或者说使得它们之间具有和这些思想之间的关系相同的关系。一个表达式是一些符号的组合,这些符号能表象被表示的事物。表达式的规律如下:如果被表示的那个事物的观念是由一些事物的一些观念组成的,那么那个事物的表达式也是由这些事物的符号组成的。"①

　　肖尔兹把莱布尼茨的这段话解释成对普遍语言的三条要求:

　　　　1. 在系统的符号(就它们不是空位的符号而言)和所思考(在这个字的最可能广的意义下)的东西之间,必有一种一一对应的关系。这就是说,对每一个所思考的东西而言,必有一个而且仅仅有一个符号(所思考的东西的"映象");反之亦然,对每一个符号必有一个而且仅仅有一个所思考的东西,我们把它叫做符号的"意义"。

　　　　2. 符号必须这样地创造出来:如果所思考的东西可以分解为组成部分,那么这些组成部分的"映象"必须是所思考的东西的映象(就是用系统中的符号构成的)的组成部分。

　　　　3. 附属于这些符号的运算规则的系统必须这样地创造出来,使得无论在何处,如果所思考的东西 T_1 对所思考的东西 T_2 有前件和后件的关系,那么 T_2 的"映象"可以解释为 T_1 的"映象"的后件。②

　　从莱布尼茨对普遍语言的这三条要求可以看出,他为形式语言的语形学(语法学)开了先河。

　　莱布尼茨关于建立数理逻辑的两点设想恰恰抓住了数理逻辑

---

① 参看肖尔兹《简明逻辑史》,商务印书馆 1977 年版,第 52 页。
② 肖尔兹:《简明逻辑史》,商务印书馆 1977 年版,第 52 页。

的本质，这两点也正是数理逻辑的特点。从现有的资料来看，莱布尼茨关于逻辑的论述足以表明，他是当之无愧的数理逻辑创始人。正如肖尔兹所说："人们提起莱布尼茨的名字就好像是谈到日出一样。他使亚里士多德逻辑开始了'新生'，这种新生的逻辑在今天的最完美的表现就是采用逻辑斯蒂形式的现代精确逻辑……这种新东西是什么呢？它就是把逻辑加以数学化的伟大思想。"[1]

第三节　逻辑演算建立前逻辑学与数学的成果

在莱布尼茨提出创建数理逻辑的指导思想之后，直到逻辑演算建立之前，是数理逻辑的初创时期，其主要成果是逻辑代数和关系逻辑。

一　逻辑代数

逻辑代数的创始人是英国数学家和逻辑学家布尔（G. Boole，1815—1864），他上过小学和短时间的商业学校，但主要以自学取得成就著称于世。他在少年时代就萌发了用代数公式表达逻辑关系的想法。1844 年发表著名论文《关于分析中的一个普遍方法》，并因此获得皇家学会的奖章。1849 年任考克皇后学院教授。1857年被选为英国皇家学会会员。主要逻辑著作有：《逻辑的数学分析》（1847）、《思维规律的研究》（1854）。

布尔认为，逻辑关系与某些数学运算很相似，代数系统可以有不同解释，把解释推广到逻辑领域，就可以构成一种逻辑演算。他在《逻辑的数学分析》的开头写道：

---

[1]　肖尔兹：《简明逻辑史》，商务印书馆 1977 年版，第 48 页。

　　熟悉符号代数理论现状的人们都知道，分析过程的有效性不依赖于对被使用符号所做的解释，而只依赖于它们的组合规律。对所假定的关系的真假没有影响的每一个解释系统，都是同样可允许的，这样一来，同一个过程在一种解释方式之下可以表示关于数的性质问题的解法，在另一种解释方式之下，表示几何问题的解法，而在第三种解释方式之下，则表示力学或光学问题的解法。……我们可以正当地规定一个真演算的下述确定性质，即它是一种依赖于使用符号的方法，它的组合规律是已知的和一般的，它的结果就是承认一致性的解释。对分析的现有形式规定一种量的解释是那些形式由以被决定的情况造成的结果，而不是分析的普遍条件。就是在这种一般原理的基础上，我的目的是要建立逻辑演算，我要为它在众所公认的数学分析的形式中取得一个位置，而不去考虑它目前在目的和手段方面是否一定是无与伦比的。①

　　下面根据布尔的《逻辑的数学分析》和《思维规律的研究》来论述布尔代数的主要内容。

　　（一）逻辑代数的基本原理及类的解释

　　布尔对他的代数作了三种解释，最主要的是类解释。他使用大写字母 X，Y，Z 表示类和类的个别分子，比如说，类 X 的分子是所有 X。小写字母 x，y，z 表示从某个范围选择所有 X、所有 Y、所有 Z 的结果，被称为选择符号，实际上就是类 X，Y 和 Z 的符号。基本运算有：

　　1. 加，用符号 + 表示

　　x + y 的意思是表示一个类，其分子或属于 x 所表示的类或属于 y 所表示的类，但 x 所表示的类和 y 所表示的类是相互排斥的。

---

①　G. Boole, *The Mathematical Analysis of Logic*, Oxford, 1951, pp. 3 – 4.

以下为方便起见，我们将"x 所表示的类"简单说成"x 类"等。
"+"相当于无共同部分的并运算和不相容析取。

2. 乘，用符号·表示，也可省去

xy 的意思是其分子既属于 x 类又属于 y 类的事物类，"·"相当于交运算和合取。

3. 补，这个运算是相对于全类 1 而言的

所谓全类就是每一事物都是其分子的类，与其相对的是空类，用 0 表示，即没有事物是其分子的类。x 相对于 1 的补用 1 - x 表示，意为 x 的补就是其分子属于全类但不属于 x 的事物类。布尔利用补运算定义了减法：

x - y = df. x（1 - y）

布尔代数中的基本关系是相等关系，用 = 表示。布尔提出了以下基本原理：

（1）xy = yx。

（2）x + y = y + x。

（3）x（y + z）= xy + xz。

（4）x（y - z）= xy - xz。

（5）如果 x = y，则 xz = yz。

（6）如果 x = y，则 x + z = y + z。

（7）如果 x = y，则 x - z = y - z。

（8）x（1 - x）= 0。

（9）xx = x 或 $x^2 = x$，一般 $x^n = x$。

前 7 个公式相似于普通数字代数的规则，第 8 个和第 9 个公式是逻辑代数特有的。布尔有时从第 9 个公式 $x^2 = x$（他称之为指数律）推出第 8 个公式 x（1 - x）= 0（矛盾律）：

$x^2 = x$,

∴ $x - x^2 = 0$,

∴ x（1 - x）= 0。

以上代数系统是类解释的系统，但这一系统并未假定任何一个类必须取全类或空类为值，所以它并不是二值系统，但是布尔对这个系统作了二值解释，他加上了一条限制：x，y 等仅取 1 或 0 为值，公式（1）—公式（9）对这种数字解释成立，也就是说，他增加了一个公式，即：

（10）x = 1 或 x = 0。

这时，他的代数变为二值代数系统，但包括公式（10）的系统不允许作类解释。布尔并没有明确区分这两个系统。

（二）逻辑代数的命题解释和概率解释

逻辑代数是一种可以作各种解释的抽象演算。布尔对逻辑代数除了作类的解释和二值代数的解释外，还作了命题的和概率的解释。

布尔在《逻辑的数学分析》一书中奠定了命题解释的基础。他认为，仅仅有两种"条件三段论"。

第一种是构造性的：

如果 A 是 B，则 C 是 D。

但 A 是 B，

所以 C 是 D。

第二种是破坏性的：

如果 A 是 B，则 C 是 D，

但 C 不是 D，

所以 A 不是 B。

布尔指出，这些论证的有效性不依赖 A、B、C、D 的解释，它们可以解释成个体或类。他把命题"A 是 B""C 是 D"分别用符号 X 和 Y 来表示，上述的第一个条件三段论可表示成：

如果 X 是真的，则 Y 是真的，

但 X 是真的，

所以 Y 是真的。

　　因此，我们必须考虑的不是对象和对象类，而是命题的真值。布尔说："我们可在下述意义上使选择符号 x，y，z 适用于表示命题的符号 X，Y，Z。假设的全域1，将包含一切可想象的情况和情况组合。选择符号 x（属于表示这种情况的任一主词）将选出那些在其中命题 X 是真的，Y 和 Z 同样是真的那些情况。如果我们限于考察一个给定的命题 X，暂且不考虑其他命题，那么就只有两个情况是可想象的，即第一，给定的命题是真的，第二，它是假的。这两个情况结合起来就构成命题的全域，前者由选择符号 x 决定，后者由选择符号 1 - x 决定。但是如果允许考虑其他情况，那么这些情况中的每一个将分解为其他各个范围更小的情况，它们的数目将依赖于所允许的外加考虑的情况之数目。因此，如果我们把命题 X 和 Y 结合起来，那么可想象的情况的总数可从表示在以下的图式中看出来：

情况　　　　　　　　　　选择表达式

①X 真，Y 真　　　　　　xy

②X 真，Y 假　　　　　　x（1 - y）

③X 假，Y 真　　　　　　（1 - x）y

④X 假，Y 假　　　　　　（1 - x）（1 - y）

……我们要注意的是，不管那些情况有多少，表示每个可想象情况的选择表达式的数目将是唯一的。"[①]

　　如果我们考虑有 3 个成分的命题：X 表示下雨，Y 表示下冰雹，Z 表示结冰，那么可能的真假组合情况以及相应的选择表达式如下：

情况　　　　　　　　　　　　　　　选择表达式

①下雨，下冰雹，结冰　　　　　　　xyz

②下雨，下冰雹，不结冰　　　　　　xy（1 - z）

---

①　*The Mathematical Analysis of Logic*，pp. 49 - 50.

③下雨，结冰，不下冰雹　　　　　　xz（1－y）

④结冰，下冰雹，不下雨　　　　　　zy（1－x）

⑤下雨，不下冰雹，不结冰　　　　　x（1－y）（1－z）

⑥下冰雹，不下雨，不结冰　　　　　y（1－x）（1－z）

⑦结冰，不下冰雹，不下雨　　　　　z（1－y）（1－x）

⑧不下雨，不下冰雹，不结冰　　　　（1－x）（1－y）（1－z）

在命题解释中，命题 X 和 Y 的合取用 xy 表示，X 和 Y 的不相容析取用 x＋y 来表示，x＝1 表示命题 X 是真的，x＝0 表示命题 X 是假的，命题 X 的否定表示为 1－x。在命题解释中，没有蕴涵符号，这可以用 x（1－y）＝0 表示。由上可见，布尔的命题解释满足原理 x＝1 或 x＝0。

布尔除了对逻辑代数作了第二种解释——命题的解释以外，还提出了第三种解释。他在《逻辑的数学分析》一书的结尾，不明确地说，假言命题的理论可作为概率论的一部分来处理，在《思维规律》一书中有些部分探讨了把逻辑代数应用于概率的问题。我们用字母 X 表示相对于一切有效的信息 K 的概率，对布尔的符号体系进行简化，布尔的概率解释可表示如下：

如果 X 和 Y 是独立的，并给定 K，则

P_k（X 和 Y）＝xy；

如果 X 和 Y 是互相排斥的，则

P_k（X 或 Y）＝x＋y。

显然，布尔的概率解释不满足原理 x＝1 或 x＝0，因为每一个概率并非或等于1，或等于0。

布尔当时所提出的演算还很不成熟。例如，演算的许多公式没有逻辑解释；逻辑加法要求两类不相交；对命题之间的析取，他强调不相容的析取；用一个不确定的类表示特称命题；等等。尽管有这些缺点，布尔的贡献还是伟大的，他在逻辑史上首先提出了一个逻辑演算，成为继莱布尼茨之后数理逻辑的又一个创始人。以他

命名的布尔代数现已发展为结构极为丰富的代数理论，并且无论在理论方面还是在实际应用方面都显示出了它的重要价值。

二　关系逻辑

（一）德摩根

德摩根（A. De Morgan，1806—1871）是 19 世纪英国数学家和逻辑学家。他在少年时就对数学发生浓厚的兴趣。1823 年考入剑桥三一学院，1827 年毕业。1828 年后在伦敦的大学学院任数学教授多年。他曾任伦敦数学学会第一届会长。

德摩根在研究代数的过程中深感传统形式逻辑的局限性和研究关系的重要性。他认为，以前所讨论的三段论理论只是关系理论的特殊情形，三段论推理的规则实际上表述了同一关系的可逆的和传递的性质。当一个关系和它的逆关系是同样的时候（如相似关系），这个关系就是可逆的。若就某个关系而言，如果关系者甲和乙有这个关系，关系者乙和丙有这个关系，那么关系者甲和丙也有这个关系（如祖先关系），在这样的情况下，这个关系就是传递的。德摩根所说的"可逆的关系"就是后来逻辑学家所说的"对称关系"，"关系者"就是"相对名词"或"关系名词"。

德摩根的基本关系命题形式是 X..LY，他说："令 X..LY 表示 X 是某个思想对象，它与 Y 有关系 L，或 X 是 Y 的一个 L。令 X.LY 表示 X 不是 Y 的 L 中的任一个。这里 X 和 Y 是主词和谓词：这些词指的是进入关系中的方式，而不是指所提到的次序。因此 Y 在 LY.X 中正如同在 X.LY 中一样，是谓词。"[1]

德摩根提出了以下几种关系逻辑的基本运算：

1. 关系积

这是德摩根提出的一种最重要的运算。德摩根说："当谓词本

---

[1]　Bochenski, *A History of Formal Logic*, University of Notre Dame Press, p. 375.

身是一个关系的主词时，就可有一种组合：这样如果 X..L
（MY），如果 X 是 Y 的一个 M 的一个 L，那么我们就可把 X 看成
是 Y 的一个 'M 的 L'（'L of M' of Y），用 X..（LM）Y 或简单
些用 X..LMY 来表示。"① LM 就是关系积，德摩根称它为组合。
x..LMy 可表示成 $\exists z$（$xLz \wedge zMy$），这是说，有一个 z 使得 x 和 z 有
L 关系并且 z 和 y 有 M 关系。例如 L 代表兄弟关系，M 代表父子
关系，LM 就是伯叔关系。z 在 xLz 中是谓词，但在 zMy 中是主词，
所以德摩根说："谓词本身是另一个关系的主词。"

2. 逆关系

德摩根说："L 的逆关系通常定义为：如果 X..LY，那么
Y..L^{-1}X；如果 X 是 Y 的一个 L，则 Y 是 X 的一个 L^{-1}。L^{-1} 可以
读成 'X 的 L 逆'。"② 这就是说，X..LY 等价于 Y..L^{-1}X。L^{-1} 是
L 的逆关系。

3. 补关系

德摩根说："假定在任意两个词项之间存在着关系。如果 X 不
是 Y 的任何 L，那么 X 对 Y 有某种非 L 关系：令这个相反关系用 I
表示；因此给出 X.LY，就有 X..IY。相反关系可以复合，尽管相
反词项不行：对 X 来说，X 并且非 X 是不可能的；但 LIX，即 X
的一个非 L 的 L，是可想象的。因此，一个人可以是 X 的一个非
同党的同党。"③ 德摩根的补关系定义可以表示成：x $\overline{\text{L}}$y 等价于
$\overline{\text{xLy}}$，即 x 和 y 之间有非 L 关系，等于说并非在 x 和 y 之间有 L
关系。

在德摩根的关系逻辑中还有关系的逻辑和与逻辑积，这是类

---

① Bochensk, *A History of Formal Logic*, University of Notre Dame Press, pp. 375 –
376.

② Bochenski, *A History of Formal Logic*, University of Notre Dame Press, pp. 375 –
376.

③ Bochensk, *A History of Formal Logic*, University of Notre Dame Press, pp. 375 –
376.

的逻辑和与逻辑积的推广。如 X..（L＋M）Y 表示 X 或是 Y 的 L，或是 Y 的 M（德摩根原来用"，"表示逻辑和）。这两种运算在德摩根的关系逻辑中不占重要地位。

德摩根提出了关系逻辑的一些主要原理：

1. "互逆关系的相反者是互逆关系：因此非 L 和非 L^{-1} 是互逆的关系。因为 X..LY 和 Y..L^{-1}X 是同一的；由此 X..非 LY 和 Y..（非 L^{-1}）X（前述两式的简单否定）也是同一的；所以非 L 和非 L^{-1} 是互逆的。"[1] 这条原理是说，逆关系的补关系是逆关系。

2. "相反关系的逆关系是相反关系：因此，L^{-1} 和（非 L）$^{-1}$ 是相反关系。因为 X..LY 和 X..非 LY 彼此是简单否定的，所以它们的逆关系 Y..L^{-1}X 和 Y..（非 L）$^{-1}$X 也是彼此简单否定的。由上可得，L^{-1} 和（非 L）$^{-1}$ 是相反关系。"[2] 这条原理是说，补关系的逆关系是补关系。

3. "逆关系的相反者是相反者的逆关系：因此，非 L^{-1} 是（非 L）$^{-1}$。因为 X..LY 等同于 Y. 非 L^{-1}X，也等同于 X.（非 L）Y，后者又等同于 Y.（非 L）$^{-1}$X。"[3] 这条原理是说，逆关系的补关系是补关系的逆关系。

4. "如果第一个关系包含于第二个关系，那么第一个关系的逆包含于第二个关系的逆；第二个关系的相反者包含于第一个关系的相反者。"[4]

这里有两条原理：（1）如果 X..L_1Y 包含于 X..L_2Y，则 Y..L_1^{-1}X 包含于 Y..L_2^{-1}X，这一原理是根据逆关系的定义得出的。（2）如果 X..L_1Y 包含于 X..L_2Y，那么 X..非 L_2Y 包含于 X..非 L_1Y，这里德摩根把类包含关系的换质位原理（如果 A 包

① Bochenski, *A History of Formal Logic*, University of Notre Dame Press, p. 376.

② Bochensk, *A History of Formal Logic*, University of Notre Dame Press, p. 376.

③ Bochensk, *A History of Formal Logic*, University of Notre Dame Press, p. 376.

④ Bochensk, *A History of Formal Logic*, University of Notre Dame Press, pp. 376 – 377.

含于 B，则非 B 包含于非 A)，推广到关系逻辑中，再应用补关系的定义就可得到上述原理。

5. "一个复合关系的逆使两个组成部分变为可逆关系并且交换其次序。"[1] 这一原理实际上是说，关系积的逆关系是其组成部分逆关系的关系积，但其次序要交换一下，可用德摩根的符号表示为：

X.. (LM)$^{-1}$Y 等同于 X.. (M^{-1}L^{-1}) Y。

我们可举一个例子。设 L 为兄弟关系，M 为父子关系，则 LM 为伯叔关系，(LM)$^{-1}$为侄子关系。L^{-1}亦为兄弟关系，M^{-1}为儿子对父亲的关系，M^{-1}L^{-1}表示"兄弟的儿子"关系即侄子关系。也就是说，(LM)$^{-1}$等于 M^{-1}L^{-1}。

德摩根十分重视传递关系。他给传递关系下了一个严格的定义："一个关系是传递的，如果一个关系者的关系者是同样的一个关系者；用符号表示为 LL)) L，由此也可表示为 LLL)) LL)) L；等等。"[2] 这实际上是说，如果 xLy，yLz，则 xLz，这时 L 就是传递关系，这里 y 是 x 的关系者，z 是 y 的关系者，z 是 x 的关系者的关系者，也是 x 的关系者。

他提出了关于传递关系的如下原理：

6. "一个传递关系有一个传递的逆关系，但不必然有传递的相反关系：因为 L^{-1}L^{-1}是 LL 的逆，所以由 LL)) L 得出 L^{-1}L^{-1})) L^{-1}。"[3]

设 L 是传递关系，因此有：如果 xLy 并且 yLz 则 xLz，根据逆关系的定义，由上可得：如果 yL^{-1}x 并且 zL^{-1}y 则 zL^{-1}x。根据传递关系的定义，L^{-1}是传递的。

---

① Bochensk, *A History of Formal Logic*, University of Notre Dame Press, pp. 376 – 377.

② Bochensk, *A History of Formal Logic*, University of Notre Dame Press, p. 377.

③ Bochenski, *A History of Formal Logic*, University of Notre Dame Press, p. 377.

例如"大于"关系是传递的，其逆关系"小于"也是传递的。"祖先"关系是传递的，但其补关系"非祖先"就不是传递的，由"x 不是 y 的祖先"和"y 不是 z 的祖先"不能得出"x 不是 z 的祖先"。

从德摩根所阐述的关系理论，我们可以看到，他在逻辑史上第一次突出了"关系"的概念，并且把关系的概念和关系的关系概念第一次符号化了，创建了关系逻辑，是当之无愧的"关系逻辑之父"。他使关系从性质的附庸中解放出来，突破了传统的主谓逻辑的局限性，为后来关系逻辑的发展开辟了道路。

（二）皮尔士

皮尔士（C. S. Peirce，1839—1914）是美国哲学家、逻辑学家、实用主义的创始人。其父 B. 皮尔士是数学家，在哈佛大学任教，对他有很大影响。1863 年，皮尔士在哈佛大学毕业后曾在一些科学部门工作；1879—1884 在霍普金斯大学讲授逻辑学。他对布尔的逻辑代数作了重大改进，发展了德摩根的思想，使用了逻辑代数的方法，建立了关系代数，并在关系代数中引入量词理论，提出了逻辑演算的一些重要原理，对逻辑演算的建立做出了重要贡献。但是，他没有能建立起一个完整的逻辑演算，这是由弗雷格来完成的。他的主要逻辑论文编在《皮尔士文集》第三卷《精确逻辑》中。

1867 年，皮尔士首先把算术加与逻辑加区别开来，逻辑加是相容的，算术加是不相容的，他用 a +，b 表示逻辑加，用 a + b 表示算术加。[1] 在他的系统中取消了减法和除法。

皮尔士的逻辑代数有以下几个定义：[2]

---

① 严格说来，"加""乘"表示函项运算，是不带变元的；"和""积"表示带变元的函项；它们是有区别的。a +，b 应为逻辑和，a + b 应为算术和。皮尔士没有做这种区分。

② *Collected Pepers of C. S. Peirce*, Vol. 3, Harvard University Press, 1933, pp. 3 – 26.

1. 等同。a = , b 表达两个事实：任一 a 是 b 并且任一 b 是 a。这就是说，a = , b 意味 a 和 b 是同样的类。

2. 逻辑加。a + , b 是这样的一个类，其分子包含所有 a 的分子和所有 b 的分子，而没有其他分子。这就是说，a + , b 是由 a 而非 b、b 而非 a 以及既是 a 又是 b 的分子所构成的类。

3. 逻辑乘。a, b 表示既是 a 又是 b 的东西所构成的类。

4. 0 表示空类，如果 a 是任一个类，则 a + , 0 是 a。

5. 1 表示全类，如果 a 是任一个类，则 a 是 a, 1。

6. 算术加。a + b 表示：如果 a, b = , 0，则 a + b 与 a + , b 相同；但如果 a 和 b 是有共同外延的类，则 a + b 就不是一个类。

7. 算术乘。ab 表示这样一个事件：当 a 和 b 是彼此独立的事件时，ab = , a, b。所谓 a 和 b 是彼此独立的事件是指它们分别是一些项的总和，a 和 b 中每一项皆不相同，使得由 a 和 b 的项一起组成一个类，并且在 a 中的一个项在 b 中有一个相应的项。算术乘和逻辑乘虽有不同，但当 a 和 b 独立时，它们是同样的。

同逻辑加、逻辑乘、算术加与算术乘相应，还有四种逆运算。在皮尔士的系统中，逻辑减和逻辑除可以通过逻辑乘、算术加（逻辑加）和否定来定义，因而可以去掉。在皮尔士之后的逻辑代数发展中，逻辑学家们普遍采用逻辑加与逻辑乘作为基本的运算，减法和除法已成为历史的陈迹。

1870 年，皮尔士在布尔代数系统中引入类包含的概念，对布尔代数又做了新的最重大的改进。他用符号—< 表示"包含于"，是一种传递的关系。接着，他用—< 定义相等，x = y 就是 x —< y 并且 y —< x；小于用 < 表示，x < y 就是 x —< y 并且并非 y —< x，实质上这是"真包含于"关系。x < y 逆过来就是 y > x，实质上这是"真包含"关系。皮尔士提出了许多有关包含关系的定理。在 1880 年，皮尔士对布尔代数又做了新的改进。他指出，所有的布尔选择函数都可用"既非……又非……"作为初始运算加以表达。

他说："$x \downarrow y$ 意味着 x 是 f 并且 y 是 f。"① 这里，$\downarrow$ 表示"既非……又非……"，f 表示"假"。皮尔士的这一发现在当时没有引起人们的重视，直到 1913 年，美国逻辑学家舍弗（Sheffer）提出了用垂直竖函项"｜"来构造逻辑代数系统（实质是命题演算系统）的思想，使皮尔士的预见得以实现。舍弗竖｜表示"非……或者非……"，根据对偶原理，也可解释为"既非……又非……"。

皮尔士对布尔代数除了作类的解释之外，还发展了布尔的命题解释的思想。在这方面，他用符号—< 表示命题之间的蕴涵关系或推出关系，并构造了以—< 为主要关系的命题代数。

皮尔士的最大贡献是在关系演算方面。罗素指出："对关系演算的一些提示在德摩根那里可以找到，但这一课题是首先由皮尔士发展的。"② 皮尔士发展了德摩根的思想，在逻辑史上第一次全面系统地建立了关系演算。皮尔士在 1870 年发表了论关系逻辑的第一篇论文，他在谈到德摩根的著作时说："这个系统还留下一些所想望的东西。而且就布尔的逻辑代数而论，它有这样一个独特的优点，使得人们饶有兴趣地探讨它是否能推广到形式逻辑的整个领域，而不限于它最简单的、最无用的那一部分，即绝对名词的逻辑（在德摩根写书时，这是唯一知道的形式逻辑）。……在把旧符号推广到新对象上去的时候，我们当然必须遵循某些类比的原则。这些原则如果加以表述，就成为这些旧符号的新的、更广泛的定义。"③ 皮尔士在文章中首先对德摩根的符号体系进行了推广，并提出了自己的一些新概念。1880 年，皮尔士发表《论逻辑代数》的论文，其中第三部分专论关系词逻辑；1883 年发表《关系词逻辑》；1885 年发表《论逻辑代数——关于记法的哲学》。皮

<hr />

① *Collected Pepers of C. S. Peirce*，Vol. 4，§ 12 – 20.

② Russell，*The Principles of Mathematics*，Cambridge：At the University Press，Second edition，1937，p. 23.

③ *Collected Pepers of C. S. Peirce*，VoL. 3，§ 45 – 46.

尔士的这些论文发展了德摩根的思想，使关系逻辑成为一门内容十分丰富的学科。

皮尔士首先把逻辑词项分为三大类。第一类为绝对词，如马、树、人。绝对词就是类名词，也被皮尔士称为一元关系词，表示为"×××是一个人"。第二类词项涉及关系的概念，它需要加上另一个词项使其外延得以完整，如"×××的父亲""×××的妻子"，它们是二元关系词，或称简单关系词。三元或三元以上的关系词被称为结合词，如"×××把×××给×××"。皮尔士用正体小写字母 a（动物），h（马），w（女人），m（男人）等代表绝对词；小写斜体字母 l（爱人），s（仆人），b（恩人）等代表简单关系词；小写黑体字母 **g**（×××把×××给×××的给予者），**b**（×××把×××给×××的告密者）等代表结合词。大写字母 A，B 等代表个体词。"×××的父亲"是一个二元关系词，表示由对象偶（A，B）组成的一个系统，A 代表父亲，被称为关系项，B 代表儿子，被称为被关系项，而父子关系就是关于A 和 B 之间的一个事实。但是皮尔士在论述过程中，并没有严格把"关系词"和"关系"加以区分，我们可从上下文中分辨出来。例如，"×××的父亲"是一个关系词，但皮尔士也说"父亲"是一个关系词，实际上是指父子关系。

皮尔士说："令 A，B，C，D 等是所有的在论域中的个体对象；然后，所有的个体偶可以排成以下阵列：

A：A　A：B　A：C　A：D　等
B：A　B：B　B：C　B：D　等
C：A　C：B　C：C　C：D　等
D：A　D：B　D：C　D：D　等
　等　　等　　等　　等　　等

一个一般的关系词可以看成是若干个这样的个体关系词的逻辑和。令 l 代表'爱人'；那么我们可以写

$$l = \sum_i \sum_j (l)_{ij} \ (\mathrm{I} : \mathrm{J})$$

这里 $(l)_{ij}$ 是一个数字系数，如果 I 是 J 的一个爱人，则 $(l)_{ij}$ 的值为 1，否则为 0。这里，逻辑和对论域中的所有个体而取。"①

在这段话里，符号 l 表示二元关系词"×××的爱人"，或"爱人"，实际上是"爱"这种关系。这段话清楚地表明，皮尔士从外延上来考虑关系，把二元关系定义为对象偶的类，他进一步对这个定义作了推广，定义了三元关系、四元关系，等等。

皮尔士关系逻辑的基本运算如下：

1. 逻辑加。例如，$(l +, b)$ 意为"或是爱人，或是恩人，或既是爱人又是恩人"。这里，皮尔士对"或"作了相容性的解释。因此，$l +, b$ 也简单地表示为 $l + b$，$(l + b)_{ij} = (l)_{ij} + (b)_{ij}$。

2. 逻辑乘。例如，(l, b) 意为"既是爱人又是恩人"，定义为：

$$(l, b)_{ij} = (l)_{ij} \times (b)_{ij}。$$

这里下标 ij 表示对象偶，也就是后来所说的二元关系的一对变目。皮尔士明确地把 l，b，$(l + b)$，(l, b) 作为二元关系来处理，而不是只把它们当作关系词。

3. 关系加。皮尔士用剑号 † 来表示这种运算，它的定义是：

$$(l \dagger b)_{ij} = \Pi_x \ \{ \ (l)_{ix} + (b)_{xj} \}。$$

意为"除恩人外的所有人的爱人""x 的一个爱人，或者 x 是一个恩人""所有非恩人的爱人"。在上述定义中，皮尔士使用了全称量词 Π_x。

关系加这种运算很不自然，皮尔士引进它是为了同关系乘相对应，它们的否定可以适用德摩根律。

4. 关系乘。例如，lb 表示"一个恩人的爱人"，其定义是：

---

① *Collected Pepers of C. S. Peirce*，Vol. 3，§329.

$(lb)_{ij} = \sum_x (l)_{ix} (b)_{xj}$。

这里 $\sum_x$ 是存在量词，皮尔士对关系乘所作的定义比德摩根大大前进了一步。

5. 关系的否定。设原关系为 l，其否定为 $\bar{l}$。

6. 逆关系。设原关系为 l，其逆关系为 $\breve{l}$。

7. 关系幂。l^w，表示每一个女人的一个爱人。

8. 关系倒幂。l_s 表示仅仅一个仆人的一个爱人。

此外还有包含于和相等的运算，这是类的包含于和相等运算的推广。

皮尔士提出了关系逻辑的一些主要原理，其中有否定关系（补关系）和逆关系的原理、逻辑加与逻辑乘的原理、关系加与关系乘的原理、关系幂与关系倒幂的原理，等等，内容十分丰富。皮尔士对关系逻辑的贡献在于，他发展了德摩根提出的一些关系概念，并提出了崭新的关系概念，将关系理论构造成一种形式化的关系代数系统。

皮尔士在发展关系逻辑的同时，还建立了一套量词理论，这标志着数理逻辑的发展已成熟到建立谓词演算的程度。

上文说过，皮尔士在 1883 年的《关系词逻辑》中，开始在关系词中使用下标，并使用了全称量词和存在量词。

在 1885 年和 1897 年，皮尔士对量词理论做了进一步的说明，对三元以上的关系词进行了处理，制定了量词表达式的一些规则，精确地规定了两种量词的性质，并明确地指出了量词适用的论域（个体域）是无穷的。

皮尔士比较具体地给出了量词演算的一种程序，简述如下：

第一，把带有不同下标的不同前提写在一起（在两个命题中不使用同样的下标），把所有 Π 和 $\sum$ 放到左边。

第二，不改变任一前提的下标次序，属于不同前提的 Π 和 $\sum$ 可以相互变动，$\sum$ 尽可能放在 Π 的左边。

第三，在量词表达式中的布尔式子可以进行处理，以消去一些可消去的字母。

第四，量词表达式可进行变形，但其下标要指称同样的对象集合。

第五，对布尔式子进行变形，可以乘上一个布尔式子。

第六，在第五步之后，我们可在布尔式子中去掉一个因子或加上一个项。

第七，如果在布尔式子中不再出现一些量词的下标，那么就可去掉这些量词。

应用这些程序就可把全部量词挪到前面，后面紧跟布尔式子。皮尔士所提出的这种量词表达式，就是后来的斯柯伦前束范式。

皮尔士称"爱人""恩人""仆人"为第一意念的关系词，"×××与×××同一""×××与×××不同""×××与×××共存"为第二意念的关系词。他应用量词理论分析了同一、差异等第二意念。

综上所说，皮尔士在德摩根之后，发展了德摩根的关系理论，使用了逻辑代数的方法，建立了关系代数，并在关系代数中引入量词理论，提出了逻辑演算的一些重要原理。但是，在数理逻辑发展史上第一个全面系统地建立量词理论的荣誉应当归功于弗雷格，他在 1879 年出版了《概念语言》一书；这本著作的出版标志着数理逻辑的发展由创建时期进入奠基时期。另外，我们也必须承认皮尔士的历史功绩，他在 1883 年发表《关系词逻辑》时是独立于弗雷格的，对皮尔士的成就应当给予公正的评价。

三　分析的算术化

逻辑演算在 19 世纪末期建立绝不是偶然的。首先，从莱布尼茨以来 200 多年的逻辑学研究成果，特别是布尔的逻辑代数及其扩充如命题代数、关系代数等，从逻辑上为逻辑演算提供了资料；

另外，这些代数的不足，即缺乏严格性，在论证中往往诉诸感性直观，也从反面为新的逻辑演算指明了走向严格性的方向。其次，19 世纪的数学发展对逻辑提出了很高的要求。这时数学分析的基础得以初步确立，法国数学家柯西（A. Cauchy）提出了极限理论，德国数学家魏尔斯特拉斯（Weierstrass）提出了 $\varepsilon - \delta$ 定义。但是极限理论有一定的缺陷，其中有一条定理"有界单调的数列必有极限"，这是其他一切性质的基础，别的性质都可由它推出。长期以来，人们把上述定理化归为几何，依赖直观。但是几何公理中根本没有讨论到连续的性质，更没有讨论到极限。所以单凭几何直观并不能推出上述定理，看来必须另谋出路。魏尔斯特拉斯在 1872 年宣布了一个重要结果：存在着处处没有导数的连续函数，或者等价地说，存在着在任何点上都没有切线的连续函数。这与人们的直观发生冲突。人们通常认为，一条连续曲线除了可能在某些孤立的点没有切线外，在其他点必定处处有切线。这就充分说明，在数学推理中不能依靠直观，必须使用严格的推理。极限理论以及连续性、可微性同实数系的性质有关，因此魏尔斯特拉斯提出一个设想：实数理论本身首先应该严格化，然后数学分析的所有概念应由实数理论导出。这就是所谓分析的算术化。19 世纪末期，魏尔斯特拉斯及其后继者们使这个设想得到实现，整个数学分析可从表明实数系特征的形式公理系统中逻辑地推导出来。分析的算术化不但推动了数学的发展，确立了分析的实数理论基础，继而又把实数理论化归为自然数理论，而且推动了逻辑形式化的发展。弗雷格正是在这样的时代背景下去建立新的逻辑的。他比分析的算术化方向走得更远，提出了算术与逻辑同一的纲领，试图从新的逻辑演算推出算术。下面我们首先介绍弗雷格的逻辑演算系统。

四　弗雷格的逻辑演算

弗雷格（G. Frege，1848—1925）是德国著名逻辑学家、数学家和哲学家。1869—1871 年先后在耶拿大学、哥丁根大学学习，1873 年获博士学位，1874 年起在耶拿大学任教，直到 1918 年退休。他是数理逻辑的奠基人之一，是罗素的先行者与"逻辑主义"的先驱。弗雷格的著作甚丰，主要专著有：《概念语言——一种按算术的公式语言构成的纯思维公式语言》（1879）、《算术基础》（1884）、《算术的基本规律》（第一卷，1893；第二卷，1903）；著名论文有：《函项和概念》（1891）、《论概念和对象》（1892）、《论涵义和所指》（1892）。

弗雷格为了实现从逻辑推出算术的目标，创建了严格的逻辑演算。弗雷格认为，逻辑演算必须使用严格的形式语言，他称这种语言为"概念语言"或"表意语言"。他明确地表示，他想要创造一种语言来分析数学推理，所以谨慎地避免用布尔改成的代数符号体系。他在对"序列"进行逻辑分析时面临一些困难，主要就是普通语言的不精确性和歧义性，所以他要创立一种新的工具。概念语言是以算术的公式语言为模型的，它与普通语言的关系就好像显微镜和肉眼的关系。弗雷格认为用这种语言进行推理可以觉察隐含的前提和有漏洞的推理步骤，可以使我们最可靠地检验一串推理的有效性。弗雷格还要求他的概念语言具有莱布尼茨在 17 世纪对逻辑演算所说的那些优点。弗雷格对概念语言作用的分析，对概念语言同普通语言关系的分析，大大发展了莱布尼茨创立"普遍语言"的思想，克服了布尔的代数语言的局限性，为现代逻辑的形式语言理论奠定了基础。下面我们来看一看弗雷格逻辑演算系统的要素及其全貌。

（一）断定记号

弗雷格严格区分了对于命题的表达与断定。命题表达思想，指示其真值。我们先要能够表达一个思想，然后才能对它加以断定。他用一条垂直短线加上一条水平短线，表示右方的记号或记号组合（代表命题）是被断定了的（判断）：

├A

垂直短线"│"被称为判断短线，水平短线"—"被称为内容短线。"├"是一个断定符号，如果去掉判断短线，那么"—"表示内容短线右方的记号所表达的内容是本人没有加以断定的。"—A"是一个整体，断定是对这个整体的断定。凡在内容短线后面的记号必定表达可断定的内容。例如"├A"代表"相反的两个磁极互相吸引"这个判断，但"—A"不表达这个判断，只在读者心中产生相反磁极互相吸引的观念。

（二）真值蕴涵和初始联结词

弗雷格对条件联结词作了真值蕴涵的解释。如果 A 和 B 代表可断定的内容，那么就有以下四种可能性：

①A 是肯定的并且 B 是肯定的；

②A 是肯定的并且 B 是否定的；

③A 是否定的并且 B 是肯定的；

④A 是否定的并且 B 是否定的。

这个符号表示以下判断：第三个可能性不发生，而其余三个可能性中的每一个实现。他把连接两条水平短线的垂直线称为条件短线。显然，以上公式就是现在的"├B→A"（B 蕴涵 A）。这里，弗雷格明确地引进了实质蕴涵的真值表，并把实质蕴涵符号作为一个初始联结词。

这个符号表示："A 不出现"，这就是 A 的否定，即├¬A。断定符号下面的垂直短线被称为否定短线。否定词是另一个初始联结词。把内容短线、条件短线和否定短线以各种方式组合起来，就可以表达其他联结词。

（三）符号≡的含义

弗雷格在《概念语言》中，把"≡"看成是两个名称之间的关系，它是表达内容同一的符号。弗雷格说："⊢（A≡B）意为：记号 A 和记号 B 具有同样的概念内容，使得我们总能用 B 替换 A，反之亦然。"① 弗雷格的这种说法很不精确，后来，他把"概念内容"这一概念分成"涵义"和"所指"，把符号"≡"改为"＝"。"＝"不被看成两个名称之间的关系，而是看成名称的所指之间的关系。"＝"用于专名的所指，相当于等词；用于命题的所指（真值），相当于等值符号"↔"。

（四）函项和量词

引进函项和变目的概念来代替传统的主项和谓项的概念，这是弗雷格的一大贡献。他说："如果在一个表达式中（表达式的内容不一定可变成一个判断），一个简单的记号或复合的记号有一个或多个出现，并且如果我们把那个记号看成是可用某个其他记号替换那个记号的所有出现或有的出现（但每一个地方是用同样记号替换），那么我们把在表达式中保持不变的部分叫做函项，把可替换的部分叫做函项的变目。"② 他后来在《函项和概念》中说："函项本身必须称之为不完全的，需要加以补充，或者说，它是'未饱和的'。"③ 弗雷格所说的"函项"实际上是函项关系或函项运算，他的用词不太精确。严格说来，函项运算是指 φ 或 φ（　），具有空位，意义不完整，用弗雷格的话来说，函项运算具有"未饱和性"，但它是确定的；函项是指 φ（x）含有变元 x，是不确定的。弗雷格的用词虽不太精确，但他的论述还是清楚的。他在《函项和概念》（1891）、《算术的基本规律》（第一卷，1893）和《什么是函项》（1904）等著作中对函项和函项运算又作了进一步的论述，他引进了变目空位的概念，并用小写希腊字母 ξ 等表示

---

① 《概念语言》§8。《概念语言》英文本载 J. van Heijenoort 编的 *From Frege to Gödel*（Harvard University Press，1977）。

② *From Frege to Gödel*, p. 22.

③ *Translations from the Philosophical Writings of Gottlob Frege*, New York，1952，p. 24.

变目空位。他说："这种对完整性的需要可用空括号来表明，例如'sin（　）'或'（　）^{2} +3·（　）'。这也许是最适当的记法，最适宜避免把变目记号当作函项记号的一部分所产生的混乱；但很可能它不被接受。一个字母也可用于这个目的。如果我们选用'ξ'，那么'sinξ'和'ξ^2 +3·ξ'就是函项记号。但是在这样的情况下必须规定：'ξ'在这里所做的唯一事情就是表明所要填入的记号必须插进的空位。"[①]

弗雷格在这里所说的"函项记号"就是函项运算，这比用"函项"这个词来表示函项运算要精确。由上可见，弗雷格明确地定义了"函项记号"（函项运算），他没有把 φ（　）和 φ（A）当成一个东西。弗雷格在《概念语言》中把 φ（A）称为变目 A 的不定函项，同样 φ（A，B）是变目 A 和 B 的不定函项。[②] 总之，我们有充分根据可以断言，弗雷格在数理逻辑发展史上，也是在数学发展史上，第一次对函项运算的本质作了科学的规定。近代数学严格区分函项运算和函项，把函项运算从函项中独立出来，并独立地进行研究，形成了算法理论或可计算性理论。我们应该说，可计算性理论的鼻祖是弗雷格。

弗雷格定义的函项运算是广义的，但他在研究逻辑时的函项限于命题函项。他在《概念语言》中把函项的值限于命题，或者说，"可能变为判断的内容"。他这时还没有提出"命题的所指即真值"的理论，因此上述命题函项是内涵命题函项。他在 1892 年发表《论涵义和所指》以后，才明确指出函项的值取命题真值的思想，这就是后来所说的外延命题函项。在外延命题函项中，他注重一元的和二元的两种。他把一元函项运算叫作概念，取值是

①　*Translations from the Philosophical Writings of Gottlob Frege*, New York, 1952, p. 114.

②　*From Frege to Gödel*, p. 23. f.

真值："一个概念是一个其值总为真值的函项。"① 例如，"1 的平方根"是一个概念，与它相对应的函项是 $x^2 = 1$，实际上应是函项运算 $(\ )^2 = 1$。一元函项 $\varphi(A)$ 读为："A 有特性 φ"，$\varphi(\ )$ 是一元函项运算，表示"$(\ )$ 有特性 φ"，含有一个空位，弗雷格称它为"概念"，也就是现在所说的一元谓词。二元函项 $\psi(A, B)$ 读为："B 对 A 有关系 ψ"或"B 是把程序 ψ 应用于对象 A 的结果"。弗雷格把 ψ 即带两个空位的 $\psi(\ ,\ )$ 叫作关系或程序，可见他把 ψ 或 $\psi(\ ,\ )$ 同不定函项 $\psi(A, B)$ 作了区分，关系 ψ 或 $\psi(\ ,\ )$ 是二元谓词。弗雷格提出函项理论的一个主要目的就是把它应用于量词理论，他实际上把现在所说的"谓词"看成是带有空位的函项运算。

在函项理论的基础上，弗雷格在数理逻辑发展史上第一次引进了全称量词公式 $(\forall x)\ \varphi(x)$ 和存在量词公式 $(\exists x)\ \varphi(x)$。他是用类似于上述命题符号的二维图形来表示的，这里从略。

（五）一阶谓词演算的公理和规则

公理有 9 条。在《概念语言》一书中，这 9 条公理的编号分别为（1），（2），（8），（28），（31），（41），（52），（54）和（58）。为方便起见，我们用现在通行的符号把他的 9 条公理改写如下（公理前省去了断定符号，为了同他的编号相区别，我们的编号用方括号：

[1] $p \rightarrow (q \rightarrow p)$，

p 蕴涵（q 蕴涵 p），即任何命题蕴涵真命题，这是一个怪论。

[2] $(p \rightarrow (q \rightarrow r)) \rightarrow ((p \rightarrow q) \rightarrow (p \rightarrow r))$，

这是蕴涵词的分配律，从 $p \rightarrow (q \rightarrow r)$ 可得 $(p \rightarrow q) \rightarrow (p \rightarrow r)$。

[3] $(p \rightarrow (q \rightarrow r)) \rightarrow (q \rightarrow (p \rightarrow r))$，

① *Translations from the Philosophical Writings of Gottlob Frege*, New York, 1952, p. 30.

这是前件交换律,从 p→（q→r）可得 q→（p→r）。

［4］（p→q）→（¬q→¬p），

这是易位律,从 p→q 可得¬q→¬p。

［5］¬¬p→p，

［6］p→¬¬p，

［5］和［6］是两条双重否定律。

［7］（a＝b）→（F（a）→F（b）），

这是同一的东西不可分辨性原理,从 a＝b 可得 F（a）→ F（b）。

［8］a＝a，

这是等词的同一律。

［9］（∀x）F（x）→F（a），

这是全称消去律,从所有 x 是 F 可得 a 是 F。

除公理外还有 4 条变形规则。

第一条是分离规则:从 B→A 和 B 可得 A。

第二条是代入规则,弗雷格在推演中使用了,但没有加以严格陈述。

第三条是后件概括规则:从 A→φ（a）可推出 A→（∀x）φ（x）,假定 a 不在 A 中出现并且仅在变目位置上。

第四条是后件限制规则:从 B→（A→φ（a））可推出 B→（A→（∀x）φ（x）），假定 a 不在 A 或 B 中出现,φ（a）中的 a 仅处于变目位置上。这是第三条规则的推广,弗雷格认为,这条规则可化归为第三条规则,因而原则上可以省略。化归的方法是,将 B→（A→φ（a））变形为（B∧A）→φ（a），然后用第三条原则得到（B∧A）→（∀x）φ（x），再变形为 B→（A→（∀x）φ（x））。

弗雷格在这个公理系统的基础上,进行了大量推导,得出了许多定理。公理［1］—［6］,推理规则 1 和 2 构成命题演算系统，它是一阶谓词演算的子系统。

弗雷格的推导是严格的，我们看一个从公理［1］a→（b→a）和［2］（c→（b→a））→（（c→b）→（c→a））推导的例子：

　　① a→（b→a）　　　　　　　　　　　　　公理［1］

　　② （c→（b→a））→（（c→b）→（c→a））　　公理［2］

　　③ （c→（b→a）→（（c→b）→（c→a）））→（（b→a）→（c→（b→a）→（（c→b）→（c→a））））［在①中以②代 a，以 b→a 代 b］

　　④ （b→a）→（c→（b→a）→（（c→b）→（c→a）））［②③分离］

弗雷格的系统是完全的，但不具有独立性。波兰著名逻辑学家卢卡西维茨在1936年证明：弗雷格原来的公式（8）（第三条公理）可从前两条公理推出。实际上，两条双重否定律和第四条公理［原公式（28）］也可从前两条公理和公式（¬p→¬q）→（q→p）推出。因此，弗雷格的命题演算可简化成3条公理，在现代的一些数理逻辑教科书中，如哈密尔顿的《数学家的逻辑》，[1]就采用了弗雷格的第一、二两条公理和上述的一条新公理（¬p→¬q）→（q→p）作为命题演算公理。

弗雷格在陈述他的公理系统时，还区别了对象语言和元语言。他把公理和定理称为"纯思维的判断"，把推理规则称为"运用我们符号的规则"，"这些规则……不能在概念语言中表达，因为它们是这语言的基础"。[2]他在讨论对象语言而不是使用对象语言时，用大写希腊字母 A，B，Γ 等，这些字母实际上就是语形变元。

总之，弗雷格在数理逻辑发展史上第一次构造了命题演算和

---

　　[1]　哈密尔顿：《数学家的逻辑》，骆如枫等译，商务印书馆1989年版，第37—38页。

　　[2]　*From Frege to Gödel*, p. 38.

谓词演算的形式公理系统；对形式语言的本质，对象语言和元语言的区别，以及函项的本质，都做了科学的规定。弗雷格逻辑演算系统的建立标志着数理逻辑的基础已经初步奠定，他的功绩是前无古人的。

五 皮亚诺的符号体系

皮亚诺（Giuseppe Peano，1858—1932）是意大利逻辑学家、数学家和语言学家。生于斯宾尼塔，卒于都灵。1880 年毕业于都灵大学，从 1881 年秋季起，任都灵大学数学教授吉诺基的助手，后来还接替吉诺基的工作；1890 年被任命为都灵大学临时教授，1895 年晋升为常任教授。他曾发明一种世界语。其主要著作有：《用一种新方法陈述的算术原理》（1889）、《数学的陈述》（5 卷，1894—1908）等。

皮亚诺在微积分、微分方程等方面都有贡献。他对数理逻辑的奠基起了重要的作用，对罗素有重大影响。他发明了一种表意语言，这种语言符号简单清晰，易于辨认和阅读，其中的许多符号在现代的文献中仍在使用。皮亚诺及其合作者利用这种符号语言，分析了数学各分支大量的命题，说明了用这种语言表达数学思维是足够的、可行的。总的来说，他没有构成一个完全的逻辑系统，没有取得像弗雷格所取得的那种逻辑成就，但是他独立于弗雷格，在数理逻辑和数学基础方面取得了不少新成果。

（一）数理逻辑

皮亚诺首先区别了命题演算与类演算，他认为这是两种不同的演算，而不是同一种演算的两种解释。在两种演算中，命题演算更为基本。我们首先看一看他的命题演算。

a，b，c…代表命题。

表达式 a Ɔ b 意为人们从 a 推演出 b。这相当于罗素的马蹄形蕴涵号 Ɔ。

对命题 a，b，c⋯同时肯定可用记号 ∩ 表示为 a∩b∩c，也可表示为 abc，这相当于合取。

下面我们列举一些皮亚诺在《数理逻辑》一文（载《数学的陈述》第二卷）中的命题演算公式。[①] 在第一节中有 45 个公式，主要有

1. a ⊃ a　　　　　　　　　　[P$_P$]

[P$_P$] 表示初始命题。这个公式是说，a 推演出 a，相当于"如果 a 则 a"，表达了同一律。以下 P1 代表命题 1，即 a ⊃ a。

2. a ⊃ aa　　　　　　　　　　[P$_P$]

这个公式是说，a 推出 a 和 a，aa 是合取，皮亚诺在这里省略了合取号；以下他用点号表示合取，也表示括号，罗素采用了这种记法。

3. a = b. = . a ⊃ b. b ⊃ a　　　　[Def]

[Def] 表示定义。这个公式是说，a = b 定义为 a 推出 b 并且 b 推出 a。= 号相当于等值号即双蕴涵号，罗素用的是 ≡。

4. a = a　　　　　　　　　　[P1. ⊃ . P4]

[P1. ⊃ . P4] 表示公式 4 是从公式 1 推演出来的。这里，皮亚诺使用了分离规则，但未加陈述。

5. ab ⊃ a　　　　　　　　　　[P$_P$]

6. a = aa　　　　　　$\left[P2. \binom{a}{b} P5. ⊃ . P6 \right]$

右边的括号表示公式 6 的证明方法。取命题 2，在命题 5 中以 a 代 b，得到：

a ⊃ aa 和 aa ⊃ a，据定义（命题 3）可得 P6：a = aa。

在命题 6 的证明中，皮亚诺使用了代入规则，但未加陈述。实际上由命题 2 和命题 5（经代入后），还需用一条规则（现在称

① Cf A. Dumitriu, *History of Logic*, Vol. iv, Abacus Press, 1977, pp. 67 - 80.

之为合取引入规则）得到 a $\supset$ aa. aa $\supset$ a，这样才能用命题 3 得到结论。

7. ab $\supset$ ba $\qquad\qquad$ [P_P]

8. ab = ba $\qquad\qquad$ $\left[\text{P7.}\begin{pmatrix} b, & a \\ a, & b \end{pmatrix}\text{P7.}\supset.\text{P8}\right]$

命题 7 是初始命题，命题 8 由命题 7 来证明。取命题 7 以及在命题 7 中以 b 代 a，以 a 代 b，得到：

ab $\supset$ ba

ba $\supset$ ab

据命题 3 可得 ab = ba。命题 7 和命题 8 都是合取交换律。

9. abc $\supset$ acb

10. abc = acb

命题 9 和命题 10 是合取结合律。

11. a $\supset$ b. $\supset$. ac $\supset$ bc

12. a. a $\supset$ b. $\supset$. b

命题 12 相当于假言推理肯定式。

13. a $\supset$ b. b $\supset$ c. $\supset$. a $\supset$ c

这是蕴涵传递律，亦称三段论律。

皮亚诺关于否定词"－"的公式有 30 个，现列举如下几个：

1. a $\supset$ b. $\supset$. －b $\supset$ －a $\qquad\qquad$ [P_P]

这是假言易位律：如果 a 则 b，那么非 b 则非 a。

2. a = b. $\supset$. －a = －b $\qquad\qquad$ $\left[\text{P1.}\begin{pmatrix} b, & a \\ a, & b \end{pmatrix}\text{P1.}\supset.\text{P2}\right]$

3. －（－a）= a $\qquad\qquad$ [P_P]

4. a $\supset$ b. =. －b $\supset$ －a $\qquad\qquad$ $\left[\text{P1.}\begin{pmatrix} -b & -a \\ a & b \end{pmatrix}\text{P1.}\supset.\text{P4}\right]$

5. a = b. =. －a = －b $\qquad\qquad$ [P2. $\supset$. P5]

6. $a \cup b = - [(-a)(-b)]$ [Def]

皮亚诺的 $\cup$ 相当于罗素的析取号 $\vee$，合取和否定是初始符号，析取由它们来定义。上述命题说，a 或 b 等值于并非（非 a 且非 b）。

7. $- (a \cup b) = (-a)(-b)$ [P6. ⊃. P7]

8. $- ab = (-a) \cup (-b)$ $\left[\begin{pmatrix} -a, & -b \\ a & b \end{pmatrix} \text{P6.} ⊃. \text{P8} \right]$

7 和 8 后来被称为德摩根律：否定析取得合取，合取中的符号相反；否定合取得析取，析取中的符号相反。

皮亚诺在命题演算中还引进符号 Λ 和 V，Λ 代表假（在类演算中代表空类），V 代表真（在类演算中代表全类）。

在皮亚诺的类演算中有以下一些重要概念：

K 代表类。如果 a 是一个 K，$x \varepsilon a$ 表示"x 是一个 a"。皮亚诺第一次用小写希腊字母 ε 表示一个元素 x 属于一个类 a。

$a ⊃ b$ 意为"类 a 包含于类 b 中"，也就是说 a 的所有元素都在 b 的元素中。推演符号仍用 ⊃ 表示。后来罗素改用 $\subset$ 表示"包含于"。

$a \cup b$ 意为"由类 a 和 b 的所有元素形成的一个新类"，也就是 a 和 b 的并。

$a \cap b$（或 ab）意为"类 a 和 b 的交"。

单元类用希腊字母 ι 表示；ιx 意为仅有一个元素 x 的类。单元类中的个体 x 用倒 ι 即 $\overline{\iota}$ 表示，$\overline{\iota} x$ 意为唯一的 x，不要混淆 ι 和 $\overline{\iota}$。

记号 $\overline{x\varepsilon}$ 表示"所有那些东西"，$\overline{x\varepsilon}(x \varepsilon a) = a$ 这个公式是说："所有那些属于类 a 的东西是类 a"。$\overline{x\varepsilon}$ P 表示"满足条件 P（包含 x）的 x 组成的类"。$\overline{x\varepsilon}$ 也写成 $x\exists$，相当于全称量词。

记号 $\exists$ 代表"有一个"，是存在量词符号，$\exists a . ⊃ . a \varepsilon K$，意为"如果 a 存在，那么 a 是一个类并且 a 不是空的"。

在类演算中，皮亚诺列出了一些初始命题和若干定理。我们不准备列举，只提出以下两条定理：

$\iota x = \overline{y\varepsilon}\,(y = x)$，这是说，仅由一个元素 x 组成的单元类，等同于所有那些等于 x 的东西，这是单元类的一个特点。

$y\varepsilon\iota x. =. y = x$，这是说，y 是单元类 ιx 的一个元素与 $y = x$ 是同样的意思，这也是单元类的一个特点。

皮亚诺在处理类演算时还引进了全称量词的表示方法，例如：

$$a \supset b. =. x\varepsilon a. \underset{x}{\supset}. x\varepsilon b$$

这个公式是说：类 a 包含于类 b，等于说对所有 x 而言，如果它属于 a，那么它就属于 b。这里，在推演符号 $\supset$ 的右下角带有 x，这就是全称量词，辖域是 $x\varepsilon a. \supset. x\varepsilon b$。在 1903 年，皮亚诺提出了"真实变元"和"表面变元"的概念，罗素采用了这一说法，也就是现在数理逻辑书上所说的"自由变元"和"约束变元"。

以上是皮亚诺在数理逻辑方面的工作，下面我们要介绍他在数学基础方面的工作。

（二）数学基础

1889 年，皮亚诺出版了《用一种新方法陈述的算术原理》，[①]提出了自然数算术的一个公理系统，明确地使用了"公理"的概念，列出了如下九条公理：

1. $1\varepsilon N$

这是说，1 是一个数。

2. $a\varepsilon N. \supset. a = a$

如果 a 是一个数，则 $a = a$。

3. $a, b\varepsilon N. \supset: a = b. =. b = a$

如果 a，b 是数，则 $a = b$ 等值于 $b = a$。

4. $a, b, c\varepsilon N. \supset: .a = b. b = c: \supset. a = c$

从 a，b，c 是数可推演出：如果 $a = b$ 并且 $b = c$ 则 $a = c$。

---

①　*From Frege to Gödel*，pp. 83 – 97.

5. a = b. bεN：⊃. aεN

由 a = b 并且 b 是一个数可得：a 是一个数。

6. aεN. ⊃. a + 1εN

如果 a 是一个数，则 a + 1 即 a 的后继也是数。

7. a, bεN. ⊃：a = b. =. a + 1 = b + 1

由 a, b 是数可得 a = b 等值于 a + 1 = b + 1

8. aεN. a + 1 − = 1

如果 a 是数，则 a + 1 不等于 1。

9. kεK：. 1εk：. xεN. xεk：⊃$_x$. x + 1εk：：⊃. N⊃. k

这是数学归纳法原则：由 k 是一个类并且 1 属于 k，并且对所有 x 而言，如果 x 属于 N 并且 x 属于 k 则 x + 1 属于 k，可以推出 N 包含于 k。这里 k 是类变元，K 是类的类。

公理 2—5 是关于相等的，其他五条是刻画自然数的，后来被称为"皮亚诺公理系统"，用文字可陈述为：

1. 1 是一个数（后来皮亚诺改用 0），

6. 任一数的后继是一个数，

7. 没有两个数具有相同的后继，

8. 数 1 不是任何数的后继（后来改用 0），

9. 任何性质，如果 1 具有而且任何数的后继也具有的话，则所有数都具有此性质（后来改用 0）。

从 1 开始，皮亚诺用 x + 1 表示后继函数。然后引进了加法和乘法的递归定义。

加法定义（原编号为 §1, 18）：

a, bεN. ⊃. a + (b + 1) = (a + b) + 1

皮亚诺对这个定义解释说：如果 a 和 b 是数，并且如果 (a + b) + 1 有意义（即如果 a + b 是一个数）但 a + (b + 1) 还未定义，那么 a + (b + 1) 意为 (a + b) 后的一个数。

乘法定义（原编号为 §4, 1 和 2）：

1. aϵN. $\supset$. a × 1 = a

2. a，bϵN. $\supset$. a × （b + 1） = （a × b） + a

由上可见，皮亚诺给出的加法和乘法的定义就是现在的递归定义。

在《用一种新方法陈述的算术原理》中的逻辑部分，皮亚诺列出了命题演算的公式，类演算的公式，还有一部分量词理论，但都没有证明程序。由于没有给出推导规则，因而在算术部分就没有可用的逻辑。他在给出算术证明时是不严格的。在《用一种新方法陈述的算术原理》中，皮亚诺还处理分数、实数、极限的概念和点集论的一些定义。

在《用一种新方法陈述的算术原理》发表以后，1895 年至 1908 年，皮亚诺相继发表了五篇用数理逻辑的记法说明数学公式的文章，每一篇都用五条公理（但用 0 代替了 1）作为算术基础。他在 1891 年的一篇文章中，用模型方法证明了五条公理是独立的。

以上我们简略地介绍了皮亚诺在数理逻辑和数学基础方面所做的工作，由此我们可以看出他对数理逻辑的主要贡献有：

1. 创立了一套简单清晰的表意语言符号。有些符号现在仍被使用，例如用 ϵ 表示属于的关系，用 $\cap$ 表示唯一性等；有些符号被罗素的著作所采用；有些符号在形式上被做了一些改动，演变为现在通行的一些符号，如蕴涵号、否定号、合取号和析取号等。

2. 区别了命题演算和类演算，并认为命题演算更为基本。它们不是同一种演算的两种不同的解释。

3. 提出了一部分量词的理论。

4. 区别了类和类之间的包含关系与分子属于类的关系，a $\supset$ b 表示 a 包含于 b，aϵb 表示 a 属于 b。

5. 区别了某一个体同以此个体为唯一分子的单元类，ιx 表示单元类，$\cap$x 表示唯一的个体 x。

皮亚诺在数学基础方面的主要贡献是提出了自然数的公理系统，对后来的发展具有很大影响，为形式算术系统奠定了基础。

罗素对皮亚诺的贡献给予了很高的评价，他说："在 1900 年巴黎开国际哲学会的时候，我意识到逻辑改革对数理哲学的重要性。我是因为听了来自都灵的皮亚诺和到会的一些别的哲学家的讨论才认识到了这一点。在此以前，我不晓得他曾做过一些什么。但是我深深感到，在每项讨论的时候，他比别人更精确，在逻辑上更严密。我去见他，并对他说：'我想把你所有的著作都读一下，你身边有吗?'他有。我立刻把他的著作都读了。正是这些著作促进了我对于数学原理有我自己的主张。……皮亚诺所给我的启发主要来自两个纯乎是技术上的进步。……第一种进步是把'苏格拉底是不免于死的'这种形式的命题和'一切希腊人是不免于死的'这种形式的命题分开。……我从皮亚诺听到的第二个重要的进步是，由一个项所成的一个类和那个项并不相等。……除了我所提到的事项以外，在皮亚诺和他的门徒的工作中还有一些东西使我喜欢。我喜欢他们不用图形发展几何学的方法，这样就表示康德的直观是用不着的。"①

皮亚诺的工作存在着很大的缺陷，他没有像弗雷格那样构成一个完整的逻辑演算。他在逻辑推导过程中，虽然有"代入"的概念，但未能陈述代入规则；更重要的是，他没有陈述分离规则，这一点同他把符号⊃解释成推出，而不是解释成真值蕴涵有密切的联系。因此，他在逻辑推导过程中要诉诸直观的论证。正因为如此，他的算术公理系统也不是严格的形式系统。尽管有这些缺陷，皮亚诺在数理逻辑史上的功绩仍然是不可磨灭的。

---

① 《我的哲学的发展》，第57—64页。

第 三 章

罗素的数理逻辑
——其内容和方法

第一节　从《关系逻辑》到《数学原理》

罗素的数理逻辑成果集中表现在他与怀特海合著的三大卷《数学原理》（1910—1913）之中。在这之前，罗素已发表了三篇逻辑论文《关系逻辑》（1901）、《论指称》（1905）、《以类型论为基础的数理逻辑》（1908），出版了一部专著《数学的原则》（1903），这些论文和专著的成果全都被吸收进《数学原理》，为避免与后面的内容重复，本节对它们只做简单介绍。

一　《关系逻辑》

上文说过，皮亚诺对罗素的启发有两个技术上的进步。

第一个进步是区分了"苏格拉底是有死的"和"一切希腊人是有死的"这两种不同形式的命题，前者是一个个体属于一个类，后者是一个罗素后来所说的形式蕴涵。自亚里士多德以来，人们都认为两者没有区别，但是罗素认为："如果看不出这两种形式是完全不同的，那么不论是逻辑还是算术，都不会有长足的进展。"①

---

① 罗素：《我的哲学的发展》，商务印书馆 1982 年版，第 58 页。

第二个进步是由一个项所成的一个类和那个项并不相等。如"地球的卫星"是一个类，现在被称为单元类，它只有一个项，即月亮。如果不做这种区分，就会在集合论里引起完全无法解决的问题来。

罗素还研究了皮亚诺的记法，深受影响。在他的第一篇逻辑论文《关系逻辑》中采用了皮亚诺的记法。这篇论文写于 1900 年 9 月，1901 年发表于皮亚诺的《数学评论》。后来被英国哲学家马什编入罗素论文集《逻辑与知识》。① 罗素认为，关系逻辑是数学的基础。罗素的目的是要使用皮亚诺的记法大幅度地简化关系逻辑，并补充皮亚诺所做的工作。罗素自己认为这篇论文最重要的贡献是"关于基数的定义"。《逻辑与知识》编者马什说："本篇论文使我们清楚地看到哲学上出现了具有第一流水准的创造性思想，而且，由于本文的发表（当时罗素年仅 29 岁），他作为'享有盛名的思想家'的最终地位似乎就已经确立。"②

本文分六个部分：关系的一般理论、基数、序数、有穷与无穷、紧致序列和一个紧致序列中的基本序列。在第一部分中，罗素给出了逆、传递、对称、等同、相异（不等同）、多对一、一对多、一对一等关系的初始观念、定义、初始命题，下面举几个例子：

1.0　初始观念：Rel = 关系

1.1　$R \varepsilon Rel. \supset : xRy. =. x$ 与 y 有关系 R

1.21　$R \varepsilon Rel. \supset . \sigma = x3 \{\exists y3 (xRy)\}$　　　定义

1.22　$R \varepsilon Rel. \supset . = \breve{\sigma} = x3 \{\exists y3 (yRx)\}$　　　定义

定义 1.21 是说，σ 是关系 R 的前域，即与有的 y 具有 R 关系的所有 x 的类，$x3$ 是全称量词，$\exists y3$ 是存在量词；定义 1.22 是

① 罗素：《逻辑与知识》，苑莉均译，张家龙校，商务印书馆 1996 年版，第 1—68 页。
② 罗素：《逻辑与知识》，苑莉均译，张家龙校，商务印书馆 1996 年版，第 2 页。

说，$\breve{\sigma}$ 是关系 R 的后域。

1.8　初始命题 $\exists \text{rel} \cap R_3$（$\sigma = \iota x. \breve{\sigma} = \iota y$）

这个初始命题在算术中很重要，它是说，在两个个体之间存在一种对任意其他一对个体并不成立的关系。

1.96　R_1, $R_2 \varepsilon \text{rel}. \supset : . x (R_1 \cap R_2) y. = : xR_1y. xR_2y$，这是逻辑积的定义。

*2.1　R_1, $R_2 \varepsilon \text{rel}. \supset . xR_1R_2z. = . \exists y_3 (xR_1y. yR_2z)$，这是关系积的定义。

罗素提醒读者要严格区别这两个积，我们有 $R_1 \cap R_1 = R_1$，但一般没有 $R_1R_1 = R_1$，例如父亲和父亲的关系积是祖父，而不是父亲；我们有 $R_1 \cap R_2 = R_2 \cap R_1$，但一般没有 $R_1R_2 = R_2R_1$，例如外祖父是父亲和母亲的关系积，而不是母亲和父亲的关系积。

这一部分有一个重要的命题6.2，断定：所有的传递的、对称的和非空的关系都可以分析成为一种多对一关系及其逆的关系积。

在第二部分中，罗素用比较复杂的公式给出了"基数"的定义。通俗地说，一个类 u 的基数是相似于 u 的许多类的那个类，而许多类中每一类都与"基数"这个类有一一对应关系，而具有这样一种对应关系的每一个类都属于这个基数类。

其他部分主要讨论了序列和紧致序列的理论。所谓一个序列就是连续的项，由传递的并且包含在相异（不等同）关系之中的关系 R 所生成。如果在一个序列的任何两个项之间含有一个项，那么它就是紧致序列。罗素的论述很详尽，这里不赘述。

二　《数学的原则》

《数学的原则》一书出版于 1903 年，分为以下七个部分：数学的不可定义性、数、量、序、无穷和连续、空间、物质和运动，共 59 章，两个附录：弗雷格的逻辑与算术学说，以及类型论。本书原计划为第一卷，用非技术的语言写成，为数学家也为哲学家而写，是第二卷的一个引论；第二卷与怀特海合作，专门为数学家而写，从符号逻辑的前提出发，经过有穷的和无穷的算术而达到几何的演绎序列，这第二卷后来成为《数学原理》。《数学的原则》有两个主要目的：

一是要证明逻辑与数学同一的基本论题：整个纯数学只是处理那些借助于很少的基本逻辑概念可以定义的概念，并且纯数学的所有命题都可从很少的基本逻辑原理演绎出来。罗素说："全部数学是符号逻辑这一事实是我们这个时代最伟大的发现之一；而且当这一事实确立之后，数学原理就只剩下了对符号逻辑本身的分析。"① 罗素在 1937 年出版的《数学的原则》第 2 版导论中强调说："数学与逻辑同一这个基本论题，正是我迄今尚未看到有任何理由要去进行修改的一个论题。"②

二是阐释数学所接受的不可定义的基本概念。

罗素在该书中第一次"试探性地提出"类型论的思想。在专门讨论悖论（当时被称为矛盾）的一章中提出用类型来区分类和类的元素。他说："如果一些项的汇集只能通过可变的命题函项来定义，那么，虽然作为多的类可被承认，但作为一的类必须被否定。……我们将说，作为一的类是同它的项有同样类型的一个对象；即任一命题函项 $\varphi(x)$ 是有意义的，如果作为一的类代 x 时以一个项代 x，$\varphi(x)$ 也是有意义的。但是作为一的类并不总是存在的，作为多的类具有同该类的项不同的类型……逻辑类型的区分是全部秘密的关键。"③ 这就排除了他提出的悖论（所有不是自身分子的类组成的类，后被称为罗素悖论），因为所有不是自身分子的类组成的类具有同该类的项不同的类型，说 $K\varepsilon K$ 是无意义的。罗素在附录"类型论"中说："每一命题函项 $\varphi(x)$ 除了有

① Russell, *The Principles of Mathematics*, Second edition, London, 1937, p. 5.

② Russell, *The Principles of Mathematics*, Second edition, London, 1937, p. v.

③ Russell, *The Principles of Mathematics*, Second edition, London, 1937, §104.

真值域外，还有意义域，即如果 φ（x）是一个真或假的命题，那么 x 必在此域中。这是类型论的第一点；第二点是，意义域构成类型，即如果 x 属于 φ（x）的意义域，那么就有一个对象类（x 的类型），其中一切对象也必属于 φ（x）的意义域而不管 x 如何变化；意义域或者是一个单个的类型，或者是一些类型的和。"[1] 据此，罗素提出了类型论（实际上是简单类型论）的思想：个体、个体的类、个体的类的类等类型的区分，也提出了关系、关系的关系、对子（偶）构成的关系、个体对于对子（偶）的关系等类型。罗素在该书中还讨论了最大序数的悖论和最大基数的悖论，指出用简单类型论可以解决这两个悖论。但罗素指出，关于所有逻辑对象总体或所有命题总体的悖论不能用类型论解决，在类型论能回答所有困难之前多半要转变为某种更精巧的形式。这表明他在进一步探讨类型论和其他解决悖论的方法。

罗素的好友艾伦·乌德认为，从结果到前提的方法更能说明罗素著作的潜在统一性，在《数学的原则》中罗素的思想链条是从动力学的一个问题开始，然后依次到几何学、分析、符号逻辑和文法，但论述顺序正好相反；读者先读到逻辑，最后读到动力学。艾伦·乌德希望读者读《数学的原则》等著作时要"倒退着来了解"。[2] 关于这一点，罗素在《数学的原则》序言中说："简单地介绍一下这本书的产生对于表明所讨论的问题的重要性可能是有益的。大约在六年前，我开始研究动力学的哲学问题。这时我遇到了这样的困难：即当一个质点处于几个力的作用之下时，那些分加速度事实上都没有出现，所出现的只是合加速度，而那些分加速度并不是这些合加速度的部分；这一事实使得那种由特殊到特殊的因果关系，就像引力定律在初看之下所肯定的那样，变成虚幻的了。另外，关于绝对运动的困难看来在空间的有关理

①　Russell, *The Principles of Mathematics*, Second edition, London, 1937, §497.

②　罗素:《我的哲学的发展》，商务印书馆 1982 年版，第 246 页。

论中也是不能解决的。从这两个问题出发，把我引向对几何原理的重新审查，而后又被引向关于连续和无穷的哲学，目的是为了去发现'任一'这个词的意义，然后引向符号逻辑。"① 罗素认为，动力学是经验的，在纯数学中所讨论的不是世界中的真实对象，而是具有正在考察的演绎所依赖的那种一般性质的假设对象，那种一般性质又可以借助于逻辑常项的基本概念加以表达。因此，在纯数学中所讨论的空间和运动不是经验中的真实空间和运动，而是在几何或动力学的推理中所用到的关于空间和运动的那些抽象的一般性质。

通过以上说明，我们可以加深理解《数学的原则》这部著作的结构，加深理解罗素的"从结果到前提"的分析方法。

三　《论指称》

《论指称》一文发表于 1905 年的《心灵》杂志。该文奠定了摹状词理论的基础。马什指出："在当代哲学的发展中，《论指称》一文是一个里程碑。它再次揭示了罗素思想上的革新和令人惊奇的独创性。"②

罗素以"司各脱是《威弗莱》的作者"为例，其中"司各脱"是专名，"《威弗莱》的作者"是一个摹状词（此时罗素称之为指称词组），二者不是等同的，不能用"司各脱"去代入"《威弗莱》的作者"。上述命题经过分析变为"一个并且仅仅一个实体写了《威弗莱》，而司各脱与那个实体相等同"，这样，摹状词就消去了。罗素认为，他的理论可以解决三个难题：

第一，乔治四世想要知道什么的难题。当我们说"乔治四世想要知道司各脱是否是《威弗莱》的作者"时，不是指"乔治四世想要知道司各脱是否是司各脱"。罗素幽默地说："人们并不认

① *The Principles of Mathematics*, Second edition, London, 1937, pp. xvi – xvii.
② 罗素:《逻辑与知识》，商务印书馆 1996 年版，第 46 页。

为欧洲的这位头等显贵对同一律感兴趣。"① 一般地，我们说的是
"乔治四世想要知道是否有一个且仅仅有一个人写过《威弗莱》，
而司各脱就是这个人"，其中"《威弗莱》的作者"是次现；也
可以指"有一个且仅仅有一个人写过《威弗莱》，而乔治四世想
要知道司各脱是否是这个人"，其中"《威弗莱》的作者"是
初现。

第二，排中律难题。以"当今法国国王是秃头"为例，根据
排中律，"当今法国国王是秃头"与"当今法国国王不是秃头"，
二者必有一真。但是，我们如果列举出一切是秃头的事物，再列
举出一切不是秃头的事物，那么，我们不会在这两个名单中找到
当今的法国国王。罗素诙谐地说："喜欢综合的黑格尔信徒可能会
推断说，法国国王戴了假发。"② 在"当今法国国王是秃头"中，
由于"当今法国国王"无所指称，因而为假。在"当今法国国王
不是秃头"中，如果指"有一个实体，他现在是法国国王，且他
不是秃顶的"，那么这个命题是假的，这是初现；但如果指"以下
所述是假的：有一个实体，他现在是法国国王，且他是秃顶的"，
那么这个命题是真的，这是次现。我们把"当今法国国王不是秃
头"解释为次现的命题，就解决了排中律（或矛盾律）的难题，
避免做出法国国王戴假发的结论。

第三，一个非实体成为一个命题主词的难题。在"A不同于
B"这个命题中，如果该命题为真，那么A和B之间就有差异，
这一情况可用"A和B之间的差异实存"来表述。如果"A不同
于B"这个命题是假的，那么A和B之间就没有差异，这一情况
可用"A和B之间的差异并不实存"来表述。我们如何能否定在
A和B之间没有差异的情况下，有"A和B之间的差异"这样一
个非实体的对象。如果A和B之间确实有差异，那么就有一个且

① 罗素：《逻辑与知识》，商务印书馆1996年版，第63页。
② 罗素：《逻辑与知识》，商务印书馆1996年版，第58页。

仅仅有一个实体 x，使得"x 是 A 和 B 之间的差异"是真命题，这时"A 和 B 之间的差异"具有一个所指；如果 A 和 B 之间没有差异，那么就没这样的 x，这时"A 和 B 之间的差异"就没有一个所指。非实体的全部领域，如"圆的正方形""不是 2 的偶素数"等都可同样处理。例如，"圆的正方形"是一个指称词组，"圆的正方形是圆形的"意味"有一个且仅有一个实体 x，它是既是圆的又是正方形的，并且这个实体是圆形的"，这是一个假命题，而不是像梅农坚持的那样是真命题。在这样的处理中，"圆的正方形"这个文法上的主词就被消去了。

四　《以类型论为基础的数理逻辑》

该文发表于 1908 年的《美国数学评论》，罗素在文中提出了关于如何解决涉及悖论的一系列经典数学和逻辑问题的著名方法，发展了 1903 年《数学的原则》中类型论的思想，为 1910 年的《数学原理》中的类型论奠定了基础。马什说："类型论在现代哲学中产生了如此重要的作用，以致我们只能说：这篇文章是罗素最精致的文章之一，它被公认为是一篇当代哲学思想的杰作。除此之外，对其重要性的其他评论都是多余的。"[1] 本文分为 10 节：

1. 介绍典型的语义悖论和逻辑悖论，如说谎者悖论、理查德悖论、罗素悖论、最大序数的悖论等。

2. 为建立分支类型论，提出了"所有和任何"的区别。对所有值的断定和对任何值的断定之间的差别就是断定（x）. φx（所有 x 是 φ）和断定 φx（x 是 φ，其中 x 是未确定的）之间的差别，前者是命题，只含有约束变元，没有自由变元，而后者是命题函项，只含有自由变元。

---

① 罗素：《逻辑与知识》，商务印书馆 1996 年版，第 69 页。

3. 论述概括命题的意义和值域。概括命题涉及"所有"，罗素把（x）. φx 和（∃x）. φx（有的 x 是 φ）都称为概括命题，（∃x）. φx 是并非（x）. φx 的否定。罗素说："每一含有所有这个词的命题断定了某一命题函项恒真；这意指，所说的函项的所有的值都是真的，但不意指这个函项对所有的变目是真的，因为存在这样的变目，对此任何给定的函项都是无意义的，亦即没有值。因而，我们可以谈及一个集合的所有，当且仅当该集合构成某个命题函项的全部或部分意义域，意义域定义为有关函项对其有意义亦即有值的那些变目的集合。"①

4. 论述类型的分层。这里罗素提出了分支类型论，实际上是对简单类型论的每一类型再分为不同层的类型。一个类型被定义为一个命题函项的意义域，即这个函项对其有值的变目的集合。如果一个约束变元出现在命题里，这个约束变元的值域就是一个类型，这个类型由涉及其"所有的值"的函项确定。为避免自我指称的谬误，罗素提出了"恶性循环原则"："没有一个总体能包含通过自身定义的元素"，或者说"包含一个约束变元的任何东西一定不是该变元的可能的值"。

首先对命题分层。不含自由变元的命题被称为初等命题，初等命题的项被称为个体。个体构成第一或者最低的类型。初等命题以及包含个体作为约束变元的初等命题被称为一阶命题，它们构成第二逻辑类型。这样我们有一个新的总体——一阶命题的总体。我们又能形成新的命题，其中一阶命题作为约束变元出现，这些新的命题被称为二阶命题，它们形成第三逻辑类型。比如说，某人说"我所断定的所有一阶命题都是假的"，那么他断定的是一个二阶命题；第 $n+1$ 阶逻辑类型是由 n 阶命题组成的。n 阶命题是包含 $n-1$ 阶、但不包含更高阶命题作为约束变元的命题。据此

---

① 罗素：《逻辑与知识》，商务印书馆 1996 年版，第 90—91 页。

可以解决"说谎者悖论"。当一个人说"我在说谎"时，我们必须把他的话解释为"我所断定的所有一阶命题都是假的"，这是一个二阶命题；因此，这个人是在真正地断定这个二阶命题而不是真正地断定任何一阶命题，所以不会产生矛盾。函项的分层比命题的分层更方便，不同阶的函项可以通过代入的方式从不同阶的命题得到。

5. 可化归性公理。根据分支类型论，x 的命题函项可以是任何阶的命题函项，因此，关于"x 的所有性质"的任何陈述都是无意义的。但是在数学中需要涉及"x 的所有性质"这样的陈述。为此，罗素引进了一个假定——可化归性公理。令 φx 是有任何阶的函项，变目本身可能是一个个体或者任何阶的函项。如果 φ 是比 x 高一阶的，我们就用 φ! x 表示这个函项；在这种情形下，φ 被称为直谓函项。个体的直谓函项是一阶函项，而对于变目的更高类型来说，直谓函项代替了一阶函项关于个体所起的作用。然后，罗素假定，每个函项对于所有它的值来说都等值于同一变目的某个直谓函项。这是关于类的可化归性公理。对于两个、三个……变元的函项也有同样的假定。实际上，引进了可化归性公理就把分支类型论变为简单类型论。

从第 6 节到第 10 节是论述符号逻辑的初始观念和命题、类和关系的初等理论、摹状函项、基数和序数。

罗素在总结这篇论文时指出，所有悖论都产生于这个事实：牵涉某一集合所有的一个表达式看来自身也指称此集合中的一个。例如，"所有命题或是真的，或是假的"自身也是一个命题。为避免这个假的总体，引进了类型论：在牵涉某一类型的所有的地方，存在一个属于那个类型的约束变元，因此，任何含有约束变元的表达式都具有比那个变元更高的类型。罗素说："上面解释的建立类型的方法已经表明，它能使我们陈述所有数学的基本定义，同时避免所有已知的矛盾。"①

五 《数学原理》

罗素为了实现在《数学的原则》中提出的把数学化归为逻辑的纲领，与怀特海（A. N. Whitehead，1861—1947）合作，于1910年至1913年写完了三卷本的《数学原理》②（*Principia Mathematica*）。罗素说："这三卷书几乎没有一行不是合作的成品。"③为了通俗地阐明他的逻辑与数学基础的学说，他于1919年出版了《数理哲学导论》一书。罗素的逻辑学说集中体现在《数学原理》之中。《数学原理》从命题演算和谓词演算开始，然后通过一元和二元命题函项定义了类和关系的概念，建立了抽象的类演算和关系演算。由此出发，在类型论的基础上用连续定义和证明的方式推导出一般算术和集合论，推导出代数和分析中的主要概念。《数学原理》是数理逻辑的经典著作，起了承先启后、继往开来的伟大作用，奠定了20世纪数理逻辑发展的基础，开辟了逻辑发展史上的新纪元。《斯坦福哲学百科全书》称它是"形式逻辑的里程碑著作"。

三大卷分为导论和六个部分，原计划还有第四卷（几何学），后来被取消了。

第一卷：

导论（分为三章：观念和记法的初步说明，逻辑类型论，不完全符号）

第一部分 数理逻辑（分为五章：演绎理论，表面变元理论，类和关系，关系逻辑，类的乘法和加法）

---

① 罗素：《逻辑与知识》，商务印书馆1996年版，第123页。

② Russell, Alfred North Whitehead, *Principia Mathematica*, 3Vols, Cambridge：Cambridge University Press；2nd edn，1925（Vol. 1），1927（Vols. 2, 3）.

③ 罗素：《我的哲学的发展》，商务印书馆1982年版，第65页。

第二部分　基数算术绪论（分为五章：单元类和对子［偶］，子类、子关系和关系的类型，一多、多一和一一关系，选择，归纳关系）

第二卷：

符号规定的初步说明。

第三部分　基数算术（分为三章：基数的定义和逻辑性质，加法、乘法和幂，有穷和无穷）

第四部分　关系算术（分为四章：序的相似和关系数，关系的加法和两个关系的乘法，一阶差分原理、关系的乘法和幂，关系数算术）

第五部分前一半　序列（分为三章：序列的一般理论，节、段、延伸和导数，函数的收敛和极限）

第三卷：

第五部分　序列（续）（分为三章：良序的序列，有穷的和无穷的序列、序数，紧致的序列、关系的序列和连续的序列）

第六部分　量（分为四章：数的概论，矢量族，度量，循环族）。

罗素在 1959 年出版的《我的哲学的发展》中，用第七章和第八章两章的篇幅介绍《数学原理》，① 这里我们只做个摘要。

罗素说，《数学原理》的主要目的是说明整个纯数学是从纯乎是逻辑的前提推出来的，并且只使用以逻辑术语说明的概念。

罗素认为，《数学原理》有哲学方面和数学方面。在哲学方面，他首先谈到他发现的悖论（罗素悖论）、说谎者悖论、最大基数悖论、最大序数悖论等，并列出了解决悖论的三个条件：（1）这些悖论必须消除；（2）应该尽可能使数学原样不动；（3）符合逻辑的常识。为此，罗素介绍了他的类型论。接着介绍了摹状词理论。

---

① 罗素：《我的哲学的发展》，商务印书馆 1982 年版，第 65—90 页。

在数学方面，罗素着重谈到关系理论。他认为，"关系算术"是他对于《数学原理》最重要的贡献。关系算术中一个重要的概念是"关系数"，一个 R 关系的关系数就是那些在次序上与 R 相似的关系的类；有了关系数这个概念，"结构"这个概念就可以精确定义：如果两个关系数在次序上相似，它们就有相同的结构。罗素说："我认为关系算术是重要的，这不只是因为它是一个有趣的通则，也是因为它给人以对付结构所必需的符号技术。我一直认为，不熟悉数理逻辑的人很不容易了解'结构'的意义，而且，因为有这一种困难，在试图了解经验世界的时候，他们很容易走错了路。"①

第二节　命题演算和谓词演算

罗素建立了一个完备的逻辑演算体系，是逻辑演算的完成者。从此，数理逻辑有了一个稳固的基础，可以向各个方面发展了。

罗素把命题演算称为演绎理论，也就是完全公理化的理论。这一理论是由初始概念、初始命题（公理）、推演规则和定理构成的体系。

命题演算的初始概念有：

（1）初等命题。一个初等命题就是一个不包含任何变元的命题。如"这是红的"，就是一个初等命题。用否定词、合取词和析取词等连接起来的命题也是初等命题。字母 p，q，r，s 等表示初等命题。以上是对"初等命题"这个初始概念的描述，不是定义。

（2）初等命题函项。这是一个表达式，其中含有变元，当变元取值后所得的表达式的值是初等命题。例如，如果 p 是一个不确定的初等命题，"非 p"就是一个初等命题函项，即函项。

① 罗素：《我的哲学的发展》，商务印书馆 1982 年版，第 90 页。

（3）断定。这一概念来自弗雷格，罗素用"⊢"表示断定记号，用于对一个确定的命题的断定。

（4）对命题函项的断定。这是对初等命题函项所作的断定。

（5）否定。如果 p 是一个命题，其否定"非 p"或"p 是假的"用"～p"表示。

（6）析取。p 和 q 的析取用"p∨q"表示，相当于语言中的相容性的"或"。

罗素用的初始命题联结词是～和∨，其他联结词可由此定义出来。在初始符号中，罗素还用了点号（.），这来自皮亚诺。罗素用点号表示括号，或用于表示定义，或用在断定之后。

＊1.01. p→q. ＝. ～p∨q Df①

"Df"代表定义。这是说，如果 p 则 q，定义为非 p 或 q。这是一种实质蕴涵。

命题演算的初始命题（公理）有：

＊1.1. 一个真的初等命题所蕴涵的任何命题是真的。Pp（"Pp"表示初始命题，这一表示方法来自皮亚诺）。

＊1.2. ⊢: p∨p. ⊃. p　Pp

这一命题是说："如果 p 是真的或者 p 是真的，则 p 是真的。"它被称为"重言原理"（简写为 Taut）。

＊1.3. ⊢: q. ⊃. p∨q　Pp

这一命题是说，如果 q 是真的，则"p 或 q"是真的。它被称为"附加原理"（简写为 Add）。

＊1.4. ⊢: p∨q. ⊃. q∨p　Pp

这一命题是说，"p 或 q"蕴涵"q 或 p"。它被称为"交换原理"（简写为 Perm）。

＊1.5. ⊢: p∨(q∨r) . ⊃. q∨(p∨r)　　Pp

---

① ＊1.01 是 *Principia Mathematica*（《数学原理》，以下缩写为 PM）中的编号，后文所引用的公式编号也是如此。

这一命题是说，如果 p 是真的，或者"q 或 r"是真的，那么 q 是真的，或者"p 或 r"是真的。它被称为"结合原理"（简写为 Assoc）。

＊1.6.　⊢：q∨r. ⊃：p∨q. ⊃. p∨r　　Pp

这一命题是说，如果 q 蕴涵 r，那么"p 或 q"蕴涵"p 或 r"。它被称为"叠加原理"（简写为 Sum）。

命题演算的推理规则有两条，即分离规则和代入规则。罗素当时没有明确区别对象语言和语形（语法）语言，因而没有明确陈述上述两条语形（语法）规则。在这一点上，罗素不如弗雷格那样精确。罗素的 ＊1.1 实际上是分离规则。他说："我们不能用符号语言表达这原理，部分是因为变元 p 在其中的任何符号语言仅给出这样的假定：p 是真的，而不是给出事实：它是真的。"①分离规则不能用对象语言（形式语言）来陈述，但可用语形语言（元语言）来陈述。罗素没有这样做，没有把 ＊1.1 作为语形规则提出，而是把它与对象语言中的重言式 ＊1.2—＊1.6 并列。他在证明过程中应用了命题代入规则，但他认为："承认某个命题是先前已证的或假定的一个命题的实例，这对从一般规则进行的推演过程是重要的，但本身不能被建立为一个一般规则，因为所需的应用是特殊的，没有一个一般规则能明确地包括特殊的应用。"②罗素的这种说法是不对的，因为用语形语言完全可以陈述这种从一般到特殊的代入规则。罗素关于分离规则和代入规则的不当说明，并不妨碍命题演算中的推演。

另外要说明一点，贝尔纳斯（Bernays）证明，＊1.5（结合原理）可从 ＊1.2 至 ＊1.4 和 ＊1.6 四条公理推出来，因此 ＊1.5 在这个系统中不是独立的。

在 PM 中，命题演算的证明方法是比较严格的，下面看两个

①　Russell, *Principia Mathematica*, Vol. 1, Cambridge, second edition, 1925, p. 94.

②　Russell, *Principia Mathematica*, Vol. 1, Cambridge, second edition, 1925, p. 98.

例子：

　　∗2.02. ├：q. ⊃. p⊃q

证明：

［Add～p/p］├：q. ⊃. ～p∨q　　　（1）

（1）.（∗1.01）├：q. ⊃. p⊃q

在上述证明中，［Add～p/p］是代入符号，表示在 Add（附加原理的缩写）q. ⊃. p∨q 中以～p 代 p，得到 q. ⊃. ～p∨q，然后根据（1）和∗1.01 即⊃的定义得到∗2.02。严格说来，在罗素的命题演算系统中，还应增加一条语形规则——定义置换规则。在上述证明中，如果加上这条规则就比较完美了。

　　∗2.3. ├：p∨（q∨r）. ⊃. p∨（r∨q）

证明：

［Permp q，r/p，q］├：q∨r. ⊃. r∨q

［Sum q∨r，r∨q/q，r］├：p∨（q∨r）. ⊃. p∨（r∨q）

下面我们列出命题演算的一些重要定理。

　　∗2.03. ├：p⊃～q. ⊃. q⊃～p

这是说，如果 p 则非 q 蕴涵如果 q 则非 p。

　　∗2.15. ├：～p⊃q. ⊃. ～q⊃p

　　∗2.16. ├：p⊃q. ⊃. ～q⊃～p

　　∗2.17. ├：～p⊃～q. ⊃. q⊃p

以上四条定理是"换质位原理"。

　　∗2.04. ├：p. ⊃q⊃r：⊃：q. ⊃. p⊃r

这是说，如果 p 则（如果 q 则 r），蕴涵如果 q 则（如果 p 则 r）。

　　∗2.05. ├：. q⊃r. ⊃：p⊃q. ⊃. p⊃r

　　∗2.06. ├：. p⊃q. ⊃：q⊃r. ⊃. p⊃r

以上两条被称为"三段论原理"。

　　∗2.08. ├：p⊃p

这是同一律，任一命题蕴涵自身。

∗2.21. ├：～p. ⊃. p⊃q

即假命题蕴涵任一命题。

关于命题的合取有以下两个定义：

∗3.01. p. q. =. ～（～p∨～q）Df

这里"p. q"是 p 和 q 的逻辑积，也就是合取。

∗3.02. p⊃q⊃r. =. p⊃q. p⊃r

这个定义是为简化证明用的。它是说，p⊃q 并且 p⊃r 可以写成 p⊃q⊃r。

∗3.2. ├：p. ⊃：q. ⊃. p. q

这是说，p 蕴涵如果 q 则 p 并且 q，即如果两个命题每一个皆真，则它们的逻辑积也真。

∗3.24. ├. ～（p. ～p）

这是矛盾律。

∗3.26. ├：p. q. ⊃. p

∗3.27. ├：p. q. ⊃. q

以上两条是说，如果两个命题的逻辑积是真的，则每一个也是真的。

∗3.3. ├：p. q. ⊃. r：⊃：p. ⊃. q⊃r

这是说，如果 p 与 q 合起来蕴涵 r，p 就蕴涵如果 q 则 r。这一原理被称为"输出原理"，因为 q 从假设中被"输出"了。这个名称是皮亚诺起的。

∗3.31. ├：. p. ⊃. q. ⊃. r：⊃：p. q. ⊃r

∗3.35. ├：p. p⊃q. ⊃. q

这是说，如果 p 是真的，并且从 p 可得 q，那么 q 也是真的。它被称为"断定原理"。

∗3.43. ├：p⊃q. p⊃r. ⊃：p. ⊃. q. r

这是说，如果一个命题蕴涵两个命题的每一个，那么它就蕴涵它们的逻辑积。皮亚诺称这一原理为"组合原理"。

*3.45. ├：. p⊃q. ⊃: p. r. ⊃. q. r

这是说，在蕴涵式 p⊃q 的两边可以用公因子相乘。这被皮亚诺称为"因子原理"。

*3.47. ├：. p⊃r. q⊃s. ⊃: p. q. ⊃. r. s

两个命题等值的定义如下：

*4.01. p≡q. =. p⊃q. q⊃p　Df

这就是说，两个命题等值即它们有同样的真值。

*4.1. ├: p⊃q. ≡. ~q⊃~p

*4.11. ├: p≡q. ≡. ~p⊃~q

*4.2. ├. p≡p

*4.21. ├: p≡q. ≡. q≡p

*4.22. ├: p≡q. q≡r. ⊃. p≡r

以上三个命题断定，等值是自返的、对称的和传递的。

*4.24. ├: p. ≡. p. p（重言律）

*4.25. ├: p. ≡. p∨p（重言律）

*4.3. ├: p. q. ≡. q. p（交换律）

*4.31. ├: p∨q. ≡. q∨p（交换律）

*4.32. ├: (p. q). r. ≡. p. (q. r)（结合律）

*4.33. ├: (p∨q)∨r. ≡. p∨(q∨r)（结合律）

*4.4. ├: . p. q∨r. ≡: p. q. ∨. p. r（分配律）

*4.41. ├: . p. ∨. q. r: ≡. p∨q. p∨r（分配律）

*4.71. ├: . p⊃q. ≡: p. ≡. p. q

这是说，p 蕴涵 q 当且仅当 p 等值于 p. q。根据这一定理，一个蕴涵式可用一个等值式替换。

*4.73. ├: . q. ⊃: p. ≡. p. q

这是说，一个命题 q 蕴涵 p 等值于 p 且 q。

*5.1. ├: p. q. ⊃. p≡q

这是说，如果两个命题皆真，则它们等值。

*5.32.　⊢:.p.⊃.q≡r:　≡:p.q.≡.p.r

*5.6.　⊢:.p.~q.⊃.r:　≡:p.⊃.q∨r

由上可见，罗素的命题演算系统同现在通行的系统比起来已经不相上下了。下面我们再看一看罗素的谓词演算。谓词演算与命题函项和量词有关。罗素称 φx 是一个命题函项，如果 φx 包含一个变元 x，当 x 被给定任一固定的意义时，它变为一个命题。罗素觉得这种说法不太准确，他又说，命题函项是 φx̂（即 φ（），这里 x 是一个空位记号），φx 是命题函项 φx̂ 的不定值。"单单一个命题函项可以看成是一个模式，一个空壳，一个可以容纳意义的空架子，而不是已经具有意义的东西。"[1] 这就是说，命题函项带有空位，填以变元 x，成为命题函项不定值，当 x 被给定一种确定的意义时，就变成一个命题。

罗素用（x）表示全称量词，（∃x）表示存在量词，接着引入了全称式（x）.φx（读为："φx 常真"或"对所有 x 而言，φx"），存在式（∃x）.φx（读为："φx 有时真"或"有一个 x 使得 φx"），以及形式蕴涵（x）:φx.⊃.ψx（读为："φx 常蕴涵 ψx"或"一切具有性质 φ 的对象有性质 ψ"）。在（x）.φx 和（∃x）.φx 中，x 被称为表面变元。不包含表面变元的命题被称为"初等命题"，所取的一切值均为初等命题的函项称为初等函项。如果 φx̂ 是一个初等函项，则（x）.φx 和（∃x）.φx 被称为"一阶命题"。

在 PM 中，谓词演算是广义的，不限于一阶谓词演算。量词所约束的表面变元可以是个体，也可以是代表命题函项、类、关系等的字母。我们应特别注意一阶谓词演算，也就是量词所约束的表面变元是个体的那种演算。

---

① 罗素：《数理哲学导论》，晏成书译，商务印书馆 1982 年版，第 148 页。

以下字母 p，q 等代表初等命题，也代表"φx"，"ψx"等。这样，命题演算就可推广为一阶谓词演算的子系统。原来的命题演算只应用于初等命题，一阶谓词演算应用于一阶命题。同样，我们也可得到二阶谓词演算等。罗素的谓词演算是以类型论为基础的。罗素说："一个'类型'被定义为某一函项的意义域。"[①]例如，φx 的意义域就是使 φx 有值的那些变目。

罗素首先给出 ~ 和 ∨ 的定义：

∗9.01. ~ { (x) . φx} . =. (∃x) . ~ φx　　　Df

∗9.02. ~ (∃x) . φx. =. (x) . ~ φx　　　Df

以上定义中的花括号可以省掉。

当有关命题的一个或两个是一阶的，在定义析取时有六种情况：

∗9.03. (x) . φx. ∨. p：=. (x) . φx∨p　　　Df

这一定义是说，对所有 x 而言 φx 或者 p，就是对所有 x 而言（φx 或 p）。这里，全称量词的辖域改变了，p 是任一命题。

∗9.04. p. ∨(x) . φx：=. (x) . p∨φx　　　Df

∗9.05. (∃x) . φx. ∨. p：=. (∃x) . φx∨p　　　Df

∗9.06. p. ∨(∃x) . φx：=. (∃x) . p∨φx　　　Df

∗9.07. (x) . φx. ∨. (∃y) . φy：=：(x)：(∃y) . φx ∨φy　　　Df

这一定义是说，(x) . φx. ∨. (∃y) . φy 可以变形为 (x)：(∃y) . φx∨φy。

∗9.08. (∃y) . φy. ∨. (x) . φx：=：(x)：(∃y) . φy ∨φx　　　Df

这六个定义的作用是为了使量词的辖域包括整个被断定的公式。

---

① Russell, *Principia Mathematica*, Vol. 1, Cambridge, second edition, p. 11.

蕴涵、合取和等值的定义可从命题演算中不加改变地应用于 $(x) . \varphi x$ 和 $(\exists x) . \varphi x$。

所有以上的定义是关于一阶命题的。对于相继的类型，我们可重复这些定义，因此我们就达到任一类型的命题。

谓词演算的初始命题（公理）有六条，每两条为一组。

*9. 1. $\vdash : \varphi x . \supset . (\exists z) . \varphi z$　　　　　　Pp

*9. 11. $\vdash : \varphi x \vee \varphi y . \supset . (\exists z) . \varphi z$　　　　Pp

这两条公理的作用是从初等命题到一阶命题。*9. 1 是说，如果 φx 是真的，那么 $\varphi \hat{z}$ 就有一值是真的。

*9. 12. 被一个真前提所蕴涵的东西是真的。　　　　　　Pp

*9. 13. 在含有一个真实变元的任一断定中，这样的变元可以转变为表面变元，其所有可能值被断定为满足该函项。　　　Pp

*9. 12 是分离规则，罗素在这里克服了以前的缺陷，他明确地把 *9. 12 解释为："给定 '$\vdash p$' 和 '$\vdash p \supset q$'，我们可以得到 '$\vdash q$'，即使 p 和 q 不是初等的。"[1] 他原来在命题演算部分列出了一条"类型同一的公理"（*1. 11），实际上也是分离规则，他解释说："我们可以从 '$\vdash \varphi x$' 和 '$\vdash . \varphi x \supset \psi x$' 得到 '$\vdash . \psi x$'，这里 x 是一个真实变元，$\varphi$ 和 ψ 不一定是初等函项。我们常常需要这种形式的公理。对一个变元的函项可以采用，对几个变元的函项也适用。"[2] 罗素虽然陈述了分离规则，但未陈述代入规则，这是一个缺陷。*9. 13 现在称之为概括规则。它是说，不管 y 怎样选择，如果 φy 是真的，则 $(x) . \varphi x$ 是真的。这是"变真实变元为表面变元"的规则。罗素明确地说，这一初始命题仅用于推理，也就是说，它是一条推理规则。

*9. 14. 如果 "φx" 是有意义的，那么，若 x 与 a 同类型，则 "φa" 是有意义的；反之亦然。　　　　　　Pp

---

[1] Russell, *Principia Mathematica*, Vol. 1, Cambridge, second edition, p. 132.

[2] Russell, *Principia Mathematica*, Vol. 1, Cambridge, second edition, p. 132.

＊9.15. 如果对某个 a，有一个命题 φa，那么就有一个函项 φẑ；反之亦然。 Pp

上文说过，罗素的谓词演算是以类型论为基础的。＊9.14 和 ＊9.15 体现了这个特点。为了解释什么是"同类型"，罗素引进一个初始概念：个体。如果 z 既不是一个命题也不是一个函项，那么 z 就是"个体"。"u 和 v 有同一个类型"的定义是：（1）两者是个体；（2）两者是取同类型变目的初等函项；（3）u 是一个函项，v 是它的否定；（4）u 是 φx̂ 或 ψx̂，v 是 φx̂∨ψx̂，这里 φx̂ 和 ψx̂ 是初等函项；（5）u 是（y）.φ（x̂，y），v 是（z）.ψ（x̂，z），这里 φ（x̂，ŷ），ψ（x̂，ŷ）具有同样的类型；（6）两者是初等命题；（7）u 是一个命题，v 是 ~u；（8）u 是（x）.φx，v 是（y）.ψy，这里 φx̂ 和 ψx̂ 的类型是同样的。

以上就是罗素的谓词演算的出发点，在此基础上就可进行定理的推演了。罗素首先证明了有关命题演算的公理和定理中的一些或全部命题具有形式（x）.φx 和（∃x）.φx 之时，同样成立。例如：

＊9.3. ├：.（x）.φx. ∨.（x）.φx：⊃.（x）.φx

这与＊1.2 相应。

＊9.32. ├：.q⊃：（x）.φx. ∨.q

这与＊1.3 相应。

以下我们看一些关于一元谓词演算的定理。

＊10.1. ├：（x）.φx. ⊃.φy

这是说，在所有情况下是真的东西在任一情况下也是真的。这条定理在以后的一些系统中是公理。

＊10.23. ├：（x）.φx⊃p. ≡：（∃x）.φx. ⊃p

即对所有 x 来说，φx⊃p 等值于如有一个 x 是 φ 则 p。

＊10.24. ├：.φy. ⊃.（∃x）φx

这实际上是公理＊9.1。

＊10.27. ├：.（z）.φz⊃ψz. ⊃：（z）.φz. ⊃（z）.ψz

即如果 φz 常蕴涵 ψz，那么（z）.φz 蕴涵（z）.ψz。这一定理说明全称量词对蕴涵可以分配。

＊10.26. ├：.（z）.φz⊃ψz：φx：⊃.ψx

这是三段论的一种形式。罗素举了一个例子，令 φz 代表 z 是一个人，ψz 代表 z 是有死的，x 代表苏格拉底。定理是说：如果所有人是有死的，并且苏格拉底是人，那么苏格拉底是有死的。三段论的另一种形式是：

＊10.3. ├：.（x）.φx⊃ψx：（x）.ψx⊃δx：⊃.（x）.φx⊃δx

这两种形式在传统逻辑中被混淆了很长时间，皮亚诺和弗雷格第一次把它们作了区别。

＊10.42. ├：.（∃x）.φx. ∨.（∃x）ψx：≡.（∃x）.φx∨ψx

＊10.5. ├：.（∃x）.φx. ψx. ⊃：（∃x）.φx：（∃x）.ψx

我们应注意，＊10.42 是等值式；＊10.5 是蕴涵式，不能逆过来。

罗素也证明了若干关于多元谓词的定理，这里我们仅举几个例子：

＊11.1. ├：（x，y）.φ（x，y）.≡.（y，x）.φ（x，y）

＊11.23. ├：（∃x，y）.φ（x，y）.≡.（∃y，x）.φ（x，y）

＊11.26. ├：（∃x）：（y）.φ（x，y）：⊃：（y）：（∃x）.φ（x，y）

＊11.1 是说，两个重叠的全称量词可以交换。＊11.23 是说，两个重叠的存在量词可以交换。＊11.26 是说，（∃x）（y）与（y）（∃x）不能交换，只能是左边蕴涵右边。罗素举了一个例子，令 φ（x，y）是命题函项"如果 y 是一个真分数，则 x 是一个大于 y 的真分数"。对于 y 的一切值，我们有（∃x）.φ（x，y），使

得（y）：（∃x）.φ（x，y）成立，即"对所有 y，如果 y 是一个真分数，则总有一个真分数大于 y"。但"（∃x）：（y）.φ（x，y）"表达了一个假命题："有一个真分数，它大于一切真分数"。

罗素还论述了带等词的谓词演算。罗素的命题演算和谓词演算在有的地方还不够严格，但总的来讲，罗素的命题演算和谓词演算比起弗雷格的演算进了一步，无论是从符号体系方面，还是从内容方面，都很接近我们今天所使用的逻辑演算读本。正因为有逻辑演算作基础，罗素还建立了类和关系的理论，进行了从逻辑推导数学的伟大工作。

第三节　摹状词的形式处理

摹状词理论的建立开辟了当代逻辑分析哲学的新时代，我们将在后面的哲学篇中论述，这里仅论述对摹状词的形式处理。

一　含有摹状词的命题的真假条件

罗素用（℩x）（φx）表示"那个有性质 φ 的项 x"，这是限定的摹状词，简称为摹状词。罗素认为，摹状词是不完全符号，含有摹状词的命题的定义是"使用中的定义"，也就是消去摹状词的规则：

$$f \{ (℩x)(φx) \} . = : (∃c) : φx. ≡_x x = c : fc \qquad Df①$$

这个定义给出了含有摹状词的命题的真假条件，"那个有性质 φ 的项 x 具有性质 f"定义为："有一个项 c，对所有 x 而言，使得：1. φx 等值于'x 是 c'并且 2. fc。"第一个条件是说，恰好有一个 c 具有性质 φ，实际上包含两个命题：至少有一个 c 并且至多有一个 c 具有性质 φ。例如，设 φ 表示"写《威弗莱》"，f 表示

---

① Russell, *Principia Mathematica*, Vol. 1, Cambridge, second edition, p. 68.

"是司各脱",根据定义,"《威弗莱》的作者是司各脱"的意思就是:恰好有一个人写《威弗莱》(至少有一个人并且至多有一个人写《威弗莱》),而这个人就是司各脱。

如果两个条件都满足,则 f｛(ㄱx)(φx)｝为真;如果有一个条件不满足或都不满足,则 f｛(ㄱx)(φx)｝为假。

二 摹状词存在的定义

"《威弗莱》的作者存在"如何定义呢?

∗14.2. E!(ㄱx)(φx) . = :(∃b):φx. ≡ₓ x = b   Df[①]

"那个有性质 φ 的项 x 存在"定义为:"有一个项 b,对所有 x 而言,使得:φx 等值于'x 是 b'。"E! 表示"存在","《威弗莱》的作者存在"就是恰好有一个人写《威弗莱》。罗素指出,E! 不能用于个体词,E! a 是无意义的。

上文在介绍《论指称》时,谈到摹状词的初现和次现区别。"当今法国国王不是秃头"如果指"有一个实体,他现在是法国国王,且他不是秃顶的",那么这个命题是假的,这是初现;但如果指"以下所述是假的:有一个实体,他现在是法国国王,且他是秃顶的",那么这个命题是真的,这是次现。

设 (ㄱx)(φx) 表示"当今法国国王",f 表示"是秃头",初现可用符号表示为:

(∃c):φx. ≡ₓ x = c:¬fc,

次现可表示为:

¬｛(∃c):φx. ≡ₓ x = c:fc｝。

为了区别这两种情况,罗素用摹状词为前束词,初现表示为:
[(ㄱx)(φx)] . ¬f(ㄱx)(φx),次现表示为:¬｛[(ㄱx)(φx)] . f(ㄱx)(φx)｝。[②]

---

① Russell, *Principia Mathematica*, Vol. 1, Cambridge, second edition, p. 174.

② Russell, *Principia Mathematica*, Vol. 1, Cambridge, second edition, pp. 68 – 70.

在区别初现和次现的基础上，罗素对上述包含摹状词的命题的定义作了修改，引进摹状词作为前束词：

*14.01.　$[(\daleth x)(\varphi x)].f(\daleth x)(\varphi x).=:(\exists c):\varphi x.\equiv_x x=c:fc$　　Df

三　摹状词的重要定理

*14.18.　$\vdash:E!(\daleth x)(\varphi x).\supset:(x).\psi x.\supset.\psi(\daleth x)(\varphi x)$

这是说，当（$\daleth x$）（φx）存在时，它就具有属于一切事物的性质 ψ；如果（$\daleth x$）（φx）不存在，定理就不成立。罗素举例说，当今法国国王不具有秃头或不秃头的性质。

*14.21.　$\vdash:\psi(\daleth x)(\varphi x).\supset.E!(\daleth x)(\varphi x)$

这个定理说明，摹状词的存在十分重要，摹状词的存在是含有摹状词的命题为真的必要条件。如果（$\daleth x$）（φx）不存在，那么（$\daleth x$）（φx）有性质 ψ 就是假的。

*14.202.　$\vdash:.\varphi x.\equiv_x.x=b:\equiv:(\daleth x)(\varphi x)=b:\equiv:\varphi x.\equiv_x.b=x:\equiv:b=(\daleth x)(\varphi x)$

这是说，（对所有 x 而言，φx 等值于 x＝b）等值于（那个有性质 φ 的 x＝b）等值于（对所有 x 而言，φx 等值于 b＝x）等值于（b＝那个有性质 φ 的 x）。

由第一个等值式可得：

*14.204.　$\vdash:E!(\daleth x)(\varphi x).\equiv.(\exists b).(\daleth x)(\varphi x)=b$

这是说，（$\daleth x$）（φx）存在就是有某个 b 使这个 x 等于 b。

*14.205.　$\vdash:\psi(\daleth x)(\varphi x).\equiv.(\exists b).b=(\daleth x)(\varphi x).\psi b$

这个定理是说，（$\daleth x$）（φx）有性质 ψ，等于说有某物 b，而 b 就是那个有性质 φ 的 x 并有性质 ψ。

＊14.28. ⊢: E!（⅂x）（φx）. ≡.（⅂x）（φx）=（⅂x）（φx）

这是说，（⅂x）（φx）有自返性当且仅当它存在。如果它不存在，则（⅂x）（φx）=（⅂x）（φx）就是假的。例如，当今法国国王不存在，因此"当今法国国王是当今法国国王"就是一个假命题。但是，摹状词相等的对称性无须假定其存在：

＊14.13. ⊢: a =（⅂x）（φx）. ≡.（⅂x）（φx）= a

＊14.131. ⊢:（⅂x）（φx）=（⅂x）（ψx）. ≡.（⅂x）（ψx）=（⅂x）（φx）

摹状词相等的传递性也无须假定其存在，这里不赘述。

第四节　类和关系的逻辑

一　类逻辑

性质属于一个个体，而关系存在于多数个体之间。一般，我们以二元关系为例。因此，应用于一个个体词的谓词表示性质，应用于多数个体词的谓词表示关系。φx 这一命题函项所定的是类，记为 $\hat{z}(φz)$。例如，如果 φx 是一个方程式，$\hat{z}(φz)$ 就是它的根所组成的类；如果 φx 是"x 有两条腿但无羽毛"，那么 $\hat{z}(φz)$ 就是人类。

φ（x，y）这个命题函项所定的是关系，记为 $\hat{x}\hat{y}φ(x, y)$。类和关系都是从外延方面来理解的。一个关系是由一切满足命题函项 φ（x，y）的二元有序组（x，y）所组成的类。在谈到关系而不必提到定那个关系的命题函项时，复杂的关系符号可用 K 等来代替。在任何 x，y 有 K 关系等于 φ（x，y）是真的条件之下，K 是 φ（x，y）这个命题函项所定的关系。

谓词演算可以表达关系命题和证明关系的推理，但为了用逻辑表述数学的命题和推理，使用关系的语言更为方便。因此，需要对关系本身构成一套理论，建立演算。关系逻辑与谓词演算的区别并非范围的不同，而是研究侧面的不同。

罗素在《数学原理》的 *20 中列出了具有类词的各种命题，例如：

*20.2. ⊢: $\hat{z}(\varphi z) = \hat{z}(\varphi z)$，这表示类的相等有自返性。

*20.21. ⊢: $\hat{z}(\varphi z) = \hat{z}(\psi z) . \equiv . \hat{z}(\psi z) = \hat{z}(\varphi z)$，这表示类的相等有对称性，等等。这里不赘述。下面列举几个罗素在 *22 中构造的类演算的命题。

*22.1. ⊢: . A⊂B. ≡ : (x) : x ∈A. ⊃. x ∈B

这个命题说，A 类包含在 B 类等于说，如果任何个体属于 A 类，则那一个体属于 B 类。罗素利用命题的蕴涵以表示类的包含关系。

*22.2. ⊢. A∩B = $\hat{x}$ (x ∈A. x ∈B)

这个命题说，"既是 A 又是 B 的类"（交类）就是满足"x 既属于 A 又属于 B"这一命题函项的"x 个体"。

*22.3. ⊢. A∪B = $\hat{x}$ (x ∈A ∨x ∈B)

A∪B 是 A 和 B 的并类，是用命题的"或"表示的。

*22.31. ⊢. − A = $\hat{x}$ (x ∼ ∈A)

"− A"即非 A 类。非 A 类就是满足"x 不属于 A 类"这一命题函项的个体。

二　关系逻辑

关系逻辑是类逻辑的推广，罗素在《数学原理》的 *23 中构造了关系演算。关系演算有以下五个定义：

*23.01. R⊑S. = : xRy. ⊃:$_{x,y}$xSy ［⊑ 是关系的包含于符号］Df

这是说，关系 R 包含于关系 S 定义为：对所有 x，所有 y 而言，如果 x 对 y 有 R 关系，那么 x 对 y 就有 S 关系。

＊23.02. $R \dot\cap S = \hat{x}\hat{y}(xRy \, . \, xSy)$ ［$\dot\cap$ 是关系的逻辑乘符号］ Df

关系 R 与关系 S 之间的逻辑乘就是既满足 R 又满足 S 的关系，这是用命题的合取去表示关系方面的逻辑乘。

＊23.03. $R \dot\cup S = \hat{x}\hat{y}(xRy \, . \lor . \, xSy)$ ［$\dot\cup$ 是关系的逻辑加符号］ Df

R 与 S 的逻辑加用命题方面的析取来表示。

＊23.04. $\dot{-}R = \hat{x}\hat{y}\{(\sim xRy)\}$ ［$\dot{-}$ 是补关系的符号］ Df

这个定义是用命题方面的否定去表示关系方面的否定。

＊23.05. $R \dot{-} S = R \dot\cap \dot{-}S$ Df

这个定义是说，是 R 关系而不是 S 关系就是 R 与 $\dot{-}$S 的交。

以下我们看几个关系演算的定理：

＊23.8. $\vdash . \dot{-}(\dot{-}R) = R$

非非 R 关系就是 R 关系。

＊23.84. $\vdash . \dot{-}(R \dot\cap S) = \dot{-}R \dot\cup \dot{-}S$

并非既 R 又 S 的关系等于或者非 R 关系或者非 S 关系。这是关系的德摩根律。

＊23.88. $\vdash . (x, y) . x (R \dot\cup \dot{-}R) y$

这是关系方面的排中律。对所有 x 与 y，x 与 y 间有 R 或者非 R 的关系。

＊23.89. $\vdash . (x, y) . \sim \{x (R \dot{-} R) y\}$

这是关系方面的矛盾律。对所有 x 与 y，并非 x 与 y 间有 R 而又非 R 的关系。

由上可见，罗素在关系演算中应用了一套得心应手的符号体系，比德摩根和皮尔士更严格、更科学地表述了关系演算，使之从代数的形式中解放了出来。

罗素认为，在关系逻辑里重要的东西是与类逻辑不同的概念，这些概念在以前是数理逻辑学家们没有弄清楚的。罗素用符号精确地表示了它们。其中最重要的是：

1. 摹状函项

数学中的一些函数，例如，x^2，$\sin x$，$\log x$ 等，不是命题函项。这些函数的意思是"对 x 有如此这般关系的项"，它们通过某个项对函数变目的关系来描述这个项，我们把这些函数称为摹状函项。例如，"x^2"描述了对 x 有平方关系的项，但命题"$x^2 = 4$"与用 4 代替 x^2 后的命题"$4 = 4$"是不同的，前者传达了有价值的知识，后者是不足道的知识。

摹状函项的一般定义是：

＊30.01. R'y =（⅂x）（xRy）　　　Df

这是说，R'y 意为对 y 有 R 关系的那个项 x。例如，如果 R 是父对子的关系，"R'y"意为"y 的父亲"。如果 R 是子对父的关系，"R'y"意为"y 的那个儿子"；在这种情况下，如果 y 不是恰好有一个儿子，那么一切具有"φ（R'y）"形式的命题将是假的。摹状函项具有唯一性。

2. 逆关系

如果 R 是一个关系，那么当 xRy 成立时，y 对 x 具有的关系被称为 R 的逆。大于是小于的逆，在前是在后的逆，夫妻关系是妻夫关系的逆。等同关系的逆是等同，相异关系的逆是相异。R 的逆记为 Ř。当 R = Ř 时，R 被称为对称关系，如相等关系；否则被称为非对称关系，例如"兄弟"关系，如果甲是乙的兄弟，乙可以是而不必是甲的兄弟，就是说乙或是甲的兄弟或是甲的姐妹。当 R 与 Ř 不相容，R 被称为不对称关系，例如"夫妻"就是不对称的关系。R 对 Ř 的关系被称为"Cnv"。每一个关系有一个且只有一个逆关系；因此，一个关系的逆可以有两种记法：Ř 和 Cnv'R（即对 R 有 Cnv 关系的那一关系 Ř）。后一记法比较方便，是一个摹状函项。

综上所说，罗素对逆关系的分析以及记法比皮尔士都有发展。以下举几个逆关系的定理。

∗31. 13. ⊢. E! Cnv 'P

这是说，任一关系 P 存在一个逆。E! 读为"存在"。

∗31. 32. ⊢: P = Q. ≡. $\breve{P}$ = $\breve{Q}$

两个关系等同当且仅当它们的逆等同。

∗31. 33. ⊢. Cnv 'Cnv 'P = P

这是说，P 的逆的逆就是 P。

∗31. 11. ⊢: x$\breve{P}$y. ≡. yPx

∗31. 131. ⊢: x (Cnv 'P) y. ≡. yPx

这两条定理说，x 对 y 有 P 的逆关系当且仅当 y 对 x 有 P 关系。

3. 关系者和被关系者

给定一个关系 R，对于一个给定的项 y 有 R 关系的项所构成的类，被称为 y 的关系者。一个给定的项 x 对之有 R 关系的项所构成的类，被称为 x 的被关系者。罗素用 $\overline{R}$ 表示 y 的关系者类对 y 的关系，$\overrightarrow{R}$ 表示 x 的被关系者类对 x 的关系。由此，使用摹状函项可得：$\overline{R}$'y = $\hat{x}$ (xRy) 和 $\overrightarrow{R}$'x = $\hat{y}$ (xRy)。例如，如果 R 是父母对儿子的关系，那么 $\overline{R}$'y 就是 y 的父母，$\overrightarrow{R}$'x 就是 x 的儿子。我们应当注意的是，R'y 这个摹状函项表示唯一的一个项 x，而 $\overline{R}$'y 表示唯一的一个类。

4. 关系的前域、后域和场

如果 R 是任一关系，那么 R 的前域就是由那些对某物或他物有 R 关系的项而成的类，用 D'R 表示。R 的后域就是一些项组成的类，某物或他物对这些项有 R 关系，用 ◁'R 表示。R 的场就是前域与后域的和，用 C'R 表示。因此有：

D 'R = $\hat{x}$ { (∃y) . xRy }

⊐'R = $\hat{y}$ { (∃x) . xRy)}

C'R = $\hat{x}$ { (∃y)：xRy. ∨. yRx}

请读者注意：D 是前域对 R 的关系，⊐是后域对 R 的关系，不要混淆，而 C 是场对 R 的关系。它们三者的定义如下：

＊33.01. D = $\hat{α}\hat{R}$ [α = $\hat{x}$ { (∃y) . xRy}]　　　Df

＊33.02. ⊐ = $\hat{β}\hat{R}$ [β = $\hat{y}$ { (∃x) . xRy)}]　　　Df

＊33.03. C = $\hat{γ}\hat{R}$ [γ = $\hat{x}$ { (∃y)：xRy. ∨. yRx}]　　　Df

由这些定义可以导出 D'R，⊐'R 和 C'R。

根据罗素的定义，关系者类与前域，被关系者类与后域有密切联系。我们可以看出，关系者的类是 $\vec{R}$'y = $\hat{x}$ (xRy)，前域是 D'R = $\hat{x}$ { (∃y) . xRy}，因此有 $\vec{R}$'y⊂D'R，即关系者类包含于前域。同样有：被关系者类包含于后域。这是两条定理，罗素经过了严格证明（＊33.15 和 ＊33.151）。

5. 两个关系的关系积

关系积的概念是德摩根首先提出的，他称之为关系的"组合"，用 LM 表示。皮尔士明确提出了关系积的概念，并用存在量词加以定义。罗素比皮尔士进了一大步，不但在记法上作了改进，而且在关系积的基础上引入关系平方的概念，比外还证明了一系列关于关系积的定理。

罗素把 R 和 S 的关系积记为 "R ∣ S"，其定义是：

＊34.01. R ∣ S = $\hat{x}\hat{z}$ { (∃y) . xRy. ySz)}　　　Df

这是说，R ∣ S 这个关系是 x 和 z 之间成立的关系，这时有一个中间项 y，使得 x 对 y 有 R 关系，并且 y 对 z 有 S 关系。例如，兄弟关系和父子关系的关系积就是伯叔关系，父子关系和父子关系的关系积就是祖孙关系。

R 和 R 的关系积被称为 R 的平方。罗素给出了以下定义：

＊34.02. R^2 = R ∣ R　　　Df

＊34.03. R^3 = R^2 ∣ R　　　Df

关系积有以下一些重要定理：

＊34.2. ⊢. Cnv ' (R | S) = $\breve{S}$ | $\breve{R}$

这一定理说，关系积的逆是通过把每一因子变为逆，同时交换其次序而得到的。

＊34.21. ⊢. (P | Q) | R = P | (Q | R)

这是说，关系积遵守结合律。

＊34.25. ⊢. P | (Q $\dot{\cup}$ R) = (P | Q) $\dot{\cup}$ (P | R)

＊34.26. ⊢. (P $\dot{\cup}$ Q) | R = (P | R) $\dot{\cup}$ (Q | R)

以上两条定理表明，关系积相对于关系的逻辑加遵守分配律。但是，关系积相对于关系的逻辑乘，分配律的形式不是得到"="，而是得到"⊏"（包含于）：

＊34.23. ⊢. P | (Q $\dot{\cap}$ R) ⊏ (P | Q) $\dot{\cap}$ (P | R)

＊34.24. ⊢. (P $\dot{\cap}$ Q) | R ⊏ (P | R) $\dot{\cap}$ (Q | R)

＊34.34. ⊢: R⊏P.S⊏Q. ⊃. R | S⊏P | Q

这是说，如果 R 包含于 P 并且 S 包含于 Q，那么 R 和 S 的关系积包含于 P 和 Q 的关系积。

＊34.36. ⊢. D ' (P | Q) ⊏D 'P. ◖ ' (P | Q) ⊏◖ 'Q

这一定理是说，P 和 Q 的关系积的前域包含于 P 的前域，并且 P | Q 的后域包含于 Q 的后域。

＊34.41. ⊢: E! P 'Q 'z. ⊃. P 'Q 'z = (P | Q) 'z

这个定理是说，如果 P 'Q 'z 存在，那么它等于 (P | Q) 'z。设 Q 是孩子对父亲的关系，P 是女儿对父亲的关系。这时假定 P 'Q 'z 存在，即 z 的那个孩子的那个女儿存在（这里要求 z 仅有一个孩子），那么 P 'Q 'z 等于 (P | Q) 'z，即 z 的那个孙女。罗素提醒人们说，如果假设变为 E! (P | Q) 'z，定理就不成立了，因为 (P | Q) 'z 存在，而 P 'Q 'z 可以不存在。在上例中，z 可以有唯一的一个孙女，但如果 z 不仅有一个孩子，那么

"z 的唯一孩子的那个女儿"可以不存在。

由以上的关系积定义和定理，我们可以看出，罗素仅在这一方面的理论比起德摩根和皮尔士的简单论述不知要丰富多少倍！

6. 复数的摹状函项

摹状函项 R'y 被定义为"那个对 y 有 R 关系的项"，这个项是唯一的。罗素利用摹状函项对逆关系、关系者和被关系者，前域、后域和关系场等重要概念作了精确的定义。罗素又将摹状函项的概念作了推广，引入"复数的摹状函项"这一概念，记为 R"β，意为："那些对 β 的分子有 R 关系的项"。例如，如果 β 是学者的类，R 是妻子对丈夫的关系，那么 R"β 意为"学者的妻子们"。R"β 是由那些具有被关系者（它们是 β 的分子）的关系者所构成的类，R"β 对 β 的关系记为 R_ε。它们的定义如下：

　*37.01. R"β = $\hat{x}$ { （∃y）. yεβ. xRy }　　　Df

　*37.02. R_ε = $\hat{\alpha}\hat{\beta}$ （α = R"β）　　　Df

关于复数的摹状函项也有若干定理，我们不再引证。

在罗素的关系逻辑中，有一些关系具有重要作用。一种关系是"一对多"的关系，这种关系就是对于一给定的项而言，至多只能有一项与之有此关系。这种关系产生摹状函项，例如，y 的父亲。在一对多的关系中，一对一的关系是特别重要的一类。在这种关系中，不仅至多只有一个对于给定的项 y 有 R 关系的 x，而且至多也只有一个 y，使一个给定的项 x 对之有 R 关系。罗素利用这种一对一的关系定义了两个类之间的"相似"：一类相似于另一类，就是在它们之间有一对一的关系。

罗素利用这种相似关系，比弗雷格更加明确、清晰地定义了自然数。更重要的是，罗素用一对一的关系定义了 P 关系和 Q 关系的"相似"：

如果存在一个一对一的关系 S。它的前域是 P 的关系场，后域

是 Q 的关系场，并且若一项对另一项有 P 关系，则此项的对应者
与另一项的对应者有 Q 关系；反之，若一项对另一项有 Q 关系，
则此项的对应者与另一项的对应者有 P 关系。罗素用下图说明了
这个定义：①

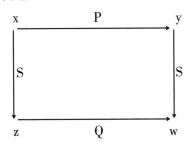

在这样的情况下，罗素称关系 S 是关系 P 和 Q 的"序次的关
联者"。在现代集合论中，关系的相似被称为"同构"。

第三种重要关系是序列关系。罗素认为他是给"序列"这个
词以一个确切意义的第一个人。一个序列即是一个序列的关系，
简称序列关系，此关系具有以下三种性质：（1）不对称性，即如
果 x 对 y 有这种关系，y 对 x 就没有这种关系；（2）传递性，如果
x 对 y 有这种关系，并且 y 对 z 有这种关系，那么 x 对 z 就有这种
关系；（3）连通性，如果 x 和 y 是这种关系的场中任何不同的两
项，那么，不是 x 对 y 有这种关系，就是 y 对 x 有这种关系。

罗素认为，一对多的关系，一对一的关系和序列关系是逻辑
和普通数学之间过渡的极为重要的关系。

罗素以他的关系逻辑作为雄厚的基础，给出了"关系数"
定义：

一个给定关系的"关系数"是所有与这个给定关系相似的关
系的类。

然后罗素将它应用于序列，定义了关系数的加法和乘法，给
出一套完整的关系数算术，这是数学中非常值得重视的一个分支。

———————————

① 罗素：《数理哲学导论》，晏成书译，商务印书馆 1982 年版，第 53 页。

罗素还将关系算术用于对"结构"进行研究，其根据是两个相似的关系有相同的结构。

罗素认为，关系算术是他对《数学原理》一书的最重要的贡献。第二卷后半本的篇幅就是论述关系算术的。关系逻辑帮助罗素从逻辑推出了一部分数学，处理了集合论、算术和度量理论等。国际知名数理逻辑学家哥德尔在评论罗素的数理逻辑时指出："罗素的工作是沿着弗雷格和皮亚诺的思路开始的。弗雷格不畏劳苦进行分析证明，但在整数序列的最初等的性质并未获得成果，而皮亚诺则完成了用新的符号系统表达一大组数学定理的工作，但没有加以证明。只是在《数学原理》一书中才完全应用了这种新方法，从很少的一些逻辑概念和公理实际上推出了很大一部分数学。此外，这门年轻的科学由于有了新的工具即抽象的关系理论而丰富起来了。关系演算是由皮尔士和施罗德在以前发展的，但只是有限的一部分，并且与数的代数极为相似。在《数学原理》中，不仅康托尔的集合论而且普通的算术和度量理论都是从这个抽象的关系的观点来进行处理的。"①

---

① 　中国社会科学院哲学研究所逻辑研究室编：《数理哲学译文集》，商务印书馆1988年版，第159—160页。

第 四 章

逻辑演算的发展

第一节　命题演算和谓词演算的不同系统

弗雷格和罗素的逻辑演算系统现已成为一阶逻辑的基础。在后来的发展中，它们得到了改进和完善。

上面说过，卢卡西维茨证明了弗雷格命题演算的第三条公理可从前两条公理推出，弗雷格的命题演算可简化成三条公理：

① $p \rightarrow (q \rightarrow p)$，

② $[p \rightarrow (q \rightarrow r)] \rightarrow [(p \rightarrow q) \rightarrow (p \rightarrow r)]$，

③ $(\neg p \rightarrow \neg q) \rightarrow (q \rightarrow p)$。

令人感兴趣的是，卢卡西维茨提出了由三条公理组成的命题演算系统来取代弗雷格的系统，这三条公理是：

① $(p \rightarrow q) \rightarrow [(q \rightarrow r) \rightarrow (p \rightarrow r)]$，

② $(\neg p \rightarrow p) \rightarrow p$，

③ $p \rightarrow (\neg p \rightarrow q)$。

第一条公理是假言三段论定律。第二条公理是一种怪论：如果"非 p 蕴涵 p"那么 p，这是首先由斯多阿学派表述的。第三条公理也是一种怪论，它实际上是说，从 p 和 ¬p（非 p）这对矛盾命题可得任何命题，中世纪逻辑学家已作了论述。

皮尔士（C. S. Peirce, 1839—1914）和舍弗（Sheffer）认识到有可能用一个初始概念来定义命题演算的一切联结词。法国逻辑学家尼考（J. Nicod）在 1917 年用舍弗的竖函项（"非……或者非……"）作为初始概念，他证明命题演算只用以下单独的一条公理：

$[p \mid (q \mid r)] \mid ([t \mid (t \mid t)] \mid \{(s \mid q) \mid [(p \mid s) \mid (p \mid s)]\})$，

以及以下的一条推理规则：

由两公式 A 和 A｜（B｜C）可得新公式 C，这条规则实际上是分离规则。

罗素在 1925 年的《数学原理》第二版导论中提出，应该用尼考的命题演算系统来代替第一版的系统。

《数学原理》第一版的系统在 1926 年经过贝尔纳斯的改进，去掉了不独立的结合公理，因此由以下四条公理组成：

① $(p \lor p) \to p$，

② $q \to (p \lor q)$，

③ $(p \lor q) \to (q \lor p)$，

④ $(q \to r) \to [(p \lor q) \to (p \lor r)]$。

这一公理系统比较流行，1928 年希尔伯特（D. Hilbert, 1862—1943）和阿克曼（Ackermann）合著的《理论逻辑基础》一书采用了这个系统，只把公理②稍微改动了一下，变为 $p \to p \lor q$。我国王宪钧教授写的《数理逻辑引论》（北京大学出版社，1982）也采用了这个系统。

有时命题演算的公理系统，一开始便把 5 个基本联结词都引进来，这样的系统也有优点。希尔伯特和贝尔纳斯在 1934 年为此构造了以下的系统：

Ⅰ. ① $p \to (q \to p)$

② $[p \to (p \to q)] \to (p \to q)$

③ $(p \to q) \to [(q \to r) \to (p \to r)]$

Ⅱ. ① $p \land q \to p$

②p∧q→q

③（p→q）→［（p→r）→（p→q∧r）］

Ⅲ. ①p→p∨q

②q→p∨q

③（p→r）→［（q→r）（p∨q→r）］

Ⅳ. ①（p↔q）→（p→q）

②（p↔q）→（q→p）

③（p→q）→［（q→p）→（p↔q）］

Ⅴ. ①（p→q）→（¬q→¬p）

②p→¬¬p

③¬¬p→p

Ⅰ组只包含蕴涵词"→"（如果……那么……），Ⅱ组包含合取词"∧"（并且）和蕴涵词，Ⅲ组包含析取词"∨"（或者）和蕴涵词，Ⅳ组包含等值词"↔"和蕴涵词，Ⅴ组包含否定词"¬"和蕴涵词。

为了在命题演算中省去代入规则，冯·诺依曼（J. von Neumann，1903—1957）在1927年提出用公理模式代替公理的方案。公理模式是用语形变元而不是用形式变元陈述的，一个公理模式可以代表无穷多公理。弗雷格的命题演算系统可用以下三个公理模式来表示：

① P→（Q→P）。

② ［P→（Q→R）］→［（P→Q）→（P→R）］。

③ （¬P→¬Q）→（Q→P）。

现在的数理逻辑教科书中所采用的一阶谓词演算系统，主要有两种：弗雷格式的和罗素式的。

弗雷格式的一阶谓词演算系统一般用公理模式表示，除三个命题演算公理模式外，有以下两个量化的模式：

④ $(\forall\alpha)(P\to Q)\to[P\to(\forall\alpha)Q]$，如果 α 在 P 中没有自由出现。

⑤ $(\forall\alpha)P(\alpha)\to P(\beta)$，如果 β 对 $P(\alpha)$ 中的 α 是自由的 [在 $P(\alpha)$ 中 α 的自由出现不在量词 $(\forall\beta)$ 的辖域中]。例如，哈密尔顿的《数学家的逻辑》就采用了这种系统。

罗素式的一阶谓词演算系统，首先由希尔伯特和阿克曼在 1928 年的《理论逻辑基础》一书中采用，除四条命题演算公理外，还有以下两条关于量词的公理：

⑥ $(\forall x)F(x)\to F(z)$。

⑦ $F(z)\to(\exists x)F(x)$。

希尔伯特和阿克曼在 1938 年出版了该书的第二版，主要对谓词演算代入规则作了精确的表述。我国王宪钧教授的《数理逻辑引论》也采用了这个系统。

1934 年，德国逻辑学家甘岑（G. Gentzen）提出了自然推理的一个规则系统。甘岑试图使公式间的形式推理更接近于数学中所常用的那种证明程序。甘岑的系统不用逻辑公理，而只用推理模式，现列举如下：

UE　　　**UB**

$$\frac{A\quad B}{A\wedge B}\qquad\frac{A\wedge B}{A}\qquad\frac{A\wedge B}{B}$$

OE　　　　　　　**OB**

$$\frac{A}{A\vee B}\qquad\frac{B}{A\vee B}\qquad\frac{A\vee B\quad\overset{[A]}{C}\quad\overset{[B]}{C}}{C}$$

AE　　　　　　　**AB**

$$\frac{F(a)}{(\forall x)F(x)}\qquad\frac{(\forall x)F(x)}{F(a)}$$

EE	**EB**

$$\frac{F\ (a)}{(\exists x)\ F\ (x)}$$

$$\frac{(\exists x)\ F\ (x)\qquad \lceil F\ (a)\rceil \qquad C}{C}$$

FE	**FB**

$$\frac{\lceil A\rceil \atop B}{A\to B}$$

$$\frac{A\quad A\to B}{B}$$

NE	**NB**

$$\frac{\lceil A\rceil \atop \bot}{\neg A}\qquad \frac{A\quad \neg A}{\bot}\qquad \frac{\bot}{D}\qquad \frac{\neg\neg A}{A}$$

在以上模式中，〔A〕等代表假定，OB（析取消去规则）是说，从 A∨B，假定 A 得到 C 和假定 B 得到 C，可以推出 C。"⊥"代表"假"。字母 a 表示一个变元。甘岑对 AE（全称引入）和 EB（存在消去）作了特殊的规定，其中的变元 a 被称为模式的特有变元，AE 的特有变元不可以出现在由（∀x）F（x）所表示的公式中，不可以出现在这个公式所依赖的任意一个假定公式中；EB 中的特有变元不可以出现在由（∃x）F（x）所表示的公式中，不可以出现在 C 所表示的公式中，也不可以出现在这个公式所依赖的任何一个假定公式中，除非假定公式属于这个模式，并且是用 F（a）所表示的。在自然推理演算中，推导呈树枝形，例如：

$$\frac{\dfrac{\dfrac{\dfrac{\dfrac{F\ (a)}{(\exists x)\ F\ (x)}\text{EE}\quad \dfrac{}{\neg(\exists x)\ F\ (x)}}{\bot}}{\neg F\ (a)}\text{NE 2}}{(\forall y)\ \neg F\ (y)}\text{AE}}{\neg(\exists x)\ F\ (x)\to (\forall y)\ \neg F\ (y)}\text{FE 1}$$

2
F（a）
1
（∃x）F（x）EE　　¬（∃x）F（x）
⊥　　　　NB
¬F（a）　NE 2
（∀y）¬F（y）AE
¬（∃x）F（x）→（∀y）¬F（y）FE 1

在这个推导中，编号 1 和编号 2 下面的公式是假定公式。由 F（a)通过 EE（存在引入）得（∃x）F（x），由（∃x）F（x）和假定公式¬（∃x）F（x）据 NB（否定消去）得到⊥（假），再据 NE（否定引入）可得¬F（a），这就除去了假定公式 F（a），它的编号是 2，因此，所使用的模式 NE，写成"NE2"。由¬F（a）据 AE（全称引入）可得（∀y）¬F（y），由此据 FE（蕴涵引入）得到¬（∃x）F（x）→（∀y）¬F（y），这就除去了假定公式 1，即¬（∃x）F（x）。这表明，公式¬（∃x）F（x）→（∀y）¬F（y）是与假定无关的恒真公式。

甘岑的自然推理演算等价于一阶谓词演算。在甘岑的系统中，可推出命题演算四条公理。

（1）（p∨p）→p

$$
\frac{\dfrac{\overset{2}{p\vee p}\quad \overset{1}{p}\quad \overset{1}{p}}{p}\ \ \text{OB l}}{(p\vee p)\to p}\ \ \text{FE 2}
$$

（2）p→（p∨q）

$$
\frac{\dfrac{\overset{1}{p}}{(p\vee q)}\ \ \text{OE}}{p\to(p\vee q)}\ \ \text{FE 1}
$$

（3）（p∨q）→（q∨p）

$$
\frac{\dfrac{\overset{2}{(p\vee q)}\quad \dfrac{\overset{1}{p}}{q\vee p}\ \text{OE}\quad \dfrac{\overset{1}{q}}{q\vee p}\ \text{OE}}{q\vee p}\ \ \text{OB 1}}{(p\vee q)\to(q\vee p)}\ \ \text{FE 2}
$$

（4）（p→q）→〔（r∨p）→（r∨q）〕

可用 FB，OF 和 FE 而得到。

关于量词的公理：（5）（∀x）F（x）→F（y），可用 AB 和 FE 得到；（6）F（y）→（∃x）F（x），可用 EE 和 FE 得到。

另外，自然推理演算中的推理规则在一阶谓词演算中也是可证的，这里从略。由此可得，一个公式是在自然推理演算中可证的，当且仅当它在一阶谓词演算中可证。

我国逻辑学家胡世华和陆钟万合著的《数理逻辑基础》（科学出版社，1981）也构造了一种自然推理系统。

皮亚诺、弗雷格、罗素，以及后来一些逻辑学家采用了不同的符号体系来表述命题演算和谓词演算。为便于查阅，今列表如下：

	皮亚诺、罗素	希尔伯特	其他变形	卢卡西维茨	本书
否定	～A	$\overline{A}$	−A，¬A	Np	¬A
合取	A．B	A&B	AB，A∧B	Kpq	A∧B
析取	A∨B	A∨B		Apq	A∨B
蕴涵	A⊃B	A→B		Cpq	A→B
等值	A≡B	A～B	A↔B	Epq	A↔B
全称量词	（x）F（x）	（x）F（x）	∀xF（x），∧xF（x）	∏xφx	（∀x）F（x）
存在量词	（∃x）F（x）	（Ex）F（x）	∃xF（x），∨xF（x）	∑xφx	（∃x）F（x）

第二节　逻辑演算的元理论

从总体上对命题演算和谓词演算系统的性质进行研究，被称为元逻辑理论。命题演算和谓词演算系统的性质有三个：一致性（无矛盾性）、独立性和完全性。下面我们对两个系统分别加以考察。

一 命题演算的元理论

我们先讨论命题演算的一致性。

命题演算是一致的（或无矛盾的），当且仅当在系统之内没有任何公式 A 使得 A 与 ¬A 均可证。这一定义也等于说，并不是每个公式都是可证的。

命题演算的一致性证明首先由美国逻辑学家波斯特（E. L. Post，1897—1954）在 1921 年发表的论文《初等命题的一般理论导论》中给出。[①] 卢卡西维茨在 1925 年，希尔伯特和阿克曼在 1928 年也给出了命题演算的一致性证明。这里我们给出希尔伯特和阿克曼的证明，其基本方法是做出一种算术解释。

命题变元 p，q，r…当作算术变元，只取值 0 和 1。p ∨ q 理解为算术积，¬p 定义为：¬0 等于 1，¬1 等于 0。每一复合命题都是基本命题的一个算术函数，并且也只取 0 与 1 两个值。公理（1）至（4）是等于 0 的。首先，¬p ∨ p 永取值 0。由此可得 ¬(p ∨ p) ∨ p［公理（1）］也为 0。其次，公理（2）可变形为 ¬p ∨ (p ∨ q)，再变形为（¬p ∨ p）∨ q，¬p ∨ p 为 0，0 ∨ q 也等于 0，因此公理（2）等于 0。仿此，公理（3）和公理（4）也等于 0。

从公理应用代入规则和分离规则后，得出的新公式仍为 0。就代入来说，当把一个变元代以一个表达式后，变元所取得的值域绝对不会扩大。就分离来说，其规则可写成由 A 与 ¬A ∨ B 可得 B。既然 A 永取值 0，故 ¬A 永取值 1，因而 ¬A ∨ B 与 B 同值，¬A ∨ B 永取值 0，因此 B 也永取值 0。

由上可得，如果对 p 与 ¬p 中的 p 代入以同样的复合命题时所得的两个公式不可能都具有永等于 0 的性质；事实上，当其中一个取值为 0 时，另一个必取值为 1。

---

① *From Frege to Gödel*, pp. 264 – 283.

　　上面说过，贝尔纳斯在 1926 年的论文《〈数学原理〉的命题演算的公理探讨》中，证明了罗素的结合公理是不独立的。贝尔纳斯在这篇论文中首先用算术解释的方法证明了由四条公理组成的命题演算系统具有独立性。下面我们采用希尔伯特改进了的表述方法。

　　首先证明公理（1）的独立性。命题变元可取剩余类 0、1 和 2（mod4）。析取号 ∨ 表示算术乘法，¬p 可如下定义：¬0 为 1，¬1 为 0，¬2 为 2。根据这种解释，公理（2）、公理（3）、公理（4）的值永等于 0，¬p∨p 也等于 0。应用两条规则后，这个性质也遗传给由这四个公式所推出的公式。但公理（1）不是永等于 0，取 p 为 2，则 ¬(2∨2)∨2 = ¬0∨2 = 1∨2 = 2。因此，公理（1）不能从公理（2）、公理（3）、公理（4）推出，也不能换成 ¬p∨p。证明其余三条公理的独立性，每次给出一种算术解释，证明方法与以上类似，这里从略。[①]

　　命题演算的完全性有两种定义。一种是语义完全性：命题演算是语义完全的，当且仅当命题演算的永真公式（重言式）都是可证的。另一种是语法完全性（或波斯特意义下的完全性）：命题演算是语法完全的，当且仅当把一个不可证的公式加入到公理中去，其结果是不一致的，即永远产生一个矛盾。波斯特在 1921 年证明了命题演算具有这两种意义的完全性。希尔伯特和阿克曼在 1928 年对波斯特的证明作了改进。证明语义完全性的方法是使用合取范式。设 A 为任一重言式，它有一个与之等值的合取范式 B，每一合取项 B_i 也是重言式，因此必含有一命题变元及其否定。由于 ¬p∨p，¬p∨p∨q 等是可证的，因而每一个 B_i 也可证。从而，B 可证。由此可得，A 可证。证明语法完全性也应用合取范式。设 A 为一个不可证的公式。B 为它的合取范式。B 也不可证，因此在

　　① 参看希尔柏特、阿克曼《数理逻辑基础》，莫绍揆译，科学出版社 1958 年版，第 38—40 页。

B 的合取项中必有一个项 C（一个析取式），其中没有彼此否定的两个析取支。在 C 中对每个非否定的命题变元代以 p，对于每个否定的命题变元代以¬p，我们便得到 p∨p…∨p，这与 p 等值。如果 A 为公理，则可推出 B，从而推出 C。因此，p 可证。但 p 也可代以¬p，所以得到一个逻辑矛盾。这就证明了命题演算具有语法完全性。

二　谓词演算的一致性与独立性

谓词演算的一致性首先由希尔伯特和阿克曼在 1928 年加以证明。他们把谓词变元和命题变元都当成算术变元，取值为 0 和 1。对谓词变元的空位填以什么个体变元不予考虑，量词全都删去。∨当作乘法，¬0 为 1，¬1 为 0。在这种算术解释之下，所有的公理都取值为 0。如果从取值为 0 的公式根据变形规则推出一个公式，那么该公式也取值为 0。但是，互相否定的两个公式不可能同时为 0。由此可得，由公理所推出的公式，没有两个是互相否定的。

谓词演算公理系统的独立性，由希尔伯特和阿克曼在《理论逻辑基础》第二版（1938 年）中加以证明，这种证明方法是贝尔纳斯首先提出并将之告诉了希尔伯特。希尔伯特和阿克曼在脚注中指出："本书所发表的便是按照贝尔纳斯的思想而作的。"[1] 首先，证明公理（1）—公理（4）的独立性。方法是：将全称量词和存在量词删除，每一个谓词变元及其变目全都用命题变元代替。这样，公理（5）和公理（6）变为公式 p→p，也就是¬p∨p。对命题演算公理独立性的证明稍作修改，我们就可以证明，谓词演算的前四条公理之一不能从公理（5）和公理（6）的变形 p→p 以及其他三条公理推出。

公理（5）（∀x）F（x）→F（y）的独立性证明如下。将

---

① 希尔柏特、阿克曼：《数理逻辑基础》，莫绍揆译，科学出版社 1958 年版，第 86 页。

（∀x）A（x），（∀y）A（y）等形式的公式都换为（∀x）A（x）∨p∨¬p，（∀y）A（y）∨p∨¬p等。这样，凡是不用公理（5）能推出的每一个公式都仍然变成一个在谓词演算中可以推出的公式。这是因为在经过这种变换后，公理（1）—公理（4）及公理（6）都不受影响。代入规则、分离规则、前件存在规则及改名规则对各公式之间的联系仍然有效。通过后件概括规则所得的公式A→（∀x）B（x）变为A′→（∀x）B′（x）∨p∨¬p，而这是一个可证公式。但是，公理（5）却变为（∀x）F（x）∨p∨¬p→F（y），显然这是推不出来的，因为由这个蕴涵式的前件的真可得F（y），再据代入规则可得¬F（y），这就导致一个逻辑矛盾。

　　将公式（∃x）A（x）变换为（∃x）A（x）∧p∧¬p就可证明公理（6）的独立性。

　　希尔伯特和阿克曼不但证明了各公理的独立性，而且也证明了变形规则的独立性。

　　用以上的类似方法可以证明后件概括规则和前件存在规则的独立性。将公式（∀x）A（x）换成（∀x）A（x）∧p∧¬p，这样凡不用后件概括规则而能推出的公式都变成一个可推出的公式。但在谓词演算中可推出的公式（∀x）（F（x）∨¬F（x））变为一个推不出的公式（∀x）（F（x）∨¬F（x））∧p∧¬p。这就证明了后件概括规则的独立性。将（∃x）A（x）换为（∃x）A（x）∨p∨¬p，就可证明前件存在规则的独立性，因为根据这个变换，¬（∃x）（F（x）∧¬F（x））变为一个推不出的公式。

　　命题变元代入规则的独立性可如下得出，如果没有这条规则，则含有个体变元的可证公式只能是以下形式的公式：

　　（∀x）A（x）→A（y）；A（y）（∃x）A（x）；

　　（∀x）A（x）→（∀x）A（x）；（∃x）A（x）→（∃x）A（x）；

　　（∃z）（（∀x）A（x）→A（z））；（∃z）（A（z）→（∃x）A（x））。

或者由这些公式用个体变元代入规则或约束变元改名规则而得到的公式。因为公理（5）和公理（6）具有这些形式，而通过其余的变形规则也永远只得到这一类的公式。因此，如果没有命题变元代入规则，那么我们就不能推出公式（∀x）A（x）→（∃x）A（x）。

自由个体变元代入规则的独立性可如下证明。如果谓词变元某些空位处所填的个体变元是 z，则把该空位（连同变元 z）删除。例如把 F（x，z）变成 F（x），G（z）变成 G。在这种变换后，凡是未用到个体变元代入规则所做出的证明都仍然变成一个证明。公理不受这个变换的影响，因此，所有不用上述规则的可证公式仍然变为可证公式。但可证公式（∀x）F（x）→F（z）（使用了个体变元代入规则）却变换为（∀x）F（x）→F，这里第二个 F 是一个命题变元，这个公式是不可证的。

用同样的方法可以证明约束变元改名规则的独立性。删除量词（∀x）和（∃x），以及约束变元 z（连同 z 所填的空位）。经过这个变换，凡不用改名规则所推出的公式也变成一个可推出的公式。但是，使用改名规则的可证公式（∀z）F（z）→F（x）却变为一个推不出的公式 F→F（x）。

现在证明谓词变元代入规则的独立性。我们把凡是具有（∀x）A（x），（∀y）A（y）等形式的部分公式，只要它含有谓词变元 G，便都换为（∀x）A（x）∨p∨¬p，（∀y）A（y）∨p∨¬p 等。经过这些变换，凡不用谓词变元代入规则而可推出的公式仍变为一个可推出的公式。但是，使用上述代入所推出的公式（∀x）G（x）→G（y）却变为（∀x）G（x）∨p∨¬p→G（y），前件含 p∨¬p，因此前件是真的，由此推出 G（y），再代入可得¬G（y），从而得到一个矛盾。

分离规则的独立性可证明如下。如果没有这个规则，那就只能得到¬A∨B（A→B）形的公式。因为所有公理都是这种形式的，除分离规则外的各规则也都给出这样的公式。因此，若无分离规则便不能推出 p∨¬p。

以上便是希尔伯特和阿克曼对谓词演算公理系统各公理和推理规则的独立性所给出的证明。

一阶谓词演算不具有像命题演算那样的语法完全性或较强意义的完全性，也就是说，对一阶谓词演算来说，把某一个以前推不出的公式加到公理去以后，得不到一个矛盾。例如，我们可以找到一个公式 (∃x) F (x) → (∀x) F (x)，按照上述证明一致性的算术解释，它取值为 0，但它却不是可证公式。从直观上说，这个公式是说："如果有一个 x 使 F (x) 成立，则对于一切 x，F (x) 成立"，显然这不是普遍有效的。对这一点，可给出严格证明。

三　哥德尔完全性定理

一阶谓词演算在弱的意义上，即对证明所有普遍有效公式是充分的这个意义上，是完全的。这种完全性被称为语义完全性。哥德尔（K. Gödel, 1906—1978）在 1930 年发表的论文《逻辑的函项演算公理的完全性》中第一次证明了这个定理。

哥德尔完全性定理是说：狭义函项演算（一阶谓词演算）的每一普遍有效公式是可证的。

哥德尔证明了与此相等价的一个定理：

狭义函项演算的每一公式，或是可否证的，或是可满足的。

这等于说：

一阶谓词演算的任一公式 A，或者 A 是可证的，或者¬A 是可满足的（或 A 不是普遍有效的）。

在证明过程中，要使用挪威数学家斯科伦（T. Skolem）在 1920 年的论文《对数学命题的可满足性或可证性的逻辑组合的研究：累文汉定理的简化证明及推广》中的一个结果：一阶谓词演算中的每一合式公式都有一个斯科伦前束范式，它们可以互推。由此可得，一个公式是普遍有效的，当且仅当它的斯科伦范式是普遍有效的。

哥德尔严格证明了一个普遍有效公式 A 的斯科伦范式 A_0 是可证的，或者 $\neg A_0$ 是可满足的（而且是在自然数域可满足的）。由于 A 与 A_0 可以互推，我们得到：对任一谓词演算公式 A，或者 A 是可证的，或者 $\neg A$ 是可满足的。这就得出完全性定理：如果 $\neg A$ 不可满足则 A 可证，即如果 A 是普遍有效的，那么 A 是可证的。

哥德尔完全性定理的建立标志着从弗雷格以来所创建的一阶谓词演算达到了完善的地步。这个定理圆满地解决了希尔伯特在1928 年所提出的未解决的一阶逻辑完全性问题。它具有以下形式（$\Rightarrow$ 表示"推出"）：

普遍有效 $\Rightarrow$ 在自然数域（可数无穷域）有效 $\Rightarrow$ 可证。

哥德尔说："现在所证的等价式：'有效的 = 可证的'，对判定问题来说，包含着把不可数的东西化归为可数的东西，因为'有效的'指的是函项的不可数总体，而'可证的'预设的只是形式证明的可数总体。"[1]

因此，我们可以说，哥德尔完全性定理在不可数的东西与可数的东西之间架起了一道联系的桥梁。

在哥德尔完全性定理的证明过程中，使用了排中律，此外，还要用葛尼希无穷引理。在这里必须要有超穷思维。哥德尔正是对"超穷思维"具有"客观主义"的态度，才做出了完全性定理的证明，建立了"不可数"与"可数"之间的联系。哥德尔在给王浩教授的信中指出："在数学上，完全性定理确实是斯科伦1922 年文章的一个几乎不值一提的推论。然而事实是，在那个时候，没有人（包括斯科伦本人）得出这个结论（既没有从斯科伦

---

[1] *From Frege to Gödel*, p. 589.

的 1922 年文章得出，也没有像我所做的那样从自己的类似的考虑中得出）。"① 斯科伦 1922 年的文章是《对公理集合论的一些说明》，其中有一部分给出骆文汉定理（亦称骆文汉—斯科伦定理）的一个新证明。德国逻辑学家骆文汉（L. Löwenheim）在 1915 年证明了一条定理：如果一阶谓词演算的一个公式是可满足的，那么在自然数域（或可数无穷个体域）内它也可满足。斯科伦在 1920 年使用存在量词全部在全称量词前的前束范式，对骆文汉定理做了新的证明，在证明过程中还使用了选择公理和戴德金的"链"的一些结果。斯科伦还把骆文汉定理推广到一阶谓词演算的可数无穷公式集。斯科伦在 1922 年对骆文汉定理做出了新的证明，没有使用选择公理和戴德金的结果。在这个新的证明中，实际上包含着得出完全性定理所需要的引理，他已经隐含地证明了"或者 A 是可证的，或者¬A 是可满足的"（"可证的"是在非形式的意义上）。然而，斯科伦没有能表述这个结果，显然他自己也不清楚，看来他并不知道这个结果。所以，希尔伯特和阿克曼在 1928 年《理论逻辑基础》中陈述未解决的完全性问题时，根本没有提斯科伦 1922 年的文章。哥德尔总结斯科伦的失误时指出："逻辑学家的这种盲目性（或偏见，或不管你叫它什么）实在令人吃惊。但我认为不难找到解释。其原因就是由于当时所普遍缺少的、对元数学和非有穷思维所需要的认识论态度。……数学中的非有穷思维被广泛地认为只是在它能用有穷的元数学'解释'或'证明为正当'的范围内才有意义。……这个观点几乎不可避免地导致在元数学中拒绝非有穷的思维。……但是前面提到的从斯科伦 1922 年得出的显而易见的推论确实是非有穷的，并且对于谓词演算的任何其他的完全性证明都是非有穷的。因此这些东西没有为人们注意或者被忽略了。"② 反对在元数学中使用非有穷思

---

①　Hao Wang, *From Mathematics to Philosophy*, London & New York, 1974, p. 8.

②　Hao Wang, *From Mathematics to Philosophy*, London & New York, 1974, pp. 8 – 9.

维及其论证，这是在哥德尔之前斯科伦及其他人没有能做出完全性定理证明的基本原因。哥德尔得到了这个结论之后还说："我的客观主义的数学和元数学一般概念，特别是关于超穷思维的客观主义的观念，对于我的其他逻辑工作也是根本的。"① 哥德尔在这里表达了他的朴素唯物论和辩证法的思想。辩证唯物主义认为，世界是无限的，无限是由有限组成的。为了认识世界和改造世界，我们的思维必须把握无限，根本的手段就是要通过科学抽象。哥德尔所说的"超穷思维"就是对无限进行科学抽象的思维，这是科学研究取得成功的一个重要条件。哥德尔完全性定理的建立生动地说明了这一点。斯科伦的失误在于把无限与有限加以割裂，固守有穷思维，从而不能把握无穷，当完全性定理已碰到自己的鼻尖时仍然不能认识它。这对科学家来说，实为憾事，我们应当引以为戒。

---

① Hao Wang, *From Mathematics to Philosophy*, London & New York, 1974, p. 9.

第 五 章

罗素的逻辑主义及其在数理
逻辑史上的地位

第一节　数学概念与数学定理的推导

　　罗素的逻辑主义论题分成两个部分：一是数学概念可以通过显定义从逻辑概念推导出来；二是数学定理可以通过纯逻辑推演从逻辑公理推导出来。罗素在推导数学概念时所使用的逻辑概念有：命题联结词（否定、析取、合取、蕴涵）；函项和量词（全称量词和存在量词）；等等。

　　弗雷格成功地用逻辑概念定义了自然数，罗素独立于弗雷格也获得了相同的结果。这种方法的关键在于，自然数不是属于事物而是属于概念的逻辑属性（按罗素的定义，数是某一个类的数，而一个类的数是所有与之相似的类的类）。其他种类的数——正数、负数、分数、实数和复数，不是用通常增加自然数的定义域的方法来完成的，而是通过构造一种全新的定义域来实现的。罗素在将数的概念向前推广时，认为自然数并不构成分数的子集，自然数 3 与分数 3/1 不是等同的，同样分数 1/2 同与它相联系的实数也不是等同的。关于正负整数，罗素认为，+1 与 -1 是关系，并且互为逆关系。+1 是 n+1 对 n 的关系，-1 是 n 对 n+1 的关系。一般地，如果 m 是任何归纳数，对任何 n 而言，+m 是

n+m 对 n 的关系，−m 是 n 对 n+m 的关系。+m 与 m 不同，因为 m 不是一个关系，而是许多类的一个类。m/n 定义为，当 xn = ym 时，二归纳数 x 和 y 之间的一个关系。m/1 是 x，y 在 x = my 情形下所具有的关系。这个关系如同关系 +m 一样绝不能和 m 等同，因为关系和一个类的类是完全不同的两个东西。罗素说，在实用上，只要我们了解分数 1/1 和基数 1 并不相同，就不必常常拘泥于这个区别。正负分数可以用类似于正负整数的方法而定义。实数的定义比较复杂一点。罗素发展了戴德金的实数论，做出了实数的定义。首先定义分数之间的大于或小于关系。给定两个分数 m/n 和 p/q，如果 mq 小于 pn，则 m/n 小于 p/q。这样定义的小于关系是序列关系，因而分数形成以大小为序的序列。戴德金证明了，有理数以明显的方式与分数相对应，无理数对应于分数序列的"间隙"。例如，把正分数分成两类：所有平方小于 2 的分数组成一类；其余分数组成另一类。这种分法就形成分数序列的一个"分割"，它对应于无理数 $\sqrt{2}$。因为不存在其平方等于 2 的分数，所以第一类（"下类"即较小的一类）不包含最大的元素，第二类（"上类"即较大的一类）不包含最小的元素。因此，每一个实数都对应于分数序列的一个分割，分割中的间隙对应于无理数。

这样，罗素把实数定义为：分数序列中相应分割的下类。例如，$\sqrt{2}$ 是其平方小于 2 的那些分数的类；1/3 是所有小于 1/3 的分数的类。由这些定义，整个实数算术都可以导出。这里，实数的定义是"构造的"。一个复数可以简单地看成是有先后次序的一对实数。

构造主义的方法是逻辑主义的一个重要部分。逻辑主义者用类似于定义实数的方法引进其余的数学概念。例如，分析中的收敛、极限、连续性、微分、微商和积分等概念，集合论中的超穷基数、序数等概念。

罗素在推导数学的过程中发现，除逻辑公理外，还需要逻辑公理之外的一些特殊公理，即无穷公理和乘法公理（选择公理）。无穷公理是说，若 n 是一个归纳基数，则至少有一个类有 n 个个体。由此得到：如果 n 是一个归纳基数，并且至少有一个类有 n 个分子，那么 n 不等于 n + 1。无穷公理保证了确有一些类有 n 个分子，于是我们才能断定 n 不等于 n + 1。没有这个公理，可能 n 和 n + 1 都是空类。乘法公理是说，对于不相交的非空集合所组成的每个集合至少存在一个选择集合，也就是说这个集合与每一个集合恰好有一个共同元素。

在推导数学的过程中，罗素人为地假定了一条可化归性公理，这与逻辑类型论有关。

第二节　逻辑类型论

为了解决悖论，实现逻辑主义论题，罗素提出了逻辑类型论。罗素最早提出类型论是在 1903 年出版的《数学的原则》（*The Principles of Mathematics*）一书中，在 1908 年的论文《以类型论为基础的数理逻辑》和 1910—1913 年与怀特海合著的《数学原理》中全面系统地论述了逻辑类型论。逻辑类型论分两部分：简单类型论和分支类型论。简单类型论同分支类型论是结合在一起的，但又具有独立性并与下面将要说到的恶性循环原则无关。

简单类型论的中心思想是，把类或谓词分为不同的层。

第 0 层谓词：包括一切个体（个体常项和变项），这些实体的类型记为 0。

第 1 层谓词：这是取个体为变目的谓词，包括个体的属性，个体之间的关系。前者的类型记为（0），后者的类型记为（0，0），（0，0，0）等。

第 2 层谓词：其空位被个体或第 1 层谓词填补，并且至少出现一个第 1 层谓词作为变目。第 2 层谓词也根据它的空位的个数

及种类而分成不同的类型。个体属性的属性，其类型记为
（（0）），二元谓词（关系）的一个属性，其类型记为（（0，0）），
等等。

第 3 层谓词、第 4 层谓词等可类推。一个谓词如果其变目属
于 ≤n 层并且至少有一个变目是第 n 层的，它便属于第 n + 1 层。
第 i 层谓词能够有意义地述说第 j 层谓词，当且仅当 i = j + 1。第 j
层谓词不能有意义地述说同层的谓词。在逻辑系统中引入简单类
型论以后，罗素悖论等逻辑悖论就可以消除，因为这些悖论的发
生是由于混淆了不同层的谓词所致。例如，在罗素悖论中，定义
类的谓词记为 $\varphi\hat{y}$（这里"$\hat{y}$"是一个空位记号），由它所定义的类
记为"$\hat{y}(\varphi y)$"。根据简单类型论，"$\varphi\{\hat{y}(\varphi y)\}$"一定是无意
义的，因为 $\hat{y}(\varphi y)$ 是一个类，其层数高于它的定义谓词 $\varphi\hat{y}$ 的变
目的层数。因此，我们不能说："一个类是自身的元素"或"一
个类不是自身的元素"，从而"由所有不是自身元素的类组成的
类"是无意义的。

简单类型论不能消除说谎者悖论等语义悖论，罗素为了处理
这些悖论，引进了分支类型论。分支类型论是以恶性循环原则为
基础的。罗素说："使我们能够避免不合法总体的那个原则，可以
陈述如下：'凡牵涉一个汇集的全体者，它本身不能是该汇集的一
分子'；或者，反过来说，'如果假定某一汇集有一个总体，它便
将含有一些只能用这个总体来定义的分子，那么这个汇集就没有
总体'。我们把上述原则叫作'恶性循环原则'，因为它能使我们
避免那些由假定不合法的总体而产生的恶性循环。"[1] 恶性循环原
则强调的是，总体不能包含只有通过这个总体来定义的分子。分
支类型论就是在恶性循环原则的基础上对命题函项（广义的谓词）
所作的一种分类，其核心是在类型中再区分出阶。为简化起见，

---

[1] PM，Vol. 1，pp. 37 – 38.

下面我们只考察个体的谓词这一类型。

个体是零阶函项。给定一个固定的论域（由个体 x，y…组成的个体域）以及其中的一些函项（谓词）。φx，ψ（x，y），χ（x，y，z…）这些公式称为母式，即不包含约束变元的公式，除个体外没有其他变目。由这些母式可以得到 x 的其他函项，例如：（y）.ψ（x，y），（∃y）.ψ（x，y）等。所有这些函项都没有预设除个体的总体之外的总体。母式和这类函项称为"一阶函项"。

在一阶函项的基础上便可构造二阶函项。把一阶函项当作一个新的域，加到原有的个体域上去，得到一个扩大的论域。"φ! ŷ"["ŷ"是空位符号，φ! ŷ即φ!（）]代表一个一阶函项变元，"φ! y"代表这样一个函项的任意一个值。"φ! x"是包含两个变元的函项，其一是φ! ŷ，其二是 x。"（x）.φ! x"是包含变元φ! ŷ的一个函项。由于引进一阶函项变元，因而就有在新的论域上的一组母式。如果 a 是个体常项，那么φ! a 就是变元φ! ŷ的一个函项。如果 a 和 b 是个体常项，那么"φ! a 蕴涵ψ! b"就是两个变元φ! ŷ和ψ! ŷ的一个函项，如此等等。因此以下公式：

f（φ! ŷ），g（φ! ŷ，ψ! ŷ），F（φ! ŷ，x）…

就是包含个体和一阶函项作为变目的母式，被称为二阶母式（其中不必含有个体作为变目）。由以上母式可得到以下函项：

（φ）.g（φ! ŷ，ψ! ŷ），它是ψ! ŷ的函项；

（x）.F（φ! ŷ，x），它是φ! ŷ的函项；

（φ）.F（φ! ŷ，x），它是 x 的函项。

二阶母式以及从二阶母式导出的量化公式称为二阶函项。也就是说，二阶函项包含一阶函项作为变元，也可包含个体变元但不包含其他变元。

仿照以上方法可构成三阶函项和更高阶的函项。与命题函项类似，我们可构成各阶的命题。由上可见，如果在一个命题函项中出现的变元的最高阶数为 n，那么当有一个属于 n 阶的变元两次出现时，该命题函项的阶数为 $n+1$。对于命题函项的阶数，还要看命题函项的变目，这时阶数必须高于所有变目的阶数。当确定一个命题函项的阶数时，还要考虑作为缩写用的记号的表达式中所出现的阶数，例如，$F(\varphi!\hat{y}, x)$ 是一个缩写，表明这是 $\varphi!\hat{y}$ 和 x 的函项，因此该函项为二阶。通过以上的分阶，我们可得到两个结果：

一是我们可以把每个命题、性质或关系作为被断定的对象；

二是因为我们只允许依次构成的各个阶的命题函项，又因为对于某个阶的函项，它所涉及的对象总体是明确地限定于某一论域之中的，所以我们就能避免"所有命题""所有谓词"这种不合法的总体。

使用分支类型论，语义悖论便可消除。例如说谎者悖论可以写成："我断定 p，而 p 是假的"。如果 p 是 n 阶命题，那么 p 在其中作为约束变元出现的命题"我断定 p，而 p 是假的"为 $n+1$ 阶，可记为 q，q 比 p 高一个阶，它不能作为 p 的一个值进行代入，因此不会产生悖论。换句话说，如果 p 具有 n 阶的真或假，那么 q 就具有 $n+1$ 阶的真或假。我们可以认为，"我在某一时刻所说的所有一阶命题都是假的"这句话是真的，而不会引起悖论，因为这句话本身是二阶命题。

分支类型论有许多弊端。按照分支类型论，我们不能说一切个体谓词如何，而要分成阶。对于实数，不能说所有实数如何，只能涉及具有确定的阶的实数。属于一阶的那些实数，在其定义中不出现"对于所有实数"这种短语；属于二阶的那些实数，在其定义中只能出现"所有一阶实数"这种短语；如此等等。这样一来，就失去了实数理论中的许多重要定义和定理。为了克服这种困难，罗素不得已增加了一条可化归性公理。

可化归性公理是说，一个非直谓的函项都有一个形式上等值的直谓函项。有了这个公理，我们就可以用直谓函项替代非直谓函项。直谓函项的特点是：只要空位的阶确定了，整个函项的阶也就定了，因为 n + 1 阶直谓函项必含有 n 阶空位。只根据空位划分类型，这是简单类型论的基本原则。因此可化归性公理的作用就是把分支类型论简化为简单类型论。有了可化归性公理，关于实数的阶的困难可得到解决。我们可以说，关于实数的命题函项虽有不同的阶，但对每一个关于实数的高阶命题有一个相应的直谓函项，这一函项为同样的有理数所满足而不为其他有理数所满足。同样，我们可以对有不同阶的命题函项所表达的一类事物做出单一的断定。由于可化归性公理是一个人为的假定，不像一条自明的逻辑公理，因而遭到很多数学家和逻辑学家的反对，他们不愿采用分支类型论和可化归性公理，而采用简单类型论。罗素在 1925 年的《数学原理》第二版中放弃了可化归性公理，但仍采用分支类型论。

1925 年罗素的学生拉姆赛（Ramsey）在《数学原理》第二版出版之后不久，发表了一篇论文《数学基础》，1926 年又发表了一篇论文《数理逻辑》。他废除了可化归性公理，成功地保留了《数学原理》的符号部分，几乎没有变动。拉姆赛还提出，悖论分为两组：A 组（现在称为逻辑悖论或集合论悖论）和 B 组（语义悖论或认识论悖论）。A 组悖论可用简单类型论来排除，B 组悖论不能用逻辑符号表示，应归咎于日常语言的某种缺陷，在逻辑和数学中不出现。拉姆赛宣布，分支类型论和可化归性公理在逻辑中是多余的，只可用于解决 B 组悖论。1937 年，罗素表示同意拉姆赛的观点。

第三节　逻辑主义的历史地位

以罗素为代表的逻辑主义学派在数理逻辑发展史上具有重要的历史地位。怀特海和罗素的巨著《数学原理》是数理逻辑发展史上的一个里程碑，是数理逻辑的经典著作，起了承先启后、继往开来的伟大作用。

但是要从逻辑主义者所说的纯逻辑推出全部数学，遇到了极大的困难：

首先，必须引进两条非逻辑公理——无穷公理和乘法公理（选择公理）。无穷公理是对客观世界的断定，承认宇宙间个体的个数是无穷的；没有这条公理，连最简单的自然数也无法构成。乘法公理是与无穷有关的断定，是与数量有关的假定，即保证选择类存在的假定，它不是逻辑的规律。罗素深知这一点，他把这两条公理写在需要它们的各数学定理的条件里面，作为假定。但是这种解决办法并不能真正解决问题，在数学中必须承认有无穷多个自然数，而不是只承认条件语句"如果有无穷多个个体，那么自然数存在"。如果一个系统推不出无穷公理，推不出自然数的存在，那么它肯定推不出数学。

其次，《数学原理》系统是以分支类型论为基础的，在从逻辑推导数学的过程中，已暴露出恶性循环原则、分支类型论和可化归性公理的缺陷。实际上，数学不是建立在逻辑的基础上，而是建立在罗素的分支类型论的基础之上，没有可化归性公理的分支类型论并不能推出全部数学。

逻辑主义论题虽然没有实现，但它在数理逻辑发展史上具有重要意义。罗素关于数学与逻辑关系的逻辑主义论题并不是一种抽象的玄想，而是具体的数学假说或猜想。逻辑主义论题应当说成是关于数学的逻辑主义猜想。罗素是一位科学家，以实事求是的精神对这一猜想进行了探索。他从纯逻辑演算出发，增加了两条非逻辑公理，以分支类型论为基础，推导出一般算术和集合论，推导出代数和分析的主要概念。罗素的实践向我们表明，逻辑与数学有紧密的联系。虽然从纯逻辑推不出全部数学，但是数学要依赖逻辑，在构成形式数学系统时，逻辑具有优先性，它可以决定一个特殊的数学系统的推理过程。从这一方面来说，罗素的逻辑主义猜想并没有完全失败，它得到了部分的成功，为弄清数学与逻辑的关系提供了资料。这是逻辑主义的主要贡献。此外，分支类型论虽不适用于数学，但可用于解决语义悖论，为后来解决语义悖论的新方案提供了理论前提。简单类型论虽有一定的缺点，但仍不失为一种科学理论，现在仍然被应用于逻辑与数学的研究之中。

在逻辑和数学中提出猜想，是一种极其重要的方法论思想，是促进逻辑和数学发展的有力手段。例如，哥德巴赫猜想自提出以来取得了重大的进展，现在已在向"1+1"冲刺，这对素数理论的发展具有不可估量的意义。罗素的逻辑主义论题可以同数学史上的各种著名猜想如哥德巴赫猜想相媲美。数理逻辑的发展使这一论题得到修正，直到最后构成了关于逻辑与数学关系的科学理论。一方面，逻辑主义表明逻辑与数学有重大区别，从纯逻辑即一阶逻辑演算推不出数学，还需要增加非逻辑的公理。伟大的数理逻辑学家哥德尔在1931年证明了像《数学原理》那样的包含自然数算术的形式系统是不完全的，这就说明，逻辑主义论题在形式算术系统内无法成立。当然对其他数学系统也无法成立。由此可见，罗素的研究为哥德尔不完全性定理的建立创造了前提。另一方面，逻辑主义所取得的成果揭示了逻辑与数学的密切关系，说明数学概念可以化归为纯逻辑的概念，并说明一阶逻辑演算是各门数学形式化的基础。总之，笔者认为，逻辑主义论题是一个伟大的关于逻辑与数学的猜想，在数理逻辑发展史上具有不可磨灭的贡献。

哲 学 篇

第 六 章

罗素哲学的分期及其特点

金岳霖在《罗素哲学》一书的第一章中将罗素的哲学思想分为两个时期：一、1910 年前的客观唯心论；二、1912 年后的主观唯心论。[①]

金岳霖认为，就罗素的整个哲学论，1897 年到 1910 年是一个时期。这个时期的特点是他的客观唯心论。他的客观唯心论是柏拉图式、毕达哥拉斯式的。他相信一种柏拉图式的理念世界或共相世界。在这一时期，罗素搞的主要是数学和逻辑。他追求"永恒的真理"，而数学里的真理就是"永恒的真理"。罗素不能不承认运动变化，但他认为在运动变化中的是个别的具体事物，而不是共相。共相是不变的、不在时间中的、永恒的。数学的真理不是针对具体的个别的事物说的，而是针对共相说的。共相既是永恒的，数学的真理也是。

金岳霖认为，1912 年，《哲学问题》一书出版，罗素进入主观唯心论时期。《哲学问题》主张：客观事物是感觉材料之因，而感觉材料是客观事物之果。这个因果论是唯心主义的，是错误的，因为它是单纯地从感觉材料出发而又跳不出感觉范围的、没有实践意义的因果论。他是要从感觉材料得出物理学的对象。1914 年，

[①] 参看金岳霖《罗素哲学》，上海人民出版社 1988 年版，第 1—16 页；《金岳霖全集》第四卷（上），人民出版社 2013 年版，第 5—21 页。

罗素放弃了因果论，代替它的是构造论，即从感觉材料构造出和感觉材料完全一致的客观事物来。通过构造论，罗素已经进入了所谓"中立"一元论，他已经成为马赫主义者了。1921 年，罗素的《心的分析》出版，用特种因果关系和感觉材料构造出"心"。到了这个时候，"物"和"心"都构造出来了，并且都是用感觉材料构造出来的，他的"中立"一元论完成了，同时他也完全成为马赫主义者了。1927 年《物的分析》出版了。这本书继续构造了"物质"，它是"中立"一元论的继续。罗素在 1959 年出版的《我的哲学的发展》一书的第二章里，他又重复了"中立"一元论的主张，他没有放弃"中立"一元论。

以上就是金岳霖关于罗素哲学分期的观点。对罗素哲学进行分期，不是一个根本问题。根本问题是对罗素哲学思想的评价。当然，分期问题与评价问题是密不可分的。金岳霖的分期在未对罗素哲学进行评价之前已经对它定了性，是从客观唯心主义到主观唯心主义。总之，金岳霖对罗素哲学做了全盘否定。我们认为，用先定性的办法来分期是不可取的，因为这本身就是一种主观的方法。

我们认为，应当按照罗素哲学思想的客观发展来分期，是什么就是什么，不能采取简单的唯物唯心二分法。按罗素哲学思想的发展，大致可分为以下六个时期：

一、对新黑格尔主义的信奉与背弃。金岳霖的《罗素哲学》对这一时期没有论述。

二、摹状词理论——分析哲学的奠基。

三、感觉材料论，又分为两个阶段：

1. 感觉材料的推出论，亦称为新实在论，代表作是 1912 年的《哲学问题》。

2. 感觉材料的逻辑构造论，代表作是 1914 年的《我们关于外间世界的知识——哲学上科学方法应用的一个领域》和《感觉材料与物理学的关系》。

四、逻辑原子主义，代表作是 1918 年的《逻辑原子主义哲学》。金岳霖的《罗素哲学》对这一时期没有论述。

逻辑原子主义哲学是罗素前期哲学的终结，1921 年后转向后期哲学的中立一元论时期。罗素说："在此以后，我发现我的思想转向了认识论，转向了心理学和语言学的似与认识论有关的那些部分。这在我的哲学兴趣中多少是一个永久性的转变。就我自己的思想来说，兴趣转变的结果具体表现在三本书里：《心的分析》（1921）、《意义与真理的探究》（1940）和《人类的知识——其范围与限度》（1948）。"[①] 中立一元论又可分为两个阶段：

五、中立一元论（第一阶段），代表作是 1921 年的《心的分析》和 1927 年的《物的分析》与《哲学大纲》。金岳霖把 1914年的逻辑构造论也说成是中立一元论，似不准确。

六、中立一元论（第二阶段），代表作是 1940 年的《意义与真理的探究》和 1948 年的《人类的知识——其范围与限度》。

在第六个时期，罗素弱化了经验主义，认识到经验主义是不够的，承认存在着无法经验的事实和超越经验的真理。金岳霖的《罗素哲学》对这一时期没有论述。

金岳霖的《罗素哲学》对上述六个时期中的三个重要时期均没有讨论，这不能不说是一个重大缺陷。

在罗素后期哲学的中立一元论时期，我们根据罗素的总结主要探讨上述三本著作中与认识论有关的心理学的和语言学的问题。

这些时期的划分并不是绝对的，各个时期在本体论方面虽然不同，但在其他问题方面如认识论问题、语言问题也有连续的讨论，总之要具体问题具体分析。

由以上六个时期的划分可以看出，罗素哲学有一个特点，即

---

① 罗素：《我的哲学的发展》，商务印书馆 1982 年版，第 114 页。

多变性、开放性。艾伦·乌德说："伯特兰·罗素是一位没有一个哲学体系的哲学家。换句话说，他是一位属于各派哲学的哲学家。几乎没有一个当代重要哲学观点我们不可以发现是表现在他的某个时期的著作中。"① 由于罗素哲学的多变性，艾伦·乌德提醒读者，在罗素的不同的书里，用字的意义略有不同，他说："如果我们想知道在某一个地方某一个字，罗素是指什么，最好的办法是看上下文。"②

　　罗素哲学的第二个特点是，在多变之中也有不变。艾伦·乌德说："在罗素的全部著作中，尽管有表面看来是自相矛盾的话，尽管有些情形他在不同的时候，有不同的主张，他却始终有一贯的目的、方向与方法。"③ 罗素的目的是追求客观真理，使用的方法是逻辑分析方法。他在《我的哲学的发展》一书中说："我的方法总是从某种含混而费解的东西开始，这种东西不容怀疑，但是我无法说得准确。我所走的过程是先用肉眼看某种东西，然后再用显微镜加以检查。我发现，把注意力加以集中，在原来什么都看不见的地方都出现了区分和差别，就像通过显微镜你可以看见污水里的杆菌一样，而没有显微镜是看不出来的。有很多人反对分析。我一直认为，就像污水的那个例子，分析显得能给人以新知识，而对于原来就有的知识毫无所损。这不但适用于有形的东西的构造，也一样适用于概念。举例来说，平常所用的'知识'是一个很不精确的名词，其中包含很多不同的东西和从确实性到稍有可能性的许多阶段。"④ "自从我放弃了康德和黑格尔的哲学以后，一直是用分析的方法来寻求哲学问题的解决，我仍然坚信……只有用分析才能有进步。……我发现，借分析物理学和知

---

① 参看罗素《我的哲学的发展》，商务印书馆 1982 年版，第 241 页。
② 参看罗素《我的哲学的发展》，商务印书馆 1982 年版，第 258 页。
③ 参看罗素《我的哲学的发展》，商务印书馆 1982 年版，第 241 页。
④ 罗素：《我的哲学的发展》，商务印书馆 1982 年版，第 118—119 页。

觉，心和物之间的关系这个问题可以完全得到解决。"①

逻辑分析方法最成功的案例是将数理逻辑中关于摹状词的形式技术应用于语言分析，创立了逻辑分析哲学和语言哲学的摹状词理论。在"外在关系说""感觉材料论""逻辑原子主义""中立一元论"等哲学理论中，罗素都应用了逻辑分析方法。除逻辑分析方法外，罗素还应用了"奥卡姆剃刀"的方法，罗素说："怀特海博士和我发明了一个非常重要而富有启发意义的准则，根据经验我们认为，它可以应用于数理逻辑，而后人们又将它应用到其他领域中，这个准则是'奥卡姆剃刀'的一种形式。当某一组假定的实体具有简洁的逻辑性质时，这时在大量的实例中会有这样的结果：这些假定的实体可以被不具有这些简洁性质的实体所构成的纯粹逻辑结构所替代。在这种情况下，我们在解释迄今一向被认为是关于假定的实体的命题组时，就可以代之以那些逻辑结构而不会给该命题组的任何细微之处造成什么改变。这种做法是很经济的，因为具有简明的逻辑性质的实体总是推论出来的，假如有它们出现的那些命题不必做这种推论就能得到解释，那么这个推论的基础也就瓦解了；我们的命题组的地位也就省却了一个值得怀疑的步骤的必要而得到了保证。这个原则可以表述如下：'如有可能，就用已知实体的构造物来代替对未知实体的推论'。"② 此外，罗素还用"从结果到前提"的方法，他说："每一个真正的哲学问题是一个分析的问题，最好的方法是从结果开始，然后及于前提。"③ "经过考察，我们发现引起哲学探讨的大问题都是复杂的，依赖于许多子问题，这些问题往往比以它们为组成部分的那些问题更抽象。一般都能看到，我们的一切原始材料，我们似乎最初知道的事实，都不免带有含糊、混淆和复杂性。现

---

① 《我的哲学的发展》，第 10 页。
② 《逻辑与知识》，第 396—397 页。
③ 《我的哲学的发展》，第 246 页。

在流行的哲学观念都有这些缺点；因此必须创造一种精确的概念工具，这些概念要尽可能的普遍而不复杂，有了这种概念工具之后，我们才能把原始材料分析为哲学所力图发现的那类前提。在这个分析过程中，我们把困难的根源越来越向前追溯，在每一步上都变得更抽象，更微妙，更难以把握。我们时常会看到，在任何一个明显的大问题背后都有许多这种异常抽象的问题。当我们把可用的方法去做的一切都已做过了，我们就达到了只有直接的哲学洞见能使问题继续前进的地步。"① 艾伦·乌德把罗素的这种方法比喻为一个侦探故事中的一个侦探采用的方法，从结局开始，借着分析，逆着进行。笔者认为，"奥卡姆剃刀"的方法和"从结果到前提"的方法也是逻辑分析方法的特殊表现形式。

艾伦·乌德认为从结果到前提的方法更能说明罗素著作的潜在统一性，在《数学的原则》中罗素的思想链条是从动力学的一个问题开始，然后依次到几何学、分析、符号逻辑和文法，但论述顺序正好相反；读者先读到逻辑，最后读到动力学；40 年后在《人类的知识》中关于科学推理的"公设"的主要论证也是如此，其思路与论述的顺序正好相反。艾伦·乌德希望读者读《数学的原则》等著作时要"倒退着来了解"。②

综上所述，罗素哲学的特点就是多变性与不变性的辩证统一，各个时期有各种不同的哲学理论，但是也有一条红线贯穿于各个时期，这就是逻辑分析方法。研究罗素哲学必须把握这个特点，才能得到科学的结论。

---

① 罗素：《我们关于外间世界的知识——哲学上科学方法应用的一个领域》，陈启伟译，上海译文出版社 1990 年版，第 181 页。（以下此书简称为《我们关于外间世界的知识》）

② 参看罗素《我的哲学的发展》，商务印书馆 1982 年版，第 240、246 页。

第七章

对新黑格尔主义的信奉与背弃

第一节　布拉德雷的"内在关系说"与
罗素的"外在关系说"

罗素在1896—1898年这几年是一个"羽翼丰满的黑格尔主义者"，信奉布拉德雷（Bradley，1846—1924）的新黑格尔主义，罗素称它为"唯心论"或"一元论"，发表了唯一的一篇论文《论数和量的关系》，贯穿着黑格尔的辩证法精神，现引头两段如下：

> 我想在这一篇文章里讨论数理哲学里最基本的问题之一。我们对于微积分及其结果，总之，一切高等数学的解释，都有赖于我们对这种关系所采取的观点。"连续"这个观念……我认为其能站得住与否是要看数学里量与数哪个更可靠而定。可是在这里没有必要讲数学上的考虑，在纯逻辑方面考虑一下数与量就够了。我用量总是等于连续的量。我在这篇文章里力图把"连续"这个字的意思弄清楚。
>
> 我的论证如下：首先我将讨论"数"，并且说明其在正整数以外的扩展是由于渐次吸收基数的性质，并且对于整数越来越说得少，然后我再讨论数之用于连续，并且力图说明，数本身不能说明量，只能对一个已具有量的基数供比较而已。

可见量只能由分析基数而得。假定量是若干量的一种内在性质，我将讨论两个假设。第一个假设把量看做一种不可约的范畴，第二个假设把量看做一种直接感觉材料。根据第一个假设，我们将见，广延的量若是可分的，就是矛盾的，所以不能不看做确是不可分的，因此，也就是内涵的。但是如果内涵的量是内涵的若干量的一种内在性质，也显然仅是它们之间的一种关系。因此，"量是给予一种性质的那么一种范畴"的那个假设就不得不加以否定。量是一种感觉材料那个假设也会导致矛盾，因此，我们不得不否定量是若干量的内在性质的那种看法。我们倒要把它看成是一个比较范畴。我们认为，在可以用量来对待的事物中，是没有共同属性的，除去包含在外在属性之内的，还有别的在质上相似的东西，它们可以在量上与这些东西相比较。这就在广义上把量变成了测度。我认为，我们从前的困难就因之消失了。但是，同时和数的各种关系就断绝了。我们说，"量"或"测度"是完全独立的一个比较概念。但是讨论包含在测度里的那种比较又带回我们从前的那些困难，成为一种新的形式；我们就要发现，虽然我们已不再把所比较的项看做是属于量的，它们却有不少矛盾，这些矛盾和在这篇文章的第一部分应属于量本身的那些矛盾是相似的。①

在这期间罗素写了关于物理哲学的若干笔记，计有《论科学辩证法观念》《论几何学到动力学的过渡》《物质的几个定义》《动力学和绝对运动》《论物质和运动》《略论绝对运动这个自相矛盾》《我们能形成从一个点的物质到"充实"的辩证过渡吗?》《论科学的逻辑》。罗素的目的是"构筑一个完整的关于科学的辩

---

① 罗素：《我的哲学的发展》，商务印书馆 1982 年版，第 33—34 页。

证法，最后是证明所有实在都是属于心灵的"。① 他认为，没有一种科学是完全对的，因为所有科学都依赖于某种抽象作用。任何抽象作用迟早都会导致矛盾。在物理哲学里，他对以下两个问题特别感兴趣：

一是绝对运动还是相对运动的问题。罗素认为，从黑格尔的辩证法观点来看，这个问题没有必要在物理学找到解决，而是必须承认，物质是一种不真实的抽象作用。没有一种关于物质的科学在逻辑上令人满意。

二是物质是由空的空间隔开的原子所构成，还是由充满一切空间的一种"充实"所构成？最初，罗素倾向于前一种看法；后来采用了后一种看法，给它加上了一套黑格尔的服装。

不过，罗素在《我的哲学的发展》中说："重读 1896 年到 1898 年那几年我所写的关于物理哲学的东西，现在看来，完全是胡言乱语。"②

布拉德雷的新黑格尔主义的基础是"内在关系说"，罗素把"内在关系说"概括为："一元论者主张两项之间的关系实际上总是由两个分离的项的性质和这两项所组成的整体的性质所构成，也可以严格地说，两项之间的关系只是由这个两项组成的整体的性质所构成。"③ 布拉德雷原来的说法是："（1）一个单纯的外在关系没有任何意义或存在，因为一个关系必须（至少在某一程度上）限制它的项。（2）关系蕴涵着它们在其中的一个统一体，离开统一体它们没有任何意义或存在。（3）诸多方面（项和关系两者）都是单一实在的属性，实在存在于它们之中，没有实在它们就是虚无。"④

---

① 罗素：《我的哲学的发展》，商务印书馆 1982 年版，第 34 页。
② 罗素：《我的哲学的发展》，商务印书馆 1982 年版，第 35 页。
③ 罗素：《我的哲学的发展》，商务印书馆 1982 年版，第 8 页。
④ Bradley, *Appearance and Reality*, Oxford, 1955, p. 559.

　　布拉德雷的论证是：如果关系是单纯外在的，比如关系 C，它有两个项 A 和 B，C 与它们两者一起出现，在它们之外。这样就产生一个问题：关系 C 与关系项 A，B 之间是什么关系？假定有一个关系 D，它是 C 同 A，B 之间的关系。由于 D 是外在的，这又产生一个问题：在 D 为一方，C，A，B 为另一方之间是什么关系？这就要诉诸新关系 E，由此又导致另一个关系 F，如此等等，以至无穷，陷入无穷倒退。

　　布拉德雷举空间排列关系为例，每一种整体，空间中的每一排列都有一个性质上的方面。在各方面中，整体有一个特征，它不能只是在于单纯的项以及项之间的单纯关系。如果空间中的事物通过一种新排列产生了一种新性质，诸项以各种可能方式在自身中发生关系，每一空间是一个整体，在其中各部分在各种可能位置上已产生内在关系，并且彼此互相决定。单独的空间、单纯的空间关系和诸项都同样是单纯的抽象，把它们作为独立的东西是不一致的和假的。空间中的事物、它们的空间以及两者一起都不能看成是实在的，它们是依赖于一个更具体的整体的抽象物。例如，如果我们把一个台球和一个人从地点抽象出来，那么它们当然对地点是无关紧要的，但它们没有一个是实际存在的事物。如果把它们看成是现存的事物，我们就必须把它们看成是由地点决定的，由它们进入的整个物质系统所限制的。

　　布拉德雷还举了另一个比较关系的例子。持外在关系说的人认为，在你比较事物之前，事物可以是同样的而且不发生关系，它们的关系是在它们之外并且不限制它们。例如，两个长红头发的人或者由他们的相同性完全不相关，或者由它而相关时不发生改变，因此关系完全是外在的。布拉德雷对此进行了反驳。他认为不存在这样的关系。除了在整体中是不可能有同一性或相似性的，每一个这样的整体必定限制它的项，也被它的项所限制。在整体有差异的地方，限制它的项也一定是有差异的，因此诸项由于变成一个新统一体的成分，它们一定发生了变化。布拉德雷认为，我们可以有两个被感觉的事物，它们是同样的但不是等同的。我们比较它们，它们由于在某一方面有等同性因而发生关系。诸项被它们的整体所限制；其次有一个整体，它不但在逻辑上而且在心理上不同于第一个整体；对这个变化做出贡献的诸项也因此发生了变化。布拉德雷结合红头发的例子来说明这些原理。上述两个人的关系可由判断"他们在长着红头发方面是同样的"来表达。在每一情况下都有一个整体。我们首先把人包含在一个被感知的整体中，并把人限制在这个整体，他们的红性是在同他们的其他性质并且同其余的未分解的感觉总体的直接无条件的统一中给出的。但在另一个不同的情况下，这个可感觉的总体终结了，人本身被加以分析。他们每一个被分成红头发性同其他性质的一种联合，而红头发性本身变成连接每个人诸多方面的统一体的一个主体，这诸多方面述说这个统一体并且彼此连接在它之下。两个人的诸多方面同这个一般性质的联合以及通过此性质诸多方面彼此之间的联合是一种不完全的、不纯粹的真理和实在。但是这种逻辑综合是一种不同于可感觉总体的统一体，在这个统一体中，不能否认诸项已经改变了。布拉德雷指出，坚持红头发性的抽象观点的人认为没有任何变化，这是一种十足的无知。

布拉德雷的"内在关系说"是为"关系三阶段论"服务的，在低于关系的阶段或前关系阶段存在着"同样性"（sameness），同样性的特点是一个统一体，这个统一体是直接的，不是关系的。我们可以说，它是一种"潜在的"关系；关系阶段是对直接总体的一种不完满的和不完全的展开；下一个阶段就是在关系之上的超关系阶段，特点是完满性。在"绝对"中，一切都是完满的、完全的，在超关系的整体中，同样性达到了它的真理和最终的实在。"关系三阶段论"是本体论的一个组成部分。布拉德雷的本体论是"绝对"从现象发展为实在的过程。现象包括物质性的现象和精神性的现象，其"内容"和"存在"是分离的，是不一致的；现象在低于关系的阶段和关系阶段呈现，它们与实在不是绝对对立的，带有某种程度的实在性。关系现象要超出自身，达到完满要进入超关系的实在。实在是一个系统，是一，是经验，其特点是具有一致性，实现了内容与存在的结合，是一个无所不包的整体，熔一切现象于一炉，使现象不再是现象。布拉德雷说："实在是精神的。……在精神之外，没有、也不可能有实在；任何东西越具有精神性，它也越是真正的实在。"①

实际上，布拉德雷的"内在关系说"来自黑格尔关于具体和抽象的理论。黑格尔认为，概念是具体的；所谓"具体"是指多样性的有机联系的整体，不同规定的统一；也就是说，"具体"就是整体、联系和统一。相反，"抽象"就是孤立、片面和割裂。

"内在关系说"是布拉德雷构造绝对唯心主义体系的得力工具，首先对内在关系说发难的哲学家是穆尔（G. E. Moore，1873—1958），他的重点是否定唯心论，主张事实是离经验而独立的。罗素紧随穆尔之后，重点是否定一元论，以"外在关系说"否定"内在关系说"。罗素在 1900 年的《对莱布尼茨哲学的批评性解释》中批判了莱布尼茨（Leibniz，1646—1716）的形而上学。莱布尼茨认为，每一命题是把一个谓词加到一个主词上，并且每一事实是由具有一种属性的本体而成。罗素指出莱布尼茨的形而上学以内在关系说为基础。

罗素在 1903 年出版的《数学的原则》中，把"内在关系说"分为两种：单子论的理论（主要是莱布尼茨的理论）和一元论的理论（主要是布拉德雷的理论）。罗素以不对称关系分析批判了这两种理论。单子论的"内在关系说"是把不对称命题"a 大于 b"等价于两个不同的命题，一个关系到 a 的形容词，另一个关系到 b

---

① Bradley, *Appearance and Reality*, Oxford, 1955, p. 489.

的形容词："a 是大于 b 的"和"b 是小于 a 的"。这显然是错误的。第一，由于 a 和 b 有不同的形容词，因而它们就有一种特殊的差异。但在"a 大于 b"中，a 和 b 并没有相应于关系"大于"并且先在于此关系的内在差异；如果它们有差异，那么差异点一定具有类似"大于"的一种关系，这等于什么也没有得到。第二，形容词是复合的，是由关系和两个项之一组成的；"大于 b 的"和"小于 a 的"都预设了关系"大于"，是从大于关系导出的。因此，大于关系是外在的、根本的。以上分析对一般的不对称关系都有效。

罗素把布拉德雷的一元论的内在关系说归结为：每一关系命题 aRb 被分析为由 a 和 b 所组成的整体的一个命题，用符号表示为（ab）R。例如，"a 大于 b"是关于整体（ab）的一个陈述："（ab）包含着量值的不同"。罗素指出，在这个关于整体的陈述中，没有指明"大于"的方向，整体关于 a 和 b 是对称的，因此整体的性质在"a 大于 b"和"b 大于 a"的情况下是完全一样的。为了区别整体（ab）和（ba）就要从整体回到其部分及它们的关系。但（ab）和（ba）恰恰是由同样的部分组成的，不论在哪一方面都无法做出区别。"a 大于 b"和"b 大于 a"都是包含同样成分的命题，因此产生了同样的整体，它们的差别只在于：前者的"大于"是 a 对 b 的关系，后者的"大于"是 b 对 a 的关系。由此可见，一元论的内在关系说根本不能说明不对称关系和它的逆关系之间的区别。罗素还从整体和部分的关系来进行论证。这种关系本身是一种不对称关系，整体不但在分别的意义上而且在集合的意义上与它的一切部分不同。因此，"a 是 b 的部分"按照内在关系说是对整体（ab）有所断定，而这个整体与 b 是不相混同的。这最终也会导致整体对于其部分是对称的结论，导致"a 是 b 的部分"与"b 是 a 的部分"无法加以区别。罗素指出，一元论者最后不得不采取这样的观点：唯一真的整体即是绝对，是完全没有部分的；没有一个命题是完全真的。

罗素于 1907 年在亚里士多德学会宣读了一篇论文，题为《论一元论真理观》，[①] 主要是批判布拉德雷的信徒乔齐姆（H. Joachim）以内在关系说为基础的真理观，同时也顺带批判了布拉德雷的内在关系说。罗素把"内在关系说"概括为：每种关系都是以相关的项的性质为基础的，并称之为"内在关系公理"。它有以下两种意义：一是每种关系是源自项的性质或源自项所构成的整体的性质，二是每种关系在这些性质中有一种根据。因此，内在关系公理就有两种可能的意义。这两种意义的区别并不重要，不管是二者之中的哪种形式，都包含一个结论，即不存在"关系"，不存在很多事物，而只有一件事物。罗素认为，从内在关系公理可得到以下四个结果：

1. 一元论的真理观认为真理是一个有意义的整体。每一部分有一种性质，这种性质对每一别的部分或整体表示其关系；因此，如果任何部分的性质完全明白了，整体以及每一部分的性质也就完全明白了。反过来说，若是整体的性质完全明白了，那就包含它对每一部分的关系的知识，因此也就包含每一部分对每一部分的关系的知识，所以也就包含每一部分的性质的知识。而且显然，如果真理是一个有意义的整体，内在关系公理就一定是真的。因此，这个公理就等于一元论的真理学说。

2. 假定我们不区分一件事和它的性质，由这个公理可得：考虑任何事物，若不就其对整体的关系来考虑，必是一无所获的。因为，如果我们考虑"甲和乙相关"，这个甲和这个乙也和任何别的东西相关。说甲和乙是什么，就意味着与宇宙间任何别的东西有关系。如果我们只考虑甲所借以与乙相关的那一部分性质，我们可以说是考虑与乙相关的那个甲；但是这是考虑甲的一种抽象

[①]　罗素：《我的哲学的发展》，商务印书馆 1982 年版，第 48—54 页。

的方法，并且只是一种部分为真的方法。因为甲的性质（这和甲是一回事）包含甲对乙的关系的根据，也包含甲对所有别的东西的关系的根据。所以，若不说明整个宇宙，是绝不能把甲说得真切的；那么，对甲的说明就和对所有别的东西的说明是一件事，因为各种事物的性质一定都表示同一个关系的系统。

3. 不存在"关系"，不存在很多事物，而只有一件事物。得到这个结论是因为考虑多。罗素引用布拉德雷的话："实在是一，它必须是单一的，因为如果把多看做是真的，多就是自相矛盾的。多意味着关系，并且，由于其关系，它就无可奈何地总要肯定一个高级的统一体。"① 如果真有两件东西，甲和乙（这是多），那么完全把这个多化归为甲和乙的形容词，就是不可能的；必须是甲和乙应有不同的形容词，并且这些形容词的"多"不能解释为它们又有不同的形容词，不然就要有无穷倒退的毛病。因为，当甲有"不同于乙"这个形容词，乙有"不同于甲"这个形容词的时候，如果我们说甲和乙不同，我们必须假定这两个形容词是不同的。那么，"不同于甲"一定有"不同于'不同于乙'"这个形容词，这个形容词一定不同于"不同于'不同于甲'"，如此等等，以至无穷。因此，如果内在关系公理是真的，结果必然是没有多，只有一件东西。这样说来，内在关系公理就等于本体论上的一元论的那个假定，就等于否定有任何关系存在。凡是我们觉得有一种"关系"存在，其实这是一个关于整体的形容词，这个整体是由所假定的那个关系的项而成的。

4. 由上可见，内在关系公理就等于这样一个假定：每个命题有一个主语和一个谓语。因为一个肯定某种关系的命题总是可以化为一个主语—谓语的命题，这个命题是关于关系中的项所构成的那个整体的。这样朝着越来越大的整体向前进，我们就渐渐改

---

① Bradley, *Appearance and Reality*, Oxford, 1955, p. 460.

正了我们最初的一些粗疏的抽象的判断，越来越接近于那个关于整体的真理。那个最后的完全真理一定是成自一个具有一个主语（整体）和一个谓语的命题。

罗素接着分析了内在关系公理的两个根据：第一是充足理由律，这个定律是说，凡事不能只是一件简单的事实，而必是有些理由使它是如此，而不是如彼。第二，如果两个项有某种关系，它们就不得不有这种关系；如果它们本来没有这种关系，它们就是不同的；看来这就表明，在这些项本身中是有某种东西，使它们这样彼此相关。罗素认为，充足理由律不容易说得很确切。如果充足理由律的任何形式是恰当的，倒必须由考察支持内在关系公理的第二根据来发现，即有关系的各项不能不像实际那样互相关联。这两个根据实际上无法区分。罗素指出，上述陈述方式是错误的。如果两个项在某个方面有关系，其结果是，如果它们不是这样互相关联，各种可以想象的结果就会随之而来。上面的那种陈述方式可以改变为"如果甲和乙在某方面有关系，那么任何不这样关联的东西就不是甲和乙，因此，等等"。但是，这只能证明，不像甲和乙那样有关系的东西一定是同甲或乙在数字上相异的，并不能证明形容词的不同，除非我们假定内在关系公理为真。所以，这个论证只有修辞学上的力量，不能证明其结论而不陷入恶性循环。

罗素提出了反对内在关系公理的三个论证：

第一，实际贯彻这个公理是困难的。上面已举过"甲不同于乙"的例子。这里再举另一个例子。假定一本书比另一本书大，我们可以把两本书的"比……大"化为两本书的形容词，说一本的大小是如此如此，另一本的大小是如彼如彼，但是一本的大小一定是大于另一本的大小。如果我们想把这种新的关系化为两种大小的形容词，这些形容词仍然必须有一种相当于"比……大"的关系，等等。因此，若不陷于无穷倒退，我们就不得不承认，我们迟早总会达到一种关系，这种关系不能再化为相关的项的形容词。这种论证特别适用于所有非对称的关系，就是说，甲与乙有而乙与甲没有的那种关系。

第二，如果坚持内在关系公理，我们就必须假定，一个项和它的性质并不是两回事。如果一个项和它的性质不同，它一定是和性质有关系。一个项对它的性质的关系，若不陷于无穷倒退，就不能化为不是一种关系的那种东西。如果项与性质是一回事，每个把一个谓语加于一个主语的真命题，就完全是属于分析性的，因为那个主语是它自己的整个性质，那个谓语是那个性质的一部分。但是，如果是那样，把同一主语的一些谓语连到一些谓语上去的那个联系物是什么呢？如果主语不过是其自己的一些谓语的一个系统，则谓语的任何偶然的集合就可以说是构成一个主语。如果一个项的"性质"是由其一些谓语而成，同时又和项的本身是一个东西，那就无法理解我们问"是否 S 有 P 这个谓语"的时候，究竟是什么意思。我们不能企图在谓语与谓语之间引入一种连贯关系，由于这个关系，这些谓语可以称为一个主语的谓语；因为这就会把"加谓语"置于关系的基础上，而不是把关系化为加谓语。所以无论是肯定或否定一个主语不是它的"性质"，我们都要陷入同样的困难。

第三，内在关系公理导致一种严格的一元论，只有一种东西，只有一个命题，这一个命题（这个命题不只是唯一的真命题，而且是唯一的命题）把一个谓语加到这一个主语上。但是这一个命题不是全真，因为它包含把谓语和主语区别开。可是这就有了困难：如果加上谓语包含谓语与主语的不同，并且，如果这一个谓语并不是与这一个主语有区别，我们就会认为，甚至就不能有一个把这一个谓语加到这一个主语上去的一个假命题。因此，我们就不得不假定，加上谓语并不包含谓语与主语的不同，并且不得不假定，这一个谓语和这一个主语是同一的。但是，关于我们正在讨论的这种哲学，最重要的是否定绝对的等同，保留"差异中的等同"。不然，真的世界中表面上的多就无法解释。困难是，如果我们坚信严格的一元论，"差异中的等同"是不可能的，因为"差异中的等同"包含很多部分的真理。这很多部分真理由于互让，结合而为一个全体真理。但是这些部分真理，在严格的一元论上，不仅不是全真，而且它们是完全不存在的。如果真有这样的命题，不管是真是假，就要产生"多"。总之，"差异中的等同"这一整套想法是和内在关系公理不相符的；可是没有这种想法，一元论就无法说明这个世界。

综合以上的分析，罗素得出结论：内在关系公理是错误的，以它为基础的那些部分是没有根据的。罗素认为，某种关系可以存在于很多成对的项之间，某项对不同的项可以有很多不同的关系。要解释关系，不需要"差异中的等同"，有同而且有异，复合体可以有些成分是同的，有些成分是异的；但是，关于可以举出来的任何成对的事物，我们不必再说它们"在某种意义上"又同又异。这样我们就得到一个许多事物的世界。它们的关系不能得自相关事物的一种所谓"性质"。在这个世界里，凡复杂的东西都是成自有关系的简单的事物。因此，我们的分析就不会陷入无穷倒退。

罗素在背弃了新黑格尔主义之后对自己的思想做了一个总结："黑格尔主义者用来责难数学和物理学所讲的东西的所有论证都是依靠内在关系公理。所以，当我否定了这个公理的时候，我开始相信黑格尔主义者们所不相信的所有东西。这就给了我一个非常充实的宇宙。在我的想象中，所有的数目都排成一行，坐在柏拉图的天上。……我以为空间的点和时间的瞬是实际存在的实体，物质很可能是由实有的元素而成，如物理学家们为方便而设的那些元素。我相信有一个共相的世界，这个世界大部分是由动词和介词的意义而成。最重要的是，我已经不再必须认为数学不是全真。"① 他进一步说："虽然自从早期的那些日子以来我已经改变了对于很多事物的见解，可是对于那时和现在都极关重要的一些点却没有变。我仍然坚持外在关系学说和与之相连的多元论。我仍然主张，一个孤立的真理可以是全真的。我仍然主张，分析不是曲解。我仍然主张，如果不是同义语的一个命题是真的，其为真是因为对一事实有关系，并且，一般说来，事实是离经验而独立的。我见不到有什么不可能一个宇宙中完全不存在经验。相反，我认为经验是宇宙的一个很小部分的很有限、在宇宙中很微不足道的一方面。自从放弃了康德和黑格尔的学说以来，我对于这些事物的见解一直没有变。"②

第二节　评论

罗素深刻地批判了莱布尼茨的"内在关系说"，特别是致命地批判了布拉德雷的"内在关系说"的四个结果、两个根据，并提出了三个论证，这就从根本上摧毁了"内在关系说"。罗素对"外在关系说"的论述在哲学上和逻辑学上都具有重要意义。这里我们对"内在关系说"做几点补充批判，对"外在关系说"做几点补充论述。

一　关于"无穷倒退"

布拉德雷认为，如果关系不是由关系项组成的整体的属性，那么就会产生关系同它的项之间的关系问题，陷入无穷倒退。这一论证是不能成立的。在关系命题 aRb 中，比如说在"3 大于 2"中，"大于"是 3 和 2 之间的关系，不是（3，2）这个整体的属性；因为，如果它是（3，2）的属性，那么它也是同一个整体

---

① 罗素：《我的哲学的发展》，商务印书馆 1982 年版，第 54—55 页。
② 罗素：《我的哲学的发展》，商务印书馆 1982 年版，第 54—56 页。

（2，3）的属性，即"2 大于 3"也是真的，显然这是荒谬的。当我们说，关系"大于"外在于或独立于项"3"和"2"时，我们的意思是说，"大于"不只是存在于"3"和"2"之间而且存在于（2，1）、（4，3）、（4，2）、（4，1）、（5，4）、（5，3）、（5，2）、（6，5）等数偶之间；此外，这些数偶还是有序的，如果次序颠倒了，它们之间的关系就不是"大于"关系而是其逆关系"小于"，虽然这些数偶作为整体并没有改变（数偶的不同顺序并不改变它是同一个整体）。根据罗素的关系定义，"大于"是由（3，2）、（2，1）、（4，3）、（4，2）、（4，1）、（5，4）、（5，3）、（5，2）、（6，5）等有序二元组所组成的类。因此，主张外在关系说并不是主张在关系命题中的关系与项处于同等地位，并不会使关系也变成了一个项。从逻辑类型论来说，关系的类型要高于个体的类型，在"3 大于 2"中，如果个体"3"和"2"的类型为 0，那么"大于"这个类的类型就是（0，0），根本不会发生"3"和"大于"或者"2"和"大于"之间有什么关系的问题，这是一个毫无意义的问题。所谓"无穷倒退"是布拉德雷杜撰出来的。

二　关于"事物的简单位移改变事物的性质"

布拉德雷认为，每一空间是一个整体在其中各部分在各种可能位置上已产生内在关系，并且彼此互相决定；当空间中的事物由一种排列关系变为另一种排列关系时，由于整体的特征发生了变化，因而空间中的事物性质也发生了变化。这实际上是说，事物的简单位移就要改变事物的性质。显然，这种看法是不符合实际情况的。例如，按照布拉德雷的说法，"甲在乙的左边"决定了一个排列，一个整体。"×××在×××的左边"这种关系是整体（甲，乙）的属性。当甲移动到乙的右边时，产生了一个新的排列，"×××在×××的右边"这个新关系也是整体（甲，乙）

的属性。我们能不能说，经过位移，甲、乙两个事物的性质发生了变化呢？当然不能！我们完全承认，甲、乙两个事物可以处在不同的物质系统中；但是，这恰恰表明：同样的项可以有不同的关系，即关系是外在的，不是一个整体的属性。

三 关于"同一性或相似性只存在于整体中"

布拉德雷认为，同一性或相似性这样的比较关系只存在于整体中。在整体有差异的地方，限制它的项也一定是有差异的。因此诸项由于变成一个新统一体的成分，它们一定发生了变化。以上述两个红头发的人为例，布拉德雷构造了两个整体：一是把人包含在一个可感觉的整体中，二是把人本身加以分析之后再综合起来的整体。他认为，由于整体的变化，因而在后一整体中的两个人也发生了变化。我们不能同意这种观点。在关系命题"两个人在长着红头发方面是同样的"或"甲长的红头发相同于乙长的红头发"中，比较的是红头发的相同关系，这是确定的。布拉德雷所构造的两个整体，并不是不同的两种关系，而是表达对红头发的相同关系进行比较的两种方法。两种方法的不同并不表示原来的关系有了改变，更不表示原来的关系项"甲的红头发"和"乙的红头发"有了性质的变化。这个例子恰恰说明，同一个关系可以构造不同的整体，关系绝不是整体的属性。

四 关于"关系三阶段论"

布拉德雷的关系三阶段论是一种虚构。罗素从逻辑上有力地证明了"内在关系说"必然导致没有关系的结论。因此所谓从前关系阶段（低于关系的阶段）经过关系阶段到超关系阶段的发展实际上是没有任何发展，布拉德雷的根本目的是否认关系，认为把数目、空间、时间、物质都说成处于关系之中，是自相矛盾的，都是不实在的；只有超关系的绝对是实在的。

五　"内在关系说"也不能适用于对称关系

罗素证明"内在关系说"不能适用于不对称关系，那么它能不能适用于对称关系呢？也不能！以"同一（等同）"关系为例。我们说"晨星和昏星是同一的"或"晨星同一于昏星"，也可以说"昏星同一于晨星"，这两个关系命题是等值的，因为同一关系具有对称性。（晨星，昏星）这个整体与（昏星，晨星）这个整体是一样的，能否证明同一关系是它们的属性呢？不能！（1）同一关系除适用于（晨星，昏星）外，还适用于无数的对象偶，如（2+2，4）、（π，3. 1415…）等；这恰恰表明"同一"关系是外在的。（2）"晨星同一于昏星"和"昏星同一于晨星"二者的命题态度不一样，前者强调的是：晨星同一于昏星，后者强调的是：昏星同一于晨星，真值虽然相同，但对于关系项的命题态度不同。因此不能把它们看成表达了同样的整体。由上所说，在对称关系的情况下，"内在关系说"也是不适用的。

六　评陈启伟对罗素观点的两点异议

陈启伟在《重议罗素对布拉德雷否定关系的批评》中，[①] 对罗素的观点提出了两点异议：

一是关于关系归约论。陈启伟认为，布拉德雷是追随传统的主谓逻辑的，而且明确地将关系命题作为主谓命题看待。但是在本体论上，布拉德雷并未否定关系的存在，只是说作为现象的东西不是也不可能作为终极实在的"绝对"的一种规定性。罗素认为布拉德雷否认关系具有"绝对的和形而上学的确实性"就是否定关系的存在，是一种误解。

二是关于关系不可能论。陈启伟认为，布拉德雷用归谬论证

---

①　陈波、江怡主编：《分析哲学——回顾与反省》下卷（第二版），中国人民大学出版社 2018 年版，第 553—562 页。

说明：从假定关系为独立实在这个前提出发总导致无穷倒退的结果，由此证明假定关系为独立实在是错误的，这是反对外在关系说，并不是否定关系的存在。陈启伟认为，罗素不可避免地把关系作为第三项陷入无穷倒退，罗素是"搬起石头砸自己的脚"。笔者认为，陈启伟的两点异议根本不能成立。

关于第一个异议，罗素并没有误解布拉德雷。首先，布拉德雷的"关系"概念是以"内在关系说"为基础的，在逻辑上与在本体论上用的是同一个"关系"概念，不能加以割裂。其次，罗素不但从逻辑上批判了布拉德雷将关系命题化归为主谓命题的错误，而且在本体论上也批判了布拉德雷的内在关系说。笔者在上文指出，罗素对"内在关系公理"导致的第三个错误结果是"不存在关系，不存在很多事物，而只有一件事物"。上文罗素引用了布拉德雷的原话："实在是一，它必须是单一的，因为如果把多看做是真的，多就是自相矛盾的。多意味着关系，并且，由于其关系，它就无可奈何地总要肯定一个高级的统一体。"① 据此罗素认为，内在关系公理就等于本体论上的一元论的那个假定，就等于否定有任何关系存在。布拉德雷的本体论是以关系三阶段论为基础的，"绝对"从现象达到实在的过程是由前关系阶段经过关系阶段而达到超关系阶段的过程，"实在"在前关系阶段和关系阶段的呈现都是现象，只有达到超关系阶段，"绝对"才成了终结实在，是一个个体和一个系统。布拉德雷承认，关系阶段是稍纵即逝的权宜之计，在"关系框架"中的形形色色的现象要求突破这种框架，经过"关系之路"，走出矛盾，而达到实在。由此可见，"内在关系说"体现在本体论上必然要否定关系的存在。

关于第二个异议，笔者在上述第一点评论中已经说得很清楚。陈启伟对布拉德雷归谬论证的理解有误，布拉德雷原来的论证是：

---

① Bradley, *Appearance and Reality*, Oxford, 1955, p. 460.

如果关系是单纯外在的，比如关系 C，它有两个项 A 和 B，C 与它们两者一起出现，在它们之外。这样就产生一个问题：关系 C 与关系项 A，B 之间是什么关系？假定有一个关系 D，它是 C 同 A，B 之间的关系。由于 D 是外在的，这又产生一个问题：在 D 为一方，C，A，B 为另一方之间是什么关系？这就要诉诸新关系 E，由此又导致另一个关系 F，如此等等，以至无穷，陷入无穷倒退。这里，布拉德雷歪曲"外在关系说"，企图证明"内在关系说"。笔者已经指明，这个论证的谬误在于布拉德雷根本不懂"外在关系说"，不懂逻辑类型论，把关系 C 同关系项 A 和 B 并列，把关系也变为一个关系项，把关系的类型与关系项的类型混为一谈，所谓"无穷倒退"只不过是布拉德雷的杜撰。"外在关系说"认为关系的"外在"是在于，关系与其中的关系项不是并列的，关系比关系项的类型要高一个层次，某一个二元关系（例如"大于"）构成一个类，是由具有此关系的有序二元组所构成。作为关系的类与其中某个分子（有序二元组）中的个体绝不是一回事。我们要问：罗素在何时何地说过"关系是同关系项并列的第三项"？这怎么能说是罗素"搬起石头砸自己的脚"呢？实际上这是陈启伟"搬起石头砸布拉德雷的脚"。

第 八 章

摹状词理论
——分析哲学的奠基

第一节 概述

罗素在 1905 年的《论指称》中首先非形式地提出摹状词理论，1910 年在《数学原理》的逻辑演算中进行了形式的处理，后来在《逻辑原子主义哲学》（1908）、《数理哲学导论》（1919）、《西方哲学史》（1945）、《我的哲学的发展》（1959）等论著中多次非形式地阐述了这个理论，下面我们根据这些论著，加以非形式地综述。

罗素把摹状词分为两种：一种是不定摹状词或不完全的摹状词，它是具有"一个如此这般的东西"（"a so-and-so"）形式的短语，如"一个人""一只狮子""一头独角兽""一条海蛇"等；一种是限定摹状词或完全的摹状词，它是具有"那个如此这般的东西"（"the so-and-so"）形式的短语，如"镭的发现者""世界上最高的山峰""2 和 5 之间的那个素数""《浮士德》的作者"等。罗素对限定摹状词分析较详，并作了严格的形式处理，这是罗素摹状词理论的重点，一般文献上很少评介不定摹状词，并把限定摹状词简称为摹状词。我们从不定摹状词开始。

一 不定摹状词

（一）不定摹状词不是描述一个确定的对象

罗素以"我遇见一个人"为例加以说明。他说："我说'我遇见一个人'究竟说的是什么呢？现在暂且假定我的话是真的，并且我事实上遇见了琼斯。显然我说的并不是'我遇见琼斯'。我可以说'我遇见一个人，但不是琼斯'，单凭这句话，我虽然是撒谎，但我的话并不自相矛盾，如果我口里说'我遇见一个人'心里的真意是'我遇见琼斯'，那就自相矛盾了。听我说这句话的人，即使不闻琼斯的名，一定可以理解我所说的是什么。"[①]

根据罗素的分析，"我遇见琼斯"与"我遇见一个人"是不同的命题。前者指称一个实在的人——琼斯，后者没有指称一个确定的对象。"琼斯"是一个专有名词，而"一个人"却是一个不定摹状词，它们是完全不同的。我们不应把它们混为一谈。

（二）包含不定摹状词的命题的定义

一个不定摹状词可用"一个有性质 φ 的对象"来表示。

罗素的定义如下：

"一个有性质 φ 的对象有性质 ψ"这句话的意思就是" φx 和 ψx 的联断不常假"。[②]

例如，"我遇见一个人"这句话的意思就是"命题函项'我遇见 x 并且 x 是人'有时真"。这里，φ 代表"是人"，"一个有性质 φ 的对象"就表示"一个人"，ψ 代表"我遇见"，φx 是"x 是人"，ψx 是"我遇见 x"。

从以上定义显然可见，"一个有性质 φ 的对象有性质 ψ"这个命题形式与 ψ 是不同的。例如，"一只大熊猫在玩耍"与"x 在玩

① 罗素：《数理哲学导论》，商务印书馆 1999 年版，第 157 页。

② 罗素：《数理哲学导论》，商务印书馆 1999 年版，第 171 页。

要"就不相同。

罗素对含有不定摹状词的命题所下的定义实际上是消去不定摹状词的规则。这就说明，含有不定摹状词的命题可以转变为不含这种摹状词的命题，从而深刻地揭示了这类命题的逻辑涵义。从罗素的定义，我们还可看到，一个不定摹状词虽然无所指称，但含有这种摹状词的命题仍有意义。例如，"一头独角兽"这个不定摹状词没有指称什么东西，但是如果我们知道什么是独角兽，或是知道这种传说中的怪兽的定义，那么"我遇见一头独角兽"虽然不可能真，但仍是有意义的。因为我们可以消去"一头独角兽"这个不定摹状词，变为"'我遇见 x 并且 x 是独角兽'有时真"，根据罗素的说法，在这个命题中"独角兽"是一个概念，自身是有意义的，它与"一头独角兽"不同，"一头独角兽"是一个不定摹状词，它自身没有意义。由于不定摹状词可以消去，因而认为它没有意义，这种看法在逻辑上可以研究，但罗素把这种看法用到哲学上去否定摹状词的客观基础则是错误的。但是罗素认为不定摹状词可以无所指称，含有它们的命题仍有意义，是假的，这种看法是可取的。当然，严格讲来，"假"和"无意义"是有区别的，但是在日常的语言里，对于某些字的组合来说，"假"和"无意义"没有严格的区别和成文的规定，在这样的情况下，罗素不区别"假"和"无意义"，把包含无所指称的不定摹状词的命题作为假命题处理，也未尝不可。也许有人认为，"我遇见一头独角兽"是无意义的，但罗素认为它是有意义的，是假的。例如，如果我们知道"永动机"是什么意思，那么"有人制造了一部永动机"这个命题就可以理解为一个假命题，而不把它说成是无意义的。这里，"一部永动机"是一个不定摹状词。

（三）不定摹状词存在的定义

罗素把"一个有性质 φ 的对象存在"定义为"x 是一个有性

质 φ 的对象"有时真。[①] 也就是说，如果"x 是一个有性质 φ 的对象"这种形式的命题至少有一个真，那么被不定摹状词描述的对象就存在。从苏格拉底是一个人，或者柏拉图是一个人等，我们就可以说"一个人存在"。不定摹状词有一个特点，即"x 是一个有性质 φ 的对象"这种形式的命题可以有许多个，而在限定摹状词的情况下，相应的命题形式"x 是那个有性质 φ 的对象"只能对至多 x 的一个值为真，这一点在后面讲限定摹状词存在的定义时再详说。以上就是罗素对不定摹状词所作的逻辑分析的要点，下面我们要重点介绍罗素对限定摹状词所作的逻辑分析。

二　限定摹状词

以后我们将"限定摹状词"简称为摹状词。在英语中，摹状词的结构是：

定冠词 the + 形容词 + 单数普遍名词。

例如，"the author of *Waverley*"（"《威弗莱》的作者"），"the morning star"（"晨星"）。在汉语中，一般由"形容词组 + 普遍名词"构成摹状词，例如，"世界上最高的山峰"。有时可用"那个"代替英语中的定冠词，用以表示我们所指称的个体只有一个，例如，"15 和 19 之间的那个素数"；这样，就可以与表示一类事物的词组（如 13 和 37 之间的那些素数）相区别。

（一）专名与摹状词的区别

在"司各脱是《威弗莱》的作者"这个命题中，有一个专名"司各脱"和一个摹状词"《威弗莱》的作者"，它们代表同一个人。罗素认为，一个专名是一个单纯的符号，只能当主词用，代表"个体"一类东西。"单纯"符号不含有独立能成符号的部分，如"司各脱"（"Scott"）虽有其部分"S""c""o""t"，但这些

---

① 罗素：《数理哲学导论》，商务印书馆 1999 年版，第 161—162 页。

部分不是符号。一个专名直接指示一个个体，而个体就是它的意义，它之所以有这个意义完全凭借自身而不凭借其他词的意义。但摹状词与此不同，它包含几个词，摹状词的意义是在一定的语境中从各个词的意义产生的。"《威弗莱》的作者"（"the author of *Waverley*"）是一个摹状词，不是一个专名，而是一个复杂符号，它含有作为符号的组成部分。它包含英语中的 4 个词，这 4 个词的意义已经被确定，从而确定了"《威弗莱》的作者"的意义，这个词组不存在任何任意的、约定的东西。在这方面，该词组和"司各脱"完全不同。如果你懂得英语，你一定也懂得"《威弗莱》的作者"这个词组的意义，即使以前你从来没有听到过这个词组。反之，如果你以前从来没有听到"司各脱"这个词，那么你就不会懂得"司各脱"的意义，因为了解一个专名的意义就是要了解它们应用的对象是谁。

因此，包含一个摹状词的命题和以专名替换命题中的摹状词而得的命题不是相同的，即使专名所指的和摹状词所描述的是同一个对象，这两个命题也不一样。"司各脱是《威弗莱》的作者"和"司各脱是司各脱"显然是两个不同的命题，前者是文学史上的一个事实，而后者则是同语反复。

（二）含有摹状词的命题的定义

摹状词是不完全的符号，对它可以给出"使用中的定义"，也就是将摹状词变为谓词从而加以消解的规则。

罗素认为，"《威弗莱》的作者是司各脱"这个命题包含以下三个命题：

（1）"x 写《威弗莱》"不恒假；

（2）"如果 x 和 y 写《威弗莱》，则 x 和 y 同一"是恒真的；

（3）"如果 x 写《威弗莱》，则 x 是司各脱"恒真。

以上三个命题合起来就是"《威弗莱》的作者是司各脱"的定义。

　　第一个命题是说，至少有一个人写《威弗莱》；第二个命题是说，至多有一个人写《威弗莱》。罗素将（1）和（2）合并为"有一个项 c，使得 'x 写《威弗莱》'恒等值于 x 是 c"，这个合并的命题实际上是说，恰好有一个人写《威弗莱》。因此，"《威弗莱》的作者是司各脱"定义为"有一个项 c，使得：（1）'x 写《威弗莱》'恒等值于 'x 是 c'并且（2）c 是司各脱"。一般地，"那个有性质 φ 的 x 有性质 f"定义为"有一个项 c，使得：（1）φx 恒等值于 'x 是 c'，并且（2）fc 是真的"。

　　以上定义给出了包含摹状词的命题的真假条件，只有三条都满足，这种命题才是真的。如果第一条、第二条满足了而第三条不能满足，则这种命题为假，例如，"世界上最高山峰是泰山"。如果第一条或第二条不能满足，即摹状词不具有唯一性，这种命题为假；这里有两种情况：一种是摹状词根本无所指称，例如"那个永动机是自动的"；另一种是摹状词指称两个或两个以上的对象，例如"动物园里的那头大象在吃草"。根据罗素的定义，这两类命题一律为假，它们都是有意义的。

　　穆尔（G. E. Moore）在评论罗素的摹状词理论时指出，罗素对"《威弗莱》的作者是司各脱"一例所做的分析是不正确的。[①]他认为第三句话"任何写《威弗莱》的人是司各脱"蕴涵第一句话"至少有一个人写《威弗莱》"，所以第三句话应当改为（3'）："从来没有一个人写了《威弗莱》而不是司各脱"，这句话不蕴涵第一句话，因为第一句话假，这句话可以真。根据穆尔的分析，这个例子实际上应分析成两个断定：一是"《威弗莱》的作者是司各脱"这一命题与"（1）至少有一个人写《威弗莱》，（2）至多有一个人写《威弗莱》，（3'）从来没有一个人写了《威弗莱》而不是司各脱"这三个命题的合取逻辑上是等值的（或可以互推

　　① P. A. Schilpp（ed.），*The Philosophy of Bertrand Russell*，Evanston and Chicago：Northwestern University，1944，pp. 177 – 225.

的）；二是"《威弗莱》的作者是司各脱"这个语句恰好意味（1）
（2）（3'）的合取，谁要是这样说了，他就是给了它的意义的一个
定义。穆尔认为，这两个断定都是假的。他的第一个理由是，"作
者"这个词既可指男性，也可指女性，但（1）（2）（3'）的合取
并没有蕴涵写《威弗莱》的人的性别，所以如果没有一个女性能
正当地称为作者，那么第二个断定就不可能是真的；同样，在第
一个断定中从（1）（2）（3'）的合取推出"《威弗莱》的作者是
司各脱"，这也是假的，因为如果"作者"只是指只有男性才能
是《威弗莱》的作者，那么（1）（2）（3'）的合取就与"没有一
个人是《威弗莱》的作者"或"并非《威弗莱》的作者是司各
脱"不相矛盾。所以，只有当"作者"这个词不光包含男性而且
也包含女性在内，第一个、第二个断定才能是真的。穆尔第二点
理由是，"作者"这个词并没有规定"某人是某本著作的作者"
这个命题与"该著作从来没有人写"这个命题是矛盾的。"司各
脱是《威弗莱》的作者"与"《威弗莱》从来没有人写过"可以
同时真；"《威弗莱》从来没有人写过"，这在逻辑上是可能的。
因此穆尔指出，罗素认为"《威弗莱》的作者是司各脱"蕴涵
"至少有一个人写《威弗莱》"，这是错误的；"《威弗莱》的作者
是司各脱，但并非至少有一个人写《威弗莱》"并不自相矛盾。
因此，第一个断定、第二个断定都是假的。穆尔指出，认为"《威
弗莱》的作者是司各脱"这个语句恰好意味（1）（2）（3'）的合
取，是不当的。"《威弗莱》的作者是司各脱"恰好意味："至少
有一个人创作《威弗莱》，至多有一个人创作《威弗莱》，从来没
有一个创作《威弗莱》的人不是司各脱"，断定这个合取少于断
定（1）（2）（3'）的合取，因为"至少有一个人写《威弗莱》"
这个断定包括：至少有一个人创作它，此外还有别的意思，也就
是说要把它写出来。

　　穆尔得出结论说，从罗素对"《威弗莱》的作者是司各脱"

的分析中所得的两个断定都是假的，但穆尔认为，它们不构成罗素的摹状词理论的一部分。穆尔分析说，在包含类似第一个断定的一个命题类 Γ 中，很多命题是假的（如第一个断定），但很多命题却是真的，如"'当今法国国王是聪明的'这个命题与'①至少有一个人是当今法国国王，②至多有一个人是当今法国国王，③从来没有一个人是当今法国国王而不是聪明的'这三个命题的合取在逻辑上是等值的"，这个断定就是真的。在包含类似第二个断定的一个命题类 △ 中，很多命题是假的（如上述第二个断定），但有很多命题是真的，例如"'当今法国国王是聪明的'这个语句恰好意味至少有一个人是当今法国国王，至多有一个人是当今法国国王，从来没有一个人是当今法国国王而又不是聪明的；谁要是这样说了，他就给它的意义下了一个定义"，这一断定就是真的。穆尔认为，Γ 类和 △ 类中的那些真命题构成罗素的摹状词理论的一部分。

罗素在答复穆尔的评论时说："看来我的最大错误是认为：如果司各脱是《威弗莱》的作者，那么他一定写了《威弗莱》，而荷马（或是《伊利亚特》作者的任何人）可能从来没有写《伊利亚特》。"① 但他认为，这个例子并不妨碍他对摹状词的形式处理，他说："我的摹状词理论包含在《数学原理》第 * 14 开头的定义中，由于使用人工符号语言就不可避免地造成在为日常目的所使用的任一语言中的模糊和歧义。"②

从穆尔和罗素关于"《威弗莱》的作者是司各脱"一例的讨论中，我们可以看到，罗素对这个例子的分析是有毛病的，不过罗素举这个例子是为了通俗说明他的摹状词理论，例子不当并不

① P. A. Schilpp（ed.），*The Philosophy of Bertrand Russell*，Evanston and Chicago：Northwestern University，1944，p. 690.

② P. A. Schilpp（ed.），*The Philosophy of Bertrand Russell*，Evanston and Chicago：Northwestern University，1944，p. 690.

说明他关于摹状词的形式处理是错误的。[①]　其实，我们按照穆尔的要求，将这个例子稍加改动就行了。我们在应用罗素的定义去分析自然语言时应当仔细分辨在解释一个语词时可能出现的歧义和差别。罗素的定义只能用于穆尔所说的 Γ 命题类和 △ 命题类中的那些真命题。这就是穆尔的评论给予我们的启示。

（三）摹状词存在的定义

"《威弗莱》的作者存在"的意思就是上面所说的第一条和第二条的结合，即"有一个项 c，使得'x 写《威弗莱》'恒等值于'x 是 c'"，也就是"恰好有一个人写《威弗莱》"。一般地，"那个有性质 φ 的对象存在"定义为"有一个项 b 使得 φx 恒等值于'x 是 b'"，就是说，"恰好有一个具有性质 φ 的 b"。

罗素认为，所谓存在只有用于摹状词才有意义，用于专名则无意义。

（四）摹状词的初现与次现之间的区别

所谓一个摹状词在一个命题中初现，就是指这个命题是在某个命题函项 fx 中用该摹状词代 x 而得到的。例如，"当今法国国王是秃顶的"这个命题是在"x 是秃顶的"这个命题函项中以"当今法国国王"代 x 而得到的，"当今法国国王"就是初现，显然这个命题是假的。一般说来，凡在一个命题中，摹状词无所指称并在该命题中是初现，则该命题为假。

所谓一个摹状词在一个命题中次现，就是指在某个命题函项 fx 中用该摹状词代 x 而得到的命题是这个命题的一部分。例如，"当今法国国王不是秃顶的"，这是有歧义的。如果原有"x 是秃顶的"，然后以"当今法国国王"代"x"，再否定这个结果，得到"并非'有当今法国国王而他是秃顶的'"，那么，"当今法国国王"就是次现，并且该命题为真。但是如果原有"x 不是秃顶

---

① 参看本书第三章第三节"摹状词的形式处理"。

的"，而后以"当今法国国王"代"x"，得到"有当今法国国王而他不是秃顶的"，那么，"当今法国国王"就是初现，并且该命题为假。如果我们把"当今法国国王不是秃顶的"理解为初现的命题"有当今法国国王而他不是秃顶的"，这是一个假命题，与"当今法国国王是秃顶的"同为假，不能应用排中律和矛盾律；罗素幽默地说："如果我们列举出一切是秃头的事物，再列举出一切不是秃头的事物，那么我们不会在这两个名单中找到当今的法国国王。喜欢综合的黑格尔信徒可能会推断说，法国国王戴了假发。"[1] 但是我们把"当今法国国王不是秃顶的"理解为次现的命题"并非'有当今法国国王而他是秃顶的'"，这是一个真命题，与"当今法国国王是秃顶的"互相矛盾，而不是皆假，排中律和矛盾律就可应用了。由此可见，如果摹状词是次现，那么即使摹状词不存在，有关公式可以是真的；但如果摹状词是初现，那么若它不存在，则有关公式为假。当摹状词存在时，初现和次现具有等价的结果。

罗素在《论指称》中谈及摹状词 C 与 "C"（按：这是一个引号名称，指语词 C 本身）的关系时，批评了弗雷格关于摹状词具有涵义和指称的理论。现将罗素的论证简述如下：

当我们说 "C 的意义" 时，得到的却是 C 的所指的意义。例如，"李白《望庐山瀑布》第一句的意义"等于"'日照香炉生紫烟'的意义"，但不等于"'李白《望庐山瀑布》第一句'的意义"。因此为了获得我们想要的意义，我们所讲的就一定不是"C 的意义"，而是"'C'的意义"，这个意义相当"C"本身。同样，"C 的所指"并不是我们想要的所指，例如，C = "李白《望庐山瀑布》第一句"，C 的所指 = 日照香炉生紫烟；但是我们本来

---

① 　罗素：《逻辑与知识》，苑莉均译，张家龙校，商务印书馆 1996 年版，第 58 页。

想要的所指是"李白《望庐山瀑布》第一句"。①

　　罗素认为，摹状词是一种不完全的符号，此外还有大量的其他种类的不完全符号，如类、关系等。它们都是"逻辑的虚构"，只具有使用中的意义，但不具有任何自身的意义。这里，我们简略介绍罗素的"类"定义。设原来的函项为"φx 有性质 f"，由它得出的函项"有一个函项 Ψ 有性质 f，并且与 φx 形式等价"。类的定义如下：

　　"由函项 φx 决定的类有性质 f"就是"有一个函项 Ψ 有性质 f，并且与 φx 形式等价"。

　　这样，通过对含有类词的命题下定义，就把类词消去了。②

　　罗素多次以"司各脱"和"《威弗莱》的作者"为例，强调弄清"不完全符号"的性质的重要性。如果"《威弗莱》的作者"是指司各脱，"司各脱是《威弗莱》的作者"就会是像"司各脱是司各脱"一样的命题，而实际上并非如此，因为乔治四世希望了解前一命题的真实性，而不是后者的真实性。如果"《威弗莱》的作者"是指"司各脱"以外的什么东西，"司各脱是《威弗莱》的作者"就会是假的，但它不是假的。因此，"《威弗莱》的作者"实际上不单独代表任何东西，而这就是不完全符号的特征。摹状词理论除了可以解决排中律和矛盾律的失效难题外，还可解决以下两个难题：

　　1. 乔治四世想知道司各脱是否为《威弗莱》的作者；而事实上司各脱是《威弗莱》的作者。因此我们可以用司各脱代入《威弗莱》的作者，从而证明乔治四世想知道的是，司各脱是否是司各脱。但是罗素指出："人们并不认为欧洲的这位头等显贵对同一

---

　　① 参看罗素《逻辑与知识》，苑莉均译，张家龙校，商务印书馆 1996 年版，第59—60 页。

　　② 罗素：《数理哲学导论》，晏成书译，商务印书馆 1982 年版，第 176 页。

律感兴趣。"① 当我们说"乔治四世想知道司各脱是否为《威弗莱》的作者"时，我们可以指"乔治四世想知道是否有一个且仅有一个人写过《威弗莱》，而司各脱就是这个人"；也可以指"有一个且仅有一个人写过《威弗莱》，而乔治四世想知道司各脱是否是这个人"。在后一句话中，"《威弗莱》的作者"是初现；在前一句话中，"《威弗莱》的作者"是次现。后一句话也可以表述为："关于那个事实上写了《威弗莱》的人，乔治四世想知道，他是否就是司各脱"。如果我们把"乔治四世想知道司各脱是否为《威弗莱》的作者"理解为初现的命题，同一律失效难题就迎刃而解了。

2. 设有命题"A 不同于 B"。如果该命题真，则 A 和 B 之间就有差异，这个事实可表述为"A 和 B 之间的差异实存（subsist）"。但是，如果 A 不同于 B 是假的，则 A 和 B 之间就没有差异，这个事实可表述为"A 和 B 之间的差异并不实存"。这就产生了一个问题：一个非实体怎么能成为命题的主词呢？如果 A 和 B 确实是相异的，那么就有一个且仅有一个实体 x，使得"x 是 A 和 B 之间的差异"是真命题；如果 A 和 B 并非相异，那么就不存在这样的实体 x。这种差异适用于真命题和假命题。如果"aRb"代表"a 对 b 具有 R 关系"，那么当 aRb 是真的，就有这样一个实体作为 a 和 b 之间的关系 R；当 aRb 是假的，就没有这样的实体。例如，地球围绕太阳的旋转是真的，因此"地球围绕太阳的旋转"指称一个实体；而太阳围绕地球的旋转是假的，所以"太阳围绕地球的旋转"不指称一个实体。②

关于非实体的情况，如"圆的正方形""不是 2 的偶素数""阿波罗""哈姆雷特"等都可以这样来处理。例如，"圆的正方

① 罗素：《逻辑与知识》，苑莉均译，张家龙校，商务印书馆1996年版，第58页。
② 参看罗素《逻辑与知识》，苑莉均译，张家龙校，商务印书馆1996年版，第58页。

形是圆形的"意谓"有一个且仅有一个 x，它既是圆的又是正方形的，并且这个实体是圆形的"，这是一个初现的命题，是假的。

罗素提出上述问题是为了批判奥地利哲学家梅农（Meinong）的虚构对象的实在论。梅农曾经指出，我们可以提出一些命题来，其逻辑的主词是"金山"，而金山并不存在。他的论证是"如果你说金山并不存在，显然你所说的有一种东西是不存在的，也就是说，金山；所以金山一定是存在于柏拉图哲学里某种渺茫的有的世界之中，因为，若不如此，你的那个金山不存在的命题就是没有意义的。"① 罗素在提出摹状词理论之前是信服梅农的论证的，但现在他用摹状词理论轻而易举地解决了"金山不存在"的怪论。"金山存在"意谓"恰好有一个 x，x 是金的并且是一座山"，这是一个初现的命题，是假的。而"金山不存在"意谓"并非'恰好有一个 x，x 是金的并且是一座山'"，即"'恰好有一个 x，x 是金的并且是一座山'是假的"，这是一个次现的命题，是真的。

罗素批评梅农说："由于没有命题函项这个利器，许多逻辑学家被迫得出一个结论：有虚构的对象。例如，梅农就是这样的申辩，我们能够谈论'金的山''圆的方'等，我们能够作出以它们为主词的命题；所以它们必是某种逻辑上的实在，否则，它们出现于其中的命题会是没有意义的。在作者看来，这种理论的谬误在于对实在的感知不足，即使在最抽象的研究中这种感知也应当保持。作者主张，动物学既不能承认独角兽，逻辑也应该同样地不能承认，因为逻辑的特点虽然是更抽象、更普遍，然而逻辑关心实在世界也和动物学一样地真诚。说独角兽存在于纹章中，存在于文学中，或者存在于幻想中，是一个非常可笑的，没有价

---

① 参看罗素《我的哲学的发展》，商务印书馆 1982 年版，第 74 页。

值的遁词。在纹章中存在的并不是一个血肉做成的，能自动行动，有呼吸的动物。存在的只是一个图像，或者文字的描述。同样地，如果主张哈姆雷特存在于他自己的世界中即存在于莎士比亚幻想的世界中，就像拿破仑存在于通常的世界中这种说法一样地真实，不是有意惑人，便是不堪信任的糊涂话。只有一个世界，这就是'实在的'世界：莎士比亚的幻想是这世界的一部分，在写哈姆雷特时他所有的思想是实在的。在读该剧本时，我们所有的思想也是实在的。只有在莎士比亚以及读者心中的思想，情绪等是实在的，此外并没有一个客观的哈姆雷特，这是虚构事物的本质。"[①] 罗素要人们在命题的分析中，不能承认诸如独角兽、金的山、圆的方等"不实在"的东西。他认为："这澄清了从柏拉图的《泰阿泰德篇》开始的、两千年来关于'存在'的思想混乱。"[②]

关于专名和摹状词的关系，罗素在 1905 年的《论指称》中阐明了两者的区别，但在 1918 年的《逻辑原子主义哲学》和 1919 年的《数理哲学导论》中，没有强调这两者的区别，提出了"专名是缩略的摹状词"的观点。罗素说："我们共同使用的像'苏格拉底'这类名称实际上是摹状词的缩略语；不仅如此，而且连它们描述的东西也不是殊相，而是类或序列的复杂系统。一个名称只能在一个词（其意义是一个殊相）的狭窄的逻辑意义应用于讲话者亲知的一个殊相，因为你不可能命名你没有亲知的任何事物。你会记得，当亚当给动物命名时，它们一个一个地来到他的面前，而他开始亲知它们，然后命名它们。我们并不亲知苏格拉底，因而不能命名他。当我们使用'苏格拉底'这个词时，实际上我们用了一个摹状词。我们这种看法可以通过这样一些短语表

---

① 罗素：《数理哲学导论》，晏成书译，商务印书馆 1982 年版，第 158—159 页。

② 罗素：《西方哲学史》（下卷），何兆武、李约瑟译，商务印书馆 1978 年版，第 392 页。

现出来，诸如'柏拉图的老师''饮了毒酒的哲学家'或者'逻辑学家断定为有死的那个人'，当然我们并没有将苏格拉底这个名称作为这个词的专门意义上的名称。"① "人们确实在逻辑意义上用作名称的词仅仅是一些像'这'或'那'的词。人们可以用'这'作为一个名称代表此刻有人亲知的一个殊相。我们说'这是白的'。如果你赞成'这是白的'意指你看见的'这'，你就正在把'这'用作一个专名。……唯有当你非常严格地使用'这'代表一个感觉的现实对象时，'这'实际上才是一个专名。这样，一个专名就具有很奇特的性质，即是说，在两个连接的时刻专名几乎不意指同样的事物，而且对于讲话者和对于听话者也不意指同样的事物。它是一个模糊的专名，但是实际上依然是一个专名。"② 作为空名的专名，如"哈姆雷特"也是一个缩写的摹状词，当我们说"哈姆雷特存在"时就是如此，它是指"莎士比亚的悲剧《哈姆雷特》中的主人公""杀死了自己的叔父克劳迪斯为父复仇的那个人"或者"名叫'哈姆雷特'的那个人"。如果把"哈姆雷特"看成一个专名，就会犯逻辑错误。

笔者认为，罗素的"专名是缩略的摹状词"理论吸取并改进了弗雷格的理论。弗雷格认为"亚里士多德"是一个真正的专名，但他在论述涵义和所指的理论时对专名和摹状词不加区分，把它们都叫作专名，认为专名都有涵义和所指。弗雷格说："一个专名（字，记号，记号组合，表达式）表达它的涵义，代表或指示它的所指。我们用一个记号表达它的涵义，指示它的所指。"③ 这就是说，专名所表达的东西是它的涵义，所指示的东西是它的所指。例如，"昏星"和"晨星"这两个摹状词的涵义是不同的，但所

① 罗素：《逻辑与知识》，苑莉均译，张家龙校，商务印书馆1996年版，第241—242页。

② 罗素：《逻辑与知识》，苑莉均译，张家龙校，商务印书馆1996年版，第242页。

③ Frege, *Translations from the Philosophical Writings of Gotllb Frege*, New York, 1952, p.61.

指却是相同的。对一个真正的专名的涵义可以有不同的理解，可以把不同的摹状词同这个专名联系起来，而这些摹状词就是该专名的涵义。弗雷格说："当出现一个像'亚里士多德'这样的真正的专名时，关于意义的看法当然可能产生分歧，例如，有人可能认为它指柏拉图的学生和亚历山大大帝的老师，有人可能认为那位生于斯塔吉拉的、亚历山大大帝的老师是这个专名的意义，持前一种看法的人就会以一种与持后一种看法的人的不同的意义和'亚里士多德生于斯塔吉拉'这个句子联系起来。只要意谓（按：一译所指）相同，这些意见分歧就是可以忍受的，即使它们在一个进行证明的科学体系中应该避免，在一种完善的语言中是不允许出现的。"① 他指出，有一类专名，如"最小的快速收敛级数""离地球最远的天体"，具有涵义，但没有所指。但是，他认为这种专名只出现于不完善的自然语言中；在完美的逻辑语言中，每一个专名不但有涵义，而且也有所指。罗素虽然批评了弗雷格关于涵义和所指的理论，但采用了弗雷格将真正的专名的涵义与不同的摹状词相联系起来的观点。

综上所说，罗素的摹状词理论包含两个方面：当他强调专名的功能是指称，强调专名与摹状词的区别时，这是"专名的指称论"；当他按照"亲知"的理论，提出"专名是摹状词的缩写"时，这是"专名的摹状词理论"。在一种哲学理论中，提出不同的观点，而且两种观点很不一致，这正是罗素哲学多变性和开放性的特点，诚如艾伦·乌德所说，他是属于各派哲学家的哲学家。

第二节　评论

一　摹状词理论的建立标志着分析哲学的奠基

罗素在 20 世纪的哲学中，开创了用逻辑分析方法分析语言问

---

① 王路编译：《弗雷格哲学论著选辑》，商务印书馆 1994 年版，第 91—92 页。

题，解决了同一律的失效问题、排中律的失效问题、非实体的存在怪论三大难题。罗素的创造性的关键在于区分一个语句的文法形式与潜在的逻辑结构，将摹状词变为谓词，加以消解。英国数理逻辑学家和哲学家拉姆赛认为罗素的摹状词理论是"哲学的典范"，这一评价得到西方哲学界的公认。罗素严格区别了专名和摹状词，为以后"专名的指称论"的发展奠定了基础；另外，罗素提出的"专名是缩略的摹状词"理论为以后的"专名的摹状词理论"奠定了基础。总之，摹状词理论的建立是分析哲学奠基的标志。

二　专名与摹状词的指称以及意义问题

为了中肯地评论罗素的摹状词理论，就要首先揭示他的一个假定：即一个专名是一个简单的符号，直接指一个个体，这个体就是它的意义，并且凭它自身而有这意义，与所有其他的字的意义无关。如果一个专名没有所指，那么它就没有意义。与此相关，罗素不区分语词的意义和所指（指称）或者说内涵（涵义）和外延，把所指也称为意义。因此，他关于摹状词的说法就有一些混乱。一方面，他说，摹状词（如"《威弗莱》的作者"）是一个复合的符号，构成这个词组的部分是符号，并且有它们自己的意义，在整个词组中，它们的意义完全保留，摹状词的意义就是从这些意义而来。摹状词的意义是确定的，不存在任何任意的或约定的东西。这就是说，摹状词有单独的意义。另一方面，罗素又说，摹状词（如"《威弗莱》的作者"）同专名（如"司各脱"）不一样，专名必指某个东西，这东西就是它的意义，不指任何东西的专名是一个无意义的符号；但是，摹状词不必指某一个体，它可以无所指，单独拿来完全不指任何东西。罗素把这种情况说成是，"《威弗莱》的作者"这类摹状词在"单独拿来完全不指任何东西"的意义上"单独用的时候完全不具有意义"，当在命题中正确使用它时，这些命题不包含对应于它的成分，摹状词被拆散并消失了，这就是说，摹状词具有"使用中的意义"。我们必须区别这两个方面。

笔者不同意罗素的假定：专名指称一个个体，这个体就是它的意义；不同意把所指也称为意义。"司各脱"这个专名本身没有意义，只是一个符号而已，除了该专名本身之外，在语言内部通过"司各脱"得不到表达涵义的语词，下面讲专名的指称论时再详述；对司各脱这个人的属性描述，如"《威弗莱》的作者"，不是"司各脱"这个专名的意义。但是，"司各脱"这个专名有所指，即指称一个个体，而这个客观的个体绝不能称为专名的意义。专名具有所指，它是一个指称者，而所指称的个体则是被指称者，属于语言外的客观事实。指称者同被指称者不能混为一谈。此外，另一类空专名没有所指，但是包含无所指的专名的命题可以是有意义的。由上所说，罗素的假定是不能成立的。

关于摹状词的意义，我们同意罗素的看法：摹状词是一个复合的符号，有确定的意义，是由其组成部分的意义而来的。至于摹状词的所指，我们认为，它是类，如果没有所指，则是空类即没有分子的类，如果有所指，则是一个单元类即含有唯一分子的类。罗素说过这样的意思："地球的卫星"是一个单元类，它只有一个项，就是月亮；但二者并不等同。他多次强调，"《威弗莱》的作者"这一摹状词既不指司各脱，也不指司各脱之外的任何东西。这就是说，"《威弗莱》的作者"的所指同"司各脱"的所指是不一样的。但是，罗素由此得到结论说摹状词单独地没有意义或所指，这是完全错误的。在罗素看来，在客观世界并不存在类这样的对象，类的符号、摹状词只是方便，是逻辑的虚构，是不完全的符号。这就是说包含摹状词的命题经过正确的分析，可以把摹状词拆散并消去。因此，在摹状词不像专名那样单独有所指这种意义上，罗素说摹状词没有单独的意义。这当然是我们不能同意的。"类"是一种科学的普遍概念,在客观世界并不存在与这一普遍概念相应的类实体,存在的只是特殊的事物。但是,这些特殊的事物正是"类"这个科学的普遍概念的客观基础;地球上有一个一个的人,才有"人类"这个普遍概念,有一头一头的马,才有"马类"这个普遍概念,如此等等。普遍寓于特殊之中。因此,"类"的概念绝不是主观上为了方便造出来的,绝不是逻辑的虚构。在客观世界,有"类"的基础或者说有"类"的现实原型。数 0 是空类的项数(现代集合论把数 0 表示为一个空类)。数 0 是有客观基础的,从自然数的基数属性来说即表示没有。引进正、负数后,数 0 便是正数和负数的界限,表示相反意义量中的一种确定的中间状态。因此,空类也是有客观基础的。至于单元类即具有唯一分子的类就更有客观基础,例如"地球的卫星"这一摹状词指称一个以月亮为唯一分子的单元类,在客观世界,只有月亮这个个体,没有以月亮为唯一分子的单元类这个实体,但是,月亮的实在性就是这个单元类的客观基础,以月亮为唯一分子单元类(地球的卫星类)寓于月亮的实在性之中。

由上所说,我们认为,专名与摹状词的根本区别在于:专名没有意义,摹状词有意义;专名指称一个个体,摹状词指称一个类(空类或单元类)。摹状词具有单独的意义和所指。把"《离骚》的作者是屈原"转换成"有一个 c 使得:(1)'x 写《离骚》'的真假值恒等于'x 是 c'的真假值,(2)c 是屈原",这并不表明"《离骚》的作者"没有单独的意义和所指,这种转换所提供的并不是一种翻译规则,而是一种释义的技术,是使得用摹状词"《离骚》的作者"所隐含的信息变得明晰起来。原来的命题"《离骚》的作者是屈原"是说"《离骚》的作者"所表达的单元类中有一个唯一的分子是屈原,释义后的命题把摹状词"《离骚》的作者"更明确化了。

由上所说,笔者不同意罗素提出的"专名是缩略的摹状词"

理论。以下还要论述这个问题。

三　关于"存在"问题

（一）存在不是个体的性质

这一看法我们可以追溯到康德，他在《纯粹理性批判》一书中说："'存在'显然非一实在的宾辞；即此非能加于事物概念上之某某事物之概念。此仅设定一事物或某种规定，一若其自身存在者。在逻辑上，此仅一判断之系辞而已。……不问吾人以何种宾辞及几多宾辞思维一事物——令吾人完全规定此事物——在吾人宣称有此一事物时，对于此事物并未丝毫有所增加。否则此存在之事物殆非吾人在概念中所思维之同一事物，而为较之所思维者以上之事物；因而吾人不能谓我概念之确实对象，实际存在。吾人如就一事物思维其实在之一切形态而遗其一，以所失之实在性，非因我言'此缺陷之事物实际存在'，而即增加于其上也。反之，此事物即以我所思维之同一缺陷而存在，盖以不如是，则实际所存在者与我所思维者，殆为不同之事物矣。故即我思维一存在者为最高实在而毫无缺陷时，此存在者是否实际存在，仍为一问题。"[①] 康德以此否定了"上帝存在"的本体论证明。弗雷格在《论概念和对象》[②]《算术基础》[③] 等论著中指出，概念分为第一层概念（或一阶概念）和第二层概念（或二阶概念），一阶概念是个体对象的性质，"存在"是一个二阶概念，是一阶概念的性质。弗雷格认为，对上帝存在的本体论证明没有达到它的目的；这个证明把"存在"当成一阶概念，也就是把"存在"当成个体的性质。

罗素实际上发展了康德和弗雷格的思想，明确指出，说"个

---

① 康德：《纯粹理性批判》，蓝公武译，商务印书馆 1995 年版，第 430—431 页。
② 王路编译：《弗雷格哲学论著选集》，商务印书馆 1994 年版，第 72、83 页。
③ 弗雷格：《算术基础》，王路译，商务印书馆 1998 年版，§53。

体存在"是无意义的，存在不是个体的性质，也就是说，"存在"不是个体名称的谓词。他的创新在于，把"存在"作为命题函项的谓词，具体地说，就是作为摹状词或类词的谓词，并且分析了摹状词存在或类词存在的涵义，使人们对"存在"一词的精确涵义有了清晰的认识，这在哲学史上和逻辑史上都是重大的成就。罗素的思想也与恩格斯的思想是一致的。恩格斯实际上也认为"存在"不是一个性质，他在批判杜林的"世界的统一性在于存在"时说："当我们说到存在，并且仅仅说到存在的时候，统一性只能在于：我们所说的一切对象是存在的、实有的。它们被包含在这种存在的统一性中，而不在任何别的统一性中；一般地断言它们都是存在的，这不仅不能赋予它们其他共同的或非共同的特性，而且暂时排除了对所有这些特性的考虑。只要我们离开存在是所有这些事物的共同点这一简单的基本事实，哪怕离开一毫米，这些事物的差别就开始出现在我们眼前。至于这些差别是否在于一些是白的，另一些是黑的，一些是有生命的，另一些是无生命的，一些是什么此岸的，另一些是什么彼岸的，那我们就不能根据一切事物一律被说成是单纯的存在这一点来决定。虽然世界的存在是它的统一性的前提，因为世界必须先存在，然后才能够是统一的，但是世界的统一性并不在于它的存在。在我们的视野的范围之外，存在甚至完全是一个悬而未决的问题。世界的真正的统一性是在于它的物质性，而这种物质性不是魔术师的三两句话所能证明的，而是由哲学和自然科学的长期的和持续的发展来证明的。"① 恩格斯还指出："最可笑的是，杜林先生为了用存在的概念去证明上帝不存在，却运用了证明上帝存在的本体论论证法。这种论证法：'当我们思考着上帝时，我们是把他作为一切完美性的总和来思考的。但是，归入一切完美性的总和的，首先是存在，

---

① 《马克思恩格斯选集》第三卷，人民出版社 1995 年版，第 82—83 页。

因为没有存在的东西必然是不完美的。因此我们必须把存在算在上帝的完美性之内。因此上帝一定存在。'——杜林先生正是这样论证的：'当我们思考着存在的时候，我们是把它作为一个概念来思考的。一个概念所包含的东西是统一的。因此，如果存在不是统一了，那么它就不能和它本身的概念相适应。所以它一定是统一的。所以上帝是不存在的，如此等等。'"① 恩格斯在这一段话中，不但批判了上帝存在的本体论论证，也批判了杜林的上帝不存在的论证，指出杜林的论证与本体论论证同出一辙，实际上都是把存在当成一种性质。

（二）如何处理"个体存在"问题

在日常语言中，人们常常说："个体存在。"为了符合这种直观，同时又不违背"存在"这个谓词的二阶性，在现代的存在逻辑中，可以对"个体存在"下定义。莱斯彻（N. Rescher）在《存在逻辑》一文中，把"E! x"（x 存在）定义为：$(\lambda x)(\exists P)[Px \wedge (\exists y) \neg Py]$，这是说，如果有一个东西具有某种并非为一切东西所具有的性质，则称这个东西存在。$(\lambda x) Ax$ 表示 A 是一种属性。定义中 $\exists P$ 要求的谓词域是具有"质性质"的谓词，所谓"质性质"的谓词是指满足以下两个条件的谓词：

1. 语言中的初始谓词。

2. 从初始谓词只借助析取或合取加以定义的谓词，也就是说，这样的谓词不使用否定，也不涉及特殊的个体。

例如，$\neg E!$（不存在）就不是"质性质"的谓词，由 $\neg E!$ 可以推出 $\forall x E! x$（一切东西都存在）。因此上述定义避免了"一切东西都存在"的结论。

（三）空专名的指称与存在问题

罗素否定像哈姆雷特这样的空专名具有所指，并把它像普通

---

① 《马克思恩格斯选集》第三卷，人民出版社 1995 年版，第 82 页。

专名一样当成缩写的摹状词。我们不同意这种处理方法。笔者认为，空专名本身没有涵义，但有所指。哈姆雷特指称莎士比亚的悲剧《哈姆雷特》中的主人公，在这个悲剧的可能世界中，哈姆雷特是一个实在的人。先前曾引述罗素的一段话："只有在莎士比亚以及读者心中的思想，情绪等等是实在的，此外并没有一个客观的哈姆雷特，这是虚构事物的本质。"笔者不同意罗素的这种极端实在论。确实，哈姆雷特是莎士比亚创作的一个虚构人物，但是莎士比亚关于哈姆雷特故事的思想是客观实在的反映，哈姆雷特的故事在客观的世界有原型，通过莎士比亚的再创作，最终写成了剧本，因此哈姆雷特这个人在现实世界中也有其客观原型，不是赤裸裸的虚构。

罗素是用经典逻辑的方法处理空专名，作为非经典逻辑的自由逻辑用不同的方法处理空专名。以正自由逻辑为例，其初始符号和公式形成规则同带等词的一阶谓词逻辑基本相同，但加上一个谓词 E!（存在），并且规定：如果 t 是项，则 E! t 是公式。公理有：$\forall x Ax \to$（E! $t \to At$），$\forall x$E! x，$t = t$ 等。如果不把 E! 作为初始符号，也可用定义引进：E! $t = \mathrm{def}\ \exists x\ (x = t)$，则公理 $\forall x Ax \to$（E! $t \to At$）就变为 $\forall x Ax \to$（$\exists x\ (x = t) \to At$）。我们采用双域语义学，论域分为两个：内域和外域，内域是实在个体的集合，外域是虚拟个体的集合，内域或外域可能为空，但内域和外域的并不能为空，量词只施加于内域之上。自由逻辑的一个特点是，将经典逻辑的存在概括规则修改为：

E! t，At $\vdash \exists x Ax$。（相应地，全称消去规则修改为：$\forall x Ax$，E! t $\vdash At$）

这样一来，对空专名就不能进行存在概括，例如，把"上帝是上帝"表示为"$a = a$"，根据修改过的存在概括规则推不出：$\exists x\ (x = a)$，这就是说，在自由逻辑中，从"上帝是上帝"推不出"上帝存在"。

在自由逻辑中，所谓"存在"仍是一个二阶谓词。里德说："应该允许什么样的二阶谓词增加给一阶语言？也就是说，如果未达到完备的二阶理论，即每一个二阶谓词都允许的理论，那么在一阶语言中允许什么样的二阶表达性是合理的？经典一阶逻辑只允许存在量词和全称量词（允许至少被例证一次的二阶属性和被普遍例证的二阶属性）和任何可用它们定义的谓词，例如，完全不被例证（因为包括否定式），或恰好被例证两次（如果语言包括等词符号）。"[①] 由于存在量词和全称量词是二阶谓词，因而用存在量词定义的"存在"也是二阶谓词。在 E! t = def $\exists$x（x = t）中，E! t 表示在内域中存在某物是 t。也就是说，一阶谓词"等同于 t"有一个特例，则"t 存在"为真。

下面介绍一个处理虚拟个体具有性质的自由逻辑系统 L∗。[②] 其中，个体变元必须以个体域中的个体赋值，个体常元分为两种：一种是以个体域中的个体赋值，这相当于有所指的个体常元，即非空专名；另一种是不以个体域中的个体赋值，这相当于无所指的个体常元，即空专名。这个系统有两条存在概括规则，一是不允许对个体常元进行存在概括的规则，二是可对非空专名进行存在概括的规则。此外有两条重要规则：

1. w = w′，A ⊢ A′（w 和 w′是个体变元或个体常元，A′是将 A 中任一自由出现的 w 代以 w′所得到的公式）。前已说过，个体变元恒有所指，个体常元可以无所指称。这一规则实际是说，即使 a 和 b 非实存，如果 a 和 b 相等，则 a 有何性质，b 亦有此性质；

2. ⊢ w = w′，这实际是说，非实存之物也自身等同。

采用这两条规则是符合直观的，虽然"哈姆雷特"不是实存

---

① 里德：《对逻辑的思考》，李小五译，张家龙校，辽宁教育出版社、牛津大学出版社1998年版，第155页。

② Leblanc, H., and Hailperin, T., *Non-designating Singular Terms*, *Philosophical Review*, Vol. 2, 1959.

的，但是"哈姆雷特与哈姆雷特有相同的性质"和"哈姆雷特 =
哈姆雷特"却是真实的。这两条规则承认了虚拟个体可以有性质，
照通常的说法就是虚拟个体可以存在。

综上所述，自由逻辑系统 L* 可以避免对空专名进行存在概
括引起的怪论，不必将空专名摹状词化，允许虚拟个体有性质。

（四）存在就是作为约束变元的值

蒯因受罗素摹状词理论的启发，提出了"存在就是作为约束
变元的值"的本体论承诺。这里所谓"存在"的涵义同存在逻辑
和自由逻辑中"存在"的涵义是一样的。蒯因指出：按照罗素的
理论在消除一个摹状词后所得到的陈述中，"曾经要求摹状短语承
担的客观所指现在已由逻辑学家叫做约束变元的一类词承担了，
即量化变元，就是像'有个东西''无一东西''一切东西'之类
的词。"[1]"当一个关于存在或不存在的陈述被罗素的摹状词理论
加以分析时，它便不再含有任何甚至要给那些其存在很成问题却
被当成确实的东西命名的表达式，所以我们再不能认为这个陈述
的有意义必须预先假设这样一个东西的存在。"[2] 这就把本体论的
"何物存在"问题变为语言系统的本体论承诺："存在就是作为约
束变元的值"，"被假定为一个存在物，纯粹被看做一个变元的
值"。[3] 蒯因说："我们的整个本体论，不管它可能是什么样的本
体论，都在'有个东西''无一东西''一切东西'这些量化变元
所涉及的范围之内；当且仅当为了使我们的一个断定是真的，我
们必须把所谓被假定的东西看做是在我们的变元所涉及的东西范
围之内，才能确信一个特殊的本体论的假设。"[4] 例如，我们可以
说"有的狗是白的"，用公式表示为：$\exists x$（狗 $x \wedge$ 白 x），要使这个

---

[1]　蒯因：《从逻辑的观点看》，江天骥等译，上海译文出版社 1987 年版，第 6 页。

[2]　蒯因：《从逻辑的观点看》，江天骥等译，上海译文出版社 1987 年版，第 7 页。

[3]　参看蒯因《从逻辑的观点看》，江天骥等译，上海译文出版社 1987 年版，第
12、15 页。

[4]　蒯因：《从逻辑的观点看》，江天骥等译，上海译文出版社 1987 年版，第 12 页。

命题为真，∃x 这个约束变元所涉及的东西必须包括有些白狗，但无须承诺狗性或白性是实体。但是当我们说"有些动物学的种是杂交的"，我们就做出承诺：承认那几个种是存在物，尽管它们是抽象的。总之，为了使一个理论是真的，这个理论的约束变元必须能够指称的那些东西而且只有那些东西才是这个理论所承诺的。"存在就是作为约束变元的值"这个语义学公式"是用来检验某个陈述或学说是否符合先前的本体论标准的。在本体论方面，我们注意约束变元不是为了知道什么东西存在，而是为了知道我们的或别人的某个陈述或理论说什么东西存在；这几乎完全是同语言有关的问题。而关于何物存在的问题则是另一个问题。"① "一般地说，何物存在并不依赖人们对语言的使用，但是人们说何物存在则依赖其对语言的使用。"②

由上所说，蒯因创造性地发展了罗素的摹状词理论，将存在的本体论问题转到语言系统的本体论承诺问题，将语言系统中的何物存在问题归结为约束变元的值，为语言哲学的研究开辟了方向。

四　金岳霖对罗素摹状词理论的批评③

（一）关于摹状词

金岳霖赞同罗素将包含摹状词的命题分析成三个命题的合取，但提出如下两点批评意见：

1. 不同意罗素的"摹状词单独地没有意义或单独地无所指示"的观点。金岳霖以"《离骚》的作者"为例进行论证。《离骚》是一本书，《离骚》的作者就是著作《离骚》这本书的人。我们对于《离骚》有概念，对于《离骚》的作者就有概念，我们

---

① 蒯因：《从逻辑的观点看》，江天骥等译，上海译文出版社 1987 年版，第 15 页。
② 蒯因：《从逻辑的观点看》，江天骥等译，上海译文出版社 1987 年版，第 95 页。
③ 参看《金岳霖全集》第四卷（上），人民出版社 2013 年版，第 102—122 页。

有这个摹状词所表示的概念。概念是有内涵有外延的。前者就是它的意义，后者就是它的指示。摹状词并不都相同，有的可能需要命题的帮助才有明确的意义与指示，有的不需要。"《离骚》的作者"就是后一类摹状词，它本身就是明确的。屈原这个人已经死去好久了，我们现在无法用手把他指出来，但是，我们还是可以用"《离骚》的作者"这样的摹状词把他指出来。在"《离骚》的作者是屈原"这个命题中，"《离骚》的作者"这一摹状词更明确了；原来我们可能只有《离骚》这本书的概念，但是不知道它是那么早的时候的书，因此，"《离骚》的作者是屈原"这一命题又把摹状词更明确化了。摹状词可以使包括它的命题明确化，命题也可以使它包括的摹状词明确化。无论如何，摹状词本身总得要有意义才行。"法国现在的国王"也是有意义的。这概念既有所谓，当然也有所指示。至于所指示的那东西不存在，那是另外一件事。摹状词有或没有所指示并不靠所指示的东西存在与否。摹状词有或没有意义，也不靠它所指示的东西存在与否。至于矛盾律有效或无效同摹状词是否单独地有意义，是不相干的。"法国现在的国王是秃顶的"和"法国现在的国王不是秃顶的"不符合矛盾律的问题发生在对后一命题的不同解释上，不是摹状词有无意义的问题。因此，说摹状词单独地没有意义和指示，这是不正确的。

金岳霖针对罗素认为"意义和指示无法避免混淆"的观点，作了进一步的分析。罗素原来的例子是：格雷挽歌的第一行陈述一个命题；"格雷挽歌的第一行"并非陈述一个命题。金岳霖把它们改成：长恨歌的第一句话是一个命题；"长恨歌的第一句话"不是一个命题。罗素的意思是，按照意义和所指区别的观点，当摹状词 C 出现时，它是我们所谈的所指；当"C"出现时，它是意义。上述两个命题中的摹状词和带引号的摹状词就是如此。罗素不同意这种看法，指出当我们说"C 的意义"时，得到的是所指的意义。"长恨歌第一句话的意义"等于"'汉皇重色思倾国'的意义",但不等于"'长恨歌第一句话'的意义"。因此,为了获得我们想要的意义,我们所讲的就一定不是"C 的意义",而是"'C'的意义",这个意义相等于"C"本身。金岳霖针对罗素的观点,指出罗素把问题搞混淆了。"长恨歌的第一句话"、长恨歌的第一句话、"汉皇重色思倾国"三者原本没有混淆。"长恨歌的第一句话"是语词,其意义是长恨歌的第一句话这个概念,这概念的意义是它所有的含义,例如,长恨歌是诗,第一句话是开头的那一句,不是中间的句子,也不是末尾的那一句,话是语言文字方面的东西,可以说出来或写出来的东西等。"汉皇重色思倾国"的意义是这一命题说了什么的问题。这些意义不是一件事物。"汉皇重色思倾国"这一命题,不是长恨歌第一句话的意义,而是长恨歌第一句话所指的事物。说长恨歌第一句话的意义是"汉皇重色思倾国"的意义,这是错误的。因此,罗素根据意义与指示的所谓混淆而否认摹状词单独地有意义这一说法就不能成立了。

2. 金岳霖认为,命题的内容是思想;但罗素认为:"事物"或对象就是命题的内容,在"孔丘是人"这一命题中,"客观事物"的孔丘是这一命题的主项。当然,1912 年除外,罗素在以后的年月中的所谓"客观事物"并不是真正的客观事物,它与概念的分别同真正的客观事物与概念的分别不一样。可是,分别还是有的。罗素故意抹杀了那个分别,企图给人以"唯物主义"的假象。这样一来,"法国现在的国王是秃头"这一命题就有无法克服的困难了。一个不存在的国王怎么可以是命题的组成部分呢?他怎么可以成为命题的主项呢?从罗素的看法中可以得出一个矛盾:这个命题没有主项,没有主项的主谓项式的命题本身就是一个矛盾。金岳霖认为,语词所指的客观事物即使不存在,谓词所表示的概念总是存在的。因此,我们不会发生所谓没有主项的主谓式命题的问题。法国现在的国王和《离骚》的作者都可以是命题的主项，它们是概念，它们具有脱离某些命题（以它们为主词或谓词的命题）的意义。我们没有否认它们的单独意义的必要。但对罗素来说，问题就不同了。他所说的主项不是主词所表示的概念，而是主词所指示的指示物；这个指示物不存在，主项就不存在了，主项不存在，命题也就不成其为命题，因而就不存在了。

（二）关于"存在"问题

"存在"问题与摹状词理论有密切联系，金岳霖对罗素关于"存在"观点的批评可概括为以下三点。

1. 按辩证唯物主义观点，客观现实世界就是物质的不断运动。物质运动的根本形式就是时间与空间。存在就是物质运动在时空两个根本形式上的集中表现。因此，存在也是极其根本的事实。物质不可能不运动，它的运动也不可能不表现在时间空间两个根本形式上。时空是可以分位置的，表现在时空这两个根本形式上的存在也就表现在时空位置上。因此，占时空位置，也就成为存在的根本标志。但是，占时空位置并不都是官感得到的。看得见摸得着，是占时空位置的充分条件，也是存在的充分条件，但不是必要条件。由于科学的不断发展和深入，研究的对象越来越超出官感的范围。我们需要一个补充条件，使得我们能够间接地利用官感得到这一充分的条件，这个补充条件就是科学命题的正确性。一个科学命题正确，就表示它所肯定的对象是存在的。电子我们官感不到，但是，"有电子"这一科学命题是正确的。官感得到是客观事物存在的主要标志或标准，正确的科学命题之所肯定是次要的标志或标准。这是因为证明、证实总是要回到感性认识，而最后总是要回到实践上去的。

罗素的存在论，正是以正确的命题之所肯定这一标志或标准为主要标准的存在论。这样的存在论，是缩小官感世界和官感经验的作用的，是要利用对微观世界的知识来为形而上学的主观唯心论的哲学服务的。罗素的所谓存在不是占时空位置的。否认存在的标志或标准是占时空位置，当然也就否认了官感经验中看得见、摸得着等的标准。

2. 金岳霖认为存在命题"×××存在"或"×××是存在的"中的存在不能看作性质。他的理由是，存在是有无性质的先行条件，这一条件不满足，性质无从谈起，谈不存在的事物的性质，所谈的是悬空的性质。金岳霖指出，上帝存在的本体论论证是把"存在"当性质：上帝有完全这一性质，而完全又有存在这一性质，这样一来，单靠定义上帝就存在了。

金岳霖认为，罗素有化存在为性质的倾向。这一倾向是最终会被宗教迷信和各种蒙昧主义利用的。作为辩证唯物主义者，要坚持物质是独立存在的，客观事物是有体的，它的存在是占时空位置的，它的性质与关系是个别与一般相结合的。相反，罗素是要取消物质的独立存在性的，他是要取消事物的体的。罗素取消个别的企图和极力化时空位置为性质是紧密地结合着的。他是在想方设法让一般吞掉个别，让共相世界无限制地扩大，使哲学家能够随心所欲地用自由定义把迷信的东西捏造出来。

3. 金岳霖不同意罗素"存在是对于命题函项说的"这个观点。他认为，罗素没有把个别事物的存在问题撇开。他分析说，罗素的意思是：说一张桌子存在，实在是说"有 x，而 x 是桌子"是真的。"x 是桌子"中的 x，是一个变项，如果这个变项的值是 c，而 c 又实在是一张桌子，x 是桌子这一命题函项就成为上述那个真的命题了。金岳霖提出问题说，x 的可能的值 x_1，x_2，x_3…当中究竟有没有方才所说的那个 c 呢？x_1，x_2，x_3…是不是看得见或摸得着呢？它们占时空位置不占时空位置呢？他接着指出，罗素根本不要求它们占时空位置，怕这样的要求会使"上帝"吃亏。x 的可能的值（x_1，x_2，x_3 等），就不一定真正的存在了。即使都存在，有没有 c 那样的值呢？这最后还是靠耳闻目睹。事实上个别事物的存在问题是撇不开的。既然如此，我们就要如实地反映它。罗素正是在理论上把它撇开了。罗素这样做的目的是要把具体的问题转化为抽象的问题，他要把个别与一般相结合的存在问题偷换成为单纯的一般的存在问题，他要把认识论中的存在问题偷换成为他所搞的逻辑或数学中的存在问题。这就便于他搞认识论中的演绎系统了。他把文法上的主词转化为逻辑上的谓词，本来文法上的主词是表示具体的事物的，使人直接想到具体的个别事物的存在，可是经过罗素的转化，原来的具体的个别事物的存在问题就偷换成为命题的真假问题了。这是为他的中立一元论服务的，为他的认识论演绎系统服务的。这个办法是用形而上学的方法去建立形而上学的哲学系统。在罗素的形而上学哲学系统中，他抹杀官感世界和官感世界的经验中的客观事物的存在问题，抹杀社会实践的检验的问题，抹杀感性认识所供给的根据、出发点或前提的问题。

五　评金岳霖对罗素摹状词理论的批评

（一）关于摹状词的意义问题

1. 我们在上文"专名与摹状词的指称及意义问题"中指出，一方面，罗素认为摹状词（如"《威弗莱》的作者"）是一个复合的符号，构成这个词组的部分是符号，且有它们自己的意义，在整个词组中，它们的意义完全保留，摹状词的意义就是从这些意义而来。摹状词的意义是确定的，不存在任何任意的或约定的东西。① 这就是说，摹状词有单独的意义。另一方面，罗素又说，摹状词（如"《威弗莱》的作者"）同专名（如"司各脱"）不一样，专名必指某个东西，这东西就是它的意义，不指任何东西的专名是一个无意义的符号；但是，摹状词不必指某一个体，它可

---

① 参看《数理哲学导论》，第 165—168 页；《逻辑与知识》，第 275—307 页。

以无所指，单独拿来完全不指任何东西。"《威弗莱》的作者"这类摹状词在"单独拿来完全不指任何东西"的意义上"单独用的时候完全不具有意义"，当在命题中正确使用它时，这些命题不包含对应于它的成分，摹状词被拆散并消失了，这就是说，摹状词具有"使用中的意义"。

金岳霖没有区分以上所说的两个方面，认为罗素否定摹状词单独有意义，这是不恰当的。但是，金岳霖对摹状词单独有意义的论证是正确的，同罗素的论证是一致的。此外，金岳霖还认为摹状词单独有所指，即使所指示的东西不存在；认为意义和所指没有固有的混淆，批评了罗素借口意义和所指容易混淆而否认摹状词单独有意义的说法。金岳霖的这些观点，我们是同意的，只是他并未指出摹状词的所指是什么，我们在上文已经做了说明。

2. 金岳霖对罗素的第二点批评，即罗素把事物或对象看成是命题的内容问题，需要进行分析。罗素的摹状词理论的一个功绩是解决了非实体的存在怪论等三大难题，罗素的创造性的关键在于区分一个命题的文法形式与潜在的逻辑结构，将摹状词变为谓词，加以消解；这就解决了金岳霖提出的"一个不存在的国王怎么可以是命题的组成部分呢？他怎么可以成为命题的主项呢？"罗素明确地指出，这些虚构的实体表面上看是一个命题文法上的主词，但是经过摹状词的分析就消去了。因此，金岳霖对罗素的第二点批评是不成立的。

（二）关于"存在"问题

1. 罗素认为"存在"不等同于"占时空位置"，这是正确的；金岳霖把存在等同于"占时空位置"，这是值得商榷的。我们认为，金岳霖所说的存在指的是物质存在。物质存在的基本形式就是时间和空间。但是，在现实中，不但存在着物质，而且也存在着思想、精神，存在着罗素所说的意象、幻象和共相。物质是第一性的，精神是第二性的，精神是对物质的反映，本身不是物质，但不能说精神是不存在的。罗素认为，精神的存在是不占时空位置的，同时他也承认"世界上所有的事物都存在"。罗素的看法并没有什么错误。马克思主义哲学认为，绝不能把物质或物质性等同于存在或存在性。恩格斯在批判杜林的"世界的统一性在于存在"时就阐明了这一点。

由上所说，我们不能同意金岳霖把存在等同于"占时空位置"的观点，因此也就不能同意金岳霖对罗素的第一点批评。

2. 金岳霖认为，存在不是性质，我们同意这种看法。上文指出，这一看法可以追溯到康德、弗雷格和恩格斯。

金岳霖认为，罗素有化存在为性质的倾向。这是我们不能同意的。罗素实际上发展了康德、弗雷格和恩格斯的思想，明确指出，说"个体存在"是无意义的，存在不是个体的性质，也就是说，"存在"不是个体名称的谓词。他的创新在于，把"存在"作为命题函项的谓词，具体地说，就是作为摹状词或类词的谓词，并且分析了摹状词存在或类词存在的涵义，使人们对"存在"一词的精确涵义有了清晰的认识，这在哲学史上和逻辑史上都是重大的成就。按罗素的分析，在"上帝存在"中，如果"上帝"是一个名称，则是无意义的，而如果"上帝"是一个摹状词，则是有意义的。笔者认为，这种分析是精辟的。"上帝"作为一个摹状词或者说概念，是存在的，这是一种精神的存在，我们不能否认。基督教徒都承认"上帝存在"，要否认也是否认不了的。由上所说，金岳霖说罗素有化存在为性质的倾向，这是没有根据的。

金岳霖又认为，罗素取消个别的企图和极力化时空位置为性质是紧密地结合着的。首先，我们要说，罗素不赞成存在是个体的性质，并不等于取消个别。他明确指出，个体的摹状词可以存在，也明确承认"某一类事物的某个事物"。其次，金岳霖认为占时空位置与存在等同，由于存在不是性质，因此占时空位置也不是性质。那么，"占时空位置"是什么呢？按金岳霖的说法，它是存在的根本标志。实际上，说"物质事物存在的根本标志是占时空位置"，等于说"物质事物是占时空位置的"。这里，"占时空位置"显然是一个谓词，表示一个性质。罗素提出，"有些事物不在时间之中"，例如，意象、幻象和共相就不在时间之中。他把"在时间之中"看成一个谓词，这是正确的，无所谓"化占时空位置为性质"的问题。因此，金岳霖批评罗素"让一般吞掉个别，让共相世界无限制地扩大，使哲学家能够随心所欲地用自由定义把迷信的东西捏造出来"，这是不能令人信服的，因为，意象、幻象和共相这些东西本来就存在着，它们都是精神的存在。金岳霖否定精神的存在，把主张有精神存在的罗素说成是"宗教迷信""蒙昧主义""唯心主义""形而上学"等，是根本不能成立的。

3. 金岳霖一方面主张存在不是一种性质，同时又主张个别事物的存在，这实际上是把存在作为个别事物的性质或个别事物名称的谓词，这两种主张是自相矛盾的。金岳霖认为，罗素对命题函项存在的分析没有把个别事物的存在问题撇开，极力主张用"占时空位置"和"耳闻目睹"来论证个别事物的存在。我们认为，说个别事物存在，是没有什么意义的（罗素认为根本无意义），只能说"摹状词存在"或者说"存在是命题函项的一个谓词，或者在派生的意义上是一个类的谓词"①，但这并不等于不承认个别事物，这是两个问题，金岳霖把它们混为一谈，并以此给罗素戴上了许多"帽子"："把具体的问题转化为抽象的问题"，"把个别与一般相结合的存在问题偷换成为单纯的一般的存在问题"，"把认识论中的存在问题偷换成为逻辑或数学中的存在问题"，"把原来的具体的个别事物的存在问题偷换成为命题的真假问题"，"这是用形而上学的方法去建立形而上学的哲学系统"，

---

① 参看罗素《逻辑与知识》，商务印书馆 1996 年版，第 281 页。

"抹杀官感世界中的客观事物的存在问题"，如此等等。在这些"帽子"中，有些提法就不正确，如"个别事物存在"，有些是不实的，如"抹杀客观事物的存在"。我们认为，这些"帽子"完全不能适用于罗素。

第三节　摹状词理论的发展

一　斯特劳森与唐奈兰对罗素的摹状词理论的质疑

（一）斯特劳森的《论指称》

斯特劳森（P. F. Strawson）在 1950 年的《论指称》中，对罗素的摹状词理论提出了质疑。他区别语句、语句的使用（use）和语句的表达（utterance）三者，并相应地区别语词、语词的使用和语词的表达三者。例如，"法国国王是贤明的"这个语句，如果一个人在路易十四当政时期说出它，而另一个人在路易十五当政时期说出它，那么我们可以自然地认为这两个人分别谈到不同的人：第一个人使用这个语句做出了一个真论断，而第二个人使用这个语句做出了一个假论断；每个人对同一个语句作了不同的使用。另外，如果这两个不同的人在路易十四当政时期同时说出这个语句，那么我们可以自然地认为他们两人都在谈论着同一个人，并且他们两人在使用这个语句时，要么做出了一个真论断，要么做出了一个假论断；他们对这同一个语句作了相同的使用，但是对同一个语句做出了不同的表达。斯特劳森说："无论是在这个语句的情况下，还是在其他许多语句的情况下，显然，我们都不可能谈到语句本身的真或假，而只能谈到使用语句作了一个真论断或假论断，或者说（如果这种说法更可取的话）使用语句表示了一个真命题或假命题，并且同样明显的是，我们不能说语句论述某一个特定的人物（因为，同一个语句在不同时间可以用来谈论完全不同的特定人物），而只能说对语句进行一种使用来谈论某个特定人物。"① 他又说："在你使用语句谈论某个特定人物的过程中，你使用语词去提到（mention）或指称（refer to）某个特定人物。……'提到'或'指称'并不是语词本身所作的事情，而是人们能够用语词去作的事情。提到某个东西或指称某个东西，是语词的使用的特征，正如'论述'某个东西与或真或假是语句的使用的特征。"②

斯特劳森认为罗素的第一个错误是没有做出上述区分，混淆了语句或语词的意义同指称。斯特劳森说："意义（至少就一种重要的涵义来说）是语句或语词的一种功能，而提到和指称，真或假则是语句的使用或语词的使用的功能。……语词的意义不可能等同于该语词在特定场合下所指称的对象。语句的意义不可能等同于该语句在特定场合下所作出的论断。因为，谈论一个语词或语句的意义，不是谈论它在特定场合下的使用，而是谈论在所有场合下正确地把它用于指称或者断定某某事物时所遵循的那些规则、习惯和约定，所以，一个语句或语词是否有意义的问题，与在某一特定场合下所说出的该语句是否在那个场合下被用来作出一个或真或假的论断的问题，或与该语词是否在那个特定场合下被用来指称或提到某物的问题毫无关系。"③

斯特劳森认为，罗素的第二个错误是认为含有摹状词的语句是或真或假的。斯特劳森说："在'蕴涵'（imply）的某种涵义上，可以说，'法国国王（the King of France）是贤明的'蕴涵'有法国国王'。但这是'蕴涵'的一种非常特殊和奇特的涵义（按：这是假定或预设之意）。在这种特殊涵义上，'蕴涵'无疑不同于一般涵义上的'衍推'（entails）（或'逻辑蕴涵'[logi-

① 马蒂尼奇编：《语言哲学》，牟博、杨音莱、韩林合等译，商务印书馆 1998 年版，第 422 页。
② 马蒂尼奇编：《语言哲学》，商务印书馆 1998 年版，第 422 页。
③ 马蒂尼奇编：《语言哲学》，商务印书馆 1998 年版，第 423—424 页。

cally imply]）。其根据在于下述事实：当我们说（正如我们所应该说的那样）'没有法国国王'以此作为对他的陈述的回答时，我们确实不该说我们正在反驳'法国国王是贤明的'这个陈述。无疑，我们并没有说这个陈述是假的。我们倒是提出了一条理由来说服这个陈述或真或假的问题根本就没出现。"① 斯特劳森认为，"法国国王是贤明的"这个语句无疑是有意义的，但并不意味这个语句的任何特定使用是真的或是假的。在事实上没有通过使用"法国国王"这个词组提到任何人的情况下说出"法国国王是贤明的"这个语句时，这个语句并非不具有意义，我们本没有说出具有真值的事情，因为我们本没有通过对那个完全有意义的词组的这种特定使用去提到任何人。斯特劳森把这看成是语句或语词的虚假使用。

　　斯特劳森认为，罗素的第三个错误是把"假定（预设）"和"断定"混为一谈。在"法国国王是贤明的"这个语句中，罗素认为它断定了"目前存在着一个且仅存在一个法国国王"。斯特劳森指出，就蕴涵的某种涵义"法国国王"（the King of France）这样的语词蕴涵有一个法国国王；斯特劳森说："一个人使用这样的语词时，他并非断定、他所说的话也并非衍推一个唯一存在性命题。可是，定冠词'the'的约定性功能之一就是起一个信号的作用，表明正在做出一个唯一性指称，也就是说，它是一个信号，而不是一个伪装的论断。当我们用'该如此这般的东西'（the such–and–such）作为一个语句的开头时，'the'的使用就表明（而不是述说），我们正在指称，或打算指称属于'该如此这般的东西'这一类的一个特定个体。至于指称哪一个特定个体，则是由语境、时间、地点以及表述这个语句时的境况所具有的其他任何特征所确定的事情。现在，无论一个人何时使用什么样的语词，

---

① 马蒂尼奇编：《语言哲学》，商务印书馆1998年版，第427页。

都要假定，他正在正确地使用该语词：因此，当他以一种唯一指称方式来使用'该如此这般的东西'这个语词时，就要假定，他既认为存在着那一类的某个个体，又认为使用该语词的语境会足以确定他心目中所指的是哪一个个体。"① "指称或提到某个特定事物这一点不可能被分解为任何一种断定。指称不等于断定，尽管你做出指称是为了继续去做出断定。"② 斯特劳森严格区别了以下两者：

1. 使用一个语词去做出唯一性指称，即包含着被用来表示、提到或指称某个特定的人或物的语词的语句；

2. 断定有一个且仅有一个具有某些特性的个体，即唯一存在性语句。

斯特劳森指出，罗素所做的工作，是不断地把第一类中越来越多的语句归入第二类中的语句，因而，就使他自己陷入有关逻辑主词和有关一般地对个体变项赋值的无法克服的困境当中；把他引导到在逻辑上是"灾难性的名称理论"。斯特劳森指的是以"这""那""我"等为内容的"逻辑专名"理论。例如，我伸出双手，小心翼翼地做出杯形，然后捧向某人，随着这些动作，我说："这（this）是一个很好看的红颜色的东西。"那个人向我手中看去，结果什么东西也没有看见，这时他可能会说："什么？你说的是什么？"或者他也许会说："可是你手中没有任何东西。"那人说的"你手中没有任何东西"，并不是否认或反驳我所说的话。"因此，就罗素所赋予的涵义来说，'这'并不是一个伪装的摹状词，它也不是一个逻辑专名。因为一个人为了以那种方式对上述语句的表达做出反应，就必须知道该语句的含意。恰恰因为'这'这个词的意义独立于任何它可能被用来指称的特定东西（尽管它不独立于它可能被用来指称的方式），因此正如本例所示，

---

① 马蒂尼奇编：《语言哲学》，商务印书馆1998年版，第428—429页。

② 马蒂尼奇编：《语言哲学》，商务印书馆1998年版，第430页。

我能用它来假装正在指称某物。"①

斯特劳森还提出了语词的"指称使用"和"归属使用"以及"语境要求","为了做到语词的正确指称使用（就这种使用对正确的归属性使用不适用的涵义来说），要求可以或多或少加以精确陈述的语境条件得到实现。为了把语词在其归属性使用中正确地应用于某一事物，所要求的不过就是，该事物应该属于某一种类、具有某些特性。而为了把语词在其指称性使用中正确地应用于某一事物所要求的则是，超出从该语词可能具有的那种归属性意义中产生的任何要求之外的某种东西；也就是说，语词所指称的事物应该处在同说话者和表达的语境的某种关系之中。"②

（二）唐奈兰的《指称与限定摹状词》

唐奈兰（Keith Donnellan）实际上发展了斯特劳森关于语词的"指称使用"和"归属使用"的观点，提出了摹状词的两种功能——归属性使用和指称性使用。一方面"在一个论断里以归属方式使用一个限定摹状词的说话者，述说凡是如此这般的（适合该摹状词的）人或东西的某件事情。另一方面，在一个论断里以指称方式使用一个限定摹状词的说话者，使用该摹状词以便使其听着能够辨认出他在谈论的是谁或什么东西，并且，这个说话者述说有关那个人或那个东西的某件事情。在第一种情形下，限定摹状词的出现可以说是必不可少的，因为说话者想要断定有关凡是适合那个摹状词的东西或人的某种事情；而在指称性用法中，限定摹状词仅仅是用来完成某一任务的工具（引起对一个人或一个东西的注意），并且，一般说来，也可以用其他的指称手段（另外一个摹状词或一个名称）来完成同样的任务。在归属性用法中，把限定摹状词所描述的如此这般的性状进行归属是至关重要的，

---

① 马蒂尼奇编：《语言哲学》，商务印书馆1998年版，第430—431页。
② 马蒂尼奇编：《语言哲学》，商务印书馆1998年版，第435页。

而在指称性用法中则并非如此。"①

　　例如，考虑"杀害史密斯的凶手是丧心病狂的"这个语句。首先假定，我们碰到不幸的史密斯被卑鄙地杀害了。由于杀害的方式很残忍以及史密斯生前很讨人喜欢这样的事实，我们可能会惊呼"杀害史密斯的凶手是丧心病狂的"。假定我们不知道谁杀害了史密斯，但通过摹状词"杀害史密斯的凶手"的涵义来确定具有相应属性的那个东西，这就是归属性用法。

　　在另一种境况中，假定琼斯被控告为杀害史密斯的凶手并因此而受审。我们可以想象有一场关于琼斯在受审时的奇特行为的讨论。我们也许会用"杀害史密斯的凶手是丧心病狂的"这一说法来总结我们对琼斯的行为的印象。如果某人询问我们使用摹状词"杀害史密斯的凶手"在指称谁，我们回答说是"琼斯"。这就是指称性用法。

　　上述两种对"杀害史密斯的凶手"的用法都预设有一个凶手，如果预设为假，两种用法就有不同的后果。在第一种情形下，如果没有凶手，那么就没有这样一个人，我们能够把丧心病狂归于他；在第二种情形下，即使没有人适合我们所使用的摹状词，我们仍可以指称"琼斯"。

　　再如，我们考虑一位说话者关于他所指称的那个人所说的"她的丈夫对她很亲热"这句话，假定那个人不是那位女士的丈夫。我们必须判定，在使用"她的丈夫"这个摹状词时是以归属方式还是以指称方式使用它。如果我们是以归属方式使用它，那么我们便对那个说话者的陈述做了错误的传达；如果是以指称方式使用它，那么我们便在指称某个人并把那个说话者的话传达为对那个人断定了某件事情。这就是说，当一个说话者以指称方式使用一个摹状词时，即使没有任何东西适合那个摹状词，那个说

――――――――――

　　①　马蒂尼奇编：《语言哲学》，商务印书馆1998年版，第451页。

话者也可能陈述了某件具有真值的事情。

唐奈兰总结说："形如'该 φ 是 ψ'的语句具有两种用法。在第一种用法中，若没有任何东西是该 φ，则没有任何东西被说成是 ψ；在第二种用法中，没有任何东西是该 φ 这一事实并不具有这种后果。"[①]

唐奈兰认为，罗素的摹状词理论仅适用于归属性用法。根据罗素的理论，从"该 φ 是 ψ"中可以得出"存在一个且仅有一个 φ"，这对于指称性用法不成立。

唐奈兰指出，斯特劳森的理论没有区分摹状词的归属性使用和指称性使用，主要包括以下三个命题：

1. 如果某人断定该 φ 是 ψ，那么，在没有 φ 的情况下，他既没有做出一个真的陈述，也没有做出一个假的陈述；

2. 如果没有 φ，那么，说话者便没有指称任何东西；

3. 某人没有说出具有真值的话的理由在于：他没有进行指称。

唐奈兰认为，命题 1 对归属性使用成立，但对指称性使用不成立，在没有 φ 的情况下，完全有可能说出了某件真的事情。命题 2 是假的。命题 3 没有解释在没有任何东西适合一个摹状词的情况下，为什么对摹状词进行归属性使用的说话者没有说出具有真值的话。命题 3 提出了一个关于指称性用法的问题。唐奈兰说："我并非仅仅因为听者没有正确地辨认出我所指称的东西便没有进行指称。即使我对之讲话的人没有辨认出适合'饮马丁尼酒的那个人'这一摹状词的恰当的人或者任何一个人，当我使用那个摹状词时我也在指称某个特定的人。正如我们已强调过的那样，我也并非当没有任何东西适合那个摹状词时便没有进行指称。但是，或许在某些极端的情况下我没有进行指称，比如在这样一种情况下：没有我打算将其辨认为我的指称对象的任何东西。"[②]

---

① 马蒂尼奇编：《语言哲学》，商务印书馆 1998 年版，第 453 页。

② 马蒂尼奇编：《语言哲学》，商务印书馆 1998 年版，第 462 页。

（三）评论

1. 斯特劳森和唐奈兰的共同之处是，都承认专名和摹状词的区别，都承认专名和摹状词有指称作用，无须像罗素那样把摹状词谓词化，然后加以消去。斯特劳森提出使用摹状词的"语境要求"，唐奈兰提出摹状词的"不同的使用场合"，实际上也提出了这个要求。这些成果对后来克里普克的名称和指示词理论具有重要作用。

2. 斯特劳森揭示了罗素的摹状词理论的缺点，从日常语言出发，确立了专名和摹状词的指称作用，采用传统逻辑预设主词存在的原则，当主词无所指称时，整个命题无真假。斯特劳森的这些观点对在日常语言中正确地分析专名和摹状词具有应用价值。

3. 罗素的摹状词理论并不是唐奈兰所批判的对摹状词的"归属性使用"。罗素是把作为主词的摹状词变为谓词，并将摹状词进行分解从而消去。所以，唐奈兰的理论并没有否定罗素的理论。克里普克在《说话者指称与语义性指称》这篇著名论文中认为，唐奈兰的两分法很成问题。首先，以"她的丈夫对她很亲热"这句话为例，假如我们说："琼斯说过她的丈夫对她很亲热"，我们本人就必须要么以归属方式、要么以指称方式使用"她的丈夫"这个摹状词；但是，在这个间接引语中的一个限定摹状词既不是指称性也不是归属性的。其次，无论是以归属方式还是以指称方式使用那个摹状词，包含这个摹状词的语句都具有相同的语法结构，在语形上和语义上都不是两可的，对它只能有一种分析。①

4. 唐奈兰对摹状词两种使用的区分为克里普克的"说话者指称与语义性指称"奠定了基础。克里普克说："在某种给定的个人语言中，一个（不带索引词的）指示词的语义所指，是说话者所具有的一种在使用该指示词时用以指称某个对象的一般意向所给

---

① 参看马蒂尼奇编《语言哲学》，商务印书馆 1998 年版，第 487—488 页。

出的。说话者所指则是由说话者（在某个给定场合）用以指称某个对象的特殊意向所给出的。如果说话者相信他在某个场合下想要谈论的对象满足成为语义所指的条件，那么，他也就相信在他的一般意向与特殊意向之间没有矛盾。我的假定是，应当以此为根据来推广唐奈兰的关于指称性使用与归属性使用的区别。"① 克里普克指出，在一种"简单"情况下（相当于唐奈兰的"归属性使用"），说话者的特殊意向就是要指称语义所指，这就是说，他的特殊意向确实就是他的一般语义意向；例如，他把"琼斯"用作琼斯的名字，确实想要用"琼斯"指称琼斯。在一种"复杂"情况下（相当于唐奈兰的"指称性使用"），说话者具有一种不同于其一般意向的特殊意向，但他相信，这种特殊意向实际上所确定的对象同于他的一般意向所确定的对象；例如，他想要指称"在那边儿"的那个人，但他相信他确实就是琼斯。在简单情况下，说话者所指就是语义所指；在复杂情况下，这两种所指可能会一致（如果说话者的信念是正确的），但两者并非必须一致（"在那边儿"的那个人可能是史密斯而不是琼斯）。

二　专名的簇摹状词理论

在弗雷格和罗素的"专名的摹状词理论"之后，发展起来的有维特根斯坦和塞尔的理论。维特根斯坦（L. Wittgenstein）和塞尔（J. Searle）同弗雷格—罗素的理论有所不同。弗雷格和罗素认为专名是某一个摹状词的缩写，这一观点是比较明确的；但是，他们也暗含着一个看法：专名的涵义是一簇摹状词，例如，"亚里士多德"的涵义就是"柏拉图的学生""亚历山大大帝的老师""生于斯塔吉拉的、亚历山大大帝的老师"等，"苏格拉底"的涵义就是"柏拉图的老师""饮了毒酒的哲学家"和"逻辑学家断

---

① 马蒂尼奇编：《语言哲学》，商务印书馆 1998 年版，第 493 页。

定为有死的那个人"等。这种看法在弗雷格和罗素的论述中是不明确的。

维特根斯坦是首先提出簇摹状词理论的哲学家,他说:"请你考虑下面这个例子。如果有人说:'摩西并不存在',那么这可能意指各种不同的事。它可能意味着:以色列人在迁出埃及时并不是有一个领袖;——或者:他们的领袖不叫摩西;——或者:不可能有过一个完成了圣经归于摩西的一切业绩的人——或者:如此等等。——我们可能会追随罗素说:'摩西'这个名称可以通过各种各样的摹状词来定义。例如,'那个带领以色列人穿越旷野的人'、'那个生活在该时该地并在那时被叫做"摩西"的人'、'那个在孩提时由法第的女儿从尼罗河中抱起的人',等等。按照我们采用这个或那个定义,'摩西不存在'这个命题就获得不同的意思;有关摩西的其他每个命题也是如此。——如果有人告诉我们'N不存在',我们便要问:'你的意思是什么?你是不是想要说……或者……等等。'但是,当我作出一个关于摩西的陈述时,——我是否总是用这些摹状词中的某一个来代替'摩西'?我也许会说:我所理解的摩西就是那个做了圣经中归于摩西的那些事的人,或至少是做了其中很大一部分事的人。"①

有的逻辑学者认为,维特根斯坦只主张专名的涵义是一簇摹状词的全部。这种看法不符合上述引文,维特根斯坦是说,专名的涵义是一簇摹状词的全部或其中很大一部分。维特根斯坦指出,一个专名并没有固定的意义,这一点不会损害专名的使用,正如一张桌子站在四条腿上而不是站在三条腿上并因此而有时要摇摇晃晃这一点也不会损害桌子的用途一样。

塞尔在《专名》中修改了维特根斯坦的观点,认为一个专名的指称对象是由一簇摹状词来确定的,也就是满足了该簇摹状词

---

① 维特根斯坦:《哲学研究》,李步楼译,商务印书馆1996年版,第55—56页。

中的充分多的摹状词的那个东西。塞尔进一步指出："对同一论点换用一种不同的方式来表述便是，假定我们问道，'我们为什么果真具有专名？'显然是要指称个体。'但是摹状词也能为我们起到那种作用。'可是，这只有以每当作出指称时便要详细说明同一条件为代价才能办到，这也就是说，假定我们同意不说'亚里士多德'而使用（譬如说）'亚历山大的老师'，那么，被指称的那个人就是亚历山大的老师这一点便是一个必然真理——但是，亚里士多德曾执教这一点是一个偶然事实（不过我提议，亚里士多德具有通常归之于他的那些特性的逻辑和［可兼析取］，这也就是说，任何不至少具有其中某些特性的个体不可能是亚里士多德，这是一个必然的事实）。"①

综上所说，维特根斯坦和塞尔都认为，专名的涵义不是某一个摹状词，而是一簇摹状词。维特根斯坦主张，专名的涵义是一簇摹状词中的全部或者部分，也就是一簇摹状词的合取或析取；塞尔则主张，专名的涵义只是一簇摹状词中的部分，也就是一簇摹状词的析取。他们的理论在文献中被称为"专名的簇摹状词理论"。

三 克里普克的指示词理论

在论述克里普克（Saul Kripke）的理论之前，有必要介绍历史上盛行的另外两种理论。

（一）密尔的专名论

密尔（J. S. Mill）在《逻辑体系》一书中提出了一个著名的理论，即认为通名具有所指，也有涵义；专名只有所指而没有涵义。他举例说，我们用"达特茅斯"（"Dartmouth"，字义是"达特河口"）这个名称去称呼英格兰的某一个地方，是因为它位于达

---

① 塞尔：《专名》，载《语言哲学》，商务印书馆 1998 年版，第 527 页。

特河的河口。但是，如果达特河改变了它的流向，使达特茅斯不再位于达特河的河口，那么我们仍然可以正当地称这个地方为"达特茅斯"，即使这个名称使人联想到它位于达特河的河口。这就表明，位于达特河的河口并不是"达特茅斯"这个名称的涵义，说达特茅斯并不位于达特河河口的人并不自相矛盾。[①] 按照密尔的专名论，专名虽然有字源或字面的意思，但这绝不是专名的涵义。专名只指称事物，不带有关于那个事物的描述。

（二）齐夫的指称论

齐夫（Paul Ziff）认为，专名没有涵义，但关于事物的专名用实指和命名的方法来确定指称，对历史人物的专名用一簇有联系的摹状词来确定指称。这种理论可称为"簇摹状词的单纯指称论"。这是一种混合的理论。

（三）克里普克对上述几种理论的评论

以上所说的罗素和弗雷格的理论、维特根斯坦和塞尔的理论以及齐夫的理论有一个共同点，即涵义决定所指。克里普克肯定了专名没有涵义的观点，吸收了专名和摹状词的指称理论，对专名的摹状词理论和簇摹状词理论以及指称论持否定态度，他对专名的摹状词理论与簇摹状词理论的反驳本质上是采取同样的方法。现将他的评论综合成以下几点：

1. 专名不是同某个或一簇摹状词同义的

克里普克认为，常常有这样的情形：一个专名的所指（这个专名所命名的人）不满足通常与之联系在一起的那些摹状词，而是另外某个人满足那些摹状词。例如，"哥德尔"这个名字可能被认为意指"证明了算术不完全性的那个人"；但是，克里普克强调说，他现在想要做一个明显错误的假定，并谨慎地补充说："我希望哥德尔教授现在不在这里。"这个假定如下：假如哥德尔是一个

---

① Mill, J. S., *A System of Logic*, 1919, London, p. 20.

骗子，他根本就没有证明过什么数学定理，挂在他名下的研究成果是他从一个名叫"施密特"的、不为后人所知的人那里剽窃来的，那么，"哥德尔"这个名字也会指称那个骗子，而不是指称真正满足那个摹状词的人。[①] 克里普克在《说话者指称与语义性指称》中说："某人能够把作为指称性摹状词的'证明了算术不完全性的那个人'用来指称哥德尔；例如，某个忘记哥德尔的名字的人可能就会这样来使用。可是，倘若假设的那场骗局被识破，那个摹状词便不再能用作指称哥德尔的手段，从此之后，它只能被用来指称施密特。我们便会撤回先前使用那个摹状词来指称哥德尔的任何论断（除非这些论断对施密特也成立）。但我们不会以类似方式撤回'哥德尔'这个名字，甚至在发现这是一场骗局之后也是如此；'哥德尔'这个名字仍会被用来命名哥德尔，而不是命名施密特。因此，名称与摹状词并不是同义的。"[②]

我们可以用克里普克的同样方法来反驳"专名与一簇摹状词同义"的理论，"亚历山大大帝的老师并且（或者）形式逻辑的创始人并且（或者）生在斯塔吉拉的大哲学家并且（或者）……"这一簇摹状词绝不是专名"亚里士多德"的涵义。

克里普克区分了语义性指称和说话者指称。如果一个说话者在其个人言语中有一个指示词，那么这种言语中的某些约定便确定出在这种个人言语中的所指，这称为该指示词的语义所指。一个指示词的说话者所指是说话者想要谈论并且自认为它满足该指示词的语义所指而应具备的条件的那个对象。根据这种区分，倘若施密特发现了算术的不完全性，而说话者本以为发现算术不完全性的是哥德尔，对"发现算术不完全性的人"这个摹状词的复

---

① 参看克里普克《命名与必然性》，梅文译，上海译文出版社 1988 年版，第 85—86 页；《说话者指称与语义性指称》，载《语言哲学》，商务印书馆 1998 年版，第 485 页。

② 《语言哲学》，商务印书馆 1998 年版，第 486 页。

杂使用（"指称性使用"）便使该摹状词在语义上指称施密特，而说话者所指则是哥德尔。一旦说话者知道事实真相，此后说话者所指就是施密特，这样，说话者所指与语义所指就会恰好相合，而说话者不再用那个摹状词来指称哥德尔。另外，"哥德尔"这个名字的语义所指是哥德尔，这个名字在人们对之有正确知识的情况下始终适用于哥德尔。

2. 与专名相连的各个摹状词，是对个体的特有性质的描述，而这些特有性质一般都是偶然的性质

如果"亚里士多德"这个专名是单个摹状词"亚历山大大帝的老师"的缩写，那么"亚里士多德是亚历山大大帝的老师"这句话就仅仅是同语反复，或者说，是一个必然真理。但其实不然，它表达的那个亚里士多德曾经教过亚历山大大帝的事实是某种可能被我们发现是不真实的事情。因此，"亚历山大大帝的老师"不可能是"亚里士多德"这个专名的涵义。簇摹状词能不能构成专名的涵义呢？也不行。克里普克在反驳塞尔的"亚里士多德具有通常归之于他的那些特性的逻辑和（可兼析取），这是必然的"这个观点时，指出："情况并非如此。从必然性的任何直观的意义上来说，亚里士多德具有通常赋予他的种种特性这一点根本不是一条必然真理。……亚里士多德曾经做过今天通常归功于他的任何事情，作出任何我们如此钦佩的伟大成就，这似乎是一个偶然的事实。"① 克里普克认为，通常归之于亚里士多德的大多数事也许是亚里士多德根本没有做过。在一种他从未做过这些事的情况下，我们就会把它描述为是一种亚里士多德不曾做过这些事情的情况。不仅可以说，亚里士多德不曾从事过教育这一点对于叫亚里士多德的那个人来说是真的，而且当我们以下述方式使用"亚里士多德"这个词时也是真的：尽管设想了一种亚里士多德不曾

---

①　克里普克：《命名与必然性》，上海译文出版社 1988 年版，第 77 页。

涉足过任何这些领域，也没有获得任何通常归于他的那些成就的非真实情形，我们仍然会说，这就是一种亚里士多德未曾做过这些事的情形。克里普克强调说："不仅单个具备每种这样的特性，而且具备其中某些特性都只是一种有关亚里士多德的偶然事实。因此有关亚里士多德具有这些特性中某些特性的陈述是一条偶然真理。"①

3. 一个或一簇摹状词不能固定地确定专名的指称

克里普克对齐夫的理论提出了以下的质疑：如果有人说，"摩西不存在"意味着"没有一个人做过如此这般的事"，那么他事实上是根据关于"摩西"这个专名的簇摹状词的意义理论，而不是它的单纯指称理论。反过来说，如果"摩西"的意思与"那个做了如此这般事情的人"的意思相同，那么，说摩西不存在，也就是说，没有一个人做了如此这般的事情。另外，如果"摩西"不与任何摹状词同义，那么，即使它的指称在某种意义上是通过摹状词来决定的，一般说来，包含这个专名的陈述也不能通过用摹状词代替专名的方法加以分析。克里普克认为，如果"做过如此这般的事情"这个摹状词用来固定地确定"摩西"这个专名的所指，那么，"没有人做过如此这般的事情"就不是"摩西不存在"这句话的意思："因为我们可以说，如果我谈论一个非真实的情况，在这种情况下，确实没有人做过如此这般的事情，例如，率领犹太人走出埃及，那么，在这种情形下，是否我们就会得出摩西不存在的结论呢？看来并非如此。因为摩西确实可能刚刚决定在埃及的宫廷中更愉快地消遣他的时光。所以他可能根本不曾涉足政治和宗教；也许在那种情况下，根本没有人曾做过《圣经》所描述的那些归之于摩西的事情，这本身并不意味着，在这一个可能的世界中摩西不曾存在过。如果这样，那么，'摩西存在'这

———————

① 克里普克：《命名与必然性》，上海译文出版社 1988 年版，第 62—63 页。

句话就不意味着'对于某个摹状词来说存在和唯一性条件已得到满足'。归根结底，这里根本没有对单称存在陈述作任何分析。"①

再如，"1970年的美国总统"指示了某个特定的人，即尼克松；但是另一个人（如汉弗莱）有可能成为1970年的美国总统，尼克松可能不成为1970年的美国总统。这就是说，一个不是1970年美国总统的人有可能是1970年的美国总统（如汉弗莱就有可能如此）；但是绝没有一个不是尼克松的人可能成为尼克松。总之，按照克里普克的看法，一个摹状词或一簇摹状词不能固定地确定专名的指称。以上三点成为克里普克指示词理论的基础。

（四）固定指示词与非固定指示词

克里普克认为，把专名与代替它的摹状词（或簇摹状词）同义的观点是没有认识到专名是固定的（或严格的）指示词，摹状词是非固定的（或非严格的）指示词。克里普克说："如果一个指示词在每一个可能的世界中都指示同一个对象，我们就称之为严格的指示词。否则就称为非严格的或偶然的指示词。我们当然不要求对象在所有可能世界中存在。"② 专名是一个固定指示词，它在一切可能世界中都指称同一个对象。例如，在"尼克松是1970年的美国总统"这句话中，"尼克松"是一个专名，在一切可能世界中都指称尼克松这个人，一个不是尼克松的人不可能成为尼克松，即使在某个可能世界里，尼克松不是1970年的美国总统，他还是叫作"尼克松"。但是，摹状词却不同了，它是一个非固定指示词，上句话中的"1970年的美国总统"是一个摹状词，它在不同的可能世界里可以指称不同的人，例如在某一可能世界中指称汉弗莱，而不是指称尼克松，这就是说，一个不是1970年美国总统的人有可能是1970年的美国总统，因此，"1970年的美国总统"就是一个非固定的指示词。

---

① 克里普克：《命名与必然性》，上海译文出版社1988年版，第59页。
② 克里普克：《命名与必然性》，上海译文出版社1988年版，第49页。

关于"亚里士多德"和"亚历山大大帝的老师"的例子，也可作同样的分析。亚历山大大帝的老师可能没有教过亚历山大大帝，这说明"亚历山大大帝的老师"本身不是一个固定指示词。在某一可能世界中，亚里士多德不曾教过亚历山大大帝，但是他仍然叫作"亚里士多德"，一个不是亚里士多德的人绝不可能成为亚里士多德，这就是说，"亚里士多德"是一个固定指示词。在"9"与"行星的数目"，"启明星"（"Phosphorus"）和"晨星"（"the morning stay"），"长庚星"（"Hesperus"）和"昏星"（"the evening star"）等例子中，"9""启明星"和"长庚星"等是专名，是固定指示词；"行星的数目""晨星"和"昏星"是摹状词，是非固定指示词。

为什么专名是固定的指示词而摹状词是非固定的指示词呢？其根据就是我们在上面所概括的几点，集中到一点就是：专名本身没有涵义，摹状词有涵义，但不是专名的涵义。由于专名没有涵义，是一种"标签"，固定地指称同一个对象。摹状词是通过一个对象的性质来描述这个对象，但一般说来这些性质是偶然的，因此它在不同的可能世界中就不能固定地指称同一个对象。

这里，笔者对克里普克的指示词理论作如下的补充论证：

我们使用罗素的逻辑专名"这"在现实世界 w_1 和其他可能世界（比如 w_2）中指着一个人下实指定义，说："这是亚里士多德。"对这个实指定义，我们作如下解释：对一切可能世界 w 和 w 中的一切个体 x，x 是亚里士多德当且仅当 x 与现实世界 w_1 中是"这"的所指的那个个体具有相同的人的关系。在这样的解释下，"这"的所指不受那个量化的世界变元"w"的约束，这一所指属于现实世界 w_1，但是通过跨世界的"相同的人的关系"，实指定义中的"这"是固定的，因此，"亚里士多德"这个专名就是固定指示词。如果在现实世界 w_1 中确定某个人是亚里士多德，那么他在其他可能世界也都是亚里士多德，在可能世界 w_2 以及其他可能世界中，不可能出现一个不是亚里士多德的人成为亚里士多德。这是因为当我们在可能世界 w_2 中指着某个人说："这是亚里士多德"时，意思是说：在可能世界 w_2 中，x 是亚里士多德当且仅当 x 与现实世界 w_1 中是"这"的所指的那个人有相同的人的关系。专名是固定指示词也可作如下解释：

x 在任一可能世界 w 中是亚里士多德，当且仅当 x 与现实世界 w_1 中被称为"亚里士多德"的人具有相同的人的关系。

对于非固定指示词（以实指定义"这是亚历山大大帝的老师"为例）可作如下解释：

对一切可能世界 w 和 w 中的一切个体 x 而言，x 是亚历山大大帝的老师，当且仅当 x 与在 w 中是"这"的所指的那个个体具有相同的人的关系。

根据这样的解释，"这"在全称量词"对一切可能世界 w"的辖域中，因此，"这"的所指受这个量化的世界变元的约束。这样一来，"这"就不是固定的，从而，"亚历山大大帝的老师"也就不是固定的，要受可能世界的制约，在不同的可能世界可以指不同的人。在现实世界 w_1 中，"亚历山大大帝的老师"指称亚里士多德；在另外的可能世界 w_2 中，它不指称亚里士多德，而可以指称柏拉图。

我们也可以换一种说法，摹状词是与可能世界相关联的指示词，在不同的可能世界可以指称不同的对象，因而是一种非固定的指示词。也可以说，摹状词所确定的单元类是不同的。这里，笔者要提出一个新的观点，即在一种特殊情况下，摹状词描述了个体的本质，而本质是必然的，因而这种摹状词是固定的指示词，例如，在"月亮是地球的卫星"中，"月亮"是一个专名，"地球的卫星"是一个摹状词，它唯一地确定了一个单元类，描述了月亮的起源，在不同的可能世界指称同一个个体即月亮。

克里普克运用固定指示词与非固定指示词的理论分析了两个

固定指示词之间的同一性命题。他说："如果'a'和'b'是严格的（按：亦译为固定的）指示词，那就得出：如果'a＝b'是真的，它就是一条必然真理。如果'a'和'b'不是严格的指示词，那么，虽然由'a'和'b'所指示的对象必然是同一的，对于陈述'a＝b'来说，也不能作出上述结论。"[①] 例如，如果长庚星和启明星是同一个东西，那么它们在任何别的可能世界中就不可能是不同的。我们用"启明星"作为某个天体的名称，用"长庚星"作为某个天体的名称。我们在一切可能世界中都把它们视为这些天体的名称。如果在现实世界中，它们是同一个天体，那么在任何别的可能世界中，我们就必须把它们用作那个对象的名称。因此在任何别的可能世界中，启明星就是长庚星这一点就是真的。但是，启明星就是长庚星这一点并不是先验地知道的，而是通过经验，通过天文观测而发现的。所以，克里普克把"启明星＝长庚星"这一命题称为"经验必然真理"，或称"后验必然真理"。克里普克认为，"必然的"和"偶然的"是形而上学的概念，而"先验的"与"后验的"是认识论的概念，因此，"先验的"与"必然的"，"后验的"与"偶然的"不是等同的。不但有"后验必然真理"，而且有"先验偶然真理"，例如，"标准米尺 S 在时间 t_0 时是一米"这个命题对于根据 S 在 t_0 时长度来规定米制的人来说是先验地知道的，但它并不是必然真理，在一些可能世界中，S 受到各种压力和张力，可能变长或变短，因此，"S 在时间 t_0 时是一米"是一个先验偶然真理。在这个命题中，"一米"是固定指示词，而"S 在时间 t_0 时的长度"是一个非固定的指示词，它们不是同义的。

　　"晨星"和"昏星"这两个摹状词是非固定的指示词，它们的所指很可能分别与"启明星"和"长庚星"的所指相同，由此

[①]　克里普克：《命名与必然性》，上海译文出版社 1988 年版，第 3 页。

不能得出结论说："晨星＝昏星"是必然的，因为"晨星"（"那个在清晨的天空某位置上出现的天体"）不是"启明星"的涵义，"昏星"（"那个在傍晚的天空某位置上出现的天体"）也不是"长庚星"的涵义，在一些可能世界中，启明星在黎明是看不见的，或长庚星在傍晚是看不见的。因此，"晨星＝昏星"这一偶然的真理不能等同于"启明星＝长庚星"这一必然的真理。

这里，笔者对克里普克的论证补充说明一点。"晨星"和"昏星"这两个摹状词之所以是非固定的指示词，是因为它们是与可能世界相关联的指示词，它们在不同的可能世界可以指称不同的对象。在现实世界 w_1 中，"晨星"指称"启明星"，"昏星"指称"长庚星"；可是在别的可能世界（如 w_2）中，"晨星"指称别的天体，"昏星"又指称另外的天体。因此，虽然在现实世界中，由于"启明星＝长庚星"因而"晨星＝昏星"，但是在其他可能世界中，由启明星＝长庚星得不到：晨星＝昏星，因为它们的所指可以完全不同。

克里普克说："在使用两个严格指示词的同一的情况下，诸如上述长庚星和启明星的事例就有了一个更加简单的格式，它经常可用于至少是近似相同的结果上。设' R_1 '和' R_2 '为等号两端的两个严格指示词。那么' $R_1 = R_2$ '这个式子如果是真的，它也就是必然的。' R_1 '和' R_2 '的指称很可能分别由非严格的指示词' D_1 '和' D_2 '所确定。在长庚星和启明星的事例中，这些指称具有'这个在傍晚（或清晨）的天空中在如此这般位置上出现的天体'这样一种形式。因此，虽然' $R_1 = R_2$ '是必然的，但是' $D_1 = D_2$ '这个式子却很可能是偶然的，我们之所以常会错误地认为' $R_1 = R_2$ '这个式子可能被证明为伪的，其根源却在于此。"[①]

克里普克用固定指示词理论为必然等同的原理作了有力的辩护。他还将固定指示词的理论推广到通名或种名。

（五）历史的因果的命名理论

克里普克在固定指示词的基础上提出了著名的专名理论，这个理论被称为"历史的因果的命名理论"。

克里普克认为，在给一个对象命名时，要举行一个最初的"命名仪式"。命名可以用两种方式：一是以实指的方式来命名，二是这个名称的指称可通过某个摹状词来确定。在这两种情况下，当这个名称一环一环地传播开来时，听说这个名称的人往往会带着与传说这个名称的人相同的指称来使用这个名称。

例如，一个婴儿诞生了，他的父母给他取了一个名字。他们对朋友们谈论这个孩子。另一些人看见过这个孩子。通过各种各样的谈话，这个名字就好像通过一根链条一环一环地传播开来了。在这根链条的远端有一位说话者，他在市场上或别处听说过曹雪芹，尽管他想不起是从谁那儿第一次听说曹雪芹，或者曾经从谁那儿听说过曹雪芹的，但他仍然指称曹雪芹。他知道曹雪芹是一位作家。即使说话者不能唯一地识别出曹雪芹，他所指称的仍然是曹雪芹。他不知道曹雪芹写过《红楼梦》，也不知道贾宝玉和林黛玉的故事，甚至还很难区分吴承恩和曹雪芹这两个人。但是他不一定非知道这些事情不可。反之，因为他是某个社会团体中的一员，这个社会团体一环一环地传播着这个名称，所以他就能够建立起一根可以回溯到曹雪芹这个人的信息传递链条。

克里普克认为，在"最初命名仪式"中可以通过一个摹状词引入一个专名，例如，用"晨星"这个摹状词来确定"启明星"这个专名的所指；但是他强调，一个摹状词虽然在"最初命名仪式"中可以引入一专名，但它们绝不是同义的，某个摹状词（或簇摹状词）绝不能固定地确定专名的所指，这在"启明星"和"晨星"，"哥德尔"和"证明了算术不完全性的那个人"，"亚里士多德"和"亚历山大大帝的老师"等例子中清楚地说明了这一点，其根本原因在于：专名是固定指示词，摹状词是非固定指示词。

由上所说，专名的所指是在"最初命名仪式"之后由一根历史的因果的链条确定的，克里普克说："在一般情况下，我们的指称不光依赖于我们自己所想的东西，而是依赖于社会中的其他成员，依赖于该名称如何传到一个人的耳朵里的历史以及诸如此类的事情。正是遵循这样一个历史，人们才了解指称的。"①

也许同一个专名可以指称不同的对象，关于这个问题，克里普克采用一种类似于把同音异义词称为不同的"词"那样的做法，这样一来就可以认为专名只有一个唯一的指称对象。

克里普克还将历史的因果的命名理论推广到通名或种名，他说："种名可以一环一环地传递下去，就像在专名的情形中那样，以至于许多很少见过和根本没有见过黄金的人也能够使用这个词。它们的指称是由一根因果的（历史的）链条确定的，而不是由任何词项的用法决定的。"②

（六）对同一性的可替换原理和存在概括规则的限制

蒯因（W. Quine）曾提出同一性的可替换性原理和存在概括规则在模态语境中失效的责难。现在我们根据克里普克的指示词理论加以回答。

先看同一性的可替换性原理。根据"行星的数目 = 9"对"9必然地大于 7"进行替换，得到的命题"行星的数目必然地大于7"变成假的。根据克里普克的指示词理论，专名"9"是固定指示词，摹状词"行星的数目"是非固定指示词，"行星的数目 = 9"只是偶然等同而不是必然等同的真理，这类似于在确定米制时的"S 在时间 t_0 时的长度是一米"，因此，在模态语境中不能用摹

---

① 克里普克：《命名与必然性》，上海译文出版社 1988 年版，第 96 页。
② 克里普克：《命名与必然性》，上海译文出版社 1988 年版，第 139 页。

状词"行星的数目"去替换专名"9"。此外，我们在上面曾说明，"启明星＝长庚星"是一个必然等同的真理，其中"启明星"和"长庚星"都是专名，在模态语境中，两者可以互相替换，对同一性的可替换性原理没有什么限制。例如，从"必然地，如果在启明星上有生命，那么在启明星上也有生命"可得到"必然地，如果在启明星上有生命，那么在长庚星上也有生命"。但是，由于"晨星＝昏星"是关于两个作为非固定指示词的摹状词之间的等同，这种等同不是必然的而是偶然的，因此，在模态语境中不能用一个摹状词"晨星"去替换另一个摹状词"昏星"。这样，在"必然地，如果在昏星上有生命，那么在昏星上也有生命"中不能用"晨星"去替换后件中的"昏星"而得到"必然地，如果在昏星上有生命，那么在晨星上也有生命"。

关于存在概括规则，我们认为，从"9必然地大于7"完全可以得到"（∃x）（x必然地大于7）"，当对后一个公式进行存在例示（或存在列举）时，可列举"9""8"等，这里根本就不能列举"行星的数目"，因为"9"是固定指示词，"行星的数目"是非固定指示词。存在概括规则在模态语境中只是对固定指示词而不是对非固定指示词实施的，因此，对"必然地，如果在昏星上有生命，那么在昏星上也有生命"并不实施存在概括，从而得不到"（∃x）（必然地，如果在昏星上有生命，那么在x上也有生命）"。

第 九 章

感觉材料论

　　罗素哲学中有一个著名的理论，这就是感觉材料论。感觉材料论经历了两个阶段：第一阶段是新实在论阶段，主张感觉材料的推出论，以 1912 年的《哲学问题》一书为代表，这本著作是罗素在背弃了新黑格尔主义之后写成的；第二阶段是感觉材料的逻辑构造论，以 1914 年的《我们关于外间世界的知识——哲学上科学方法应用的一个领域》一书以及《感觉材料和物理学的关系》这篇论文为代表。

第一节　新实在论的感觉材料推出论

　　在《哲学问题》中，[①] 罗素首先从"现象"和"实在"的区别着手。他以看见一张桌子为例：看起来，它是长方的、棕色的、有光泽的；摸起来，它是光滑的、冷的、硬的；敲它的时候，它就发出木器的声响。假如几个人同时看这张桌子的话，便不会有两个人所看的颜色分布恰好是同样的，因为没有两个人能恰恰从同一个视点看见桌子，而视点的任何改变都要使光线反射的方式发生某种变动。显然，并没有一种颜色是突出地表现为桌子的颜色，或桌子任何一特殊部分的颜色；从不同的视点看，它便显出

────────────

① 参看罗素《哲学问题》，何兆武译，商务印书馆 1999 年版，第 2—47 页。

不同的颜色，而且也没有理由认为其中的某几种颜色比起别样颜色更实在地是桌子的颜色。即使都从某一视点来看，由于人工照明的缘故，或者由于看的人色盲或者戴蓝色眼镜，颜色也还似乎是不同的，而在黑暗中便全然没有颜色，尽管摸起来、敲起来，桌子并没有改变。因此，罗素认为，颜色并不是某种本来为桌子所固有的东西，而是某种依靠于桌子、观察者以及光线投射到桌子的方式而定的东西。当我们在日常生活中说到桌子的颜色时，只意味着：在通常的光线条件下，桌子对于一个站在普通视点的正常观察者所似乎具有的那种颜色。但是其他条件之下所显示出来的其他颜色，也都有同等的权利可以认为是真实的。所以，罗素说："为了避免偏好，我们就不得不否认桌子本身具有任何独特的颜色了。"[1] 同样情况也可以适用于质地、形状。当我们考虑触觉的时候，也发生同样的困难。这样，罗素得出结论："实在的桌子确乎存在的话也并不是我们凭借视觉、触觉和听觉所直接经验到的那一张桌子。实在的桌子假定确乎存在的话也是不为我们所直接认识的，而必须是从我们所直接认识的东西中得出的一种推论。"[2] 罗素把感觉中所直接认识的东西称为"感觉材料"：如颜色、声音、气味、硬度、粗细等；把直接察觉这些东西的经验称为"感觉"。这样，只要我们看见一种颜色的时候，我们就有一种对于颜色的感觉，但是，颜色本身是一种感觉材料，而不是一种感觉。颜色是我们所直接察觉到的东西，但是察觉本身是感觉。要认识桌子，就要凭借感觉材料——棕色、长方形、平滑等，但我们不能说桌子便是感觉材料，也不能说，感觉材料直接就是桌子的性质。关于桌子，就有两个非常困难的问题：①到底有没有一张实在的桌子呢？②如果有，它可能是什么样的客体呢？实在的桌子如果存在的话，罗素称它为"物理客体"；物理客体的总和

---

[1]　罗素：《哲学问题》，何兆武译，商务印书馆1999年版，第4页。
[2]　罗素：《哲学问题》，何兆武译，商务印书馆1999年版，第6页。

叫作"物质"。这样，上述两个问题就变为：①究竟有没有任何"物质"这样的东西呢？②如果有，它的性质是什么？罗素肯定了物质的存在。他认为，我们的感觉材料（如同桌子相联系的那些感觉材料）实际上是某种不依赖于我们和我们的知觉独立存在的东西的标记，这就是说，超乎颜色、硬度、声音等对我们构成为桌子的现象的那些感觉之外与之上，他还假定有某种东西的存在，而颜色、硬度、声音等不过是它的一些现象而已。他论证说，如果我们把我的眼睛闭上，颜色就不再存在了；如果我们把我的胳膊移开而不再接触桌子，硬的感觉就不再存在了；如果我们不再用指头敲桌子，声音也便不再存在了。但是我们并不相信在这一切都停止存在时，桌子也停止存在；恰恰相反，我们却相信，正是因为桌子继续存在，所以才能在我们又睁开眼睛，放回我的胳膊，又开始用指头敲桌子的时候，所有这一切感觉材料又重新出现。罗素一再说，确实有着不依赖于我们而独立存在的客体，这些客体对我们所起的作用就是我们的感觉发生的原因。关于梦觉，罗素认为，梦里的感觉材料仿佛是和我们从自己的感觉材料所自然而然地推论出来的那些物理客体是不相应的。假定有物理世界存在，就可能给梦境里的感觉材料找出物理的原因；例如，一声门响可以使我们梦见一场海战，但是在这种情形中虽然感觉材料有一个物理的原因，却没有一个物体，像一场真正的海战那样和感觉材料相应。

关于物质的性质，罗素认为，科学赋予物质的唯一性质就是占有空间位置和依照运动规律而运动的能力。物理客体占有实在的空间，被称为"物理空间"，这是公共的；而任何人表面所看到的空间是属于知觉者个人的"私有空间"。我们的感觉材料都在私有空间之内。罗素假定，的确有一个物理空间，物理客体在这个空间所具有的空间关系和相应的感觉材料在我们的私有空间中所具有的空间关系，两者是相应的。对于物理空间中的空间关系如距离关系，我们可以知道一个距离大于另一个距离，也可以知道它跟另一距离一样循着同一直线进行，但是我们却不能直接亲知物理上的距离，这是因为我们只在私有空间里认识距离，或认识颜色、声音或其他感觉材料。

罗素在《哲学问题》一书中，根据他的感觉材料论批评了贝克莱的存在就是被感知的学说。罗素认为，贝克莱的根本错误是把被知的事物和知觉的作用混为一谈。我们所知道的事物，如桌子的颜色，与知道事物的精神行为或知觉作用是不同的，精神行为或知觉作用是属于精神的，但是颜色并不是精神的，颜色的存在有赖于我们的感官对于物体（如桌子）的关系，在一定的光线之下，只要正常的眼睛是在比较靠近桌子的某一点上，便会看见有一定的颜色存在。但这不是说，颜色是在知觉者的心灵之内。

上文说过，罗素认为，物理客体或物质的存在不是被我们所直接认识的，而是从我们所直接认识的东西中得出的一种推论。这种推论涉及亲知的知识和摹状的知识之间的区别。我们对于我们所直接察觉的任何事物都有亲知，既不需要任何推论过程的媒介，也不需要任何真理的知识做媒介。我站在桌子面前，就亲知构成桌子现象的那些感觉材料，如桌子的颜色、形状、硬度、平滑等。对一些共相，如白、弟兄关系等也是有亲知的。对于作为物体的桌子，我所具有的知识不是直接的知识，它是由那些构成为桌子现象的感觉材料的亲知得来的。我对于桌子所具有的知识属于"摹状的知识"。这桌子就是"产生如此这般的感觉材料的物体"。这是用感觉材料来摹状桌子的。具有"这个某某"形式的短语叫作限定的摹状词。为了知道有关桌子的任何东西，我们必须知道那些桌子同我们亲知的东西相联系起来的真理："如此这般的感觉材料都是由一个物体产生的"。罗素认为，我们没有一种直接察觉到桌子的心灵状态，我们对于桌子所具有的全部知识实际上就是关于真理的知识，而成其为桌子的那个实际东西严格说来却是我们毫无所知的。我们知道有一个摹状词，又知道这个摹状词只可以适用于一个客体，而这个客体本身不是我们直接认识的。在这样的情况下，我们对于这个客体的知识便是摹状的知识。罗素认为，从亲知的知识可以得到摹状的知识，而摹状的知识最终可以化归为亲知的知识。他提出了一条化归原则：我们所能了解的每一个命题都必须完全由我们所认识的成分组成。他举了一个例子：对于恺撒，我们没有亲知的知识，但我们可以有一些关于恺撒的摹状词："三月十五日遭暗杀的人""罗马帝国的奠基人"，或者"名叫恺撒的那个人"，在最后一个摹状词中，"恺撒"是我们亲知的声音或形状。我们关于恺撒的陈述是包含摹状词的一个陈述，这些摹状词完全由我们所亲知的殊相和共相所组成的。可见，由亲知的知识可得到或推出摹状的知识，而摹状的知识可化归为亲知的知识，也就是说，直接认识与间接认识有密切的联系。亲知的知识是重要的，但摹状的知识也很重要，它能够使我们超越个人经验的限制。我们只知道完全根据我们在亲知中所经验的词语而组成的真理，但是我们还是可以凭借摹状词对从未经验过的事物而具有知识。

第二节　感觉材料的逻辑构造论

罗素在 1914 年放弃了从感觉材料推论出物质事物即由果推因的观点，在《我们关于外间事物的知识》一书中采用了逻辑构造论。[①] 罗素提出"逻辑是哲学的本质"，指出：只要是真正的哲学问题，都可以归结为逻辑问题；因为每个哲学问题，当经受必要的分析和澄清时，就可看出，它或者根本不是真正的哲学问题，

---

① 参看罗素《我们关于外间世界的知识》，陈启伟译，上海译文出版社 1990 年版，第 46—95 页。

或者是具有我们所理解的含义的逻辑问题。他认为，对每个哲学问题的研究，都可从"材料"出发。所谓材料就是普通认识的东西，所涉及的有各种不同的普通认识。首先有我们对日常生活的特殊对象（家具、房屋、市区、其他人等）的亲知，其次是这种特殊知识借助历史、地理、新闻等等扩大到超出我们亲身经验的特殊事物。罗素区分了两种材料，一种是"硬"材料，这是指那些不受批判反思的消解影响的材料；另一种是"软"材料，这是指那些在反思过程的作用下在我们心中或多或少变得可疑的材料。硬材料中的最硬者有两种：特殊的感官事实和逻辑的普遍真理。感官事实也就是我们自己的感觉材料。罗素讨论了一个问题：我们能否从我们自己的硬材料推出这些材料之外的任何东西的存在？素朴信念认为，所见的事物在不被看见时也正像或近似地像它们被看见时所显现的那样继续存在。罗素指出，这个信念往往被以下事实所否定：常识认为是一个对象的现象的东西随常识认为是着眼点和介质（包括我们自己的感官、神经和大脑）的变化而变化，但如此说来，这个事实假定了常识世界的稳固对象，却又宣布它是否稳固还是个问题。因此，罗素进一步指出，在我们可能发现它对我们的问题真有什么影响之前，我们必须找到一种陈述它的方式，这种陈述方式不包含它预定要使之受到怀疑的任何假定。于是我们找到的作为经验纯粹结果的就是某些感觉材料的逐渐变化与其他某些感觉材料的逐渐变化相关联，或者在身体运动的情形中与其他感觉材料本身相关联。罗素认为，只有构造出一个比短暂的感觉世界更稳固的世界，我们才能合法地谈论着眼点和介质的变化。

罗素在阐述构造论之前，讨论了两个问题。第一，没有什么"感官幻觉"之类的东西。感官对象，即便出现在梦中，也是我们所知道的最确实无疑的实在对象。罗素认为，使我们说它们在梦中不实在的原则仅仅是因为它们与其他感官对象的联系具有异常的本性。我梦见自己在美国，但醒来却发现在英国，其间并没有横渡大西洋的日子，然而对美国的一次"实在"的访问却是与大西洋上度过的日子不可分割地联系着的。当一些感官对象与其他感官对象有某种联系，而经验告诉我们这是一种正常的联系时，我们就认为这些感官对象是"实在的"；当这些感官对象不具有这种联系时，我们就称它为"幻觉"。但是，幻觉的东西仅仅是它们引出的推论；它本身完全与醒时所感的对象那样实在。据此，罗素认为，做梦和醒时的生活在我们起初努力构造时必须同等看待。

第二，承认了感官对象的确实的瞬间实在性，就要注意由感官对象的可变性而来的驳难所基于的那种混淆。当我们绕着桌子转时，桌子的样相就改变了；但是人们认为，既不能说桌子在变，也不能说桌子的各种不同样子全都能在同一地点"实际"存在。如果我们闭一只眼睛，我们就会看见两张桌子；但是人们认为坚持说"实际上"有两张桌子是荒唐的。罗素认为这些论证都包含着一个假定：能够有某种比感官对象更实在的东西。如果我们看见两张桌子，那么就有两张视觉的桌子；我们又通过触觉发现只有一张可感触的桌子。这就使我们宣布这两张视觉的桌子是一个幻觉，因为通常是一个视觉对象相应于一个可感触的对象。这样说的正当理由只是：触觉与视觉相互关联的方式是与平常的方式不同的。当桌子的样相随着我们绕着它转而改变，除了参照一组给定的瞬时感觉材料之外，我们是没有权利谈论"地点"的。当一切都随身体的运动而改变时，任何地点都不会依然如故。

罗素在讨论这两个问题时，明确说感官对象是指当我们注视桌子那一瞬间所看到的那一小块颜色，或者仅仅指我们按它的时候所感到的特定硬度，或者仅仅指我们敲它的时候听到的特定声音。这就是说，感官对象就是感觉材料。

下面，我们看一看罗素是怎样从感觉材料构造外在世界的。他吸取了莱布尼茨的单子论中的思想，认为每个心灵都是从其特有的视点来看世界。每个心灵在每一瞬间都看到一个极其复杂的三维世界；但是绝对没有任何东西同时被两个心灵看到。当两个人看到同一事物时，由于视点不同，他们的直接可感知的对象之间是有差异的。所以，一个心灵所见的三维世界与别的心灵所见的世界没有任何的共同地点，因为地点只能由在它们之中或在其周围的东西构成。尽管不同的世界有差异，但可设想每个世界都完全恰如其被感知的那样存在着，还可设想事实上有无数未被感知的这样的世界。被感知和未被感知的世界的一切景象所构成的系统，罗素称之为"视景"系统；"私有世界"一词仅指实际被感知的世界的景象。因此，一个"私有世界"就是一个被感知的"视景"；但可以有任意多个未被感知的视景。由视景之间的关系构成的空间是连续的、三维的。接着，罗素把常识的瞬间"事物"与其瞬间现象相对加以定义。借助相邻视景的相似性，可以把一个视景中的对象与另一视景中的对象（相似的对象）相关联。假定在一个视景中有一对象，把一切视景中与这一对象相关联的一切对象组成系统，这个系统就可以等同于常识的瞬间"事物"。因此，一个事物的一个样相就是这个样相的系统（这一瞬间的"事物"）的一个分子。这样，罗素就认为，一个事物的一切样相都是实在的，而事物则是一个纯粹的逻辑构造。

为了构造事物，罗素引入"私有空间"和"视景空间"的概念。一个视景就是一个私有空间，有多少视景就有多少私有空间，但是以视景本身作为其分子的空间只有一个，这就是视景空间。所谓"视景空间"实际上就是公共空间。视景空间就是私有空间（视景）本身的系统。这些私有空间每个都可看作视景空间中的一个点或一个分子。这些私有空间根据其相似性而被排列。罗素举了一个例子加以说明。假定我们从一个包含硬币之类的圆盘状现象的私有空间出发，并假定这个现象在所说的视景中是圆形的而不是椭圆形的，于是我们就可以构成一个完整系列的视景，这些视景又包含一系列不同大小的圆形的样相，为此，我们只需移向这枚硬币或远离这枚硬币就行了。硬币在其中看似圆形的视景可以说是在这视景空间中的一条直线上，它们在这条直线上的次序就是圆形样相大小的次序。硬币在其中看起来大些的视景可以说比硬币在其中看起来小些的视景更靠近这个硬币。为了说明私有空间与视景空间的关系，罗素首先说明"一个事物所在的（视景空间中的）地点"是什么意思。他仍以硬币为例。我们把这枚硬币在其中看起来是圆形的那些视景做成一条直线，硬币在其中看起来大些的那些视景更接近这枚硬币。我们还可以把这枚硬币从在其中一端看去好像有某种厚度的一条直线的那些视景做成另一条直线。这两条直线将在视景空间的某地点即在某个视景中相交，这个视景可定义为"这枚硬币所在的（视景空间中的）地点"。所谓一个事物在其中看起来大些的那些视景比它在其中看起来小些的那些视景更靠近该事物，就是说它们更靠近作为这一事物所在地点的那个视景。在此基础上，罗素说明了私有空间与视景空间各部分之间的相互关系。如果在某一私有空间中给定的事物有一个样相，那么我们就把这个样相在私有空间中的地点与该事物在视景空间中的地点相互关联起来。"这里"可定义为在私有空间中被我们的私有世界占据的地点。一个事物靠近"这里"就是说它所在的地点靠近我的私有世界。我们的私有世界在我们的头脑中就是说我们的私有世界是视景空间中的一个地点，是我们的头脑所在的地点的一部分。在视景空间中有两个地点是与一个事物的每一样相相联系的：一是这个事物的所在点，二是以该样相为其部分的那个视景的地点。我们可以把这两个地点区分为这个样相在那里出现的地点和它从那里出现的地点，即所在点和所从点。所在点是这个样相所属的事物的地点，所从点是它所属的视景的地点。根据以上的说明，罗素提出了"六维空间"的理论。每一视景是视景空间中的一个点，每个三维的视景都被安排在三维的视景空间中，因此，罗素说空间有六维而不是三维。

罗素根据以上理论，对一个事物受介质影响的问题作了说明。一个事物在不同视景中的样相可以看成是这个事物所在的地点向外扩散的，当它离这个地点越来越远时就发生种种变化。罗素从构造论出发，讨论了物理世界与感觉世界的关系，这实际上就是把物质概念重构出来。罗素认为，一个事物的样相有两种分类法：一是以事物的所在点为标准，这是物理学家的分类方法；二是以事物的所从点为标准，这是心理学家的分类方法。罗素把"事物"定义为某一系列的样相，即通常所说的属于那个事物的那些样相。说某一样相是某事物的样相，意思只是说它是那些样相之一，那些样相作为系列来看正是这个事物。罗素在给事物所下的这个初步定义中，排除了关于恒常不变物的形而上学假定，采用了奥卡姆剃刀即如无必要，切勿增加实体。罗素进一步讨论事物的定义。他认为，物理学已经发现把感觉材料收集整理成系列在经验上是可能的，每个系列都被看作属于一个"事物"，并且依据物理学的定律以这样一种方式活动：不属于一事物的系列一般不会按这种方式活动。如果要弄明确两个现象是否属于同一事物，那么就只有用给现象分组的方式，使作为结果的事物服从物理学的定律。在对"事物"下定义时，必须把它的那些未观察到的样相也包含在内。这样，罗素给出了以下的定义：事物是服从物理学定律的那些样相的系列。他认为，这些系列的存在是一个经验事实，物理学的可证实性以这些事实为依据。

罗素在构造了"事物"的定义之后，继续探讨他人心灵存在的证据问题。他考察了类比论证：他人身体的行为与我们具有某种思想和情感时身体的行为是一样的，因此，通过类比，人们自然设想，他人的这些行为像我们自己的行为一样同思想和感情相联系。在梦中也可以进行类比。罗素认为，醒时的类比优于梦中的类比，只是因为它具有更大的范围和更大的一致性。梦不能形成前后一贯的整体，也不能与醒时的生活彼此一致。在醒时的生活中，可看到某种齐一性，而梦则是极不稳定的。罗素在考察了类比论证后指出，他人具有心灵这一假设不可能通过类比论证而得到任何强有力的支持。但是，他认为，这个假设把大量事实系统化，而且它从来不会导出假的结论。所以，没有什么东西能否定其真实性，而且有充分的理由把它当作一个有效的假设。一旦承认这个假设，就能使我们通过证言来扩充我们关于可感世界的知识，从而形成我们在假设的构造中所采纳的私有世界的系统，并能把我们的知识大大扩充到在科学和常识中发现的我们自己的私有材料之外。

罗素在1914年写的《感觉材料和物理学的关系》这篇论文中，继续发挥了《我们关于外间世界的知识》一书中的思想。[①]他认为，就物理学而言，除了感觉的直接材料之外，不再知道任何东西。所谓感觉材料就是具有某种时空关系的颜色、声音、滋味、气味等的片断（斑块）。物理学的对象是感觉材料的函项，例如，波可表述为颜色及其他感觉材料的函项。罗素在提出了"感觉材料"之后，接着提出了"可感料"这个概念。可感料在形而上学和物理学中具有和感觉材料相同的地位，但并不一定要是任何心灵的材料。它们的关系好比是男人与丈夫的关系；男人由于涉及婚姻关系而成为丈夫，可感料由于涉及亲知关系而成为感觉材料。采用这两个术语是由于我们想要讨论在某个时候为感觉材料的对象当它不是感觉材料之时是否还存在。罗素认为，我们不能问："不是给定的感觉材料是否能存在？"因为这如同问"不结婚的丈夫是否能存在？"我们只能问："不是给定的可感料是否能存在？"以及"对一个特定的可感料是否能在某个时候为感觉材料而在别的时候又不是？"

---

① 罗素：《感觉材料和物理学的关系》，载洪谦主编《现代西方哲学论著选辑》（上册），商务印书馆1993年版，第329—341页。

　　罗素在《感觉材料和物理学的关系》一文中，明确提出感觉材料是物理的。所谓"物理的"一词是指"物理学所处理的"。物理学告诉我们的是有关实际世界某些组成成分的某种事情，这些组成成分就是物理的。与此相对，一个察觉了某种东西的特殊是"心理的"特殊，如果一个事实包含了心理的特殊作为其组成成分，那么该事实就是"心理的"事实。一个感觉材料是一个对象，一个为主体所察觉的特殊。它并不像信念或意志那样把主体包含为它的一部分。因此，感觉材料的存在并不在逻辑上依赖于主体的存在。罗素的这些观点是对《哲学问题》一书中有关观点的发展。此外，他还发展了《哲学问题》中有关区别感觉和感觉材料的观点。他认为，感觉是主体对感觉材料的察觉，感觉是一种复合体并以主体为其一个组成成分。因此，感觉是心理的。与此不同，感觉材料是对立于主体的外部对象，是在感觉中被主体所察觉的东西。感觉材料的主观性是生理的而不是精神的。"事物"是什么呢？就是它的诸样相的整个类，在这些样相中不仅包括实际的感觉材料，而且还包括这样一些"可感料"：这些可感料出于连续性和相似性的理由从属于同一个样相体系，尽管此时刚好没有观察者在那里，而这些可感料却正是这个不存在的观察者的材料。罗素举了一个例子来说明这个问题。假定在一间房间里有一些人，他们说他们全都看到了同一张桌子、同一张椅子、同一片墙、同一张画。在这些人中间没有哪两个人有着恰好相同的感觉材料，但他们的材料之间却有着充分的类似，足以使他们能把其中的某些材料归为一类，作为某一"事物"对各个观察者而言的各种样相；又把另一些材料归为另一类，作为另一"事物"的各种样相。对于这一房间里的某个给定的事物来说，除了它呈现给实际观察者的那些样相之外，我们可以设想它还有着另外的一些样相，这些样相是它将呈现给另外一些可能的观察者的。如果在两个人之间坐着有第三个人，那么这一房间呈现给这第三个人的样相将是一种介乎它呈现给前两个人的样相之间的样相。尽管因为这个新观察者的感官、神经和大脑在当时并不存在，从而这个样相也不会存在，但是仍然可以设想，从此人现在所占据的位置来看，在他抵达之前就存在这一房间的某些样相。

罗素在《感觉材料和物理的关系》一文中，再次强调了奥卡姆剃刀原则。他指出，根据奥卡姆剃刀原则，如果"样相的类"能够完成"事物"所完成的任务，那么经济性就要求我们应当把事物与某样相的类等同起来。罗素认为，我们并不一定要承认这些处于样相底层的实体；不断言这种非必需的实体仅仅是为了方便。

罗素在《感觉材料和物理学的关系》一文中提出了逻辑构造论的纲领：只要有可能，就应当用逻辑构造来替换推论的实体。他认为，全面地应用这一以构造替换推论的方法将能把物质完全展示为感觉材料。但是，罗素允许自己容忍以下两类推论实体：（1）他人的感觉材料。所依据的论证类似于关于他心的论证。但是，罗素的愿望是想撇开它们，从而把物理学建立在唯我论的基础上。（2）从那些刚好没有心灵的地点来看就会显现出来的"可感料"，尽管它们不是任何人的材料，罗素还是假定它们是实在的；他把"可感料"看成是一种解说性的假设，一种在初始阶段时的辅助物。

第三节　评论

一　金岳霖对感觉材料论的一般性批评

在笔者评论之前，先考察一下金岳霖在《罗素哲学》中对罗素的感觉材料论的批评。金岳霖花了很大的篇幅，约占全书三分之一，第五章是对感觉材料论的一般性批评，第六章是批评关于感觉材料的"推论"学说，第七章是批评感觉材料的逻辑构造论。① 这里先综述金岳霖的一般性批评。

（一）感觉内容与感觉对象的区别

金岳霖首先指出，感觉是正确的官觉。官觉是客观物质事物作用于我们的感官而引起或产生官觉映象的官感活动。由于感觉是正确的官觉，感觉就是客观物质作用于我们的感官而引起或产生正确的官觉映象（感觉映象）的官感活动。官觉有正确的，也有不正确的。不正确的官觉就是错觉。金岳霖在此基础上区别了感觉活动（简称感觉）与感觉映象，有感觉就有感觉映象，有感觉映象也就有感觉。它们构成一个统一体，是彼此不能分割的。但它们也是有区别的。另一个区别是感觉对象与感觉内容。作用于我们的感官的客观物质事物是感觉对象；感觉对象所产生的影响（感觉映象）是感觉内容。

金岳霖根据辩证唯物主义的"物质第一性，意识、思维、认识、精神第二性"的原理指出，作用于我们感官的客观物质事物是第一性的，它是感觉的对象，而由此作用所起的影响即感觉映象是第二性的，它是感觉的内容。这二者是不能混淆、不能偷换、不能颠倒的。金岳霖认为，罗素的"感觉材料"在地位上或身份上相应于感觉映象。罗素从感觉材料出发，继承了贝克莱和休谟的传统。

本来，我们所看见的、所听见的、所尝到的、所嗅着的，都是客观物质事物，即感觉对象。但是，罗素并不这样看。金岳霖论证说，你指着那张桌子问他："你看见了什么？"他会回答说："我看见'红'、'四方'、'四只脚'……"等等。那所谓"红"或"四方"等并不是客观物质事物桌子的红或相应于"红"的客观属性，或像苏东坡所说"目遇之而成色"的那个"之"。他所说的"红"或"四方"，是在感觉者头脑中的，不可能是存在于

---

① 以下的综述见《金岳霖全集》第四卷（上），人民出版社2013年版，第143—263页。

我们身体外面的客观物质事物或它的属性。金岳霖认为，在承认"看了"之后，你绝不能说：你看见了你的感觉材料。感觉材料是感觉的内容，如果你说看见了感觉材料，你实质上只是说你有感觉而已，因为不可能发生无感觉内容的感觉。至于感觉了什么，你一点都没有说。当回答上面那个问题时，罗素说：他看见"红""四方"等感觉材料；这实质上等于回答说，他看见了看见。金岳霖指出，在1912年罗素曾认为感觉是心灵的或在心灵之中的，而感觉材料之为对象则不是。在1919年以后，他把感觉和感觉材料的分别取消了。在那以后，说感觉材料是感觉的对象，对罗素已没有什么意义了。但是，在那以后，知觉代替了感觉，而知觉的对象或直接认识的对象仍然是感觉材料。无论如何，就罗素的整个一生说，无论是感觉也好、知觉也好，或直接认识也好，对象都是感觉材料。

金岳霖把罗素以感觉材料（感觉内容）替换感觉对象的错误总结为以下两点：

一是用感觉的内容来代替感觉的对象，不但把只有内容地位或身份的东西替换成为有对象地位或身份的东西，而且在认识里把感觉的内容偷换为认识的对象。罗素所谓的感觉材料，不只是感觉的对象而已，而且是认识的根本对象，认识的硬材料和无可怀疑的与料。

二是把第二性的东西替换成为第一性的东西。由于这个替换是在感觉或感觉材料范围之内进行的，而感觉或感觉材料按照罗素的说法只是感觉者个人的事，因而正是一种主观唯心主义。

（二）感觉与社会实践的关系

1. 金岳霖认为，罗素所谓的感觉是脱离了社会实践的感觉，这是这个抽象的感觉论的致命缺点。事实上，感觉从来没有脱离过社会实践。例如，原始人的主要实践是生存斗争，它既包括生产斗争也包括和为害人类的野兽斗争。他们的感觉显然是和这种实践分不开的。石器时代的石斧是上述两方面斗争的重要工具。原始人对石斧的感觉主要是运用石斧的感觉，运用石斧就是参加实践。实践虽然涉及目的和意图，然而这个目的和意图在远古的时候主要是本能的要求。在本能要求的支配下的行动，全是客观物质事物之间彼此打交道。拿石斧去砍野兽，所砍的对象是客观物质事物；所用的工具是客观物质事物；就是我们的手也是客观物质事物。实践本身就是和客观物质事物打交道。

2. 实践是社会实践，从来就不是个人的实践。金岳霖以打猎为例说明这个问题。在没有马骑、没有猎狗去找对象的情况下，打猎人要多，眼要明，手要快，鼻子要灵，腿要能跑，有时候要形成包围圈，这个包围圈可能要逐步缩小，等到猎取的对象完全出现而又完全被包围的时候，各人的眼睛、耳朵、鼻子等都集中在一个野兽上。这就是说，这群人的感觉对象是一个共同的客观事物，这就是社会实践或集体实践中的感觉。即使这群人当中有一个人受了伤，退出来了。他看不见那个野兽了，他会不会有那野兽继续存在与否的问题呢？不会有。他虽然退出来了，其余的人不定期在那里打。在集体实践中，感觉的对象就是在实践中我们和它打交道的那个客观物质事物。感觉对象的存在从来就不是什么个人的问题。就具体的人的具体感觉来说，它是和实践、和集体紧密地结合着的。

3. 罗素把感觉和实践割裂开来，不仅是认识不清，而且是为了适应他的阶级偏见。

4. 把感觉和实践割裂开来之后，感觉就成为孤立的活动了，感觉者就不是社会的人而成为孤立的人了。这样一来，客观物质事物作为感觉的对象就成问题了。排除实践，就要排除物质事物，就要排除它的客观存在。按照罗素的说法，感觉的对象不是客观物质事物，当人们看见一张桌子时，人们看见的只是"红""四方"等感觉材料。

（三）感觉是变化发展的

金岳霖认为，从远古到现在，感觉是起了变化的，有所发展的。感觉受历史的影响，这个影响一方面来自实践，另一方面来自科学。

在实践中，人们的感觉器官和神经组织愈用愈灵。例如眼科大夫所做的手术本身就是准确的动作，而这动作又是和视觉以及触觉的敏感分不开的。这种敏感只有长期的锻炼才能达到。金岳霖进一步指出，感觉的发展不只是限于不同官能本身的发展而已，而且导致综合的影响。一个钢琴家不只是锻炼他的触觉而已，而且也锻炼他的听觉，使触觉和听觉密切地联系起来，可是，罗素所说的感觉就完全两样了。我们所看见的红，是包括以往实践的影响的。罗素的所谓感觉材料的"红"，是没有这个影响的，是光溜溜的，严格地说，是不能说"红"的，只能勉强地称之为"那么一块颜色"而已。

另一方面，感觉受科学即理性认识的影响。科学的发展能使感觉日益深刻化。例如，对于一块砖，普通人也许只看出它是一块砖，一位考古学家却可能看出是一块白砖来。对于一幅画，我们只能看出它是一幅画，一个美术史家却可能看出是一张宋画来。古生物学家在看见几块化石的时候，能看出是北京人或蓝田人来。就连看见"2"和"8"而得到的感受，情况也可能相当复杂。抽象的东西，一般地说，是感觉不到的，但是，在科学发展中，通过符号的引用，抽象的东西也可以间接地看见或感觉到了。

金岳霖根据以上观点指出，在1919年前，罗素的所谓"感觉"和"感觉材料"是有分别的，二者都起认识作用：感觉是直接认识，感觉材料是直接认识的对象，但是，它们都是形而上学的。在罗素看来，感觉只是对间接认识起作用而已，认识对感觉并不起什么作用。感觉的这种作用有点像单行道，就受别的东西的影响说，感觉仍然是孤立的。

（四）罗素的感料材料体系是封闭的

金岳霖的主要论点是：罗素的形而上学的感觉论是封闭了的感觉论，它不可能不是唯我论，或唯感觉材料论，因为，在这种感觉论中，个人感觉代替了社会实践，成为认识的基础。金岳霖在论述这个论点时指出，在实践的基础上，感觉是反映。感觉材料不是认识的源泉或根本材料、与料。为了说明这个问题，金岳霖提出错觉问题来讨论。感觉和错觉都是官觉的子类。一类正确，一类不正确而已。和梦觉幻觉并列的是官觉，不是感觉或错觉。罗素承认错觉的存在，但是无法说明它为什么是错的。其基本的原因是：罗素所谓的感觉是形而上学的，是脱离了实践的，是把作用于感官的客观物质事物排除在感觉之外的，从而感觉被改换成为没有客观事物作用于感觉而产生感觉映象的活动。感觉和错觉是有上面所说的特点的。罗素在 1912 年的《哲学问题》头几章里，是假设了这个特点的。但是，在以后的讨论中，他又忘记了这个特点。没有这个特点的所谓"感觉"就无法和别的"觉"分开了。罗素不可能承认错觉是错误的，只得承认：就感觉材料说错觉中的感觉材料没有错。金岳霖认为，错觉是官觉，但它是没有如实地反映作用于感觉的客观物质事物的官觉。错觉和它的对象不符合，因而是错误的。官觉映象与客观物质事物是否符合，用实践可以验证。由错觉的分析就可表明感觉材料不可能是认识的与料。罗素坚持把感觉材料当作认识的源泉、根本的材料或与料看待，这是贝克莱、休谟的路线。罗素的整个哲学把感觉者封闭在他的感觉材料之中。

（五）罗素不承认蓝本因

金岳霖认为，客观物质事物与感觉映象之间的因果关系是蓝本因—复制果的关系。建筑师画蓝图，工人按蓝图把房子盖出来。蓝图是蓝本，盖出来的房子是复制品。当然在这件事情或活动中，是精神转化为物质。感觉是物质变精神，至少它是物质变精神中的一个桥梁。这两种活动的性质不一样，但是蓝本和复制品的关系是一样的。这是感觉中因果关系的特点。罗素在《哲学问题》中对"感觉材料"有两种不同的用法。一种是广义的，各种"觉"都有的感觉材料；另一种是狭义的，感觉所独有的感觉材料。在他的狭义的感觉中，他虽然承认有因，然而他不承认有蓝本因。罗素只承认在某些第一性的性质上（洛克的说法）感觉映象和客观物质事物是相似的，例如，空间位置。但是，在所谓第二性的性质上（洛克的说法）它们是没有相似与否的问题的。罗素不承认蓝本因，不承认蓝本因也就是不承认感觉材料是图画，是复写，是客观物质事物的形色状态的反映。

总之，客观物质事物是直接感觉得到的，它是感觉的对象；作用于我们感官的客观物质事物在形色状态上是感觉映象的蓝本因；作用是当前的作用，对象也就是当前的对象。这就是说，当前的对象（起作用的客观物质事物）是感觉映象的蓝本因。

（六）罗素把感觉与梦觉、幻觉混为一谈

金岳霖指出，在正确的感觉论或感觉映象论中，感觉映象是对作用于感官的客观物质事物在形色状态上的正确反映。按照这个正确的说法，只有在感觉中才有感觉映象，在梦觉、幻觉中不可能有感觉映象。罗素的所谓感觉材料，相应于感觉映象，也应该在感觉中才存在。但是，罗素没有这个限制。他把梦觉的"象"、幻觉的"象"都说成是感觉材料。因此，感觉材料是感觉、梦觉、幻觉所共有的。它们原来应有的本质分别被罗素抹杀了。罗素把这些本质上不同的、不应该混为一谈的事情混为一谈了。

金岳霖指出，罗素在《哲学问题》里分别了感觉和梦觉；梦觉虽然有因，然而它和感觉的因不一样，后者的因当中有与感觉材料相符合的客观物质事物。金岳霖说这确实很像是承认蓝本因似的，但又指出：在早期，当罗素谈到感觉时，他心目中是有正常的感觉的；这情况虽然存在过，但它却不是罗素的感觉论或感觉材料论的一部分。按照他的感觉论或感觉材料论，客观物质事物是感觉不到的，它没有洛克说的第二性性质那样的属性。因此，感觉材料不可能是客观物质事物在形式状态上的反映。既然如此，罗素不可能承认什么蓝本因。

罗素曾提出，在梦中也可进行类比，醒时类比优于梦中的类比，只是因为它具有更大的范围和更大的一致性。金岳霖指出，梦觉内部一致性"小"的结论显然不是从梦觉得出的，这个结论是醒来时得出的。这就是说，这个结论是从感觉得出的。一致性并不是区别感觉和梦觉的标准。按照罗素的想法，感觉和梦觉的内容都是感觉材料，在性质上我们无法决定哪些感觉材料是属于感觉的，哪些是属于梦觉的。

（七）罗素把感觉材料说成是私有的

金岳霖认为，罗素把感觉材料看作个别的东西，并且是脱离一般的个别。这就是说，首先，自己的和别人的感觉材料是没有类型的，没有共同点的。其次，由共同的客观物质事物，罗素是推不出各不同感觉者的类似的或共同的感觉材料来的。最后，罗素只能承认各感觉者各自的个别的感觉材料，而这个感觉材料和别人的感觉材料是不能对比的。罗素的看法是：感觉材料是私有的。

综上所说，金岳霖认为，罗素的感觉材料论不仅是错误的，而且是荒谬的；甚至是"唯我论"。

二　评金岳霖对感觉材料论的一般性批评

金岳霖在感觉和感觉材料的本质上从七个方面对罗素作了批评。笔者认为，金岳霖在四个问题上对罗素的批评是深刻的。

首先，金岳霖根据辩证唯物主义的反映论原理阐明了官觉的本质，做出了两个"严格区别"：一是严格区别感觉（感觉活动）

与感觉映象，二是严格区别感觉对象与感觉内容（感觉映象）。罗素不是一个唯物主义的反映论者，他在新实在论时期和逻辑构造论时期只是区分了感觉和感觉材料。他在 1912 年把直接察觉颜色、声音、气味、硬度、粗细等东西的经验称为"感觉"，把感觉中所直接认识的这些东西称为"感觉材料"。他在 1914 年说，感觉是主体对感觉材料的察觉，是心理的；感觉材料是对立于主体的外部对象，是在感觉中被主体所察觉的东西，因而是物理的。由上所说，罗素的用法很特殊，在他那里，除感觉主体之外，只有感觉和感觉材料的区别，他所谓感觉材料就是感觉对象的诸方面，这样就取消了感觉映象，而感觉映象才是真正的感觉材料。金岳霖揭示了罗素的混乱用法，是很精辟的。此外，金岳霖指出，罗素的"感觉"脱离了社会实践；是没有变化发展的；罗素的感觉材料体系是封闭的。在以上四个方面，笔者基本上同意金岳霖对罗素的批评。但在蓝本因、感觉和梦觉的关系、感觉材料私有性三个方面，笔者不同意金岳霖对罗素的批评，详见下述。

三　金岳霖对罗素的感觉材料推出论的批评

（一）金岳霖的三点批评及其补充

金岳霖首先重申对罗素的感觉材料论的三点批评：（1）感觉材料虽有原因，然而，没有客观物质事物方面的蓝本因。（2）就产生感觉材料说，感觉、梦觉和幻觉是一样的。（3）感觉材料是感觉者所私有的。

金岳霖对第一点加以补充说，直接认识的对象是感觉材料，例如"红""方""香""甜""硬"等。金岳霖把这些叫作感觉材料的形色状态，我们对于这些形色状态有直接知识。问题是它们有没有代表性。在这一点上，正确的感觉映象和罗素的所谓感觉材料是完全对立的。感觉映象有代表性。感觉映象的形色状态，代表那个正在作用于感官而产生了该映象的客观物质事物的形色状态。这就是说，作用感官的客观物质事物不只是因而已，而且是感觉映象的蓝本因。接着，金岳霖指出，我们要肯定直接认识是对于客观物质事物的直接认识，这也就是对于感觉映象的直接认识。这二者是一件事情，不是两件事情。即令直接认识只是对于感觉映象的直接认识，我们还是可以推出客观物质事物的形色状态来。罗素的感觉材料不是感觉映象，没有蓝本因，也就没有代表性。直接认识的对象本身没有代表性，直接认识也没有代表性。

金岳霖对第二点加以补充，指出了罗素混淆感觉同梦觉和幻觉所产生的后果：感觉同梦觉和幻觉都成为直接认识了，例如我梦见唐太宗，对唐太宗有了直接认识了。

关于第三点，金岳霖补充说，从罗素的感觉材料的私有性只能得出"对感觉材料的认识也是私有的"。

综上所述，金岳霖认为，罗素的所谓直接认识是没有代表性的，是不分感觉、梦觉和幻觉的，是私有的。这样的直接认识不能作为推论的根据。

（二）从直接认识到间接知识的推论行不通

金岳霖指出，罗素既然没有承认因果的普遍性，他便没有原则上的理由来肯定感觉材料是有因的。他得出客观物质事物是感觉材料的因这样一个结论，是因为他偷换了概念，即他暗中引进了正常的感觉，这时他所谓的感觉材料近似于感觉映象。罗素的目的是从感觉材料的直接认识推出对客观物质事物的间接知识。推论所根据的关系，是客观物质事物和感觉材料之间的因果关系。对前者罗素不承认有直接认识，对后者他才承认有直接认识。因为前者和后者有因果关系，对后者的直接认识意味着对前者的间接知识。在 1912 年，罗素认为间接知识可以从直接认识推论出来。但是，这个因果关系是罗素的感觉所不能肯定的，它是偷运出来的。单就这一点说，推论已经是说不通的。

　　除因果关系外，推论的另一根据是对感觉材料的直接认识。金岳霖认为，罗素的所谓感觉材料是无分于感觉、梦觉、幻觉的。感觉的本质特点被抹杀后，感觉材料也就没有感觉映象的特点了，从而蓝本因也被抹杀了。把梦觉、幻觉里的形象都看成感觉材料之后，要从感觉材料得出有关客观物质事物关系性质方面的结论，就成为不可能的了。

　　此外，罗素认为感觉材料是感觉者所私有的，因此对感觉材料的直接认识也是感觉者所私有的。既然如此，要从对感觉材料的直接认识推出对客观事物的间接知识来是不可能的。

　　最重要的是，金岳霖认为，客观物质事物不是推论出来的，而是直接感觉到的。感觉材料对象就是客观物质事物。客观物质事物和感觉之间有因果关系，感觉映象就是客观物质事物作用于感官而产生的影响。金岳霖认为，我们并不根据这个关系而一般地进行推论。在感官活动发生问题时，我们才需要试验，并为此而进行一连串的由果到因和由因到果的反复推论。在官觉不发生问题时，推论是用不着的。罗素所提出的推论问题，根本是多余的。从这个角度来考虑，罗素关于推论的论点是错误的。

四　评金岳霖对罗素的感觉材料推出论的批评

（一）关于金岳霖提出的三点批评

1. 笔者认为，罗素承认蓝本因。证据是，他在《哲学问题》一书中一再说，确实有着不依赖我们而独立存在的客体，这些客体对我们所起的作用就是我们的感觉发生的原因。金岳霖承认"这确实很像是承认蓝本因似的"，但经过一些分析，又说："罗素不可能承认什么蓝本因。"[①] 怎么不可能呢？罗素明明是承认蓝

---

① 《金岳霖全集》第四卷（上），人民出版社 2013 年版，第 178 页。

本因的，有《哲学问题》中的白纸黑字为证。但是，金岳霖认为语言文字上承认蓝本因还不是真正的承认，从罗素整个哲学体系看，他不可能承认蓝本因。这种看法违反了实事求是的原则，是令人难以同意的。

2. 笔者认为，罗素确实把感觉同梦觉和幻觉混淆，但罗素也对它们加以区别。金岳霖承认，在罗素的《哲学问题》中有狭义的感觉和广义的感觉（包括梦、幻、错各种"觉"）之分，而在罗素的狭义的感觉中又同常识的正常感觉混在一起。可是，金岳霖却说，按照罗素的感觉材料论，客观物质事物是感觉不到的，因此，感觉材料不可能是客观物质事物在形式状态上的反映；罗素不可能承认什么蓝本因。这种批评是没有根据的。

3. 关于感觉材料的私有性问题。罗素在 1912 年的《哲学问题》中确实说过：物体占有实在的空间即"物理空间"，这是公共的；而任何人表面看到的空间是属于知觉者个人的"私有空间"，我们的感觉材料都在私有空间之内。罗素还指出，物体在物理空间所具有的空间关系和相应的感觉材料在我们的私有空间中所具有的空间关系，两者是相应的。罗素在 1914 年逻辑构造论时期，对上述两种空间的理论又有了发展。按罗素的看法，当我看见一张桌子的时候，涉及三个地点，两个在公共空间里：这张桌子的所在点与我的所在地（这张桌子的所从点），一个在我的私有空间里，而私有空间又在我的头脑里。

罗素对"感觉材料"的用法十分混乱。一方面，感觉材料是物理的，是客观事物的"样相"；另一方面，他又把感觉材料说成是"在我的头脑里"，这就是说，感觉材料是"感觉映象"。另外，他还把错觉、梦觉的材料都说成是"感觉材料"。金岳霖对罗素的混乱用法作了深刻的批评，值得我们学习。但是，当罗素把感觉材料当成"感觉映象"时，说它在我的私有空间里、在我的头脑里，这种说法是完全正确的。金岳霖硬把罗素所说的物理的

"感觉材料"装在人的头脑里，说"按照罗素的感觉论，直接感觉到的售货员是在你的头脑中的"，① 这显然是把极端愚蠢的思想扣在罗素的头上。我们不能同意这种批评方法。金岳霖还说："说一个感觉材料是私有的，就是说它是一个感觉者之所独有，不是不同的感觉者所能共有的。一句话，感觉材料是不能够展览的，是不能做对比研究的。"② 这是金岳霖对罗素关于感觉材料私有性的决定性批评，笔者以为这个批评是错误的。事实上，罗素关于公共空间和私有空间的理论，辩证地解决了感觉材料的私有性与物质事物的公共性之间的矛盾，并在自然科学中有所应用。罗素的两种空间理论，恰恰说明感觉材料不是一个感觉者之所独有，可为不同的感觉者所共有，恰恰说明感觉材料是能够展览的。

"感觉材料"这一概念在哲学中十分重要。毛泽东在《实践论》中早就应用了这个概念，他说："认识的过程，第一步，是开始接触外界事情，属于感觉的阶段。第二步，是综合感觉的材料加以整理和改造，属于概念、判断和推理的阶段。只有感觉的材料十分丰富（不是零碎不全）和合于实际（不是错觉），才能根据这样的材料造出正确的概念和论理来。"③ 由此可见，"感觉材料"概念对于辩证唯物主义是何等重要！罗素作为"感觉材料"概念的最早提出者之一，是功不可没的。

综上所说，从罗素肯定客观物质事物的独立存在，肯定这些事物是我们感觉发生的原因，从罗素区别感觉与感觉材料，批判贝克莱的"存在就是被感知"，从他提出的公共空间与私有空间的相应理论，我们完全可以得出结论说：罗素的感觉论或感觉材料论基本上是唯物论，绝不是像金岳霖所说的是什么"唯我论"。

---

① 《金岳霖全集》第四卷（上），人民出版社 2013 年版，第 183 页。
② 《金岳霖全集》第四卷（上），人民出版社 2013 年版，第 184 页。
③ 《毛泽东选集》第一卷，人民出版社 1991 年版，第 290 页。

（二）关于从直接认识到间接知识的推论

金岳霖认为行不通，笔者认为行得通。如果我们对罗素的《哲学问题》采取实事求是的态度，去掉罗素在用词方面造成的混乱，那么罗素的"狭义感觉"指的就是正常的感觉，他所谓在头脑中的"感觉材料"就是感觉映象，他所说的客观事物是感觉的"因"，就是蓝本因。金岳霖其实也并没有否定我们的说法，不过，他认为，当罗素提到感觉时，他心目中想的是正常感觉，而在这个时候，他的所谓感觉材料也就近似于感觉映象了，这就是偷换概念。笔者认为，罗素"偷换概念"变得正确了，我们就得承认他的正确，而不能从他一些错误中演绎出荒唐的结果加在他的头上。金岳霖说："在《哲学问题》那本书里，罗素心目中想的主要是正常的感觉；因而他很自然地认为，他可以从感觉材料推出作为原因的客观物质事物。其实他的这个'认为'是偷偷地根据常识而来的'认为'，不是根据自己的哲学。"① 这说得很对！我们应当承认，罗素在《哲学问题》中，根据常识和正常的感觉是可以从感觉材料推出作为原因的客观物质事物的。

综上所说，我们可以根据罗素在《哲学问题》一书中"心目中想的正常感觉"，把他的由果到因的推论学说重新表述为：

客观物质事物是独立存在的，这些事物是我们感觉发生的原因。感觉活动的结果是在人的头脑（私有世界）中产生感觉材料（感觉映象）。私有世界即头脑中的感觉材料与公共空间（物理空间）中的物体两者所具有的空间关系是相应的。我们不能直接亲知（直接认识）一个物体，只能在私有空间里直接认识颜色、声音等感觉材料。我们从对一个客观物质事物的感觉材料（感觉映象）的直接认识推论出对这一事物的间接知识。

罗素的论点没有什么错。他的感觉材料论的推出论虽有亲知

① 《金岳霖全集》第四卷（上），人民出版社2013年版，第170页。

的知识与摹状的知识之间的密切联系为根据，但其根本缺陷在于缺乏实践的基础，缺乏辩证法，从而不是辩证的反映论。但据此并不能否定罗素的感觉论或感觉材料论是一种唯物论。我们必须肯定罗素上述的由果（感觉映象）推因（客观事物）的学说是正确的。辩证唯物主义的认识论认为，感觉是意识和外部世界的直接联系，不通过感觉，我们就不能知道事物的任何形式。这里所谓感觉主要是指感觉活动的结果——感觉映象。因此，罗素把感觉映象作为人的认识与客观事物联系的纽带，是符合辩证唯物主义的。

五 金岳霖对罗素的逻辑构造论的批评

根据金岳霖在《罗素哲学》一书中的论述，可概括出以下要点。

（一）罗素的感觉材料的性质

首先，金岳霖认为，罗素为了利用感觉材料来构造客观物质事物，肯定感觉材料是物质的、非心灵的或不在心灵之中的，而又随着感觉而忽生忽灭的。但是，从"物质的"感觉材料构造出的"物质"是不独立于感觉而存在的。罗素把感觉材料提升到物质，而又保存它的随感觉的发生而生、随感觉的终止而灭的特点。这样一来，所谓"物质"就没有独立存在性了。构造出来的所谓客观物质事物都没有独立性了。

其次，金岳霖认为，罗素把感觉材料肯定为"物质的"并不是加强了唯物主义，而是回到休谟主义和贝克莱主义。金岳霖援引的论据是列宁在《唯物主义和经验批判主义》中对巴札罗夫的"感觉表象也就是存在于我们之外的现实"所做的批判。金岳霖认为巴札罗夫所说的感觉表象，所指的就是罗素所谓的感觉材料。列宁批判巴札罗夫是回到休谟主义和贝克莱主义。罗素正是用这个方法回到休谟主义和贝克莱主义的。

（二）罗素用奥卡姆剃刀剃掉实体

金岳霖认为，罗素通过反对实体来反对物质性或物质的独立存在性。罗素反对实体的借口有两方面。一方面，从体这一方面反对。具体的感觉是和实践紧密地结合着的，是有历史影响的，是通过理性认识而日益深刻的。在这样的感觉中，事物的体是可以感觉得到的。罗素的所谓感觉，不是具体的感觉，而是抽象的感觉。就这种抽象的感觉来说，事物只是一大堆感觉材料而已，事物的体是不存在的。五官之中没有一个是能够感觉到体的。按照罗素的看法，触觉空间和视觉空间不是一个空间，由于没有共同的空间，形成不了感觉材料的一个"堆"。"堆"都有困难，实体或事物的体就更不用说了。这就是说，各器官合作也综合不出事物的体或实体来。

以上是金岳霖从实体事物的体这一角度来提出非难的。另一角度是所谓客观事物的统一或同一问题。罗素以事物的变化为理由否认实体的存在而代之以某种性质的结构；否认同一性的存在而代之以某种关系。罗素在排除实体时，他所要排除的正是独立存在性。一个事物的同一性能够绵延，而在我没有感觉的时候它也一直存在。显然，承认这个同一性，也就是承认事物的独立存在性，同一性是同一个实体的同一性。排除同一性和排除实体是一个问题的不同提法，所要排除的都是独立存在性，也就是物质性。

（三）罗素的"公共空间"

为了构造事物，罗素需要一种"公共空间"。可是，金岳霖认为，罗素所构造出来的不是真正的公共空间。从"私有空间"构造不出"公共空间"，罗素暗中更换他的出发点。罗素以视觉的空间去概括其余的感觉对象或内容或材料，事实上承认了不同官能感觉之所得是同一的空间。这本身是偷用常识。

罗素把透视点①与透视点之间之有空间肯定了下来，把透视点上视觉空间（一个"私有空间"或"视景"）的感觉材料之间的秩序定义为透视空间（"视景空间"）。他继续把这个空间肯定为公共的。这是说不通的。例如，一张桌子的桌面，▭（长方形）、◇（菱形）、□（正方形）等桌面形象都是私有的感觉材料，和这些感觉相适应的感觉是什么呢？罗素暗中假设了感觉者或他的头脑是独立存在的事物，他在这里偷运了客观事物。如果他不偷运进客观事物，而只用他自己所能有的工具去构造，感觉者只是感觉材料，感觉者的头脑也只是感觉材料。这就是说，它们都是没有体的，都不是实体。因此，它们所占的空间就是私有空间。透视空间（"视景空间"）和透视点上的空间（"视景"或"私有空间"），按照罗素的说法，根本不可能是两种不同本性的空间。透视空间客观而透视点上的视觉空间不客观是不可能的，透视点上的视觉空间主观而透视空间不主观也是不可能的。罗素给读者的印象是他构造出公共的空间来了。这是因为他暗中更换了概念，把感觉者和他的头脑都改换成有体的或是实体的客观事物。他其实是在暗地里利用常识。罗素提出：对于一个四方的东西，甲在一个透视点上看见长方形，乙在相似的透视点上，也看见长方形，两人同说"长方形"，那么，两人的透视点就相似，即两人的感觉材料相似。罗素在这里偷换了概念，表现在"长方形"三个字上，他实在是假设了这三个字是独立存在的客观物质事物。如果他不偷运客观物质事物，"长方形"三个字，按照罗素的感觉材料论，不是独立存在的客观声音，它们只是甲乙彼此的感觉材料，那么他就不能说甲所说出的和乙所听见的是同一的声音、同一的字，乙所说出的和甲所听见的是同一的声音、同一的字。

---

① 金岳霖所说的"透视点"就是感觉者的不同的所在地，也就是"事物在视景空间中的所从点"。

（四）罗素构造出来的"事物"

罗素所构造出来的"事物"是没有实体或没有体或没有独立存在性的所谓"事物"。以一个四方的桌面为例。在感觉中，它有由▭（长方形）到□（正方形）的侧面（"方面"或"样相"）系列。感觉者可以由前一侧面向后一侧面移动。感觉者先面对前一侧面，后面对后一侧面，因此，他是在"事物"中移动。感觉者自己在他所感觉到的事物中移动，这是荒谬透顶的。按照罗素的定义，"事物"根本就不是普通生活中的具体的东西，而是向不同方向无限地伸延的东西。如果一个感觉者既戴着望远镜又借助电子显微镜，事物不知道要加大到几百倍。总之，罗素所构造出来的"事物"根本不是客观事物，不是独立于我们的感觉而存在的事物。它只是侧面而已，只是感觉材料而已。加上所谓"系列"的要求或者所谓遵照物理规律的要求，并不能改变这个所谓"事物"的本质，它的本性仍然是依赖于感觉的存在而存在。总之，金岳霖认为，罗素所构造出来的东西是没有实体或没有体或没有独立存在性的所谓"事物"；罗素对"公共空间"和"事物"的构造是荒谬，烦琐、枯燥无味的，是主观唯心主义的。

六 评金岳霖对罗素的逻辑构造论的批评

（一）关于感觉（感觉活动）和感觉材料

笔者认为，感觉（感觉活动）是客观事物直接作用于人的感觉器官时，人脑对该事物的个别属性的反映活动。因此，在感觉中必须包含以下四个要素：感觉对象（客观事物）、感觉活动（反映活动，可简称为感觉）、感觉者（感觉主体）和感觉结果（感觉内容、感觉映象或感觉材料）。罗素对感觉的分析不是反映论的，他实际上承认这四个要素，但采用了引起混乱的概念。他区别感觉和感觉材料，这是对的。但是，他一方面把感觉材料作为感觉对象，肯定它是"物理的"（或物质的），另一方面在论述私有空间（视景）和公共空间（视景空间）关系时说"我们的私有空间在我们的头脑中"，这实际上是把感觉材料作为感觉结果或感觉映象。罗素的混乱用法是可以从上下文中加以分辨的。他主要是把感觉材料定义为"具有某种时空关系的颜色、声音、滋味、气味等等的片断"，"是对立于主体的外部对象，是在感觉中被主体所察觉的东西"，因此，它们是"物理的"；感觉则是主体对感觉材料的察觉，因此是"心理的"。

金岳霖认为，罗素把感觉材料提升到物质，而又保存它的随感觉而忽生忽灭的特点。笔者认为，从罗素对感觉和感觉材料的定义中得不出金岳霖所说的特点。由此，金岳霖所说的罗素构造出来的事物不具独立存在性的观点也是值得商榷的，我们在第四点加以讨论。

此外，金岳霖把罗素的感觉材料等同于巴札罗夫的感觉表象，批判罗素回到休谟主义和贝克莱主义，这是不能成立的。罗素区分感觉和感觉材料，把感觉材料看成是物质的，这原是他在1912年《哲学问题》一书中的观点，并以此批判了贝克莱的"存在就是被感知"的主观唯心主义观点。罗素的这些看法是唯物主义的。

（二）关于奥卡姆剃刀

罗素在逻辑构造论时期，采用奥卡姆剃刀剃掉在新实在论时期所肯定的客观事物，剃掉对恒常不变的形而上学假定，剃掉实体，仅把感觉材料作为构造事物的原料。用"感觉材料的逻辑构造"或"服从物理学定律的样相的系列（类）"来代替"事物"，这实际上就是不肯定物质第一性，而把逻辑构造当成第一性的东西。因此，从总的倾向看，罗素的逻辑构造论是唯心主义的。金岳霖对罗素用奥卡姆剃刀剃掉实体的两种借口的分析是很深刻的，揭示了罗素排除同一性和排除实体的本质就是排除客观事物的独立实在性。但是，罗素在实际上无法剃掉实体，他在论述空间关系和事物定义的时候又承认了客观事物的独立实在性。

（三）关于罗素的空间理论

罗素的空间理论中有许多合理内核，是我们应该吸取的。人们在认识一个事物的时候，是不能离开空间的。按照罗素的理论，当我看见一张桌子的时候，涉及三个地点，两个在视景空间（公共空间）里：这张桌子的所在点和我的所在地即这张桌子的所从点，一个在我的私有空间（视景）里，而私有空间又在我的头脑里。这种理论能够科学地解释：一个物理对象同时呈现给两个人的现象是不同的，或者一个物理对象在两个时间（在此期间内假设对象不变）呈现给同一个人的现象也是不同的。例如，英国物理学家约翰·廷德尔在1869年发现：三束白光，通过一种硫黄胶体溶液，变为橘黄、粉红和青蓝色，此称"廷德尔效应"。这说明光线能被同样大小的物质微粒散射为各种不同色彩，所产生的颜色则依微粒的大小和观测者的位置来决定。正如罗素所说："每个心灵在每一瞬间都看到一个极其复杂的三维世界；但是绝对没有任何东西同时被两个心灵看到。"[1] 由上所说，笔者认为罗素的两种空间三个地点的学说大大丰富了感性认识的内容。

金岳霖指出，罗素的"公共空间"理论承认不同官能感觉之所得是同一的空间、暗中假设了感觉者和他的头脑是独立存在的客观事物，这是"偷用常识""偷运客观事物"。不管是"偷用"，还是"偷运"，笔者认为罗素的空间理论既具有唯物主义因素，又具有辩证法的因素。金岳霖却认为，罗素的"公共空间"的构造是荒谬的，构造出来的"公共空间"不是真正的公共空间而是私有空间，我们不能同意这种看法。当然，金岳霖指出了罗素论述中的一些错误，例如，公共空间是私有空间本身的系统，私有空间是公共空间中的一个点或一分子，这些错误混淆了公共空间和私有空间的性质。但是，综合罗素关于两种空间的区别和联系的

---

① 罗素：《我们关于外间世界的知识》，上海译文出版社1990年版，第65—66页。

论述，总的来说还是正确的。

（四）关于罗素对"事物"的定义

罗素对"事物"的定义是：事物是服从物理学定律的那些样相的系列。所谓"样相"就是事物的片断，即物质性的"感觉材料"；按罗素的看法，感觉材料的存在并不在逻辑上依赖于主体的存在。金岳霖把罗素的"感觉材料"只解释为私有的"感觉映象"，从而把罗素关于感觉材料的一切论述全都说成是主观唯心主义的，这实在是冤枉了罗素。从罗素的"样相"或"感觉材料"的物质性，得不出金岳霖所说的罗素关于"事物"的定义是荒谬的、是否定事物的体或独立存在性的结论。因此，笔者认为，罗素的"事物"定义不是唯心的，恰恰相反，是唯物的。这个定义从感性认识的角度刻画了事物的特点，为深化和丰富感性认识提供了资料。事物定义与空间理论是紧密相连的。有了事物，就必然要有所在点和所从点以及视景的问题。这在第三点已经论述过，这里不赘述。金岳霖还对罗素的事物定义提出以下两点质疑：第一，感觉者先面对前一侧面（▭），后面对后一侧面（□），因此，他是在"事物"中移动；第二，罗素的"事物"是向不同方向无限地伸延的东西。这两点质疑与对罗素"事物"定义中的"系列"作何种解释有关，其实，按罗素的另一说法，所谓"系列"就是"集合"或"类"。这就是说，事物就是由诸样相构成的类或集合。金岳霖把"系列"理解成长条或直线，这不符合罗素的原意。按照罗素的原意，上述两个问题是不存在的。感觉者从一个侧面向另一侧面移动，是从一个视点向另一视点移动，是在视景空间（公共空间）中移动，绝不是在所构造的"事物"中移动。事物既然是诸样相的类或集合，自然不会发生向不同方向无限伸延的问题。罗素所说的"样相"是指某给定的事物呈现给实际观察者的那些样相，也包括它将呈现给另外一些可能观察者的那些样相，排除了用望远镜或电子显微镜来观察的特殊情况，因此，也不会发生事物要扩大几百倍的问题。

综上所说，笔者认为，罗素的逻辑构造论是一种复杂的哲学理论，绝不能简单地用唯心或唯物的二分法来定性。它总的倾向是唯心主义的，如主张剃掉客观事物，以"服从物理学定律的样相系列"或"样相的类"取而代之，不肯定物质第一性，等等。但是，在逻辑构造论中有许多既具有唯物主义因素又具有辩证法因素的合理内核，如两种空间三个地点的理论，事物的定义，等等。吸取这些内核，对于丰富和发展马克思主义的认识论具有重要意义。

第 十 章

逻辑原子主义

第一节　概述

罗素的逻辑原子主义思想的提出曾受到维特根斯坦的影响。在 1914 年的《我们关于外间世界的知识》一书中已见端倪，在 1918 年正式提出。罗素说："我称自己的学说为逻辑原子主义的理由是因为我想在分析中取得的作为分析中的最终剩余物原子并非物质原子而是逻辑原子。某些这样的原子就是我称为'殊相'的东西（诸如很小的颜色、声音、瞬间的事物），而还有一些原子是谓词或者关系等。其要旨在于我想取得的那种原子不是物理分析的原子，而是逻辑分析的原子。"①

罗素从事实和命题开始，事实是那种使一个命题真或假的事物，用语句来表达。有像"这是白的"这样的特殊事实，也有像"所有人都有死"这样的普遍事实。事实还可以区分为：肯定的事实和否定的事实，如"苏格拉底活着"是肯定的事实，"苏格拉底没有活着"是否定的事实。命题是具有真和假二值的典型载体，是一个陈述语气中的句子，一个断定某个事物而非询问、命令、愿望的句子。命题也是一种符号，若有一些也是符号的组成部分，就是一个复杂符号。一个句子或一个命题是一个事实的专门符号。

---

① 罗素：《逻辑与知识》，商务印书馆 1996 年版，第 215—216 页。

一个命题对于一个事实可以有两种关系，一是真的关系，二是假的关系。命题可能是真的或假的，或者可能是无意义的，真和假共同属于无意义的对立面。

接着，罗素用逻辑分析方法首先分析事实。最简单的事实是占有一种有某个特殊事物作中介的性质，如"这是白的"。性质被称为"一元关系"。下一个最简单的事实是两个事实（如这个是在那个的左边）之间具有一种关系（二元关系）的事实。依次可以得到：三个个体具有三元关系的事实，如"A 将 B 给 C"；四个个体之间具有四元关系的事实，如"A，B，C，D 四点共圆"；等等。这整个分层系统构成了原子事实。表达这些事实的命题就是原子命题。

殊相就是原子事实中的诸关系项。从原子事实到原子命题，表述一元关系或性质的词叫作"谓词"，而表达任何较高阶的关系的词一般是动词，有时是简单的动词，有时是词组。原子命题中不是谓词或动词的那些词就是命题的主词。在一元命题中有一个主词，在二元命题中有两个主词，等等。命题中的主词是那些表达诸关系项的词，关系由命题表达。专有名称是代表殊相的词。

分子命题含有其他的命题，这些其他的命题可以被称为"分子命题的原子"。分子命题是由"或""如果""并且"这类词构成。对应于每个事实都有两个命题，一个真，另一个假。但没有假的事实。因此，我们不能为每个命题取得一个事实，而只是为每一对命题取得一个事实。"p 或 q"这个命题的真或假不是依赖于单个析取的客观事实，而是依赖于两个事实，一个对应于 p，另一个对应于 q；p 具有一个对应于自己的事实，q 也具有一个对应于自己的事实。"p 或 q"可以用一个真值表来说明其真和假：

p	q	p 或 q
真	真	真
真	假	真

假	真	真
假	假	假

当分子命题的真或假取决于组成它的那些命题的真或假时，被称为真值函项。"p 并且 q""如果 p 则 q""p 与 q 不相容"也是真值函项。

涉及两个或更多动词（如相信、期望、意欲等）的命题与上述分子命题不同，它们不是真值函项。"我相信 p"这个陈述的真或假并不只是取决于 p 的真或假，因为我相信某些真命题而非全部真命题并且我相信某些假命题而非全部假命题。"我相信苏格拉底是有死的"，其中有两个动词："相信"和"是"，这是一个信念，表达了单个事实。此外，还有像"所有人都有死"这样的一般命题和"有的人是希腊人"这样的存在命题，与此相对应，有一般的事实和存在的事实。

罗素在 1959 年的《我的哲学的发展》第十章"维特根斯坦的影响"中，提到维特根斯坦的两个原则：外延性原则和原子性原则。① 外延性原则是说：关于一个 p 命题的任何陈述的真或假，完全依赖于 p 的真或假；包含一个命题函项的任何陈述的真或假完全有赖于这个函项的外延，这就是说，有赖于使这个函项为真的值域。原子性原则是：关于复合的每个陈述可以分析成关于它们的组成部分的一个陈述，并且可以分析成完全描述那些复合的一些命题。罗素在上文中已经使用了这两个原则。关于这两个原则应用于"A 相信 p"时有争议，罗素在 1940 年的《意义与真理的探讨》中详加讨论，得到两个结论："（1）当加以严格解释时，对于像'A 相信 p'这样的句子的分析并未表明外延性原则是假的；（2）同样的分析并未证明原子性原则是假的，但是也没有充分证明它是真的。"② 罗素在《数学原理》第二版"导论"中采用

---

① 罗素：《我的哲学的发展》，商务印书馆 1982 年版，第 98—113 页。
② 罗素：《意义与真理的探讨》，贾可春译，商务印书馆 2009 年版，第 329 页。

了外延性原理。

罗素提出逻辑原子主义哲学的一个目的是论证逻辑分析的合理性，也就是逻辑原子主义的合理性。按照逻辑原子主义的观点，如果不从实际上，而从理论上，我们就可以开始认真处理最终的"简单之物"。世界是由这些简单之物建立的，而且这些简单之物具有一种不属于其他东西的实在。简单之物有无限多的种类。存在各种不同阶的殊相、性质和关系，即由不同种类的简单之物所组成的整个分层；全部简单之物以它们各自不同的方式具有某种不属于其他东西的实在。在这个世界上，事实是唯一的其他种类的客体；事实是那种可以由命题做出肯定或否定的事物，但在事实的要素是实体这种意义上，事实根本不是实体，因为我们不能命名它们，而只能否定、肯定或思考它们。

罗素在逻辑原子主义哲学的八次讲演中，贯穿着另一个目的就是要实践"奥卡姆剃刀"，即"如无必要，勿增实体"。

罗素提出一个问题："我说我正在注视的这张桌子和我一星期之前注视的那张是同一张书桌，这是什么意思？"假定答复是："它是同一张书桌，它实际上是同一的，存在一种关于实体的完满同一性。"但是这个答复不能提供一个经验的理由。有某个在经验中给予的东西促使我们称它为同一张书桌，而只要把握了这个事实我们就能继续说：它就是那种促使你称之为同一张书桌、被定义为构成那同一张书桌的东西，而全部过程不存在任何形而上学实体是同一的假定。我们能够认识的就是存在着联结在一起的现象组成的某一个序列，我们就将这些现象的序列定义为一张书桌。因为一个序列是一个逻辑虚构，所以这张书桌就可以归约为一个逻辑虚构。罗素举物理学为例，在这一科学中有一个给定的学说主干，一套以符号表达的命题。物理学家就要以下列观点来探究这些命题：找出什么是最小的经验装置，从这些装置中才能建立这些命题；一开始，不加定义的最小量的简单之物以及最小量的不加证明的前提是什么，从这些简单之物和前提出发才能定义需要定义的事物并且证明需要证明的事物。物理学家将物质归约为一些元素，如原子等。如果将原子用于物理学的目的，那么原子就要变成一个构造，变为殊相类的一个序列。罗素说："我们的逻辑技术所做的一件事就是为我们提供一种方法，来构造具有最小装置的符号命题的一个给定的主体，而在装置方面的每一次缩小都会减少犯错误的危险性。例如，假定你用某些实体和前提构造了物理学；假定你发现，你可以通过一个小窍门取消上述的一半实体和前提，显然你减少了犯错误的危险，因为你以前有十个实体和十个前提，你现有的五个是完全正确的；但是反过来下面这一点却不真实：如果你现在有的五个是完全正确的，那么你以前有的那十个也一定是完全正确的。因此，随着实体和前提的每一次缩小，你也就相应减少了犯错误的危险。当我谈论这张书桌，并且说我不想假定构成书桌表面基础的永恒实体的存在时，这正是一个适当的事例。你总是有连续不断的表象，而如果你不想假定形而上学的和永恒的书桌也能生活得很好的话，那么你现在犯错误的危险要比以前少得多。要是你完全否定形而上学的书桌，你甚至连小错误也不一定会犯。这是奥卡姆剃刀的优点，即它减少了你犯错误的危险。"[①]

第二节　评论

一　逻辑原子主义的本质

罗素在《我的哲学的发展》中，曾将维特根斯坦的基本学说总结为"也许《逻辑哲学论》在哲学上的基本学说是，一个命题是这个命题所说的那些事实的一个图形。一张地图显然是传达一

---

① 罗素：《逻辑与知识》，商务印书馆 1996 年版，第 339—340 页。

些正确或不正确的知识；如果这些只是正确，那是因为这张地图与其相关的地方二者之间在结构上有相似之处。维特根斯坦认为，用语言来断定一件事实也是如此。……这个学说强调结构的重要性。"① 罗素同意强调结构的重要性，但是他说："至于一个正确的命题必须重现相关的事实结构这样一个学说，我现在觉得很可怀疑，虽然当时我是承认这个学说的。无论如何，即使这个学说在某些意义上是正确的，我也不认为它有什么很大的重要性。"② 由此可见，罗素在后来对自己的逻辑原子主义哲学"觉得很可怀疑"，"没有什么很大的重要性"。维特根斯坦从不可言说的"世界是事实的总和""世界是我的世界"走向神秘主义和唯我论，罗素也难逃这一厄运。

看来，罗素还是有自知之明的。笔者认为，逻辑原子主义是逻辑构造论的一种新发展。罗素为了反对形而上学的实体，使用奥卡姆剃刀，剃掉了物质世界的实体。他提出了逻辑原子主义的理论基础，认为世界是由最终的"简单之物"建立的，而且这些简单之物具有一种不属于其他东西的实在。简单之物有无限多的种类。存在各种不同阶的殊相、性质和关系，即由不同种类的简单之物所组成的整个分层；全部简单之物以它们各自不同的方式具有某种不属于其他东西的实在。在这种理论指导下，罗素提出了逻辑原子主义，其本体论是认为世界是由事实构成的，事实不是实体，命题是表达事实的。事实从原子事实开始，有不同的阶梯，因而表达事实的命题也从原子命题开始有不同的阶梯。从认识论来说，这就是认为逻辑语言的结构和世界的结构是一致的，通过对逻辑语言的分析，就可以从逻辑语言构造出世界。我们在"逻辑篇"中曾讲到"不完全符号"的理论，罗素在逻辑原子主义哲学的讲演中，再次强调了这一理论。不完全的符号是一些绝

---

① 罗素：《我的哲学的发展》，商务印书馆 1982 年版，第 101 页。
② 罗素：《我的哲学的发展》，商务印书馆 1982 年版，第 101 页。

对没有单独意义而仅在一种语境关系中取得意义的东西。摹状词
"《威弗莱》的作者"、类、类的类、从外延上理解的关系等，都
是不完全的符号，都是"逻辑虚构"。

由此可见，罗素的逻辑原子主义是一种否定物质世界客观实
在性的唯心主义理论。马克思主义哲学认为，物质决定意识，意
识不过是客观事物在人脑中的反映；同时意识对物质具有能动作
用，意识能够正确反映客观事物；意识能够反作用于客观事物，
正确的意识促进客观事物的发展，错误的意识阻碍客观事物的发
展。逻辑学是一门科学，属于社会意识的一种形式，不属于上层
建筑中的社会意识形态。罗素本末倒置，将第二性的一种社会意
识形式，用来构造第一性的客观物质世界。他从逻辑学出发，将
客观存在的桌子、物理学中的原子以及具有客观基础的类、关系
等都变成"殊相类"的一个序列，也就是"逻辑虚构"。逻辑原
子主义实际上就是用第一性的"逻辑原子"即他所谓的"殊相"、
性质和关系来构造物质世界的一种新型的"逻辑构造论"。

二　关于奥卡姆剃刀

罗素说："怀特海博士和我发明了一个非常重要而富有启发意
义的准则，根据经验我们认为，它可以应用于数理逻辑，而后人
们又将它应用到其他领域中，这个准则是'奥卡姆剃刀'的一种
形式。当某一组假定的实体具有简洁的逻辑性质时，这时在大量
的实例中会有这样的结果：这些假定的实体可以被不具有这些简
洁性质的实体所构成的纯粹逻辑结构所替代。在这种情况下，我
们在解释迄今一向被认为是关于假定的实体的命题组时，就可以
代之以那些逻辑结构而不会给该命题组的任何细微之处造成什么
改变。这种做法是很经济的，因为具有简明的逻辑性质的实体总
是推论出来的，假如有它们出现的那些命题不必做这种推论就能
得到解释，那么这个推论的基础也就瓦解了；我们的命题组的地

位也就省却了一个值得怀疑的步骤的必要而得到了保证。这个原则可以表述如下：'如有可能，就用已知实体的构造物来代替对未知实体的推论。'"① 罗素指出："奥卡姆曾为不见于他本人著作中的一句格言而享有盛名，但这句格言却获得了'奥卡姆剃刀'这一称号。这句格言说：'如无必要，勿增实体。'他虽然没有说过这句话，但他却说了一句大致产生同样效果的话，他说：'能以较少者完成的事物若以较多者去做即是徒劳。'这也就是说，在某一门科学里，如能不以这种或那种假设的实体来解释某一事物，那么我们就没有理由去假设它。我自己觉得这在逻辑分析中是一项最有成效的原则。"②

笔者认为，"奥卡姆剃刀"是一把双刃剑。这一原则在逻辑系统的构建中是有成效的，可以减少初始概念和公理的数量，从而达到简化形式系统的目的。这一原则在两种科学假说的竞争中，可以使我们挑选比较简单的能说明现象而又容易证伪的那种假说。这一原则也可以应用于现代企业管理之中，剃掉许多阻碍生产力发展的规章制度。但是，在哲学中要谨慎应用。我们不可像罗素那样借口反对形而上学，随便用来剃掉客观存在的事物，为唯心主义服务。总之，"奥卡姆剃刀"是一种方法，用得好可以很有成效，将复杂的事情化繁为简，如果像逻辑经验主义那样用来反对形而上学，就会落入唯心主义的泥坑。

三　关于逻辑分析方法——兼评金岳霖对它的否定

在《我们关于外间世界的知识》一书中，罗素提出了一个重要观点：逻辑是哲学的本质。他指出：只要是真正的哲学问题，都可以归结为逻辑问题。因为，每个哲学问题，当经受必要的分析和澄清时，就可看出，它或者根本不是真正的哲学问题，或者

① 罗素：《逻辑与知识》，商务印书馆1996年版，第396—397页。
② 罗素：《西方哲学史》（上卷），商务印书馆1976年版，第573页。

是具有我们所理解的含义的逻辑问题。这里所谓的逻辑，指的是数理逻辑。逻辑原子主义发展了"逻辑是哲学的本质"这一思想，极端夸大逻辑分析方法的作用。虽然我们不同意罗素用逻辑演算和逻辑分析方法来构造世界的逻辑原子主义，不同意对逻辑分析方法的极端使用，但是在逻辑分析方法中也有合理内核，应当吸取。罗素十分重视逻辑分析方法。他在《我的哲学的发展》一书中说："我的方法总是从某种含混而费解的东西开始，这种东西不容怀疑，但是我无法说得准确。我所走的过程是先用肉眼看某种东西，然后再用显微镜加以检查。我发现，把注意力加以集中，在原来什么都看不见的地方都出现了区分和差别，就像通过显微镜你可以看见污水里的杆菌一样，而没有显微镜是看不出来的。有很多人反对分析。我一直认为，就像污水的那个例子，分析显得能给人以新知识，而对于原来就有的知识毫无所损。这不但适用于有形的东西的构造，也一样适用于概念。举例来说，平常所用的'知识'是一个很不精确的名词，其中包含很多不同的东西和从确实性到稍有可能性的许多阶段。"① 罗素说他自从放弃了康德和黑格尔的哲学以后，一直是用分析的方法来寻求哲学问题的解决，他坚信只有用分析才能有进步。

以上述的书桌为例，罗素的分析是很细腻的，结果得到：我一个星期以来看到的同一张书桌是由连续不断的现象组成的一个序列。我们可以接受这种说法，但对于序列的看法，我们与罗素不同，罗素认为一个序列是"逻辑虚构"，不是实在的；我们认为，一个序列是客观存在的现象的一种科学抽象，绝不是逻辑虚构。另外，我们在抛弃"逻辑结构"与"事实结构"对应的同时，要吸取重视逻辑结构的思想，这对于逻辑研究是很重要的。我们在构建一个新的逻辑系统时，要处理好"由简到繁"和"化

---

① 罗素：《我的哲学的发展》，商务印书馆1982年版，第118—119页。

繁为简"之间的关系，使得新建系统的结构既简洁又完美。

我们在以上关于"外在关系说""摹状词理论"和"感觉材料论"的评论中对逻辑分析方法的应用曾做过评论，这里不再赘述。

下面，我们要评论金岳霖对罗素的逻辑分析方法的否定。

金岳霖认为，罗素的哲学分析是一种"逻辑分析主义"。他提出了以下三点批评：

第一，辩证唯物主义者特别着重具体分析，具体分析是对客观事物的分析，分析的对象是客观事物。这是主要的。在分析过程中，总会涉及概念的分析，但是，这是次要的，是以对客观事物的分析为转移的。罗素分析的方向是从分析命题到分析事实。

第二，具体分析是辩证的分析，它是揭露矛盾，找出主要矛盾和主要矛盾方面以解决矛盾的。如果一定要提到逻辑的话，它是辩证逻辑的分析，它不排斥形式逻辑的分析，然而它不只是形式逻辑的分析。真正的形式逻辑的分析还是有用的，但是，罗素的所谓逻辑分析不是真正的形式逻辑的分析。我们应该特别着重的还是辩证的分析、具体的分析。

第三，具体分析是以时间、地点、条件为转移的。具体的分析是在特定的时间、特定的地点、特定的条件之下的分析。罗素的分析与这种具体分析毫无共同之处。

金岳霖提出了这三点之后，举了几个罗素所做的分析的例子，认为罗素的分析不是真正的形式逻辑的分析。

我们认为，金岳霖对罗素的逻辑分析方法的三点批评需要进行分析。

第一点关于分析的对象问题，罗素明确指出，分析"不但适用于有形的东西的构造，它一样适用于概念"。他不但对"物"做过科学分析，而且对一些概念做过科学分析。说罗素的分析只是概念的分析，是从分析命题到分析事实，这不合乎事实。

　　金岳霖所说的第二点和第三点是辩证分析的特点，形式逻辑的分析并不否定它们，它不否定事物的矛盾，不否定事物的变化，它只是从事物的确定性方面来分析事物。世界上的万事万物都在不断地运动、变化和发展着。但是，不管事物的运动、变化和发展的速度有多么快，一个事物如果在某个时间、某个方面具有某个性质，那么它在这个时间、这个方面就一定具有这个性质；不能既具有这个性质又不具有这个性质；它或者具有这个性质，或者不具有这个性质，二者必居其一。这就是事物在运动、变化和发展过程中的确定性。这种确定性就是形式逻辑分析的根据。

　　事物由于对立面的矛盾不断地运动、变化和发展，同时在运动、变化和发展中又具有确定性，因此，辩证逻辑的分析和形式逻辑的分析（包括数理逻辑的分析）都是需要的。这里没有什么高级和低级之分。

　　综上所说，金岳霖提出的三点批评并不能否定罗素的逻辑分析方法。

第十一章

中立一元论（第一阶段）

第一节 《心的分析》中的中立一元论概述

所谓中立一元论，就是认为构成世界的"材料"既不是心理的，也不是物理的，而是一种"中立的材料"。美国实用主义哲学家詹姆斯（William James）首先提出这种观点。罗素在 1914 年的《论亲知的性质》中曾批评和否定詹姆斯的意见，在 1918 年的《逻辑原子主义哲学》中倾向于中立一元论但并不相信。1919 年在《论命题》中表示相信詹姆斯的看法。罗素的中立一元论可分为前期和后期，前期的代表作有两部：一部是 1921 年的《心的分析》，另一部是 1927 年的《物的分析》。1927 年出版的《哲学大纲》对《物的分析》中的思想作了进一步说明。

罗素在 1912 年的《哲学问题》一书中对感觉和感觉材料作了区分。在《心的分析》中，他取消了这个区别，放弃了"感觉材料"的概念。他认为，感觉显然是我们对世界（包括我们的身体）的认识的源泉。但是，他不同意把感觉本身看成是一种认识的观点。这种观点认为，当我看见一个我认识的人在街上向我走来的时候，好像单纯的看就是知识。当然不可否认知识是经由这种看而来的。但罗素认为，把单纯的看本身看作知识，这是错误的。如果我们这样认为的话，我们就必须把看和所看到的东西加以区分：我们必须说，我们看见某种形态的一片颜色的时候，这片颜色是一种事物，而我们对它的看是另外一种事物。但是这种看法要求承认主体或行为。如果有一个主体，它就可以同这片颜色有一种关系，即我们可称之为"感到"的那种关系。在那样的情况下，感觉作为一种精神事件，将在于感到那种颜色，而那种颜色本身仍然完全是属于物理的。为把它和感觉区分开，可以称之为"感觉材料"。但是，罗素认为，这个主体表现为一种逻辑上的虚构，就像数学上的点和瞬一样。引进它来，不是因为由观察而见到了它，而是由于语言上的方便，而且显然也是由于语法上的需要。这种名义上的实体也许存在，也许不存在，但是没有很好的理由假定这类的实体真是存在的。它们似乎要完成的功能，总能通过类、系列或别的逻辑构造来完成，而这些东西都是由较少可疑的实体组成的。如果我们要避免一个完全无必要的假定，我们就不能把这种主体当成世界中的一个实际成分。这样一来，把感觉和感觉材料加以区分的可能性就没有了。因此，当我们看见一片颜色时所具有的感觉，只是那片颜色，即物理世界的一个实际成分，或者说物理学所感兴趣的一部分。一片颜色当然不是知识，所以我们不能说纯粹的感觉就是认识。经由其心理的效果，部分地由于它本身是那些和它相关联的东西的一种符号（例如，就像视觉和触觉是互相关联的那样），部分是由于在感觉消逝以后，它能引起意象和记忆，因而它是认识的原因。但是纯粹感觉本身不是认识。罗素提出，感觉对于心理界和物理界是共有的东西，它们可定义为"心灵和物质的交叉部分"。感觉的本质是它离开过去的经验而独立，它是我们实际经验中的一个核，不单独存在。它为我们关于物理世界的知识提供材料。①

罗素说："我们的经验世界由以组成的材料既非心灵，亦非物质，而是比二者都更基本的某种东西。"② 这种东西就是感觉。罗

---

① 参看罗素《心的分析》，贾可春译，商务印书馆 2009 年版，第 118—121 页。
② 罗素：《心的分析》，贾可春译，商务印书馆 2009 年版，第 2 页。

素说:"就其内在性质而言,心理学的材料与物理学的材料没有什么差异。我认为,感觉是心理学的材料,也同样是物理学的材料。"[1]

罗素对以感觉为中立材料的一元论做了论证,[2] 他吸收了1914年《我们关于外间事物的知识》中的逻辑分析方法并有所发展,指出构成物理世界的殊相可以通过两种方式被归并为集合:

一是把所有作为来自不同地点的一个给定事物之现象的殊相全部集成一束,这是物理学方式;

二是把所有作为来自一个给定地点的不同事物之现象的殊相全部集成一束,这是心理学方式。

一个给定时间中的后面这类殊相束被称为一种"视景";从一个整个的时间段来考虑,它就被称为一部"个体历史"。在被涉及的地点就是人脑这种特殊情况中,属于这个地点的视景就是由一个给定时间点上某个人的所有知觉组成的,这个地点的视景是在人脑之中。视景和个体历史是精神现象存在的前提,是主观性的特点。主观性要通过记忆的因果作用来定义。

罗素在论述记忆的因果作用是否是心理现象的特点时有点动摇,他一方面认为它不是心理现象的特点,另一方面在《心的分析》的结论中却肯定,记忆的因果作用与主观性是因果律的两个最重要的心理特点,它们是有联系的,在记忆的因果作用中的因果单位是在一个给定时间占有一个给定的被动地位的殊相组,并且对主观性下定义是由于这种归组方式。记忆的因果作用是指在陈述事情的近因时,某种或某些过去的事情必须包括在内。例如,你嗅着煤炭烟气,你回忆某个时机曾闻过这种气味。就至今可观察的现象讲,你记忆的原因是由煤炭烟气(现在的刺激)和以前的时机(过去的经验)两者组成的。如果在另外一个人,没有你

---

① 罗素:《心的分析》,商务印书馆2009年版,第260—261页。
② 参看罗素《心的分析》,商务印书馆2009年版,第5、15讲。

以前的经验，同一刺激不会产生同一记忆。所以依照"同因则同果"的规律，我们不能把煤炭烟气看成是单独引起你记忆的原因，因为它在其他场合，没有同一效果。你记忆的原因必须为煤炭烟气和过去事件两者。罗素列出了一个一般公式："过去的 A、B、C……连同现在的 X，造成现在 Y"，这里，A、B、C……是记忆的原因，X 是现在的刺激，Y 是反应。他认为，凡经验影响行为的一切事件就是记忆的因果作用的例子。记忆的因果作用表明，过去历史对于人们的现在事件有重要影响。实际上，罗素还是承认了记忆的因果作用是心灵的特点。

罗素举例说，当我看到一颗星的时候，我的感觉是：

1. 作为那颗星并与此星所在的地点相联系的那个殊相组的一个成员；

2. 作为我的个人历史并与我所在地点相联系的那个殊相组的一个成员。

以星球照相为例，假如某个星球在某个地点是可见的，或能被那个地点的某种充分敏感的感光板所拍摄，那里就有某种事情发生了，并且那种事情与那颗星拥有特别的联系。因此，每个地方始终都有大量的事情在发生，也就是说，对于可以从那个地方看见或拍摄的每个物理对象，都至少有一件事情发生。我们把在一个给定地点的不同星球的所有现象都集合在一起，这是心理学方式，每张星球照片是一个视景。也可以把在一个不同地点的一个给定星球的所有现象都集合在一起，这是物理学方式，假如星球照片是从空间中的所有地点拍摄下来的，并且在所有这样的照片中，某颗星（如天狼星）每当出现时就被挑选出来，那么把天狼星的所有不同现象放在一起，就代表天狼星。

这样一来，我关于那颗星的感觉同那颗星所在的地点（"主动的"地点）及我（或照相底版）所在的地点（"被动的"地点）相关联。

物理学所关心的殊相与心理学所考虑的并被称为感觉的那些殊相属于同一类型。物理学的因果律不同于心理学的因果律仅在于它们把一个殊相与同一片物质的其他殊相而非同一个视景中的其他殊相联系到一起了。这就是说，它们把拥有同一个"主动的"地点的殊相归集了起来，而心理学则是把拥有同一个"被动的"地点的殊相归集了起来。就我们自己来说，一组殊相就是我们的身体（或大脑），而另一组殊相是我们的心灵（由知觉组成）。就照相底版来说，第一组殊相是物理学所处理的底版，第二组殊相是它所要拍摄的天空的样相。

罗素在《心的分析》第十五讲得到以下六点结论：

1. 物理学和心理学并不是通过它们的材料而得以区分的。心灵和物质同样都是逻辑的构造；它们由之构造出来或者说从中推论出来的那些殊相拥有不同的关系，其中一些是物理学所研究的，而另外一些是心理学所研究的。一般来说，物理学通过殊相的主动的地点把殊相归为一组，而心理学通过殊相的被动的地点把殊相归为一组。

2. 因果律自然地被称作心理的，其最基本的两个特征是主观性和记忆的因果关系；这些特征不是没有联系的，因为记忆的因果关系中的原因单元是在一个特定时间拥有一个特定的被动地点的一组殊相，而正是通过这种分组方式，主观性才得到了定义。

3. 习惯、记忆和思想全都是记忆的因果关系的发展结果。记忆的因果关系很有可能来自神经及其他组织中通常的物理因果关系。

4. 意识是精神现象的一种复杂的特征。

5. 心灵是一个程度的问题，这种程度主要体现在习惯的数量与复杂性上。

6. 我们的所有材料，包括物理学的和心理学的，都服从于心理学的因果律；而心理学则更接近于实际。

第二节　语词与意义

一　概述

罗素在《心的分析》中探讨的认识论问题是"被称为'意义'的那种关系是什么"。①

例如我们说，"拿破仑"这个词"意指"某个人，这就是在断言"拿破仑"这个词与被如此称呼的那个人之间的一种关系。

现在首先考虑：不考虑其意义，当被简单地看作一种物理事物时，词是什么样的对象。首先，一个词有许多实例，即它在其中被使用的所有不同场合。因而，词并不是某种唯一的、特殊的东西，而是一个事件的集合。假如我们把自己限定于说出的词，那么依我们从说者的观点还是从听者的观点看，一个词拥有两个方面。从说者的观点看，词的使用的一次单一的实例，就是由若干运动所组成的某个集合，这些运动发生在喉头和口腔，并与呼吸相结合。从听者的观点看，词的使用的一次单一的实例，是由某个声音系列构成的，其中每一种声音都近似地为书写中的一个单一的字母所代表，尽管实际上一个字母可以代表几种声音或者几个字母可以代表一种声音。说出的词与达到听者那里的词之间的联系是因果的。现在仅限于分析说出的词。

说出的词的一个单一的实例就是一个运动系列，而词就是由若干这样的系列所构成的一个完整的集合，并且该集合的每个分子都非常相似于每个其他的分子。这就是说，"拿破仑"这个词的任何两个实例都是非常相似的，并且每一个实例都是一个由口腔运动所构成的系列。因而，一个单一的词绝不是简单的，它是由诸相似的运动系列所构成的一个类（只限定于说出的词）。

---

① 参看《心的分析》第十讲。

当我们问什么构成意义时，我们问的并非什么是这个或那个特殊的词的意义。"拿破仑"这个词意指一个特定的个体；但是我们问的并非谁是这个个体，而是该词与这个个体之间的关系是什么。但是，正像认识到作为物理世界之一部分的一个词的性质是有用的一样，认识到一个词所意指的那类事物也是有用的。当我们既清楚一个词在其物理的方面是什么，也清楚它能意指什么类型的事物时，我们就能较好地发现作为其意义的两者之间的关系。

在考虑词意指什么时，从专名开始是合乎自然的。再以"拿破仑"为例。我们通常想象，当我们使用一个专名时，我们意指一个确定的存在体，即被称为"拿破仑"的那个特定的个体。人们从经验上所得知的拿破仑，是一个由逐渐变化的现象所构成的系列：首先是一个啼哭的婴儿，而后是一个儿童，而后是一个身材修长而漂亮的青年，而后是一个身材发福、懒惰而又穿戴非常威严的人。这个系列现象和与这些现象有某些种类的因果联系的各种事件，构成了人们从经验上所知道的拿破仑，并且因此就是拿破仑。拿破仑是一个复杂的事件系列，这些事件通过因果律联系在一起，而非像一个词的诸实例那样通过相似之处联系在一起。

因而，就专名而言，尽管这个词是一个由若干相似的运动系列所组成的集合，但它所意指的东西是一个由那个特殊种类的因果律将其联系在一起的事件所构成的系列，而那个特殊种类的因果律使那些被放在一起的事件构成我们所说的一个人，或者一个动物或者事物。这个词和它所命名的东西都不是世界的一种终极的不可分的成分。对于构成那些集合的终极而短暂的存在物（我们称这些集合为事物或人），我们在语言中没有直接的办法来称呼其中的某一种。假如我们要谈及这样的存在物，我们就不得不借助于一些精致的短语来做这一点，比如"1919 年 1 月 1 日中午占据我的视野中心的视觉"。罗素把这样的终极的简单物称为"殊相"。殊相可以拥有专名，并且假如语言是为了哲学和逻辑的目的而由经过科学训练的观察者发明出来的，那么它无疑就会拥有专名。

在实践中，我们并不很关心在感觉中进入我们经验的实际殊相；我们更关心殊相所属其中并作为其标记的整个系统。

从专名继续往前，我们接着来到通名，比如"人""猫"及"三角形"等。一个像"人"这样的词，意指由拥有专名的诸殊相集合所组成的一个完整的类。这个类中的几个分子凭借某种相似性或共同的属性而聚集在一起。在某些重要的方面，所有的人都是相互类似的；因此，我们需要一个词，这个词将同等地应用于他们当中的所有人。

有一大类像"吃""走"和"说"这样的词，它们意指一个由诸相似事件所构成的集合。走的两个实例拥有同一个名称，因为它们相互类似，而琼斯的两个实例拥有同一个名称，因为它们因果地联系在一起。然而，在实践中，难以在像"走"这样的词与像"人"这样的通名之间做出某种精确的区分。

因此，我们可以把像"雨""日出"和"闪电"这样的词归入"吃""走"和"说"这类词当中，它们并不指谓通常所称的行为。名词"雨"和动词"下雨"精确地指谓同一类气象学事件。

我们接下来将考虑：如果说人们在某种意义上理解自己语言中的而非其所不了解的语言中的词，那么在同一种意义上，说一个人"理解"一个词意味着什么？我们可以说一个人理解一个词，有六种理解的方式：

1. 在适当的场合你可以恰如其分地使用这个词；

2. 当你听到这个词时，你会做出适当的行为；

3. 你由这个词联想到对你的行为产生适当效果的另一个词（比如说在一种不同的语言中）；

4. 当你首次学习这个词时，你可以把它与一个对象联系起来，这个对象是它所"意指"的东西，或者说，代表了它所"意指"的各种对象；

5. 词可以用来描述或回忆一种记忆—意象：当它已经存在时，用来描述它；或者，当词作为一种习惯而存在，并且人们知道它们描述了某种过去的经验时，用来回忆它；

6. 词可以用来描述或制造一种想象—意象：例如，诗人或小说家是去描述它，而在一般的传达信息的情况下人们是去创造它，尽管在后一种情况下，人们希望想象—意象在被创造时将会被某种事情发生过这样的信念所伴随。①

当我们理解一个词时，我们在它与其所"意指"的意象之间拥有一种相互的联想。意象可以导致我们使用意指它们的词，而且词，无论听到的还是读到的，反过来又可以产生适当的意象。因此，言语是一种手段，可以用来在我们的听者身上制造我们所拥有的意象。另外，通过一种缩短了的过程，词也会及时地直接产生某些效果，而这些效果本来将会由与词相联系的意象所产生。

为了定义意象的"意义"，我们不得不既要解释它与一个或多个原型的类似，也要解释它的因果功效。假如存在诸如单纯的想象—意象这样的一种事物，并且它没有任何原型，那么它就是没有意义的。但是，也许除了在非常罕见的例外情况下，根据休谟的原则，至少意象中最简单的成分是来自原型的。在诸如一个朋友的脸的意象或一条难以描述的狗的意象之类的例子中，一种意象时常不是来自一个原型，而是来自多个原型；当这种情况出现时，意象是模糊的，并使得各种原型由之得以区别的那些特征也变得朦胧了。为了获得这样情形中的意象的意义，我们观察到，意象的效果在某些方面（其中值得注意的是联想）类似于其原型的效果。假如我们发现，在一个给定的例子中，模糊的意象，比

---

①　罗素在后来的《我的哲学的发展》中说，这六项只适用于代表物的语词，而不适用于不是关于物的语词。

如说一条难以描述的狗的意象，拥有所有狗都会拥有的那些联想的效果，但并不拥有任何一条特殊的或特殊种类的狗所拥有的那些效果，那么我们可以说，我们的意象"意指"一般的狗。假如它使人产生与长毛垂耳犬而非其他的狗相适合的一切联想，我们就将说它意指"长毛垂耳犬"；而假如它使人产生与一条特殊的狗相适合的所有联想时，它将意指那条狗，不管它作为一种图画是多么模糊。根据这种分析，意象的意义是由相像性与联想相结合而构成的。它并非一个清楚的或确定的概念，而且在许多情况下，我们不可能带着某种确定性来断定意象所意指的东西。

与意象的意义不同，词的意义完全是由记忆的因果律构成的，并且在任何程度上都不是由相像性构成的。"狗"这个词与一条狗没有任何类似之处，但是它的效果，就如一条狗的意象的效果一样，在某些方面类似于一条实际的狗的效果。明确地说出一个词的意义比明确地说出一种意象的意义要容易得多，因为不管词是如何起源的，它们都是为了具有意义而在后来被人构造出来的，并且人们在长期的岁月中使词的意义更精确了。但是，尽管说出一个词的意义要比说出一种意象的意义容易，然而构成意义的关系在两种情况下几乎是一样的。一个词像一种意象一样，能与其意义产生相同的联想。除了产生其他的联想之外，它还与其意义的意象联系在一起，所以词易于唤起意义，并且意象易于唤起词。但是这种联想对于词的高水平的使用并不关键。假如一个词在思想中与其他对象具有适当的联系，我们就能正确地使用它，并能理解别人对它的使用，即便它没有唤起意象。对词的理论上的理解只涉及把它们与其他的词正确地联系起来的力量，而实践上的理解则涉及与其他身体动作的联系。

当然，词的使用主要是社会的，其目的在于向他人表明我们所持有的观念，或至少是我们所希望他们持有的观念。但是，语词特别与我们相关的方面，在于其提升我们自己思想的力量。其中的几种好处是值得提及的。

第一，说出一个词是没有任何困难的，然而一种意象不能总是随我们的心愿而出现，并且当它出现时，时常包含许多不相关的细节。第二，我们的许多思维都与抽象的问题相关，这些问题并不轻易地适合用意象来思考，而且假如我们坚持寻找应该可以代表它们的意象，那么这些问题有可能被错误地构想。不管其意义多么抽象，词总是具体的、可感的；因而，我们能借助于语词，以某种本来不可能的方式详细陈述抽象概念。第三，同一个词的两个实例是那么相似，以至于两个实例中没有一个会具有另外一个所不能有的联想。例如，与一条哈巴狗和一条丹麦大狗相比，"狗"这个词的两个实例要相似得多；因此，"狗"这个词使得思考一般的狗变得特别容易。当许多对象拥有一种重要但并不明显的共同属性时，创造一个用来称呼该属性的名称有助于我们记住它，并想到由拥有该属性的对象所构成的完整的集合。

二　评论

马克思主义哲学认为，语言与思维有着不可分割的联系。思维是人脑的机能，是对外部现实的反映；语言则是实现思维、巩固和传达思维成果即思想的工具，正如马克思和恩格斯所说："语言是思想的直接现实。"[①] 语言和思维一样产生于人类的交往活动；语言和思维是人类理性认识的产物。由此可见，语言问题在马克思主义哲学中具有重要位置。我们应当在马克思主义哲学指引下，对罗素的语言分析哲学进行研究，吸收其合理的内核，以丰富马克思主义哲学的语言理论。

罗素在《心的分析》中将逻辑分析方法应用于语词的分析，取得了重要的成果。

---

① 《马克思恩格斯全集》第三卷，人民出版社1960年版，第525页。

首先，罗素考察了专名、通名、某些动词、自然现象的语词等，提出：一个说出的"词是一个由若干相似的运动系列所组成的集合，但它所意指的东西是一个由那个特殊种类的因果律将其联系在一起的事件所构成的系列，而那个特殊种类的因果律使那些被放在一起的事件构成我们所说的一个人，或者一个动物或者事物"。

其次，罗素提出了关于物的语词的六种理解方式，并提出"当我们理解一个词时，我们在它与其所'意指'的意象之间拥有一种相互的联想"。他对语词"意指"并非当前可感觉的事物之时，用意象来解释。

最后，罗素指出，语词的使用是社会的；语词特别与我们相关的方面，在于其提升我们自己思想的力量。与意象相比，罗素提出了使用语词的三种好处。罗素把对语词分析的成果引入认识论，这是值得肯定的。

第三节　《物的分析》和《哲学大纲》中的中立一元论概述

罗素在《物的分析》一书中进一步发展了《心的分析》中的观点，认为精神（心灵）和物质都是由"中立材料"作成的逻辑构造。这种"中立材料"就是事件。[1] 在《心的分析》一书中，罗素虽然提出了"事件"的概念，但没有把它作为中立材料，而是把感觉作为中立材料。

罗素在研究物理学与知觉的关系问题时，把"知觉"一词的意义用得比心理学范围中的知觉要狭一些。只有在知觉是明显的而且知觉结果被观察到的时候，才和我们有关；没有被注意到的

---

① 参看罗素《物的分析》，贾可春译，商务印书馆 2016 年版，第 393—413 页。

知觉结果，不能列入物理学的前提。用来推论物理世界的知觉结果，是以知觉因果论为基础的。引入知觉因果论，这是《物的分析》与《心的分析》的一个重要区别。

罗素假定知觉对象具有非知觉对象的原因，特别是在许多人同时具有相似的知觉对象时，便有一个因果上相联结的诸事件的"场"存在，这些事件具有的关系能使我们围绕一个中心按球形次序来排列它们。这样，就达到一种时—空次序，在这种次序中，知觉对象处在知觉者的头脑中。在从知觉对象推论它们的原因时，罗素假定了刺激物一定拥有无论什么样的结构，尽管它也可以拥有不为知觉对象所拥有的一些结构上的属性。知觉对象的结构性质必定存在于刺激物之中这个假定，是从与"果异则因异"相反的形式"同因则同果"的准则得出来的。罗素举了一个例子：如果我们看见红色和绿色摆在一起，那么产生红色的知觉对象的刺激物和产生绿色的知觉对象的刺激物之间就有某种差别。刺激物所具有而知觉对象不具有的结构特点在它们可以推论出来时，是通过一般规律推论的。例如，两个对象在肉眼看来相似而在显微镜下看来不同的时候，我们就假定在对肉眼的知觉对象的刺激物中存在着差别，而在相应的知觉对象中，或者没有差别，或者没有显著的差别。

罗素认为，刺激物和知觉结构之所以相似是由于"物质"可以看成事件的一个系统，而不是看成世界材料的一部分；物理学中的时—空同知觉空间也比以往所想象的不同得多。

罗素的《物的分析》的重点是要为物理世界找出一种可能的结构，它一方面能替物理学找到根据，另一方面也能说明物理学和知觉的关联。

他首先研究了点的结构。按罗素的看法，点就是在时—空中互相重叠或共点的事件的系统。接着，他研究了时—空的纯次序性质。他所使用的方法很普遍，可以适用于连续的和不连续的秩序。他证明，有自然数集合基数那样多的事件，只要对于它们重叠的方式给出一定的规律，就足以产生点的一个连续统。他把一个物质单位定义为一条"因果线"，即由内在因果律彼此连接起来的一系列事件。罗素认为，整个物质概念对于物理学来说，已经不如以前那样重要了，能这个概念愈来愈代替它的地位；物理学家完全准备去发现物质是可以消灭的。

罗素提出，世界是由律动所伴随的稳定的事件组成的，就像在小提琴上拉出一个很长的乐音而在钢琴上则奏出琶音；或者，世界只是由律动组成的。稳定事件有许多种，这些都是它们相应的律动伴随物。量子变化是由一种律动突然被另一种律动代替所组成的，也就是说，是由"转换"组成的。如果时—空是不连续的，当两个事件有一种"类时间"间隔时，这个间隔就是从一个事件导致另一事件的任一因果线上的最大转换数。由此也可定义类空间间隔。整个自然过程可以看成是不连续的；甚至周期性的律动也可由每周期的有穷数目的事件所组成。使用量子原理需用周期性律动来说明。罗素指出，一个知觉对象是由转换产生的稳定事件，或稳定事件的系统。知觉对象是物理世界中唯一不通过抽象方式所知道的一部分。通常意义上既含物理的也含精神的在内的世界，我们对其内在性质有所知道的一切事物都形成于精神的一边；而凡我们知道其因果律的一切事物，都形成于物理的一边。罗素认为，物理的东西和精神的东西之间的区别是表面的和不真实的。

罗素在 1927 年的《哲学大纲》一书中进一步对《物的分析》的观点作了说明。[①] 下面我们简要介绍罗素的说法。主要论题是：世界中的每样东西都是由"事件"组成的。一个事件具有有限小的延续并在空间中具有有限小的延续，或就相对论来说，它占有

---

① 参看罗素《哲学大纲》，黄翔译，商务印书馆 2014 年版，第 236—249 页。

一个有限小量空—时。如果一个事件有部分，那么它的部分一定
又是事件。一个事件有小量的空—时并不能证明它有部分。事件
并不是不可入的，并不如人们所假定的物质那样有不可入性；反
之，空—时中的每一事件都被其他事件所交叉。

罗素提出了一个假说：每一复杂的事件都有一个有限的部分。
他用这个假说来说明下面的问题。看见一个闪光是一个事件；听
见车胎破裂的声音也是一个事件；嗅着一个臭蛋也是一个事件；
感觉雾气的寒冷也是一个事件。知觉对象可以作为逻辑前提推出
非知觉对象的事件。特殊的颜色、特殊的声音等都是事件，它们
在无生命世界中的原因前件也是事件。如果我们假定每一个事件
只有有限的部分，那么每一个事件就是由有限的、没有部分的事
件组成的。这种事件叫作"最小事件"。一个最小事件在空—时中
占有有限的区域。拿时间来说，一个事件在时间中可同其他两事
件中之一交叉，虽然这两事件中之第一个完全在第二个之前。例
如，在你听见钢琴的两个短音的时候，你可以同时听见小提琴的
一个长音。罗素假定每一事件和其他互不同时的事件是同时的，
这就是说，每一事件都有极短时间的持续。"瞬间"可定义为属于
一个人经验的一组事件，并且具有以下两个特性：（1）每两个事
件的时间都是交叉的；（2）组外的事件并不与组内的任何事件的
时间相交。同样也可以对空—时中的点—瞬加以定义。因此，数
学家所需要的"点"（或点—瞬）不是简单的，而是由事件所组
成的结构，这个结构的建立是为数学家的方便。存在着很多以最
小事件作为成员的"点"；这些点组成了一个事件所占有的空—时
部分。空—时次序，正如空—时点一样，也是由事件之间的关系
所产生的结果。一块物质，正如一个空—时点一样，是由许多事
件构成的。关于物质的见解，目前有两种不同的观点，一种是属
于原子结构的研究，另一种则是属于相对论关于引力的解释。前
者自身也有两种形式，它们在数学上是等价的，但在文字上却是

非常不同的。一种形式是把一块物质看成是传布辐射作用的中心，辐射作用也许是真实出现的，但辐射作用的中心只是数学的虚构。例如，辐射作用可以构成光线，它们都是事件的系统，而不是条件中的变化，或"实体"的关系。另一种形式是把物质看成是由波动组成的，这种理论除了假定波动的数理特性之外不必再假定其他关于波动的东西；但是，由于这些波动是用来解释物质的，因而很显然如果它们是由物质的运动组成的话，那么它们就不能用来达到这个目的了；所以，在这种形式的理论系统中，我们也要由事件系统中构成物质，而且这些事件刚刚发生而不是发生在物质或任何其他东西之"上"。根据相对论的解释，引力化归为空—时中的"曲率"，而空—时是由事件构成的系统，空—时中的"曲率"也是由事件导出的；因此，从这部分物理学来说，物质不是"东西"，只是事件所构成的复杂逻辑结构之间关系的一种数学特性。按照罗素的观点，我们不能说物质是感觉的原因，只能说引起感觉的事件通常属于物理学家所认为是物质的那一组事件，"物质"只是说明事件因果律的简便方法。罗素把心灵事件定义为在人脑中的事件，或者说，是在某一部位显然把感受性和学会反应的规律相结合起来的事件。当我们有知觉结果的时候，我们所知觉的东西就是一个事件，从物理学来说，这个事件所占的地方是在头脑之中。我们所知觉的东西是我们大脑的一部分材料，而不是桌子、椅子、太阳、月亮、星星的材料。假定我们注视一片叶子而看见有绿色的小块。这个小块并不是在叶子所在的那个地方，它是我们看见叶子的时候占据头脑里某一地方的事件。看见一片叶子，则在我们的头脑所占据的区域中，有一块绿色小块存在，此小块和叶子有因果联系，或者是从物理学所认为是叶子所在地的物理空间所传播来的一系列事件。知觉对象是这一系列事件中的一个。

由上所说，罗素认为，"精神（心灵）"和"精神的"只是近似的概念，只是说明某种近似的因果律的方便捷径。在完全的科学中，"精神（心灵）"和"物质"这两个词都将消失，而用事件的因果律去代替。我们所知道的事件（除了它们的数学性和因果性之外）就是知觉对象，这些知觉对象是和头脑处于同样区域而有一种特殊结果（称为"知识—反应"）的事件。这样，罗素再次强调，他的观点既不是唯物主义的，也不是唯心主义的，而是"中立一元论"。"事件"成了世界的仅有的一种材料。罗素也说，这种观点也可以说是多元论，因为他承认有无数的事件，每个最小的事件都是逻辑上自存的实体。

罗素对"精神（心灵）"给出了两个定义。其一，从物理方面说，我们所知道的每一精神（心灵）事件都是活的生命体历史的一部分，所以我们就把"精神（心灵）"定义为形成某个活的生命体（也许说"活着的大脑"更合适）一部分历史的所有精神（心灵）事件。其二，从心理方面说，"精神（心灵）"是和一个所给的精神事件相关联的一切精神事件，这种关联是由"经验"即记忆因果关系作成的。在这两个定义中，我们采用哪一个，这无关紧要。罗素建议，接受第一个定义。

第四节　对中立一元论的评论

金岳霖对罗素中立一元论批评较多，误解也多，本节我们结合金岳霖的批评，对《心的分析》《物的分析》和《哲学大纲》中的中立一元论进行实事求是的评论。

一　金岳霖对罗素中立一元论的批评

（一）罗素中立一元论的两种手法

金岳霖认为，罗素提倡中立一元论的第一种手法是物心同元的一元论。罗素的基本想法是把物质看作不那么基本，而就材料说，物质和心灵都是由更基本的材料构成的；这个材料是"元"。金岳霖说，作为原料，这个"元"是实在的基础、本质；作为元素，它是演绎系统的出发点。这二者的统一，是罗素的非常特别的一元论。罗素的"元"就是感觉材料或感觉。罗素用这个亦心亦物、非心非物的元来代替物质，从而取消物质的第一性。说这个元不是物质，这真实地表达了罗素的思想。可是，说这个元不是心灵，并不是罗素的思想实质。金岳霖认为，罗素在 1927 年提出的"事素"（"事件"）这个元只是心灵的东西，罗素自己承认"事素"就是感觉。

罗素的第二个手法是分别物质和心灵，而物质和心灵的主要区别就在于因果关系的不同。在物质的结构中有无间隔的或连续的因果关系，而在心灵的结构中是有间隔的因果关系。有间隔的因果关系就是"记忆的因果作用"。金岳霖用公式表示了罗素的有间隔的因果关系：如果 A 发生之后，B 并不发生，可是，在 C 发生之后，B 跟着就发生，同时 C 又不能单独地产生 B，而必须和 A 结合起来才能产生 B，那么，A 和 B 之间就存在有间隔的因果关系。

按金岳霖的看法，罗素所说的因果关系不是客观事物之间的因果关系，而是唯心主义的因果关系。罗素的两个手法，事实上是以假的物质代替了真的物质，表面上的心灵代替了实质上的心灵。

（二）罗素对心灵的构造

金岳霖概述了罗素在《心的分析》一书中构造心灵的基本思想，有以下几点：

1. 感觉的地位特别重要。1921 年，罗素放弃了感觉与感觉材料的区别，只谈感觉。金岳霖认为，罗素后来提出的感觉，主要是原来的感觉材料，把感觉融化到感觉材料里去了。从另一方面看，罗素所要构造的心灵是没有体的心灵。在感觉上他竭力避免把重点摆在感觉者身上去。这样，某甲看见了一块红色，就被理解为在某处红色发生了，某甲就成为不必要的成分了。所谓"看见"也就融化到红色或红色的发生里去了。所谓重"红色"或"红色的发生"，就是重原来的感觉材料。这个理解抹杀了"看见"。金岳霖指出，罗素把客观事物的红颜色偷换成为感觉材料了。金岳霖认为，看见红是看见客观事物的红，因此，看见红和红根本不一样。就看见客观的红来说，看见是根本不能忽略的。只有材料的红本身，才包含了看见。金岳霖接着指出，《心的分析》中的感觉还有另一特点，即它不是认识，把感觉排除在心灵之外。但是，罗素又非常重视感觉，把它作为构造心灵的元素。

2. 心灵具有主观性。金岳霖在介绍罗素的这一思想时与罗素的感觉材料论联系在一起。按照罗素原来对事物的构造，现象即感觉材料也即上述的感觉可分为两类。以事物所在点为主，各种不同的透视点或角度有不同的现象，这些现象成为一个体系，这个体系本身就是事物。以所在点为主的现象，就是物理方面的现象。我们也可以用所从点为主去考察现象，这就是从一个透视点或角度去考察，而不管其他的透视点或角度。这样的现象就是心理方面的现象。每一个透视点或角度的特点，也就是透视点或角度的主观性。金岳霖指出，罗素为了取消心灵的主体，不谈感觉者；当罗素谈到透视点或角度上的"传记"（或个体历史）时，他所谈的事实上已经是感觉者了。罗素认为主观性是以透视点或角度为主的主观性；可是这种主观性事实上仍然是感觉者的主观性。

3. 对心灵来说，历史的影响非常重要。金岳霖所说"历史的影响"就是罗素所说的"记忆的因果作用"，或者说"有间隔的因果关系"。金岳霖举的例子是遇见多年不见的老同学。平常并不想到他，可是看见他就认识他。以前是在特别的环境看见他的。这些环境在当前并没有重现，可是，当你看见他的时候，原来的情况也就"涌上心来"。这就是原来的情况在当前起作用。我之所以认识他是有历史的影响的。金岳霖指出，罗素在论述心灵的这一特点时存在着问题，这就是他没有正确说明因果关系中的关系者，把这种因果关系中的关系者只归于某透视点或角度上的现象。按金岳霖的看法，有间隔的因果关系中的关系者只能是该透视点或角度上某感觉者的前后现象。

以上三点就是金岳霖对罗素在《心的分析》一书中关于心灵结构的思想所做的概括。但是罗素在谈心灵时而不涉及感觉者或知觉者，这是为什么呢？金岳霖认为，这是为中立一元论服务的。罗素是反对实体的，他要构造出只有结构而没有凝固的体的物质。就心灵说，他也是要构造出只有结构而没有凝固的体的心灵。他以后还要构造感觉者或知觉者，还要构造"我""你""他"。这些东西也要成为有某种结构的原料或元素。正因为罗素反对心灵的主体，所以，金岳霖在论述了罗素关于心灵结构的思想后，立即讨论心灵的主体问题。金岳霖的观点如下：（1）心灵有体或有主体。这是与罗素的观点针锋相对的。心灵的体或主体就是人的头脑这个高度发展了的物质或物体。心灵是这块物质或这个物体的属性，它是物质的派生物，是依赖这个主体而存在的。（2）心灵的主体不是一成不变的，也不是不受别的事物的影响的。罗素反对心灵有体的理由并不是反对认为心物都是实体、它们一成不变而且彼此不受影响的二元论，也不是反对认为存在不灭灵魂那样的心灵有体的宗教观；他反对心灵有体的理由是，主要是为了反对物质有体，因为要对称就连心灵有体也非反对不可；同时，反对心灵有体也是中立一元论所要求的。（3）历史影响是很重要的。金岳霖认为，历史影响或有间隔的因果关系必须提出关系者问题，这个关系的关系者不可能只是现象，而是一个感觉者或知觉者或一个头脑的现象；历史影响是一个头脑的历史影响或一个心灵的主体的历史影响。这就是什么或谁起影响和对什么或对谁起影响的问题。按金岳霖的看法，构造心灵必须承认心灵的体，分析心灵必须把头脑摆在主要位置。

（三）罗素对物质的构造

金岳霖认为，罗素中立一元论的主要思想是物质的构造，他从以下几个方面分析批评了罗素的物质构造论的思想。

1. 感觉材料论是中立一元论的"物质构造"的基础。金岳霖认为，罗素从感觉材料出发，从私有空间出发，构造出假的"公共空间"是重要的一步。如果不把感觉材料安排到"公共空间"里去，假的"客观物质事物"是构造不出来的。对物质和心灵的构造而言，所在点和所从点的构造也是不可少的。因此，要考察《物的分析》一书中的物质构造，就要联系到罗素的感觉材料论。

2. 物质的构造不是在 1927 年的《物的分析》中才开始的。从 1914 年起，罗素一直在进行这一工作。《物的分析》的特点是，就中立一元论说，以前常见的名词不常见了。感觉、感觉材料、现象、侧面、透视点、所在点、所从点等不见了，或不常见了。经常出现的是事素，这是构成物质的原料，也是构成时点空点的原料。在 1927 年以后，物质成了事素的复杂的逻辑结构，事素代替了感觉材料或侧面或现象了。

3. 罗素的"事素"不是独立于我们的感觉或意识而存在的实在。他把事素缩得很小，但是，又不到无穷小，它可以彼此渗透、彼此重叠。这样，就可用它和某些关系（如重叠）来构造许许多多的东西，如时点、空点，电子、质子。金岳霖根据罗素所说的看见闪电是事素，听见车胎爆炸是事素等，断言每一事素都和一个感觉相联系。后期的所谓事素，就是前期的感觉材料、侧面或现象而已。因此，金岳霖认为，罗素从 1914 年的感觉材料论到 1927 年的中立一元论，其基本哲学立场没有发展。

4. 《物的分析》的贡献只是给中立一元论披上一层科学外衣。

（四）罗素中立一元论的本质

金岳霖的分析批评如下：

1. 唯心主义形而上学的哲学家把感觉和实践割裂，把事物或事物的体同事物的属性分家。这一割裂，体或事物的体就被割裂到五官范围之外去了。金岳霖首先提出这一点，当然包括罗素在内。

2. 罗素从一个感觉材料论者转变为一个中立一元论者有客观原因。这个主要的客观原因就是物理学的"危机"。

3. 唯心主义者歪曲物理学"危机"的实质，提出种种借口。第一种借口是说物质消灭了。第二种借口是否定因果关系。第三种借口是把相对论理解为相对主义，从而否认客观真理。罗素的主要借口来自物体这一概念的发展。物体或具体事物在微观世界里不遵守古典力学规律，而是遵守量子力学的规律。罗素认为，原来的物质概念已经说不通了。他把关于物质的原子结构观点（物质是传布辐射作用的中心，或物质是波动）概括为：物质是由事件组成的系统。

4. 微观世界和感官世界是不同的，不能把它们混为一谈。无论微观世界有没有那种内外分明、占住空间、具有某种程度的不可入性的物体，感官世界里确实是有的。我们不能用前一世界的情况来概括后一世界。金岳霖认为，人们对于微观世界中基本粒子的知识不是靠感官，而是靠实验，这些知识是间接的。实验中所用的工具都是感官世界的物体或事物。金岳霖通过实验工具、实验活动同微观世界中的基本粒子的关系，得出如下结论：如果感官世界的物体或事物是不真实的话，关于微观世界的知识也就是不真实的；反过来说，如果关于微观世界的知识是真实的话，感官世界的物体或事物不能不是真实的。认为微观物理学取消了感官世界物体或事物的真实性的说法，是自相矛盾的。

5. 物质与物体是不同的概念。物质是独立于我们的意识和感觉而存在的实在。物体的要点在体，而体的表现在事实上和常识上都很简单，在于占住空间和某种不可入性。物体这一概念是在不断发展的。它面临两方面的困难，一方面是在科学发展中，物体概念也在发展，另一方面是唯心主义所制造的困难。金岳霖指出，罗素故意把这两个问题混淆起来，硬说微观物理学否认了物体，利用科学发展中的问题来证实他的唯心主义观点。罗素这样做，是通过否认物体来否认物质。可见，罗素混淆了物体与物质。

6. 由于物体和物质是两个不同的概念，物体的体和物质的独立存在性也是不同的事情。即使微观物理学取消了微观世界的物体，它也没有取消它的对象的独立存在性。无论微观物理学对于物体的看法有多大发展，但是对于物质，它不可能否认。罗素是通过取消物体的体来取消物质的独立实在性。他反对实体是明确地提出来的。他所构造出来的事物是没有体的，这也是清楚的。他使人不注意的是：他所构造出来的事物不只是没有体而已，而且是没有独立存在性的。金岳霖分析了构造物质的原料即事素，指出事素就是感觉，构造出来的物质的本性就是感觉的本性。这就是说，事素不是独立于感觉而存在的，事素没有独立存在性。

7. 罗素否定物质的方式在 1927 年以后和在 1927 年以前，在本质上是相同的。不同点只是在 1927 年以后，他说的是事素，而在这以前他说的是感觉材料、侧面或现象而已。金岳霖指出，新的物理学是正确的，但是，罗素在《物的分析》中的结论不是从新物理学得到的，是不正确的。

8. 爱因斯坦的唯物主义观点是与罗素的意见根本对立的。金岳霖为了批评罗素，援引了爱因斯坦的许多观点。爱因斯坦有一句名言：坚信有一个离开认识主体而独立的外部世界，是一切自然科学的基础。金岳霖认为，这位物理学大师没有根据微观物理学来否认客观世界（感官世界包括在内）的客观事物或物体，相反地，他还从物理学的要求，强调它们的存在。爱因斯坦明确地反对实证主义和贝克莱的认识论，肯定客观世界物体的存在。他区别感官印象的主观因素和客观因素，并认为这客观因素是不依赖于经验或知觉的；他用这种区别反对唯我论。特别要指出的是，爱因斯坦在 1944 年写的《论罗素的认识论》一文中曾直接批评罗素。他说由于害怕形而上学（玄学），罗素把所谓事物（物体）当作一束性质，而性质又被看成感觉方面的原始材料。爱因斯坦自己认为，把事物看作像物理学所研究的那样的对象（独立存在的对象）没有什么形而上学（玄学）的危险。可见，罗素的观点是与爱因斯坦的观点根本对立的，他的看法不是从物理学来的，他只是利用新物理学作为他的哲学的招牌。

金岳霖通过以上的分析批评，得出了如下结论：罗素的中立一元论是形而上学的主观唯心论，是贝克莱、休谟、马赫哲学路线的继续，不同点只是它穿上了 20 世纪的外衣而已。

二　评金岳霖对罗素中立一元论的批评

（一）关于心灵的构造

金岳霖把罗素关于心灵构造的思想概括为三点：（1）感觉是构成心灵的原料，把感觉融化到感觉材料之中；（2）心灵具有主观性；（3）心灵深受历史的影响，即具有有间隔的因果关系。金岳霖根据《心的分析》一书所做的概括是很对的。同时，金岳霖一针见血地揭露了罗素的心灵构造论的错误，即罗素在取消感觉和感觉材料的区别时，同时取消了感觉的主体。金岳霖关于心灵有体或有主体的论述，指明了心灵的主体就是人脑；指出心灵的历史影响就是一个头脑的历史影响，构造心灵必须承认心灵的体，分析心灵必须把头脑摆在主要位置；批评了罗素反对心灵有体的目的是反对物质有体。这些论述是很深刻的。

我们想要补充说的是，罗素取消感觉的主体，是为了取消感觉和感觉材料的区别，从而把感觉和颜色等加以等同，否认感觉是认识性的反映活动。这样，他就把感觉作为一种"中立材料"，从而构造物和心。按照罗素的看法，主体是逻辑的虚构，可由感觉加以构造。罗素的这些观点是不能成立的。感觉（感觉活动）是客观事物直接作用于人的感觉器官时，人脑对该事物的个别属性的反映活动。因此，感觉必须要有：感觉对象（客观事物）、感觉活动（反映活动）、感觉者（感觉主体）、感觉结果（感觉内容、感觉映象或感觉材料）四个要素。罗素取消感觉主体，把感觉活动和感觉材料混为一谈，这是完全错误的。感觉活动所得到的感觉材料属于人们的感性认识阶段，是人们认识的起点。罗素只承认感觉是认识的源泉，但不承认它是认识性的东西，这是说不通的。因此，感觉应当是心灵的东西，它绝不是什么"中立材料"。

（二）关于物质的构造

金岳霖认为，要考察《物的分析》一书中的物质构造，就要联系到感觉材料论。这是十分必要的。但金岳霖只提到联系1914年的感觉材料论，没有提到联系1912年的感觉材料论。罗素在1912年《哲学问题》中提出的感觉材料论有以下几个要点：（1）物质事物是存在的，这些事物是我们感觉发生的原因。（2）在感觉中直接认识的东西是"感觉材料"：如颜色、声音、气味等，直接察觉这些东西的经验称为"感觉"。感觉材料是独立存在的物质事物的现象或标记。（3）物质事物不能直接认识，它们是从感觉材料中根据因果律推论出来的。（4）物体占有实在的空间即"物理空间"，这是公共的；而任何人表面看到的空间是属于知觉者个人的"私有空间"。我们的感觉材料都在私有空间之内。（5）物体在物理空间所具有的空间关系和相应的感觉材料在我们的私有空间中所具有的空间关系，两者是相应的。

罗素在1914年《我们关于外间世界的知识》中提出的感觉材料论与1912年的感觉材料论有三点不同：（1）不假定物质的存在；（2）取消了因果律；（3）对外在世界的知识用感觉材料作成的逻辑构造代替了从感觉材料而来的推论。

按照金岳霖的分析，罗素在 1927《物的分析》中的物质构造论是 1914 年感觉材料论的变形。笔者不同意这种看法。《物的分析》的一个最大特点是引进了知觉因果论，罗素假定知觉对象具有非知觉对象的原因，这就是刺激。知觉对象的结构性质必定存在于刺激之中，这是根据"同因同果"的准则得出来的。从知觉对象推论物理世界，是以知觉因果论为基础的。很显然，罗素在 1927 年的观点在主要方面回到了 1912 年《哲学问题》中的观点。不同的是，他把"事件"作为构造物质（实际上是物体）和心灵的"中立材料"。罗素在 1927 年虽然谈物质的构造，认为物质是由事件作成的逻辑构造，但更多的是谈从知觉对象推论物理世界，推论物质事物，其根据就是知觉的因果理论。按照罗素的看法，物质刺激是因，知觉对象是果，根据"同因同果"的准则，两者的结构相似；正是有这种因果律，我们才可以由知觉对象推论物质事物，即由果推因。罗素的知觉因果论对因果关系作了辩证的处理。在这些看法中，与 1912 年的看法的不同是没有肯定或假定物质事物的存在。但是承认了知觉因果论实际上也是承认了物质事物的存在。例如，我们注视一片叶子而看见有绿色的小块。这个小块即知觉对象并不是在叶子所在的那个地方，它是我们看见叶子的时候占据头脑里某个地方的事件。叶子和小块之间有因果关系，或者说，叶子所在地的物理空间所发出来的一系列事件和知觉空间中的小块（知觉对象）之间有因果关系。因此，我们可以认为，罗素 1927 年的中立一元论同 1912 年的感觉材料论一样是一种具有唯物主义和辩证法因素的因果实在论。至于 1914 年的感觉材料论，与 1912 年的感觉材料论是大不相同的，不能拿来与 1927 年的中立一元论进行类比。

（三）关于罗素中立一元论的本质

金岳霖提出了八点，其中有些是值得商榷的。我们提出以下几点来讨论。

1. 19 世纪末 20 世纪初，一系列新的实验事实与经验物理学理论发生了矛盾，宣告了机械唯物主义的破产，动摇了经典物理学的基础，从而导致物理学危机，引起物理学革命，产生了相对论和量子力学。金岳霖正确地指出，罗素中立一元论的提出是以物理学"危机"作为主要的客观原因的。面对物理学"危机"，罗素确实表现了物理学唯心主义的倾向。他在 1927 年《物的分析》一书中认为，整个物质概念对于物理学来说，已经不如以前那样重要了，能这个概念愈来愈代替它的地位；物理学家完全准备去发现物质是可以消灭的。罗素后来还认为，物理学一直在使物质的物质性减弱。金岳霖正确地指出，罗素混淆了物体和物质，利用在物理学革命后物体概念的变化来否定物质的独立实在性。

2. 罗素面对物理学"危机"和革命，试图从哲学上总结相对论和量子力学的成果，从而提出中立一元论。这种探索精神是值得肯定的，不能像金岳霖那样予以全盘否定。

罗素总结了当时关于物质的两种见解。第一种是关于原子结构的研究，这有两种学说：（1）认为一块物质是传布辐射作用的中心。辐射作用也许是真实出现的，但辐射作用的中心只是数学的虚构。例如，辐射作用可以构成光线，它们都是事件的系统。（2）认为物质是由波动组成的。这种理论除了假定波动的数理特性之外不必再假定其他关于波动的东西；但是，由于这些波动是用来解释物质的，因而很显然如果它们是由物质的运动组成的话，那么它们就不能用来达到这个目的了。因此，罗素认为这种理论可概括为：物质是由事件的系统构成的。第二种关于物质的见解是相对论的解释，引力化归为空—时中的"曲率"。罗素主张，空—时是由事件构成的系统，空—时中的"曲率"也是由事件导出的，因此，物质只是事件所构成的复杂逻辑结构之间关系的一种数学特性。我们应当注意，物理学中的"物质"当然只是指物体。罗素对这两种新物理学说所做的哲学概括是不正确的。罗素的物质定义，从哲学上说是不正确的。他所说的"物质"并不是作为哲学范畴的物质，而是"物理客体""东西""事物"或"物理对象"的意思；但是，他硬要把它作为哲学范畴，这是完全错误的。作为哲学范畴的物质只能定义为不依赖于意识而又能为人的意识所反映的客观实在。罗素不承认物质的独立实在性，不承认物质第一性当然不能接受辩证唯物主义的物质定义。但是，如果把罗素定义中的"物质"理解为物理学中的物体，定义物体是由事件组成的系统，这在物理学上是有意义的，不能把它作为唯心主义观点一笔抹杀。

3. 金岳霖认为，罗素的基本概念"事件（事素）"就是感觉材料、侧面或现象。我们认为，这是不能成立的。"事件"这个概念原是爱因斯坦在相对论中提出来的，用以代替"粒子"的概念。罗素将事件移植到中立一元论中，成为一个基本概念，他把事件定义为具有有限小的延续并在空间中具有有限小的延续，或占有一个有限小量的空—时。这个定义吸收了相对论的成果。由此，他把事件分为精神事件和物理事件。因此，事件绝不能与感觉材料画等号。罗素应用这个概念定义了"点""瞬"等概念，把世界看成是由点、瞬等所组成的一系列事件，实际上就是事物的各种性质和关系的系统。罗素的中立一元论不否认物质世界的存在，他只是没有肯定物质第一性而已。

金岳霖以事件不具有独立实在性为由否定事件这个概念，理由是不充足的。如果我们不把事件作为"中立材料"，而把它作为一个哲学概念，用来分析物理事件和精神事件，这对于讨论哲学问题是大有裨益的。

4. 金岳霖在批评罗素的中立一元论时，深刻地指出，罗素的理论是脱离实践的；同时引用爱因斯坦的自然科学唯物主义来批判罗素，这些做法使人们对罗素否认物质独立实在性的本质加深了认识。

但是，笔者不能同意金岳霖对罗素的中立一元论所做的结论：即它是一种形而上学的主观唯心论，是贝克莱、休谟、马赫哲学路线的继续，不同点只是它穿上了 20 世纪的外衣而已。

我们认为，罗素的哲学思想不断在变化。在感觉材料论时期，罗素在 1912 年的观点与 1914 年的观点就不一样，前者是因果实在论的感觉材料论，后者是逻辑构造论的感觉材料论。罗素前期的中立一元论是对感觉材料论的发展，也分两个小阶段。

第一个小阶段以 1921 年的《心的分析》为代表。在《心的分析》中，取消感觉与感觉材料的区分，取消感觉的主体，把感觉作为"中立材料"，用主观性和记忆的因果关系重点构造出心灵，同时也构造出物。《心的分析》采用了逻辑构造论，用两种方法把感觉一束一束地汇集起来：一种方法是把对于不同地点一个给定事物之现象的殊相全部集成一束，这一束就成为"一片物质"；另一种方法是对于一个给定地点不同事物之现象的殊相全部集成一束，这一束就是"视景"或"个体历史"，其特点就是具有主观性，这也是心灵的特点。在《心的分析》中，罗素发展了在 1914 年《我们关于外间世界的知识》中的三种地点的学说。例如，在我看见一颗星的时候，有星所在的地点；有我所在的地点；有在头脑中关于这颗星的我的知觉内容对于我的别的知觉内容所占据的地点。第一个地点是主动的，第二个地点是被动的。由第三个地点对第一个地点的关系主动地去汇集感觉或知觉，就是物的构造；由第三个地点对第二个地点的关系被动地去汇集感觉或知觉，就是心的构造。由上所说，《心的分析》中的中立一元论同 1914 年的感觉材料论比较接近，它们都以逻辑构造论作为基础。

1927 年的《物的分析》是第二个小阶段。我们在上文说过，把感觉作为"中立材料"是不合适的。因此，罗素在 1927 年以"事件"代替"感觉"，作为"中立材料"。罗素把事件定义为具有有限小的延续并在空间中具有有限小的延续，或占有一个有限小量的空—时。按照罗素的看法，精神的事件是在人脑中的事件，或者说，是人们不经过推论就知道的事件；物理的事件是经过推论才知道它发生，同时知道它不是属于精神的事件。实际上，当罗素取事件作为中立材料时，便立即把它一分为二成精神事件和物理事件。金岳霖把事件（事素）等同于早期的感觉材料、侧面和现象，这是不妥当的，金岳霖还说，罗素在《哲学大纲》中说过事素就是感觉，这也是不妥当的。罗素在《哲学大纲》中说的是，我们所知道的事件（除了它们的数学性和因果性之外）就是知觉结果，这些知觉结果是和头脑处于同样区域而有一种特殊结果（"知识—反应"）的事件，也就是说，知觉结果是精神事件。

此外，《物的分析》中的中立一元论与《心的分析》中的观点有点不同。此时，罗素采用了以知觉因果论为基础的从知觉结果推论出物质世界的理论，在其主要方面回到了1912年《哲学问题》中的因果实在论立场。因此，《物的分析》中的中立一元论是具有唯物主义和辩证法因素的因果实在论。

罗素在1927年以后，仍然坚持中立一元论，这表现在1940年的《意义与真理的探究》、1948年的《人类的知识》和1959年的《我的哲学的发展》这三部书中。这三部书中的中立一元论，仍以"事件"为"中立材料"，但把《心的分析》和《物的分析》的观点熔于一炉，把两种空间、集事件为束的两种方法和三种地点的学说，同以知觉因果论（或事件因果律）为基础的推论外在世界的学说结合起来。罗素后期的这种中立一元论是比较成熟的形式。我们曾对《物的分析》中的中立一元论作过分析和评价，现在我们总起来对把《心的分析》和《物的分析》融为一体的中立一元论作一点评价。

罗素的中立一元论在哲学基本问题上并没有肯定精神第一性，也没有肯定物质第一性。因此，我们不能用唯物论和唯心论的二分法来形而上学地给罗素的中立一元论定性。当然，我们也不能按罗素自诩的，认为他的中立一元论是超越唯物论和唯心论之上的中立理论。我们应当实事求是地对罗素的中立一元论进行分析，对它的一切合理内核都要加以肯定和吸取。在哲学基本问题上，罗素的中立一元论虽然没有做出明确的回答，但它明确主张，物质是主动地汇集事件而成的逻辑构造。这就表明，它不承认物质事物的独立实在性，不承认物质第一性，虽然它不否定外在世界的存在。因此，从总的倾向上，罗素的中立一元论是唯心主义的。但这绝不是说，罗素的中立一元论就是百分之百的唯心主义，一无是处。上文说过，罗素中立一元论中的知觉因果论或事件因果律肯定物质事物是知觉对象之因，从知觉对象可以推论出物质事物，即从果可以推因。这就表明，知觉对象是人们认识世界的中介。此外，它提出了三个地点的理论即关于物理空间和知觉空间之间关系的理论，这一理论对于不同的人对一件东西有不同的知觉，对于一个物体和它在不同地方所呈现的现象二者之间的因果关系，对于心灵和物质之间的因果关系等问题都做出了解释。这些是罗素中立一元论中的合理内核。我们的结论是：罗素的中立一元论是具有自然科学、唯物主义精神和辩证法精神的因果实在论。

第十二章

中立一元论（第二阶段）：《意义与真理的探究》

　　罗素十分重视他的哲学兴趣在 1919 年后"转向了认识论，转向了心理学和语言学的似与认识论有关的那些部分"，他把这一转变称为"永久性的转变"。实际上这一时期是罗素后期哲学的中立一元论时期，这一时期又分为两个阶段。罗素所谓的"认识论"不是指研究生命有机体的"认识"的现象，而是指对知识本身进行批判性审查，同心理学和语言学有密切联系，他列出了三部代表作：《心的分析》《意义与真理的探究》《人类的知识——其范围与限度》。《心的分析》（加上《物的分析》和《哲学大纲》）属于中立一元论的第一阶段，上一章已经探讨过。《意义与真理的探究》《人类的知识》属于中立一元论的第二阶段，在这两部著作中，仍以"事件"为"中立材料"，吸取了《心的分析》《物的分析》和《哲学大纲》的成果，把两种空间理论、集事件为束的两种方法和三种地点的学说，同以知觉因果论（或事件因果律）为基础的推论外在世界的学说结合在一起。后来，罗素在 1959 年总结自己哲学思想的《我的哲学的发展》中，仍坚持中立一元论并对其做了一个综述。

第一节 中立一元论概述

罗素在《意义与真理的探究》中没有专门论述中立一元论,而是在具体研究一些专题时用中立一元论进行解释。

这里,我们看一个案例。从对一个整体 W 的考察中得出"P是 W 的一部分"的那种工作,罗素称之为"分析"。[①] 它有两种形式:逻辑分析与时空部分的分析。罗素认为,在一个被感知到的整体内,我们能够感知到相互关联的各个部分,为了用语词表达我们在这样一种情况下所感知到的东西,被注意到的最小部分应该被给予专名,然后我们就能够陈述它们是如何关联的。这是一种时空分析。罗素提出,还有另一种逻辑分析:给定一个复合的整体,它不仅有若干部分,而且这些部分是根据一种形式排列起来的。对这个整体的描述将使用某个用来指示这种形式的关系词。这种分析要研究在非言语的世界中,存在着什么东西与这个关系词相对应。罗素首先构造了一种人工的逻辑语言(初阶语言)。这种语言必须包含专名,用来代表所有被感知到的对象,并且这些对象是作为单一体被感知到的。在初阶语言内,还必须承认 n 元关系的可能性。

我们假定整体 W 在整个分析过程中保持自己的同一性,例如在知觉中,我们能够从 W 开始,并把它当作对象词的一种使用,而且在名称"W"的指称没有任何改变的情况下,我们能够通过"注意",做出"P 是 W 的一部分"。

例如,有人用现代方法教一个儿童去读"cat"(猫)这个单词,他学着前后相继地发出"k""a""t"这些声音。起初,这个儿童不能意识到构成一个整体的、这些声音之间的前后相继的

[①] 参看罗素《意义与真理的探究》,商务印书馆 2009 年版,第二十四章。

关系。到后来达到一个时刻，即他意识到他说出了"cat"这个词的时刻。这时，这个儿童意识到了这个作为由部分构成的一个整体的单词。在没有"声音'k'是声音'cat'的一部分"这样命题的情况下，该儿童此时所意识到的东西不可能得到表达。

由上可见，所有知觉判断都包含着对一个知觉对象的分析，被给予的东西是一种形式，并且人们是从分析中意识到它是由相互关联的对象组成的。没有"P是W的一部分"这种形式的命题，这个过程将是不可言喻的。因此，这样的命题必须出现在初阶语言中。

假设在视野中用 θ 指称许多不同的上下性质之一，用 φ 指称许多不同的左右性质之一。现有一种特定的性质（比如说一种色度C）存在于视野中某个区域的全部范围，那就意味着它与性质的对子（θ，φ）的许多值相重叠。由于 θ 和 φ 是可测量的，我们能够定义视野中一个"连续的"区域，也能定义触觉空间中的区域。当我们说"A在B的左边"，我们可以把"A"看成是由特定的 θ 和 φ 的值以及所有与二者重叠的性质所共同组成的那个复合物的名称，而由于 θ 和 φ 的另外一组特定的值，B也得到了类似的定义。假如 φ 的A值是在B值的左边，那么"A在B的左边"将是真的。因而在"A在B的左边"中，整体W并不需要被提及。但是，假如这个句子表达了一个知觉判断，那么一定有一个整体W，并且，A和B是它的一部分。

罗素总结说："物理学的时空具有复杂的推论性质，并且在很大程度上是通过因果律构造出来的。人们假定，如果存在一种把在时空中处于不同位置的两个事件联系起来的因果律，那么它们是通过由处于中间位置的诸多事件所构成的一个因果链条而被联系起来的。知觉对象的这种物理的和心理的因果联系，使我们不得不认为它们全都在一个区域内，并且这个区域一定是在知觉者的头脑中。存在于两个知觉对象之间的共现关系，可以被假定也存在于在时空中重复的任何两个物理事件之间。时空中的一个点可以定义为拥有下述两组特性的一组事件：（1）这组事件中的任何两个事件都是共现的；（2）在这组事件的外部，没有任何事件与它的每一个分子共现。"① "每一个知觉对象都是'关于'某个物理对象的；在某种程度上，处于物理空间中的物理对象的次序，大约与处于知觉空间中的相应的知觉对象的次序相关联。物理空间中星球的角坐标与它们在视觉空间中的知觉对象的角坐标几乎完全一样。但是知觉对象是'关于'物理对象的这种观念，最终证明是不精确的、因果的，并且是不可靠的。对时空次序的更精确的确定依赖于因果律；例如，木星的距离是从某些观察中计算出来的，在假定万有引力定律的情况下，这些观察能够使我们计算出光从那儿到达我们这里使用了多长时间。"② "重要之处有两点：（1）从物理学的立场来看，我的知觉的整体 W 处于作为一个物理对象的我的头脑中；（2）关于时空的整体与部分，由于是一个过于复杂并且具有推论性质的概念，因而在知识论的基础中没有很大的意义。"③

关于物理世界与心理世界的关系，罗素说："（1）物理事件拥有一种与知觉对象的时空次序相关联的时空次序。（2）某些物理事件的系列就是某些知觉对象的因果关系的前项。因此我们可以断定：（a）时间在物理世界中与在心理世界中是相同的；（b）共现也存在于物理世界中；（c）假如我拥有两种在性质上不同的经验，那么它们的原因具有在某个方面相对应的某些差别。这提供了物理命题中被经验到的成分。

物理学中的时空次序获自知觉对象中的时空次序。假如我们看到两颗恒星挨在一起，并且以我们自己为原点，这两颗恒星在

---

① 罗素：《意义与真理的探究》，商务印书馆 2009 年版，第 401—402 页。
② 罗素：《意义与真理的探究》，商务印书馆 2009 年版，第 401 页。
③ 罗素：《意义与真理的探究》，商务印书馆 2009 年版，第 401—402 页。

物理空间中的极坐标是（γ，θ，φ），（γ₁，θ₁，φ₁），那么 θ 和 θ₁，φ 和 φ₁ 将分别是几近相等的，并且它们在量值上将几近等同于我们视觉空间中的视觉恒星的角坐标。"①

综上所述，在以上的分析中完全体现了中立一元论的基本思想：物理学的时空具有复杂的推论性质，并且在很大程度上是通过因果律构造出来的；有两种空间：物理空间和知觉空间（位于知觉者的头脑之中）；有三种地点：第一个是物理事件出现在物理空间的点（所在点），第二个是以我们自己为原点（物理事件的所从点），第三个是知觉空间中相应的知觉对象（在头脑之中）。例如，两颗挨近的恒星的所在点是它们在物理空间中的极坐标，所从点是我们自己所在的地点，这时在我们的视觉空间中（头脑之中）看见两颗恒星挨在一起，它们在视觉空间中的角坐标与物理空间中的极坐标几近相等，在视觉空间中有一个天空的整体，这两颗视觉恒星是其部分。

为避免重复，对中立一元论的评论见第十一章"中立一元论（第一阶段）"第四节。

第二节　语言的逻辑分析与意义

一　概述

在《意义与真理的探究》中，有关语言的章节占有大量的篇幅，我们在这里仅仅做一个简明的综述。②

罗素首先按照塔尔斯基的观点，将语言分为层次。最低层次的语言被称为"对象语言"或"初阶语言"，在这个语言中，每个语词都"指称"或"意指"一个可感对象，或者一个由诸多对

---

① 罗素：《意义与真理的探究》，商务印书馆 2009 年版，第 281 页。

② 参看《意义与真理的探究》第一、二、三、四、五、六、七、十、十三、十四、十五、十七、二十五等章。

象所构成的类;而且在被单独使用时,它们都断言了自身所指称或意指的那个可感对象的出现,或者断言了自身所指称或意指的那个可感对象的类中一个对象出现。"指称"或"意指"只应用于"对象词"。对象词是通过直接获得存在于语词和事物之间的联想而学会它们的意义的。通过直接联想语词所意指的东西我们不仅学会了我们所知道的那些人的专有名称,"人""狗"这样的类名称,"黄的""硬的"和"甜的"这类可感性质的名称,以及"走""跑""吃"这类行为的名称,还学会了"向上"和"向下"、"在……前"和"在……后",甚至"快的"和"慢的"这类语词。当我们学习一个新词的意义时,通常是通过词典来学习的,也就是说,是通过已经知道其意义的语词做出定义来学习的。

在对象语言的基础上加上"或者""并非""有的""所有"这类逻辑语词,以及应用于对象语言中的语句的"真的""假的"这些词,我们就从初阶语言过渡到了二阶语言。以此类推,可构成更高阶的语言。各种更高阶语言中的语词通过比较复杂的方式拥有"意义"。

语句由语词构成,并且拥有某种意义,而这种意义来源于它们所包含的语词的意义。语句可以是单个的词,或者通常是根据语形规则被放到一起的许多词。语句表达了具有肯定、否定、命令、愿望或疑问等性质的某种东西。如果我们知道了语句所包含的几个语词的意义以及语形规则,我们就能理解它所表达的东西。

命题是与某个特定的语句拥有同一种意义的所有语句,例如"恺撒于三月十五日被害"和"正是在三月十五日这一天,恺撒被害了"这两个语句表达了同一个命题。

基本命题是一个出现于知觉场合的命题,该知觉则是使其为真的证据,并且它拥有某种特定的形式,以致拥有这种形式的任何两个其他命题,假如起源于不同的知觉对象,不可能是相互矛盾的。基本命题也可给出一种逻辑的定义:我们可以考虑经验知识的全体，并把基本命题定义为这个全体中在逻辑上不可证明的那些命题，而且这些不可证明的命题自身是经验的命题，即断言某个时间中的现象的命题。例如"我热""那是红的""多么难闻的味道！"等。这些基本命题与被称为"经验"的非语言现象相联系。这种联系的本质是认识论的基本问题之一。

罗素提出了一种新的"名称"理论。一个语句既不包含逻辑语词也不包含从句时，被称为"原子形式"。假如 R_1 是谓词，R_2 是二元关系，R_3 是三元关系，等等，则

$R_1 (x)$，$R_2 (x, y)$，$R_3 (x, y, z)$ …

就是原子形式的语句，其中 x，y，z 是名称。"名称"被定义为：任何一个能出现于任何原子语句中的语词。"名称"扩展了关于"专名"的理论，它们称呼时空中的某个连续部分。

罗素认为，"这是红的"不是一个主谓命题，而是一个如同"红性在这儿"这种形式的命题；"红的"是一个名称，而非一个谓词；通常被称为一个"事物"的东西，只不过是诸如红性、硬性等一束共存的性质。罗素认为，每当在常识看来存在一个具有性质 C 的"事物"，我们就会以相反的方式说，C 自身存在于那个地方，并且该"事物"将被存在于此处的种种性质所构成的集合所代替。因此，"C"就变成了一个名称，而不是一个谓词。为使这种观点成立，要定义"地点"这个概念。在视觉空间中的一块色片的坐标是 θ，φ，另一块色片的坐标是 θ'，φ'，这时我们说，C 位于 (θ, φ)，同时也位于 (θ', φ')。视野内一个对象的坐标可以被看成性质。因此，(C, θ, φ) 是一束性质，(C, θ', φ') 是另一束性质。假如把一个"事物"定义为性质束 (C, θ, φ)，那么我们就可以说这个"事物"在位置 (C, θ, φ)，而不在位置 (C, θ', φ') 是分析的。这个程序可以扩展到物理时空的构造。假如 θ，φ，h 分别是一个纬度、经度和海拔高度，现在用 (θ, φ, h) 定义"地点"，那么空间关系就有我们所期待的那种唯一

性了。关于时间的连续性，可以构造一只时钟，使得它除了显示时、分之外，还每天显示一个数字，而且这个数字比前一天显示的数字大一。

罗素还考察了概念的精确性与感觉的模糊性之间的关系问题。名称"C"是我在视觉位置（θ，φ）看到的色度，"C′"是在视觉位置（θ′，φ′）看到的色度。也许 C 和 C′是可分辨的，那么它们就是不同的。也许 C 和 C′是不可分辨的，但是存在一种颜色 C″，它与一个是可分辨的，与另一个是不可分辨的。这样，C 和 C′当然是不同的。最后情况也许是：我所知道的每种颜色要么与二者都可分辨，要么与二者都不可分辨。既如此，C 和 C′可以是同一的，也就是说，"C"和"C′"可以是同一个事物的两个名称。但是，由于我绝不可能知道我已经考察了所有颜色，所以我绝不可能确定 C 和 C′是同一的。

罗素还提出了具有特色的"自我中心殊相词"理论。"自我中心殊相词"指的是诸如"这""我""现在"等语词，它们拥有一种相对于说话者的意义。所有的自我中心殊相词都可以用"这"来定义。"这"拥有一种恒定的意义。对一种刺激所做的语词上的反应可能是当下的，也可能是延迟的。如果这种反应是当下的，传入流将进入大脑，并沿着传出神经继续前进，直到它影响了相关的肌肉并产生一个以"这是"开头的句子。如果这种反应是延迟的，传入的神经冲动将以某种方式储藏起来，并且在对某种新的刺激做出反应时，才会产生一种传出的神经冲动；这样，就会产生一个与前一种不同的以"那是"开头的句子。从因果链条来说，在从来自大脑外部的刺激到语词反应的那个最低限度的因果链条中，我们说"这是"；在延迟的语词反应所需要的更长一些的因果链条中，我们说"那曾是"。"我"意指"这所属的这种自身经历"，"这里"意指"这的这个地点"；"现在"意指"这的这个时间"。此外，可从"现在的我"开始，"现在的我"

指称一个现象的集合，即此刻在我身上发生的所有那些现象所构成的集合。"这"指称这些现象中的某一个。"我"是从"现在的我"产生的，是通过某些因果关系与"现在的我"关联起来的事件系列；与"现在的我"相对的"我"也可以通过与"这"的因果关系得到定义，因为我通过"这"仅能指称我正在经验的某东西。

同语句的意义有关，罗素对"命题态度"问题进行了分析。所谓"命题态度"是指相信某某事情是这样的，渴望某某事情是这样的，怀疑某某事情是这样的，等等。相信一个特定的命题并不必然涉及语词，而只需要相信者处于许多可能的状态之一，并且这些状态主要是由因果特性所定义的。当语词出现时，它们就表达了这个信念，而且假如该信念是真的，它们就"指示"了一个不同于该信念的一个事实。举个例子来说，假如一个人 A 处于某种状态中，该状态可以用"A 相信即将有一声巨大的爆炸"这些词来描述，并且它在 A 身上无须涉及语词。但是，一定可能以一种相当不同的方式并通过某些紧张状态以及听觉刺激来描述 A 的状态。假如 A 处于某种状态中，并且他拥有与我相同的语言习惯又发现了说话的机会，这种状况就会导致他说出句子"p"，那么我将说"A 相信 p"。

关于一个断言，罗素说："一个断言有两个方面，即主观的和客观的。从主观方面来看，它'表达'了说话者的一种状态，这可以称为一个'信念'，它可以无须语词而存在，甚至可以存在于不拥有语言的动物和婴儿身上。从客观方面来看，该断言，如果是真的，就'指示'了一个事实；如果是假的，它试图'指示'一个事实，但却没有成功。存在着一些断言，即那些断言了说话者所注意到的他自己的目前状态的断言。在这些断言中，被'表达'的东西和被'指示'的东西是相同的。但是，一般来说，这两者是不同的。一个语句的含义就是它所'表达'的。因而，真句子和假句子是同样有含义的,但是不能表达说话者的任何状态的一串文字是无意义的。"① "有必要区分命题与句子,但是命题无须是不可定义的。它们将被定义为某些种类的心理现象——复杂的意象、期待等。这样的现象是由句子所'表达'的,但是句子'断言'某种其他的事物。当两个句子拥有同一种意义时,那是因为它们表达了同一个命题。"② 罗素指出,信念的心理学涉及的仅仅是主观性一面,而关于真假的问题也涉及客观性一面。对含义可做以下的心理分析:有一些可以称为"相信"的状态,这些状态并不必然包含语词。两种相信的状态可以用某种方式关联在一起,以致我们称它们为同一个信念的两个实例。在一个拥有适当的语言习惯的人身上,作为一个特定信念的实例是一种它可以在其中说出某个语句的状态。当某个语句的说出是某个信念的一个实例时,该语句就"表达"了那个信念。一个说出的语句是"有含义的",当存在一个它所"表达"的可能的信念时。一个听到的语句"S"可以被相信、被拒绝或者被怀疑。假如被相信,听者的信念就由同一个语句"S"所"表达";假如被拒绝,听者的不相信就由语句"并非 S"所"表达";假如被怀疑,听者的怀疑就由语句"可能 S"所"表达"。如果一个听到的语句"S"能引起由"S""并非 S"和"可能 S"所"表达"的三种状态之一,则它就是有含义的。当我们只是说"S"是有含义的时候,就意味着它具有这后一种类型的含义。

在语言与形而上学的关系问题上,罗素批判了形而上学不可知论,提出语言是一种经验的事物;在句子的结构和句子所指称的那些现象的结构之间存在着一种可以被人发现的关系;非语词的事实的结构并非完全是不可知的,语言的特性有助于理解世界的结构;部分地通过对语形进行研究,我们能够获得大量的关于

---

① 罗素:《意义与真理的探究》,商务印书馆 2009 年版,第 198—199 页。

② 罗素:《意义与真理的探究》,商务印书馆 2009 年版,第 220 页。

世界的结构的知识。例如，关于语词"类似的"和"类似性"，罗素以"存在某些现象，对它们进行文字的描述需要'a和b是类似的'这种形式的句子"为例分析说："这个语言学的事实蕴含着一个被描述的这些现象的事实，即当我说'a和b是类似的'时，正是关于世界的这个事实，而非一个关于语言的事实，才是我要断言的。'黄的'这个词是必要的，因为存在着黄色的事物；'类似的'这个词是必要的，因为存在着成对的类似的事物。两种事物之间的类似性确实与一个事物具有黄的颜色一样，是一种非语言的事实。"①

二　评论

罗素在《意义与真理的探究》中对语言做了大量的逻辑分析，特别是讨论了意义问题，值得我们仔细研究。

我们曾在第十一章第二节评论了罗素关于语词与意义的理论，陈述了马克思主义哲学关于语言与思维关系的理论。这里我们再强调一下，马克思主义哲学认为，语言与思维有着不可分割的联系。思维是人脑的机能，是对外部现实的反映；语言则是实现思维、巩固和传达思维成果即思想的工具，正如马克思和恩格斯所说："语言是思想的直接现实。"② 语言和思维一样产生于人类的交往活动；语言和思维是人类理性认识的产物。由此可见，语言问题在马克思主义哲学中具有重要位置。我们应当在马克思主义哲学指导下，对罗素的语言分析哲学进行研究，吸收其合理的内核，以丰富马克思主义哲学的语言理论。

罗素的语言分析哲学有哪些合理内核呢？我们提出以下几点：

1. 罗素引入塔尔斯基的语言层次理论，并做了补充。他分析了在对象语言（初阶语言）和二阶语言以及更高阶语言中语词的

---

① 罗素：《意义与真理的探究》，商务印书馆 2009 年版，第 411 页。
② 《马克思恩格斯全集》第三卷，人民出版社 1960 年版，第 525 页。

意义。语句的意义来源于它们所包含的语词的意义。

2. 他从经验主义立场提出了"基本命题"这个概念,基本命题与"经验"的非语言现象有密切联系。对基本命题的研究丰富了人们的感性认识阶段的内容。

3. 罗素扩展了"专名"的理论,提出了关于"名称"的理论,以称呼时空中的某个连续部分。这样,性质就变成了一个名称,"事物"只不过是诸如红性、硬性等一束共存的性质,可以用坐标来表示。这种分析"事物"的方法是一种逻辑分析方法,我们可以吸取,加以应用。

4. 罗素提出了"自我中心殊相词"理论,这种语词具有相对于说话者的意义,在人们的交际活动中有很多用处,比如用"这"来下实指的定义,当我和一个朋友看见一只特殊的猫,不知是何品种,我就指着它说:"这是一只波斯猫",通过这个实指定义,我的朋友就知道了这只猫的品种。

关于自我中心殊相词,金岳霖曾经进行批判。金岳霖说:"罗素利用了'这'给'我'下定义。'这'是什么呢?'这'是外部刺激在语言上的直接反应。'我'的定义是'这'所属的个人历史。"[①] 对此,金岳霖认为,这种分析并没有化模糊为清楚,而是化清楚为模糊。罗素的"这"就是当前的"红"或者"白"或者"四方"或者"香"或者"硬"等,就是感觉材料,这样一来,罗素就把"我"还原为感觉材料,以便在他的认识论的演绎系统里可以用感觉材料和一些别的工具构造出"我"来。在金岳霖看来,感觉材料是罗素的主观唯心论的经验论的元素。[②] 对金岳霖的这种批判,我们只能引用罗素的原话:"所有的自我中心殊相词都可以用'这'来定义。因此,'我'意指'这所属于的这种

---

① 金岳霖:《金岳霖全集》第四卷(上),人民出版社2013年版,第72页。
② 参看金岳霖《金岳霖全集》第四卷(上),人民出版社2013年版,第72—73页。

自身经历'。"① "对一种刺激所做的语词上的反应可能是当下的，也可能是延迟的。如果这种反应是当下的，传入流将进入大脑，并沿着传出神经继续前进，直到它影响了相关的肌肉并产生一个以'这是'开头的句子。如果这种反应是延迟的，传入的神经冲动将以某种方式储藏起来，并且在对某种新的刺激做出反应时，才会产生一种传出的神经冲动；既然如此，该传出冲动完全不是前一种情况下的传出冲动，而且会产生一个稍稍不同的，即一个以'那是'开头的句子。这里我们回到了最低限度的及其他的一些因果链条。在这方面，一个最低限度的因果链条，就是从来自大脑外部的刺激到语词反应的那个最短的可能的链条。其他的因果链条总是包含了某种另外的刺激，它们使得先前的刺激所储藏的结果得以释放并产生一种延迟的语词反应。在最低限度的因果链条中，我们说'这是'；而在更长一些的因果链条中，我们说'那曾是'。"② 由以上的分析可以看出，这种分析是唯物主义的，实事求是的，确实化模糊为清楚。这里根本不存在一点模糊的影子。罗素并没有从感觉材料来分析"这"和"我"，并没有把"我"还原为感觉材料。金岳霖说，罗素对"这"和"我"的分析不但模糊而且是主观唯心主义的经验论。其实，即使把"我"还原为感觉材料，也不是唯心主义，因为罗素的感觉材料是物质性的。可见金岳霖对"我"和"这"的批判是完全错误的。

5. 罗素对于"命题态度"的分析，为我们理解"我相信……"之类的"命题态度"语句的意义提供了工具。

6. 他提出的"断言的主观性和客观性"的重要性在于必须区别一个断言的两个方面。在主观性方面，一个断言"表达"了说话者的一种状态；"信念"涉及这一方面。在客观性方面，一个断言"指示"一个"事实"，当它是真的时，它的企图就得到了实

---

① 罗素：《意义与真理的探究》，商务印书馆 2009 年版，第 125 页。
② 罗素：《意义与真理的探究》，商务印书馆 2009 年版，第 130 页。

现；真假的问题涉及这一方面。这就是说，我们要区别一个断言的"表达"和"指示"。

7. 他批判了形而上学不可知论，提出"语言的特性有助于理解世界的结构"，这种观点值得肯定。语言和思维是理性认识的产物，语言的意义是思想的结晶，是认识客观世界的工具，罗素关于"类似的"和"类似性"的分析充分说明了这一点。

综上所说，罗素对于语言意义的逻辑分析丰富了语言的意义理论，为我们进一步研究语言与思维的关系、丰富马克思主义哲学的语言理论提供了科学的材料。

第三节　意义与证实①

一　概述

逻辑实证主义者石里克提出"一个命题的意义就是它的证实方法"。罗素认为，石里克由于没有区分词和句子，因而陷入一种谬误。罗素指出，所有必要的语词都拥有实指的定义，并因而依赖经验获得它们的意义。然而，语言有一个特性：即使我们从未拥有任何一种符合于由我们理解的语词所组成的语句的经验，我们仍可以正确地理解这个语句。小说、历史以及所有提供信息的东西都依赖于语言的这种特性。罗素形式化地作了如下表述：有了理解名称 a 和谓词 P 所必需的经验，我们就能理解语句"a 具有谓词 P"，而无须任何符合于该语句的经验；而且当我们说我们能够理解这个语句时，我并不意味着我们如何发现它是否是真的。假如你说"火星上有与我们这个星球上一样疯狂而邪恶的居民"，那么我们能够理解你，但不知道如何发现你说的话是否是真的。罗素还指出，石里克的第二个错误是忽略了那些极其确定的知觉

---

① 罗素:《意义与真理的探究》,商务印书馆 2009 年版,第二十二章。

判断。对这些命题而言，不存在"证实的方法"，因为正是它们构成了在某种程度上能够被知道的所有其他的经验命题的证实。假如一个事件在我没有首先期待它的情况下就发生了，那么我就只能感知它，并形成一个知觉判断。这样，就不存在证实的过程。证实是通过不太可疑的东西确证比较可疑的东西，因此必然不可应用于最不可疑的知觉判断。①

关于证实方法，罗素从"这是红的""那是明亮的""现在的我感觉热"这类关于特殊现象的句子开始分析，认为支持这些句子的证据并非别的句子，而是一种非语言的现象。我说"红的"，是因为有过去的经验所产生的习惯。

罗素提出一个问题："从一次观察中能够学到的东西是什么？"他认为，答案不能包含可以应用于事物的类的语词，比如"狗""纸"和"桌子"。一个事实前提必须不包含"狗""纸"和"桌子"这些被压缩了的归纳。所谓事实前提是指，与特殊现象有关的我们经验知识的前提，有四种：①知觉命题；②记忆命题；③否定的基本命题；④涉及当前的命题态度的基本命题，即涉及我相信、怀疑或愿望等东西的命题。

二　评论

关于语言意义的证实问题，逻辑实证主义者石里克提出一句名言："一个命题的意义就是它的证实方法"。罗素对这种说法从两个方面做了深刻的批判，并提出了一种新的看法。他认为，支持"这是红的""那是明亮的"这些句子的证据并非别的句子，而是一种非语言的现象。我说"红的"，是因为有过去的经验所产生的习惯。罗素认为，从一次观察中能够学到的东西不包括类词，与特殊现象有关的我们经验知识的四种事实前提不包括类词。总

---

① 参看罗素《意义与真理的探究》，商务印书馆 2009 年版，第 363—364 页。

之，虽然罗素批判了逻辑实证主义的"一个命题的意义就是它的证实方法"，但是他囿于经验主义，不能解决语词和语句的意义的检验问题。马克思主义哲学认为，人们的认识活动是在实践的基础上进行的，是一个从感性认识到理性认识的辩证过程，感性认识阶段与人们的经验有密切联系。"这是红的"之类的基本命题、事实前提等是以经验为基础的，属于人们的感性认识，它们的意义在实践中由经验来检验。在人们的理性认识阶段，诸如类词的意义、"红是七种颜色之一"的意义需要在认识的过程中由实践来检验。因此，语言的意义问题离不开在实践中的人们的认识活动。语言意义的检验标准只能是实践，而不是石里克所说的"证实方法"，也不是罗素所说的"过去的经验所产生的习惯"。

第四节　真理的符合论

一　概述

罗素主张真理的符合论，[①] 认为基本命题的真依赖于它们与某种现象之间的关系，而其他命题的真则依赖于它们与基本命题之间的语形关系。

符合论有两种形式：一是基本命题必须是获自经验的，而且不能适当地与经验相关联的命题因此既不是真的，也不是假的；这被称为"认识论的"理论。二是基本命题无须与经验相关联，而只与"事实"相关联，尽管假如它们不与经验相关联，它们就不能被知道；这被称为"逻辑的"理论。

在这个领域的大部分范围内，这两种理论是相同的。根据认识论的理论为真的一切东西，根据逻辑的理论也是真的，尽管反过来不是这样。在认识论的理论中的所有基本命题在逻辑的理论

---

① 参看《意义与真理的探究》第二十一章。

中也是基本的，尽管反过来也不是这样。在这两种理论中，与其他真命题之间的语形关系是相同的。能够从经验中被知道的命题在这两种理论中也是相同的。然而在逻辑方面有一些差别：所有命题或者为真或者为假；而在认识论的理论中，一个命题既不为真也不为假，假如不存在对其有利或不利的证据。换句话说，在逻辑的理论中，排中律是实用的；但在认识论的理论中，排中律是不实用的。

罗素经过详尽的讨论得到如下结论：认识论的真理理论会把真理限定于现在我感知或记得的东西的命题，这是一种狭隘的理论。因而要有逻辑的真理理论，这种理论包含着无人经验到的事件的可能性，以及那些虽绝不可能存在有利于它们的证据然而却具有真实性的命题的可能性。事实比经验的范围更广。一个"可证实的"命题就是一个与经验之间具有某种类型的符合的命题；一个"真的"命题就是一个与事实之间正好具有同一种类型的符合的命题，只是出现在知觉判断中的那种最简单类型的符合在其他含有变项的判断中是不可能的。由于经验就是事实，"经验"是事实的一个子类，因而可证实命题是真的；但是并非所有真命题都是可证实的。在经验和事实两者之间，罗素更强调"事实"。

罗素总结说："假如我们明确地断言有并非可证实的真的命题，那么我们就放弃了纯粹经验论。纯粹经验论到头来是无人相信的，并且假如我们必须保留我们全都认为有效的信念，那么我们必须承认某些既非证明性的也非获自经验的推论原理。"①

二　评论

罗素的真理符合论与一般的真理符合论不同，提出"认识论的"和"逻辑的"两种符合论。他放弃了纯粹经验论，主张一个

---

① 罗素：《意义与真理的探究》，商务印书馆 2009 年版，第 360 页。

"可证实的"命题就是一个与经验之间具有某种类型的符合的命
题;一个"真的"命题就是一个与事实之间正好具有同一种类型
的符合的命题。罗素认为,经验就是事实,但事实比经验的范围
更广;所以,可证实命题是真的,但是并非所有真命题都是可证
实的,承认某些既非证明性的也非获自经验的推论原理。罗素的
理论中有两点可以肯定:①主张真理是同经验或事实的符合,存
在两种真理:经验的真理和事实的真理,具有唯物主义精神;
②放弃了纯粹经验论。

但是,罗素的符合论与其他符合论一样具有致命的缺陷,脱
离了实践,脱离了认识过程。例如,古希腊天文学家托勒密(约
90—168年)的"地心说"认为,地球处于宇宙中心,而且静止
不动;他设计出了一个模型,与实际观测结果相符合。按照真理
符合论,"地心说"应当是天文学真理。但是在16世纪,波兰天
文学家哥白尼(1473—1543年)发现了"地心说"的错误,提出
"日心说"。哥白尼认为地球是球形的;地球在运动,并且24小时
自转一周;并且太阳是不动的,而且在宇宙中心,地球以及其他
行星都一起围绕太阳做圆周运动,只有月亮环绕地球运行。然而,
由于哥白尼的日心说所得的数据和托勒密体系的数据都不能与丹
麦天文学家第谷(1546—1601年)的观测相吻合,因此日心说此
时仍不具优势。直至德国天文学家开普勒(1571—1630年)以椭
圆轨道取代圆形轨道修正了日心说之后,日心说在与地心说的竞
争中才取得了真正的胜利。

马克思主义哲学认为,真理是客观事物及其规律在人们意
识中的正确反映。这种反映不是一种机械的、静止的反映,不
是简单的照相式的反映,是经过实践—认识、再实践—再认识
的循环往复的过程得到的结果。在这个过程中得到的真理包含
不以人的意志为转移的客观内容,并经过作为唯一标准的实践
的检验。

第五节　经验陈述与超越经验的真理

一　对某些陈述的单个经验的证明

罗素提出，某些陈述可以在一次单独经验的基础上得以证明。罗素所说的"某些陈述"实际上是指"基本命题"。我们现在来考察罗素的论证。[①]

看一个天文学上的例子。我们有许多被称为"看见太阳"的经验。根据天文学，也存在着一大团热的物质，它就是太阳。这团物质与被称为"看见太阳"的现象是什么关系呢？这是一种因果关系：太阳上每时每刻都有大量原子以光波或者光子的形式发出辐射能。这些光波或光子在大约八分钟的过程中穿越太阳和我的眼睛之间的空间。当它们达到我的眼睛时，它们的能量转变成了一些新的种类的东西：在视杆和视锥上发生了一些事情，然后一种干扰沿着视觉神经移动；再往后，大脑的适当部位发生了某种事情；最后，我"看见了太阳"。这就是对太阳和"看见太阳"之间因果关系的描述。在太阳和"看见太阳"之间存在着某些重要的相似之处。太阳在我的视觉空间中看起来是圆的，而在物理空间中是圆的。这种相似性可以清楚地加以陈述。一个空间中的圆的定义与另一个空间中的定义是相同的，而且某些关系（接近性）是物理空间和视觉空间共同具有的。[②]

关于物理空间的推论性质，罗素说："对于一个看到某对象的人，和对于一个仅仅摸到这个对象的盲人来说，被推论出来的'真实'的形状是同样的，而且当我说'同样的'时，除了在精确性的程度方面，从触觉中推论出来的物理空间和从视觉中推论

---

①　参看《意义与真理的探究》第八章。

②　参看罗素《意义与真理的探究》，商务印书馆 2009 年版，第 137 页。

出来的物理空间之间，没有任何差别。"①

罗素分析说，当我们拥有我们称之为"看见一只猫"的经验时，存在着一种先行的因果链条，该链条类似于"看见太阳"有关的那种链条。当这种经验是真实的时，这个链条会在向后过程中的某个点上达到一只猫那里。假如在这个链条的某个点上，通常在猫身上有其起源的那些事件（光波、视杆和视锥的震动，或者视觉神经或大脑的被干扰）能以别的方式产生出来，那么我们同样也会拥有被称为"看见一只猫"的经验，并且无须任何猫出现在那里。我们可以把这个问题表述为：某个经验 E（如在我们称之为"看见一只猫"的东西中的视觉核心）在我以前的历史中通常被某些其他经验紧密地伴随。每当我认为我看到一只猫时，我就拥有了"看见一只猫"这样的经验，即使在这个场合并未出现物理的猫。由于把感觉扩展为一种知觉经验是一种习惯，因此在我的以往经历中，这种知觉经验所假定的那些协作通常已经存在了。这就是说，每当我看见一只猫时，通常总是有一只猫被看见，因为若不如此，我就不会获得我现在所拥有的这种习惯。因此，对于在常识的基础上主张当我"看见一只猫"时，就可能存在一只猫，我们有归纳的根据。

罗素认为，在任何一种知觉经验中，感觉核心都比其余部分具有更高的推论价值。我可以看见一只猫，或者听到它发出咪喵的声音，或者在黑暗中摸到它的毛。在所有这些情况下，我都拥有一只猫的知觉经验；但是，在第一种情况下是视觉经验，在第二种情况下是听觉经验，而在第三种情况下是触觉经验。为了从我的视觉经验中推断这只猫的表面的光线的频率，我们只需要物理学定律。但是为了推断猫的其他特征我们还需要这样的经验：即拥有这种颜色的形状的对象更易于发出猫叫的声音而不是发出

---

① 罗素:《意义与真理的探究》，商务印书馆 2009 年版，第 139 页。

犬吠的声音。因而，来自知觉经验的推断没有一个是确定的，但是，从感觉核心做出的那些推断比从知觉经验的其他部分作出的那些推断，具有更大程度的可能性。

总之，有一些陈述，如"我看见太阳""我看见一只猫"等，可以在一次单独经验的基础上得到证明，这些陈述的特征是它们总是被限定于属于观察者以往经历的事情。

二　真理与经验（真理与知识）

罗素认为，真理与经验的关系就是真理与知识的关系。[①]"真"[②] 主要是信念的特性，在派生的意义上也是语句的特性。某些信念能够通过不包含变项的语句（如"我热"）加以表达。超越信念持有者的经验的信念（如"你热"），在其表达中总是包含着变项。关于超越经验的真理的问题可以表述如下：设想 a_1，a_2，a_3，…，a_n是我的词汇中的所有名称，并且我命名了我能命名的一切事物。设想 fa_1，fa_2，fa_3，…，fa_n全是假的，那么"有一个 x，并且 fx"仍然有可能是真的吗？"有一个 x，并且 fx"被称为存在命题（基本存在命题），只有首先确定了"有一个 x，并且 fx"的"真"意指什么，我们才能讨论上述问题。除了根据基本存在命题，不可能定义存在命题的"真"。罗素认为，一定会有基本存在命题，例如"存在一些我没有感知到的现象"，它们是没有名称的，对此我们所能给出的每一例"fa"都是假的。如果不引入变项，我们就不能用语言表述使这样的陈述为真的东西，作为证实者的那个"事实"就无法提及。假如"有一个 x，并且 fx"是真的，那么它之所以为真，是因为有了某种现象，尽管在所设想的

---

① 参看《意义与真理的探究》第十七章。

② 真理与"真"（"真的"）的用法是有区别的，真理与谬误相对，一般是指一个真的语句或命题，在哲学上有不同定义；"真"（"真的"）与"假"（"假的"）相对，是一个语句或命题的取值。

这种情形中我们不能经验到这种现象。这种现象仍可以被称为"证实者"。没有理由设想,当证实者没有被经验到时,"有一个 x,并且 fx"与证实者之间的关系不同于当证实者被经验到时的情况。当证实者被经验到时,知识的过程是不同的,这是另一回事。当我经验到一种现象时,它能使我知道一个或多个"fa"这种形式的句子,并且从这些句子中能演绎出"有一个 x,并且 fx"。与"fa"相比,这个新的句子与这种现象具有一种不同的关系;只有当 a 被经验到时,"fa"与这种现象之间的关系才是可能的。但这是一个语言学的事实。同"fa"和这种现象之间的关系不同,"有一个 x,并且 fx"和这种现象之间的关系并不要求该证实者被经验到,而且当证实者未被经验到时,这种关系与当它被经验到时是完全一样的。"有一个 x,并且 fx"与事实之间有一种符合,这种符合与在不包含变项的命题的情况下的符合不属于完全相同的类型,属于与"意义"有关的那种类型。

关于一个未被观察到的事实而为真的命题,它一定包含一个变项。例如,"塞米帕那汀斯科(哈萨克斯坦东部城市)有人"这个句子由于某些特殊的事实而为真。但是,由于我们不知道那个地区的任何居民的名字,所以我不可能举出这些事实中的任何一个。然而,这些事实中的每一个都与我的句子具有一种明确的关系,而且每一个都与它有相同的关系。由于没有名字的东西无法被提及,是一种微不足道的情况,因而包含变项的句子可以因为与一个或多个未被观察到的事实之间的关系而成为真的,并且这种关系与类似的句子(如"洛杉矶有人")涉及被观察到的事实时使它们为真的那种关系是一样的。

罗素指出,"真理"是一个比"知识"宽广的基本概念,"知识"必须以"真理"来定义,而不是反过来以"知识"定义"真理"。罗素所说的"知识"是用经验可证实的。罗素由上述论证得出的结论是:即使我们不能发现方法去获得或支持或反对一个命题的证据，该命题也可以是真的，也就是说是一个真理。

三 评论

（一）关于"某些陈述可以在一次单独经验的基础上得以证明"的论题

这是一个经验主义的论题，罗素在论证过程中，使用了逻辑分析方法，使用了"物理空间"和"知觉空间"这两种空间，并在知觉因果关系的基础上勾画了"我看见太阳""我看见一只猫"等陈述的特征："被限定于属于观察者以往经历的事情"。有了这些工具，罗素的论证具有很强的逻辑力量，令人信服地接受该论题。

（二）关于真理与经验（真理与知识）之间关系的论题

罗素指出，"真理"是一个比"知识"宽广的基本概念，"知识"必须以"真理"来定义，而不是反过来以"知识"定义"真理"。他使用逻辑分析方法，用"有一个 x，并且 fx"这种存在命题和"一个未被观察到的事实而为真"的命题为例，精辟地论证了存在超越经验的真理。罗素说："当我经验到一种现象时，它能使我知道一个或多个'fa'这种形式的句子，并且从这些句子中能演绎出'有一个 x，并且 fx'。与'fa'相比，这个新的句子与这种现象具有一种不同的关系；只有当 a 被经验到时，'fa'与这种现象之间的关系才是可能的。但这是一个语言学的事实。同'fa'和这种现象之间的关系不同，'有一个 x，并且 fx'和这种现象之间的关系并不要求该证实者被经验到，而且当证实者未被经验到时，这种关系与当它被经验到时是完全一样的。"[1] 他认为即使我们不能发现一种方法去获得或支持或反对一个命题的证据，该命题也可以是真的，即是一个真理；他批判了逻辑实证主义者

---

[1] 罗素：《意义与真理的探究》，商务印书馆 2009 年版，第 279—280 页。

所支持的那种彻底的形而上学不可知论。这表明罗素在《意义与真理的探究》中，背离了纯粹经验主义，弱化了经验主义的立场和观点。

第十三章

中立一元论（第二阶段）：
《人类的知识》

第一节　中立一元论概述

罗素在《人类的知识》第四章"物理学与经验"、第六章"心理学的空间"、第七章"精神与物质"等章中阐述了中立一元论的理论。

罗素说："作为主体对于客体的关系，关于知觉的二元论的看法，在威廉·詹姆士的影响下，现在已经大部分被经验主义者所抛弃。介乎作为心理事件来看的'看见太阳'与我看见的直接对象两者之间的区别，现在一般都认为是没有根据的，我也同意这个看法。但是许多和我在这个问题上抱有同样看法的人却前后矛盾地坚持某种形式的素朴的实在论。如果我对于太阳的视觉就是我所看见的太阳，那么我所看见的太阳就不会是天文学家所说的太阳。根据完全相同的原因，如果我所看见的桌椅就是我对于桌椅的视觉，这些桌椅的位置就不会在物理学所讲的位置上，而是在我看见桌椅的地方。你可能说我的视觉既然属于心理的范围，就不会在空间之内；如果你这样讲，我将不争论这一点。但是我仍然认为有一个而且只有一个和我的视觉在因果上永远结合在一起的时空领域，而这就是在我看见东西时的大脑。完全相同的看法适用于一切感官知觉的对象。"①

　　罗素对心物关系的看法是:"心理的"和"物理的"现象并不像一般所认为的那样截然不同。罗素把"心理的"现象定义为某人不经过推理就认识到的一种现象;因而"心理的"与"物质的"两者之间的区别属于认识论,而不属于形而上学的范围。罗素指出,知觉的和物理的空间是不同的。知觉的空间由知觉结果各部分之间可知觉的关系构成;而物理的空间则由推论出来的物体之间的关系构成。我所看见的东西可能在我对于我的身体的知觉结果之外,但却不能出乎作为物体来看的我的身体之外。从因果关系来看,知觉结果的位置介乎内传神经中发生的事件(刺激)与外传神经中发生的事件(反应)两者之间;它们在因果连锁中所占的位置正和大脑中某些事件所占的位置相同。② 例如,物理学上的桌子是推论出来的;同样,它所在的空间也是推论出来的。物理学上的桌子并没有感觉界的桌子所具有的性质,这早已成了哲学中的常谈:物理学上的桌子没有颜色,它没有我们从经验中知道的那种冷或热,它没有我们在触觉中所得到的那种"硬"和"软"的性质,以及其他,等等。所有这一切早已成了人所共知的事,但是由此得出的结论却没有被人充分认识到,这就是物理学上的桌子所在的空间也一定不同于我们从经验中认识的空间。③ 如果我有着叫作"看见一张桌子"的经验,那么视觉中的桌子首先在我的暂时视域中占有一个位置。后来,由于经验中的相互关联,它才在那个包括我全部知觉的空间中占有一个位置。再往后,物理学的定律把它和物理学上的时空中的一个地点相互关联起来,这个地点就是物理学上的桌子所占的地点。最后,心理物理学的

---

　　① 罗素:《人类的知识——其范围与限度》,张金言译,商务印书馆1983年版,第248页。

　　② 参看罗素《人类的知识》,张金言译,商务印书馆1983年版,第253—254页。

　　③ 参看罗素《人类的知识》,张金言译,商务印书馆1983年版,第269页。

定律把它和物理学上的时空中的另外一个地点联系起来，这个地点就是我的脑子作为一个物体所占的地点。罗素提醒人们应该注意到占有两重空间位置的知觉结果和记忆中的两重时间非常类似。在主观的时间中，记忆是在过去；在客观的时间中，记忆是在现在。同样，在主观的空间中我对于一张桌子的知觉结果是在桌子那边，但是在物理学的空间中它却在这里。①

罗素说："我认为根据经验对于物质世界所做的推理都可以因为下面的假定而被认为有其合理根据，那就是因果连锁的存在，其中每一分子都是按照共现（或邻近）的时空关系排好的一个复合结构；这样一个因果连锁的所有分子在结构上都是相似的：每个分子和每个其他分子之间由一系列相邻的结构联系起来；当一些这类相似的结构被发现围绕一个比它们当中任何一个在时间上都早的中心集合起来的时候，那就很可能是这种情况：它们的产生根源是位于该中心并且结构与被观察的事件的结构相似的一个复合事件。"②

上文说过，罗素对"精神的"事件的定义是：人们不经过推理就知道的事件。据此，罗素对"物理的"事件下了一个比较精确的定义：经过推理才知道它发生，同时知道它不是属于精神的事件。③

罗素说："我们一定要区别开在活的脑子里发生的事件与在任何其他地方发生的事件。……那些构成脑子里的一个区域的事件，作为一个集合来讲，是包括思想在内的。这就是说，一次发生过的思想是一个集合中的分子，而这个集合构成脑子里的一个区域。"④"我们不经过推理就可以知道精神事件及其性质，而我们

---

① 参看罗素《人类的知识》，张金言译，商务印书馆 1983 年版，第 271 页。

② 罗素：《人类的知识》，张金言译，商务印书馆 1983 年版，第 276 页。

③ 参看罗素《人类的知识》，张金言译，商务印书馆 1983 年版，第 278 页。

④ 罗素：《人类的知识》，张金言译，商务印书馆 1983 年版，第 279 页。

关于物质事件所知道的只限于其时空结构这一方面。"①

附 《我的哲学的发展》中的中立一元论概述

罗素在《心的分析》《物的分析》《哲学大纲》《意义与真理的探讨》和《人类的知识》等著作中对其中立一元论做过多次表述,为使读者正确地了解他的理论,现将他在《我的哲学的发展》中对中立一元论的表述简介如下。②

罗素认为,莱布尼茨关于单子的空间学说和他所主张的学说是相合的。莱布尼茨认为有两种空间。一种空间是在每个单子的私有世界里。单子把材料加以分析和排列,在材料以外不假定有任何东西,就能知道这个世界。可是也还有另一种空间。莱布尼茨说,每个单子从它自己的观点来反照世界。观点的不同有类乎透视的不同。整堆观点的安排就给了我们另一种空间。这种空间不同于每个单子私有世界里的空间。在这个公共的空间里,每个单子占据一个点,不然至少也占据一个很小的部位。虽然在其私有世界里有一个私有空间,这个空间从其私有的观点来说,是极大的。当单子放在别的单子中间的时候,这个极大就缩成一个极小的针尖。每个单子的材料世界中的空间,我们可以称为"私有"空间;由不同单子的不同观点而成的空间,可以称为"物理"空间。就单子正确反照世界来说,私有空间的几何性质是和物理空间的性质相似的。

在罗素那里,在我们的知觉里有空间,在物理学里也有空间。我们知觉里的整个空间只占物理空间的一个极小的部位。但是,罗素的学说和莱布尼茨的学说之间有一个重要的差别。这个差别是和对因果的看法不同有关,也和相对论所引起的后果有关。罗素认为,物理世界中的时—空秩序是和因果有密切关系的。这又

---

① 罗素:《人类的知识》,张金言译,商务印书馆1983年版,第280页。
② 参看《我的哲学的发展》第二章和第九章。

和物理程序的不可逆性有密切关系。一般来说，物理世界里的历程都有某种方向。这种方向使因与果之间有了区别，这种区别是古典力学里所没有的。罗素认为物理世界里的时—空秩序是包含这种有方向性的因果的。正是根据这个理由，罗素有一种主张，即人的思想是在人的脑袋里。一个星发出的光经过介乎中间的空间，使视神经发生变动，最后在脑里发生一件事。在脑里发生的那件事是一个视觉。脑是由思想而成。物理时—空中的事件能通过因果关系而知其在什么地方，那么，在眼和通向脑的神经中的事件发生以后你才有的那个知觉，其位置一定是在你的脑中。我们能看到或观察在我们的脑袋里发生什么事。在任何别的地方，我们什么也看不到，也观察不到。

这里有三个要点。第一个是，数理物理学中的实体不是世界所由构成的材料，只是由事件组成的构造，为数学家的便利而把那些实体当作单位。第二个是，所有我们不由推理而知觉到的东西，是属于我们的私有世界。在视觉里我们所知道的星空是在我们的体内。我们相信的那个外界的星空是由推理而得的。第三个是，使我们能以知觉到各种事物的因果线（纵然处处都有这样的一些线）就如沙上的河，是容易渐渐消失的。这就是为什么我们并不能永远能够知觉到各种事物。

罗素在1914年元旦，提出空间有六维而不是有三维的学说。罗素得到的结论是，在物理学的空间里，认为是一个点的，说得更正确一些，认为是一个"极微地域"的，实际上是一个由三维而成的复合体。一个人的知觉对象的全体就是这个复合体的一个实例。人们可以造出一些仪器来，这些仪器在没有活着的知觉者的地方能把一些东西记录下来，那些东西如果一个人在那儿是可以知觉到的。一个照相感光板可以在许多星的天空中任何选出来的一部分制出一个相片来。最好的例子是，给繁星闪烁的天空照相。无论哪个星都可以在任何地方照下相来，若是有一个人的眼在那里也看得见那个星。因此,在照相板那个地方,有些事情发生,这些事情是和在那里能照下相来的所有那些不同的星有关系。因此在物理空间的一个微小的地域里随时都有无数的事情发生,与一个人在那里所能看见的或一件仪器所能记录的一切事情相应。不但如此,这些事情彼此有空间关系,这些空间关系多多少少正与物理空间中的那些对立的物体相应。在一张星体照相中所出现的那个复杂世界是在拍照的那个地方。同样,知觉之心的内容那个复杂世界是在我所在的那个地方。这两种情形不拘哪一个都是从物理学的观点来讲的。罗素认为,在我看见一颗星的时候,里边牵涉到三个地方:两个在物理空间里,一个在我的私有空间里。有星所处于物理空间中的那个地方;有我所处于物理空间中的那个地方;又有关于这颗星的我的知觉内容所处于我的别的知觉内容中的那个地方。

罗素指出,有两种方法把事件一束一束地收集起来。第一个方法是,你可以把所有那些可以认为是一个“事物”的现象的事件弄成一束。例如,假定这个东西是太阳,首先,你就有正在看见太阳的那些人的所有视觉内容。其次,你有正在被天文学家拍照下来的所有那些关于太阳的照片。最后,你有所有那些在各处发生的事情,正因为有这些事情,才有在那些地方看见太阳或给太阳照相的可能。这一整束的事件是与物理学的太阳有因果关系的。这些事件以光的速度从物理空间中太阳所在的地方向外进行。

还有另外一个方法把事件集为一些束。按照这一个方法,我们不是把一件东西所呈现的现象的那些事件集合起来,而是把在一个物理上的地点所呈现的现象的所有那些事件都集合起来。在一个物理上的地点的事件其全体被称为一个“视景”。在某一个时间我们的知觉内容的总体构成一个“视景”。仪器在某一个处所能够记录下来的所有事件的总体也是如此。在第一个方法中,我们曾有一束是由太阳的许多现象所组成。但是在这第二个方法中,一束只包含太阳的一种现象，那种现象和从那个地方所能知觉到的每个"事物"的一种现象相关联。在心理学中特别合适的乃是这第二种制束的方法。一个视景，如果碰巧是在一个脑子里，就是由该脑所属的那个人临时所有的那些知觉之心的内容所组成。所有这些，从物理学的观点来看，都是在一个地方，但是，在这个视景里有若干空间关系，由于这些空间关系，原来物理学上说是一个地方的，现在却变成一个三维的复合体了。

这个学说可以解决三个谜题：（1）不同的人对于一件东西有不同的知觉；（2）关于一件物理上的事物和它在不同的地方所呈现的现象二者之间的因果关系；（3）最重要的是心与物之间的因果关系。

这些谜题之所以发生，都是由于不能把与某一个知觉之心的内容相连的三个处所加以区分。这三个处所就是：（1）"事物"所在的物理空间中的处所；（2）我们所在的物理空间中的处所；（3）在我们的视景中，我们的知觉之心的内容对于别的知觉之心的内容所占据的处所。

综上所述，我们可以看出，罗素关于中立一元论的表述是变化的，但其核心内容是不变的。《我的哲学的发展》中的表述综合了以往的各种表述。笔者在第十一章"中立一元论（第一阶段）"第四节中对中立一元论的评论是对《心的分析》《物的分析》和《哲学大纲》中的中立一元论综合起来所做的评论，也完全适用于对《意义与真理的探究》《人类的知识》和《我的哲学的发展》中的中立一元论的评论，为避免重复，这里不再赘述。

第二节　事实、信念、真理与知识

一　概述

本节内容是罗素对在《意义与真理的探究》中所讨论的四个

词项给出确定的意义。①

（一）事实

罗素认为，"事实"这个名词只能用实指的方式来下定义。他把世界上的每一件事物都叫作一件"事实"。太阳是一件事实；恺撒渡过鲁比康河是一件事实；如果我牙痛，我的牙痛也是一件事实。如果我做出一个陈述，我做出这个陈述是一件事实，并且如果这句话为真，那么另外还有一件使它为真的事实，但是如果这句话为假，那就没有那件事实。事实是使陈述为真或为假的条件。"事实"这个词限定在一个最小范围之内，这个最小范围是使得任何一个陈述的真或假可以通过分析的形式从那些肯定这个最小范围的陈述得出来所必须知道的。举例说，如果"布鲁塔士是罗马人"和"加西奥是罗马人"都各自说出一件事实，那么我就不该说"布鲁塔士和加西奥是罗马人"是一件新的事实。所谓"事实"就是某件存在的事物，不管有没有人认为它存在还是不存在。如果我抬头看一张火车时间表，发现有一趟列车在上午 10 时去爱丁堡，如果那张时间表正确，那么就会真有一趟列车，这是一件"事实"。时间表上所说的那句话本身也是一件"事实"，不管它是真还是假，但是只有在它是真，也就是真有一趟列车的条件下，它才说出一件事实。

（二）信念

罗素认为，"信念"带有一种本身固有的和不可避免的意义上的模糊不清，"信念"的最完备的形式是哲学家们考虑最多的问题，它表现在一个句子的肯定上。罗素举了几个例子：你用鼻子闻了一会儿，接着就喊："天啊！房子着火了"；或者当你正计划到郊外去野餐的时候说："看这些黑云。天要下雨了"；或者在火车上你为了把一个乐观的同车乘客的高兴打下去而这样说："上次

---

① 参看《人类的知识》第十一章"事实、信念、真理和知识"。

我坐这趟车就晚到三个钟头。"如果你不是在说谎,那么这些话就都表示信念。我们非常习惯于用文字来表示信念,所以一说到有些不用文字表示的"信念"就觉得有些奇怪。但是我们很清楚地看得出来,即使在用文字表示信念的情况下文字也不是问题的最关紧要的部分。烧着东西的气味首先使你相信房子着火,然后你才说出这些字来,这时候文字并不就是信念,而是用一种行为的形式把信念传达给别人的方法。当然,这些是不很复杂或微妙的信念。我们相信多边形的内角和等于两直角乘以它的边数然后减去四个直角,但是一个人要不通过文字而相信这一点就必须具备超人的数学直观能力。但是比较简单的信念,特别是要求做出行动的信念,可能完全不需要用文字来表达。你可能对一起旅行的同伴说:"让我们快跑;火车已经要开了。"但是如果只有你一个人,你可能有着同样的信念,并且同样快地跑过去,而在你的头脑中却并没有什么文字出现。

因此,罗素主张把信念当作某种可以是先于理智并且可以表现在动物行为上的东西。有时一种完全属于身体方面的状态也可以称得起是一种"信念"。举例说,如果你摸黑走进屋内,并且有人把椅子放在了一个平常不放椅子的地方,那么你就可能撞到椅子上,因为你的身体相信那里没有椅子。但是对于我们目前的讨论来说,把心理与身体在信念上各自起的作用分别开并不是很重要的。信念是身体上或心理上或者两方面兼有的某一种状态。简单来说,它是有机体的一种状态,而不去管身体的与心理的因素的区别。

信念的一个特点是它有着外界参照:最简单的可以从行为方面观察到的情况就是由于条件反射作用,A 的出现引起适合于 B 的行为。这包括根据得到的信息而采取行动那种重要情况:听到的话是 A,而它所指的意义是 B。如果有人告诉你"注意! 汽车来了!"你的动作就和你真的看见了汽车时一样。就这个实例说,你在相信"汽车来了"所指的意义。

从理论上讲，我们可以把任何一种构成相信某种事物的有机体的状态详尽描述出来，而无须讲到所说的某事物。当你相信"汽车来了"的时候，你的信念就是由肌肉、感官和情绪，也许还有某些视觉意象所构成的某种状态。所有这些以及凡是可以构成你的信念的东西，在理论上都可以由心理学家与生理学家共同合作详尽描述出来，而无须提到任何一件在你身体和心理以外的东西。当你相信一辆汽车开过来的时候，你的状态在不同的外界条件下也会非常不同。可能你在观看一场车赛，心里想着你下了本钱的那辆车是不是能够获胜。可能你正在设法逃开警察的监视。可能你在过马路时突然精神集中起来。但是尽管你的整个状态在这些不同的情况下不会相同，它们中间还是存在着某种相同的东西，正是这种东西使得它们都成为汽车来了这个信念的不同实例。我们可以说，一个信念是有机体的状态的一个集合，这个集合是由于都具有全部或部分相同的外界参照这一点而组成的。

在动物或年幼的小孩身上，相信是通过一种或一系列行动而表现出来的。猎犬凭着嗅觉追踪狐狸表现出猎犬相信有狐狸的信念。但是在人类，由于语言和使用推迟的反应的结果，相信常常变成一种多少静止的状态，也许主要就在于发出或想象出一些适当的文字，加上构成各种不同种类的信念的那些情感当中的一种感情。关于这些不同种类的信念，我们可以一一列举出来：第一，那种以动物性推理补足感觉的信念；第二，记忆；第三，预料；第四，只凭证据不经思考就得出的信念；第五，那种得自有意识的推理的信念。因此"信念"是一个范围很广的类名，而一种相信的状态与一些通常不会叫作相信的相近状态是不能明显地区分开的。

语言给人一种表面上好像准确的印象；一个人也许可能用一句话表示他的信念，而这句话就被人当成了他所相信的东西。但是一般来说情况却不是这样。当你说"看，琼斯在那里"的时候，你是在相信某种事物，并且把你的信念用文字表示出来，但是你所相信的是关于琼斯这个人，而不是关于"琼斯"这个名字。在另外一个场合，你可能有一种关于文字的信念。"刚走进来的那位鼎鼎大名的人是谁？他是提奥菲鲁斯·特瓦孔爵士。"在这种情况下，你所需要的只是名字。

在文字只表示一种关于这些文字的意义的信念的情况下，这些文字所表示出来的信念不够准确的程度正像那些文字的意义的不够准确的程度一样。在逻辑与纯粹数学的范围之外，具有准确意义的字是没有的，连"公分"和"秒"这样的字也不例外。所以即使我们用有关经验界的字所能达到的最大准确性的一些字来表示一个信念，关于什么是被相信的东西仍然是多少含混不清的一个问题。哲学应当像科学一样，认识到虽然绝对准确是不可能的事情，人们还是可以发明一些办法来逐步缩小含混不清或不确定的范围。可是不管我们的测量工具多么让人满意，仍然会存在着我们不能确定它们大于、小于或等于一公尺的一些长度；但是通过办法的日臻完善减少这些不能确定的长度的数目是没有什么止境的。同样，当信念用文字表示出来之后，永远会存在一条由可能发生的情况构成的带子，关于这些情况我们不能说它们使信念为真或为假，但是一方面我们可以用更完善的文字的分析，另一方面我们可以用更精细的观察办法把这条带子的宽度无限地加以缩小。绝对准确是否可能要靠物理世界是分立的还是连续的来决定。例如，假定我们相信这个句子："我的身高大于5英尺8英寸而小于5英尺9英寸"。让我们把这个句子叫作"S"。现在我们问："当我具有用S这个句子表示的信念时，我所处的状态是什么？"对于这个问题，显然没有一个唯一的正确答案。我们可以肯定的只是我处在这样一种状态之下，即如果有另外某些事情发生，那么这种状态将给我一种可以用"正是这样"等字来表示的情感，如果这些事情尚未发生,那么我会想到它们的发生并且感到"是的"这个词能表示的那种情感。比方说,我可以想象我自己靠在放有一个刻有英尺英寸的尺度的墙壁上,并在想象中看到我的头部位于这个尺皮上面的两个记号之间,对于这个想象我可以有表示同意的情感。我们可以把它看作那种可以叫作"静止的"信念的本质,这种信念是与用行动表现出来的信念相对而言的:静止的信念是由一个观念或意象加上一种感到对的情感所构成的。

(三) 真理

真理是信念的一个性质,间接也是表示信念的句子的一个性质。真理是一个信念与这个信念以外的一件或更多件事实之间的某种关系。如果这种关系不存在,那么这个信念就是假的。一个句子即使没有人相信,它还是可以叫作"真"的或"假"的,只要假定在有人相信的情况下,这个信念按照当时的情况为真或为假。以上所说是显而易见的。但是信念与它所涉及的事实之间的关系的性质,或者使一个已知信念为真的可能的事实的定义,或者这个词组里"可能的"意义都不是什么显而易见的问题。除非这些问题得到答案,我们对于"真理"就不能给出恰当的定义。

罗素从信念的生物学上最初的形式开始,除了人类以外,动物也有这种最初形式的信念。如果 A 与 B 两种外界条件的共现是经常的或者在感情方面引起人的兴趣,那么这种共现就容易产生下面的结果:当从感觉上知道 A 的存在之后,动物的反应就和它以前对 B 的反应一样,或者至少表现出对 B 的反应的一部分。在有些动物身上,这种关联有时可能是天生的,而不是得自经验的结果。但是不管这种关联是怎么产生的,当从感觉上知道 A 的存在这件事引起适合于对 B 的动作时,我们可以说这个动物"相信"环境中有 B 存在,并且如果环境中有 B 存在,这个信念就是"真"的。如果你在半夜把一个人叫醒,口里喊着"失火了!",即使这个人还没有看见火或闻到着火的气味,他也要从床上跳下来。他的动作是他具有一个信念的证据，如果有失火的事发生，这个信念就是"真"的，否则就是"假"的。他的信念的真假要靠一件可能永远在他的经验范围之外的事实来决定。他也许逃得很快，根本没有得到关于失火的感觉上的证据；他也许因为害怕被人猜疑有意纵火而逃到国外，从来没来得及问别人是否真的发生过失火事件；然而如果构成他的信念的外界参照或意义的那件事实（失火）存在，那么他的信念就仍然是真的，而如果没有这样的事实存在，那么即使他所有的朋友都让他相信发生过一次失火事件，他的信念也仍然是假的。真的信念有着与它有一定关系的一件事实，但是假的信念就没有这样的事实。我们需要对于由于一件或许多件事实的存在而使一个信念为真的这件或许多件事实做出叙述。一件或许多件这样的事实叫作这个信念的"证实者"。

罗素经过详细分析得出结论说：

"每个不只是行动的冲动的信念都具有一幅图画的性质，加上一种'是的'或'不是的'感觉；在我们遇到'是的'感觉的情况下，如果有一件事实对于那幅图画具有一个原型对于一个意象所有的那种相似，那么它便是'真的'；在我们遇到'不是的'感觉的情况下，如果没有这样的事实，那么它便是'不真的'。一个不真的信念叫做一个'假的'信念。这就是'真理'和'谬误'的一种定义。"①

（四）知识

罗素认为，知识是属于正确的信念（按：即真的信念或真理）的一个子类：每一种知识都是一个真的信念，但是反过来说就不能成立。我们可以毫不费事就举出一些不是知识的真的信念的例子。一个人去看一只停止走动的钟，他以为钟在走着，碰巧他看

---

① 罗素：《人类的知识》，商务印书馆 1983 年版，第 190 页。

到的时间和真正的时间一样；这个人得到的是关于当日时间的一个真信念，但是我们却不能说他得到的是知识。一个人正确地相信 1906 年当时首相的名字的最后一个字是以 B 开始的，可是他之所以相信这点是由于他认为巴尔福是当时的首相，而事实上却是坎伯尔·班诺曼。有个走好运的乐观主义者买了一张彩票，坚决相信自己会赢，因为运气好，他果然赢了。这样的例子是举不胜举的，它们说明不能仅仅因为你的话说对了就算你有了知识。

一个信念除了它的真实性之外还必须具备什么性质才可以算是知识呢？平常人会说必须要有可靠的证据作为信念的根据。作为常识而论，这在大多数发生疑问的场合下是对的，但是如果拿它当作关于这个问题的一种完备的说法就很不够。"证据"一方面包含一些公认为无可争辩的事实，另一方面也包含一些根据事实进行推理时所要凭借的原理。显然这个方法是不能令人满意的，除非我们不是只凭证据才认识到这些事实和这些推论原理，因为不然我们就会陷入恶性循环或者无穷倒退。因此我们必须集中力量研究这些事实和这些推论原理。我们可以说知识首先包含一些事实和一些推论原理，这两者的存在都不需要来自外界的证据。其次包含把推论原理应用到事实身上而得出的所有确实的结果。按照传统的说法来讲，事实是从知觉和记忆中得知的事实，而推论原理则是演绎和归纳逻辑中的原理。

这个传统的学说有着各种令人不能满意的特点。第一，这个学说没有对"知识"给出一个内涵的定义，或者至少没有给出一个纯粹内涵的定义；我们看不清楚知觉事实和推论原理之间的共同点是什么。第二，讲出什么是知觉事实是一件非常困难的事情。第三，演绎法已经变得不像以前人们所认为的那样有效；除了用新的说法叙述一些在某种意义上早已被人认识到的真理以外，它不能给我们什么新的知识。第四，人们一直还没有把那些在广义上可以叫作"归纳的"推理方法令人满意地系统地表示出来；即使被系统地表示出来的那些推理方法完全正确，它们最多让结论具有概然性；另外，即便用最准确的形式把它们表示出来，它们也不具备不证自明的性质，如果我们相信它们，那也只是因为它们在得出我们公认的结论的过程中看来是必不可少的。

一般来说，人们提出过三种克服在给"知识"下定义上所遇到的困难的方法。第一种也是最早的一种方法是强调"不证自明"这个概念的重要性。第二种方法是打破前提与结论之间的区别，认为知识就是由信念组成的整体的一致性。第三种也是最彻底的一种方法是完全抛弃"知识"这个概念，而用"导致成功的信念"来代替它。我们可以举出笛卡尔、黑格尔和杜威分别作为这三种观点的代言人。

笛卡尔认为凡是我心中清楚而明确地想到的事物都是真的。他相信根据这个原理不仅可以导出逻辑与形而上学，也可以导出事实，至少在理论上是这样。经验主义使这样一种看法成了不可能的事情；我们认为即使是我们思想所能达到的最高度的清晰也不能使我们证明合恩角（智利南部合恩岛上的陡峭岬角）的存在。但是这却不能去掉"不证自明"这个概念：我们可以说他说的话适用于概念的证据，但是另外还有知觉的证据，凭着知觉的证据我们才认识到事实。不证自明还能使你承认这种论证：如果所有的人都有死并且苏格拉底是人，那么苏格拉底也有死。不证自明的最重要的特点在于我们一见到它就不由得不相信它。可是如果我们把不证自明当作真理的一个保证，这个概念就一定要和其他一些在主观方面与它相类似的概念小心地区别开。我们必须牢牢记住不证自明和"知识"的定义有关，但是它本身却不是一个自足的概念。不证自明的另外一个困难就是它是一个程度上的问题。一阵雷声固然无可置疑，但是一种非常轻微的声音却不是这样；你在晴天看见太阳固然不证自明，但是大雾中出现一个看不清的黑点却可能是心中想象出来的；AAA 式的三段论是很明显的，但是一个数学论证中最难的一步可能很难"看出来"。我们认为只有最高度的不证自明才有最高度的确实性。

一致论和工具论习惯上是由提倡它们的人当作真理论提出来的。作为真理论来看,它们要受到一些反驳。作为认识论来看,罗素用自己的方式把认识上的一致论加以表述。我们必须说有时两种信念不能同时都真,或者至少我们有时相信这点。如果我同时相信 A 真,B 真,A 与 B 不能同时都真,这样我就有三个不能成为一组互相一致的信念。在这种情况下,三个之中至少有一个是错的。最极端的一致论主张只可能有一组互相一致的信念,这就是全部知识和全部真理。罗素不同意这种观点,赞成莱布尼茨主张的可能世界的多重性。但是经过修正以后的一致论还是可以被人接受的。这种修正以后的一致论主张一切或者几乎一切被人们看作知识的东西在大小不同程度上都是不确实的:它主张如果推论原理属于无须鉴别的知识材料,那么一件无须鉴别的知识就可以用推理方法从另一件无须鉴别的知识推论出来,这就获得了比它以前只靠本身所有的要大的可信程度。因此,可能有这种情况发生:一组命题,其中每一个命题本身所有的可信程度并不怎样高,如果集合起来却可能产生很高的可信的程度。但是这种论证要靠可能存在着不同程度的固有的可信性才能成立,因而它不是一种纯粹的一致论。

关于用"导致成功的信念"这个概念来代替"知识"的理论,罗素认为,它假定了我们能够认识什么样的信念导致成功,因为如果我们不能认识这一点,这种理论在实用方面就不会有什么用处,而它的目的就是崇尚实用而牺牲理论。很明显,在实用方面我们很难知道什么信念会导致成功,即使我们对于"成功"有一个恰当的定义。

罗素说:"看来我们所要得出的结论就是知识是一个程度上的问题。知觉到的事实和非常简单的论证的说服力在程度上是最高的。具体生动的记忆在程度上就稍差一等。如果许多信念单独来看都有几分可信性，那么它们相互一致构成一个逻辑整体时就更加可信。一般的推论原理，不管是演绎的还是归纳的，通常都不及它们的许多例证那样明显，我们可以根据对于例证的理会从心理方面把推论原理推导出来。"① "知识是什么意思？"这个问题并不是一个具有确定和毫不含糊的答案的问题，正像"'秃'是什么意思"那个问题一样。②

二　评论

罗素对事实、信念、真理与知识的定义，我们是不同意的，这是因为罗素对这四个词项的定义和分析，脱离了人们的实践，脱离了在实践基础上人们认识的发展过程，脱离了作为唯一标准的实践检验真理的过程。我们认为，对这四个词项必须在马克思主义哲学指导下进行科学的界定。

（一）事实

罗素用实指定义的方法把世界上的每一件事物，包括客观的事物情况与属于主观方面的感觉（如牙疼）、做出一个陈述、火车时刻表上某趟列车的发车时间等，都叫作"事实"。这种关于"事实"的定义不但脱离了实践，而且混淆了客观与主观。笔者认为，"事实"也就是"实事求是"中的"实事"，毛泽东在《改造我们的学习》中指出："'实事'就是客观存在着的一切事物，'是'就是客观事物的内部联系，即规律性，'求'就是我们去研究。"③ 据此，我们可以说，"事实"就是客观存在着的一切事物，可分为两种：一种是人们在实践基础上进行的认识活动中，属于感性认识阶段所认识到的事实，它们的规律性有待研究；另一种

① 罗素：《人类的知识》，商务印书馆 1983 年版，第 195 页。
② 参看罗素《人类的知识》，商务印书馆 1983 年版，第 195 页。
③ 《毛泽东选集》第三卷，人民出版社 1991 年版，第 801 页。

是理性认识阶段所认识到的事实,其规律性已被发现,并经过实践的检验。举个简单的例子,我们把一根筷子插入水中,看到筷子是弯曲的,这是一个感性的事实;但是经过光学的研究,这个事实要加以修正,实际上并不是筷子发生弯曲,而是由于光线的折射所造成的,这也是一个事实,但它不是感性的,而是理性认识的成果。

(二) 信念

"信念"在心理学与哲学中有不同的定义,在哲学中如何定义"信念",从古希腊哲学家苏格拉底直到罗素以来有着长期的争论。

罗素认为,比较简单的信念,特别是要求做出行动的信念,可能完全不需要用文字来表达;一个信念是有机体的一种状态,是由"肌肉、感官和情绪,也许还有某些视觉意象所构成的某种状态";他还认为,有时一种完全属于身体方面的状态也可以称得起是一种"信念"。罗素的这些观点确实"带有一种本身固有的和不可避免的意义上的模糊不清"。

我们认为,信念是人们在以实践为基础的认识活动中,所确立的对某种理论、学说和主义坚信不疑、心悦诚服与坚决执行的精神状态,是认识、情感和意志三者的有机统一。

人们在接受信念时首先是在情感上接受的,但这是不牢靠的;信念必须要有理性认识作为基础,感性认识形成的信念,往往是不正确的,只有理性认识才能形成坚定的信念,产生坚强的意志。另外,信念是以客观的事实为条件的,信念有真假(或正确和错误)之分。正确的信念是建立在对客观事物科学认识的基础上,它能经得起实践的检验;而建立在对客观事物错误认识基础上的信念,是经受不住实践的检验的。

这里顺便谈一个问题,即信念同信仰和信心的关系。信仰属于信念,是信念的一部分,是信念最集中、最高的表现形式,是在践行信念的过程中形成的。至于"信心",是从信念转化而来,是对行为成功及其相应事物的发展有一种预期，并对这种预期的实现十分信任。习近平总书记在庆祝改革开放 40 周年大会上说："信仰、信念、信心，任何时候都至关重要。小到一个人、一个集体，大到一个政党、一个民族、一个国家，只要有信仰、信念、信心，就会愈挫愈奋、愈战愈勇，否则就会不战自败、不打自垮。无论过去、现在还是将来，对马克思主义的信仰，对中国特色社会主义的信念，对实现中华民族伟大复兴中国梦的信心，都是指引和支撑中国人民站起来、富起来、强起来的强大精神力量。"①

（三）真理

罗素用"真信念"来定义"真理"，而"信念"的真假由符合或不符合"事实"来定义。这样，罗素在《人类的知识》中，以"信念"为中介，重新提出了"真理的符合论"。

关于"真理符合论"的弊端和马克思主义哲学的真理理论，已在第十二章第五节论述过。这里需要说明的是，我们与罗素根本不同，不用"真信念"来定义"真理"，这是由于"信念"是一种包含认识、情感和意志三者有机统一的复杂的精神状态，而"真理"只是人们在实践基础上对客观事物及其规律的认识结果，不包含情感和意志，因而不宜用"真信念"来定义"真理"。

（四）知识

罗素在《人类的知识》一开头的"引论"中说："照我看来，'知识'是一个远远不及通常所想的那样精确的概念，它在不用文字表达的动物行为中扎根之深超过了大多数哲学家愿意承认的程度。我们的分析引导我们得出的逻辑上的基本假定，从心理学的观点来看，是一长系列改进的终点，这一系列改进以动物的预料习惯开始，例如有某种香味的东西将是好吃的等。因此，问我们

---

① 习近平：《在庆祝改革开放 40 周年大会上的讲话》（2018 年 12 月 18 日），《人民日报》2018 年 12 月 19 日第 4 版。

是否'知道'科学推理的公设①并不是像表面看来那样明确的问题。对它的回答一定是:从一种意义上说是,从另一种意义上说不是;但是从'不是'是正确回答的那种意义上说,我们是什么也不知道的,在这种意义上'知识'是一个幻相。哲学家们的疑惑,在很大程度上是由于他们不愿从这种幸福的梦境中觉醒过来。"② 这种观点注定了罗素对"知识"不可能做出一个科学的分析。

罗素认为"知识"是"正确信念的一个子类",罗素所说的正确信念(真信念)就是真理。他举了一个例子,有个走好运的乐观主义者买了一张彩票,坚决相信自己会赢,因为运气好,他果然赢了。罗素认为,此人有一个正确信念即真理,但不能说他有了知识。

罗素列举了对"知识"的三种定义方法,批评了对知识的第一种定义方法(强调"不证自明"这个概念的重要性);也批评了第三种也是最彻底的一种方法是完全抛弃"知识"这个概念,而用"导致成功的信念"来代替它。罗素对这两种观点的批评值得肯定。罗素修正了第二种方法即"一致论",得出的结论是:知识是一个程度上的问题,"知识是什么意思?"这个问题并不是一个具有确定和毫不含糊的答案的问题,正像"'秃'是什么意思"那个问题一样。

我们不赞成罗素的"知识"是"正确信念(真信念)的一个子类"这种观点。"知识"与"信念"既有联系也有区别,在一定条件下,知识可以升华为信念;但是,二者的内涵毕竟是不同的,知识中没有情感和意志的因素,绝不能与信念混为一谈。

我们也不赞成罗素修正以后的"一致论"。我们认为,毛泽东是古往今来对"知识"做出精辟定义的第一人。

---

① 参看罗素《人类的知识》,商务印书馆1983年版,第502页。

② 罗素:《人类的知识》,商务印书馆1983年版,第8页。

毛泽东在《整顿党的作风》中说："什么是知识？自从有阶级的社会存在以来，世界上的知识只有两门，一门叫做生产斗争知识，一门叫做阶级斗争知识。自然科学、社会科学，就是这两门知识的结晶，哲学则是关于自然知识和社会知识的概括和总结。此外还有什么知识呢？没有了。"① "什么是比较完全的知识呢？一切比较完全的知识都是由两个阶段构成的：第一阶段是感性知识，第二阶段是理性知识，理性知识是感性知识的高级发展阶段。学生们的书本知识是什么知识呢？假定他们的知识都是真理，也是他们的前人总结生产斗争和阶级斗争的经验写成的理论，不是他们自己亲身得来的知识。他们接受这种知识是完全必要的，但是必须知道，就一定的情况说来，这种知识对于他们还是片面性的，这种知识是人家证明了，而在他们则还没有证明的。最重要的，是善于将这些知识应用到生活和实际中去。"②

毛泽东在《实践论》中说："一切真知都是从直接经验发源的。但人不能事事直接经验，事实上多数的知识都是间接经验的东西，这就是一切古代的和外域的知识。这些知识在古人在外人是直接经验的东西，如果在古人外人直接经验时是符合于列宁所说的条件'科学的抽象'，是科学地反映了客观的事物，那么这些知识是可靠的，否则就是不可靠的。所以，一个人的知识，不外直接经验的和间接经验的两部分。而且在我为间接经验者，在人则仍为直接经验。因此，就知识的总体说来，无论何种知识都是不能离开直接经验的。任何知识的来源，在于人的肉体感官对客观外界的感觉，否认了这个感觉，否认了直接经验，否认亲自参加变革现实的实践，他就不是唯物论者……离开实践的认识是不可能的。"③

---

①　《毛泽东选集》第三卷，人民出版社 1991 年版，第 815—816 页。

②　《毛泽东选集》第三卷，人民出版社 1991 年版，第 816 页。

③　《毛泽东选集》第一卷，人民出版社 1991 年版，第 288 页。

由上可见，毛泽东对"知识"这个词项的定义采用了"外延加内涵"的方法，根据不同的划分标准，"知识"的外延可以有三种：一为自然知识和社会知识，二为感性知识和理性知识；三为直接经验的知识和间接经验的知识。但是，"知识"这个词项的内涵在三种情况下是一致的，都是在以实践为基础的认识过程中所得到的并经过实践检验证明为正确的认识结果。

关于知识与真理的关系，我们与罗素的看法截然相反，认为真理是知识，真理包含于知识之中，但知识并不都是真理。知识和真理都是人们在以实践为基础的认识活动中所得到的结果，有些时候人们的认识受到各种条件的限制，在认识的某一阶段，所得到的是"不完全的知识"，比如说得到的是感性知识，有待于发展到高级阶段——理性知识，发展到理性知识之后还要再回到实践中去，经受实践的检验，因此就知识的总体来说，知识的外延比真理的外延要广。只有反映客观世界的内部联系和规律并经过实践检验为正确的知识才是真理；而科学就是由真理构成的体系：自然科学是自然知识的结晶，社会科学是社会知识的结晶；这里，所谓"结晶"就是由知识经过认识过程的发展凝缩成为真理的体系。

第三节　科学推理

一　概述

(一)　归纳逻辑理论

罗素不但在数理逻辑发展史上起了承先启后的作用，而且在归纳逻辑发展史上也占有重要地位。科学推理又称"非证明的推理"，与归纳理论有密切联系，在阐述科学推理之前，我们先阐述罗素的归纳逻辑思想。

1. 假说—演绎法

假说—演绎法是近代科学发展的强有力的杠杆。罗素通过对科学史的研究，从逻辑上对假说—演绎法作了完整的表述。罗素在 1931 年的《科学观》中说："要达到科学规律，有三个主要阶段：第一是观察有意义的事实；第二是得到一种假说，如果它是真的，便能解释这些事实；第三是从这个假说演绎出种种结论，可由观察进行检验。如果这些结论得到证实，那么这个假说便暂时作为真的而被接受，不过由于发现进一步的事实，因而这个假说以后常常需要修改。"[①]

罗素认为，说某一事实有科学的意义，就是说它有助于建立或推翻某个一般规律。科学的最终理想就是达到一组命题，这组命题有层次高低，最低层涉及一些特殊事实，最高层涉及一般规律，在层次中的各个层有双重的逻辑联系，一是向上的联系，借归纳法进行；二是向下的联系，借演绎法进行。罗素阐明了在一门完善的科学中归纳与演绎的地位："一门完善的科学应当如此进行：特殊的事实 A、B、C、D 等，提出某个具有或然性的一般规律，如果一般规律是真的，那么 A、B 等便是它的例证。另一组事实暗示另一个一般规律，如此等等。所有这些一般规律，借用归纳法，提出一个有更高一般性的规律，如果它是真的，那么这些一般规律就是它的例证。从已观察的特殊事实到最一般规律的确定，要经过许多上述的阶段。于是我们用演绎法从这个最一般规律着手，直到我们到达以前的归纳所由出发的一些特殊事实。"[②] 我们可以把罗素的假说—演绎法写成某种模式：

从若干组特殊事实出发，在观察的基础上提出若干个假说（一般规律），如 T_1、T_2 等，这里用的是归纳法。在特殊事实的基础上提出的假说是初步的，然后以这些假说为基础，再应用归纳

---

①　Russell, *The Scientific Outlook*, *Third impression*, London, 1954, p. 58.

②　Russell, *The Scientific Outlook*, *Third impression*, London, 1954, p. 59.

法提出有更高一般性的假说 U（更一般的规律）。在更一般的假说基础上还可构成最一般的假说（最一般规律）。这是一个向上的归纳过程。然后，从最一般规律或更一般的规律到一般规律，再到特殊事实，这是一个向下的演绎过程，在这个过程中，对假说进行检验。在罗素提出的假说—演绎法中，假说有不同的层次，在第一个层次上的假说相对于特殊事实来说具有一般性，但对于第二个层次上的假说来说，它又成了例证。罗素提出的假说层次的思想是对科学方法的总结，也对现在的科学研究有重要作用。现在我们用罗素的例子来说明假说—演绎法。

伽利略观察一些特殊事实，发现除有空气阻力以外，物体一律以不变的加速度下落，由此提出自由落体定律，这是用归纳法提出的一个概括，所有以后的同样性质的实验都证明了他的概括是正确的。伽利略的成果属于最低级概括性规律。开普勒在观察行星运动的基础上提出了行星运动三定律，这三条定律也是属于最低级概括性规律。牛顿把开普勒的三定律、伽利略的自由落体定律、潮汐规律以及对彗星运动的知识概括为包容以上各定律的万有引力定律。这一定律不但指明以上各定律为什么是正确的，而且指明它们为什么又不是完全正确的。物体接近地面，并不以完全不变的加速度下落，当其接近地球时，加速度略有增加。行星并不是精确地沿椭圆形而运动，当其接近别的行星时，它们就受引力影响有点偏离轨道。因此，牛顿的万有引力定律是在旧有的概括基础上的更高一级的概括。通过假说—演绎法，牛顿的理论不断得到证实。在牛顿提出万有引力定律后 200 多年，爱因斯坦提出了自己的引力定律，它比牛顿的万有引力定律更为一般，把牛顿的万有引力定律作为一个成分包含在自身之中，它不但应用于物体，而且也应用于光和各种形式的能。爱因斯坦的一般引力理论所需要的预备知识不仅有牛顿的理论，而且还有电磁理论、光谱学、光压理论以及精细的天文观察。没有这些预备知识，爱因斯坦的理论就不能被发现，也不能被证明。爱因斯坦的一般引力理论是从牛顿的万有引力定律等广泛的预备知识中归纳出来的，而从这个理论演绎出来的结果是可证实的。综上所说，伽利略和开普勒的定律转变为牛顿的引力定律，牛顿的引力定律转变为爱因斯坦的引力定律，显示了假说—演绎法在科学发展中的巨大作用，特别是显示了假说层次理论的威力。

2. 归纳法原则

罗素首先赞成休谟对归纳的质疑。罗素认为，"太阳明天还会出来"这类命题不能根据"它过去总是出来"加以证明。他认为，我们对于未来的全部预料的可靠性，我们由归纳法获得的结果，都取决于我们对下述问题的答案："如果发现两件事物常常是联系在一起的，又知道从来没有过只出现其一而不出现另一的例子，那么在一次新例中，如果其一出现了，是不是就使我们有很好的根据可以预料会出现另一件呢？"① 休谟把这个问题归于一种心理习惯，认为"习惯就是人生的最大指导"。罗素不同意休谟的这种怀疑论的答案，在1912年对这个问题的回答是："科学上的普遍原则，例如对于定律支配力的信仰，对于每件事必有其原因的信仰，都和日常生活中的信仰一样是完全依靠着归纳法原则的。"② 他提出的归纳法原则包含两个部分，有两种表述方式。一种表述方式是："（甲）如果发现某一种事物甲和另一种事物乙是相联系在一起的，而且从未发现它们分离开过，那么甲和乙相联系的事例次数越多，则在新事例中，（已知其中有一项存在时）它们相联系的或然性也便越大。（乙）在同样情况下，相联系的事例其数目如果足够多，便会使一项新联系的或然性几乎接近必然性，而且会使它无止境地接近于必然性。"③ 这样表述的归纳法原则只

① 罗素:《哲学问题》，何兆武译，商务印书馆1999年版，第52页。
② 罗素:《哲学问题》，何兆武译，商务印书馆1999年版，第55页。
③ 罗素:《哲学问题》，何兆武译，商务印书馆1999年版，第53页。

能够用于验证我们对单个新例的预料。假如已知甲种事物和乙种事物相联系的次数足够多,又知道它们没有不相联系的事例,那么甲种事物和乙种事物便永远是相联系的。这时,归纳法原则可以表述如下:

"(甲)如果发现甲种事物和乙种事物相联系的事例次数越多,则甲和乙永远相联系的或然性也就越大(假如不知道有不相联系的事例的话)。(乙)在同样情况下,甲和乙相联系的事例次数足够多时,便几乎可以确定甲和乙是永远相联系的,并且可以肯定这个普遍规律将无限地接近于必然。"①

罗素在1948年的《人类的知识》中再次提出了归纳法原则:"如果已知有 n 个数目的 α 已经发现为 β,并且没有 α 已经发现不是 β,那么就有以下两个陈述:(1)'下一个 α 将是一个 β',(2)'所有的 α 都是 β'就都具有一种随着 n 的增加而增加的概率,并且当 n 接近无限大时接近必然性而以它为极限。"② (1)被称为"特殊归纳",(2)被称为"一般归纳"。这样(1)将根据我们关于过去人都有死的知识推断某某先生也有死,而(2)则将推断大概所有的人都有死。

为了正确地应用归纳法原则,罗素提出六点注意事项:

(1)必须把归纳法原则中的概率做有限频率的解释。

如果归纳要完成我们期望它在科学中所完成的任务,"概率"的解释就必须使得一个概率陈述断言一件事实;这就要求所涉及的那种概率应当从真与假推导出来,而不是一个不能下定义的概念;而这一点又能使有限频率的解释成为不可避免的解释。

(2)归纳法原则在应用到自然数列的时候显然是无效的。

例如:

5,15,35,45,65,95

---

① 罗素:《哲学问题》,何兆武译,商务印书馆1999年版,第54页。
② 罗素:《人类的知识》,商务印书馆1983年版,第479—487页。

7，17，37，47，67，97

在第一行中，每个以 5 结尾的数都可以被 5 整除；这就使人推想每个以 5 结尾的数都可以被 5 整除，而这是对的。在第二行中，每个以 7 结尾的数是一个质数；这也可能使人推想每个以 7 结尾的数都是质数，而这却是错误的。

（3）归纳法原则作为一个逻辑原理是无效的。

显然如果我们可以任意选择我们的类 β，我们就可以很容易地确信我们的归纳将要失败。设 α_1，α_2，…，α_n 为 α 中直到现在已经观察过的分子，并已发现它们都是 β 的分子，另外设 α_n+1 为 α 的下一个分子。就纯粹逻辑的范围而言，β 也许只由 α_1，α_2，…，α_n 这些项目组成；或者它也许是由把 α_n+1 除外的宇宙中所有事物组成；或者它也许是由任何介乎这两者之间的任何类组成。就这类情况中无论哪一种情况来说，推论到 α_n+1 的归纳都是错误的，例如，"所有现在活着的人都没有死去，所以大概所有现在活着的人都不会死"。这类归纳中的谬误是很明显的，但是如果归纳是一个纯粹逻辑的原理，这些就不是谬误。因此显然如果要归纳不能证明为假，β 这个类必须具有某些特点，或者必须与 α 这个类具有某种特殊关系。有了这些限制这个原理并不一定为真；但是没有这些限制这个原理就一定为假。

（4）归纳法原则要求它所根据的实例排成系列。

在表述特殊归纳时应当有下一个事例，这就要求排成系列；要使一般归纳具有说服力，我们就必须知道 α 的前 n 个分子被发现是 β 的分子，而不仅知道 α 和 β 具有 n 个共同分子。这也要求排成系列。

（5）为了使归纳法原则有效，不管需要规定什么限制，必须通过给 α 和 β 这些类下定义的内涵的说法表达出来，而不是通过外延的说法。

（6）如果宇宙中的事物数目是有限的，或者只有某个有限类对于归纳法原则有关，那么对一个足够大的 n 来说，归纳法原则就成为可以证明的东西；但是在实际应用上这种想法并不重要，因为这里所说的 n 比任何实际研究中可能遇到的一定更大。

罗素为了避免休谟的怀疑论结论，认为归纳法原则是先验的逻辑原则，不是经验所能证明的，也不是经验所能否证的。为什么不能用经验证明归纳法原则呢？其原因是，所有基于经验的论证，不论是论证未来的，或者论证过去那尚未经验的部分，或者论证现在的，都必须以归纳法原则为前提；因此，我们若用经验来证明归纳法原则，那就会陷入循环。为什么经验不能否证归纳法原则呢？这是因为或然性永远是相对于一定的材料来说的，任何反例的出现虽然可以算作一种新材料，但绝不证明我们是把过去材料的"或然性"估计错了。罗素举例说，有人看见过许多白天鹅，他便可以根据归纳法原则论证说：根据已有的材料，或许所有的天鹅都是白的；有些天鹅是黑色的这件事实不能反驳这个论证，不能证明对已有材料的或然性估计错了。

罗素认为，如果我们承认归纳法原则是真的，我们就可以推论：凡是经过观察的过去事例之中的特点，为因果齐一，也许可以应用于将来事例和未经过观察的过去事例。

（二）科学推理与归纳法

罗素在《人类的知识》（1948）和《我的哲学的发展》（1959）等著作中研究了科学推理（非证明的推理）。按照艾伦·乌德的看法，在罗素的《人类的知识》第六部分"科学推理的公设"中体现了"从结果到前提"的方法，该部分共分十章，罗素在思考的时候是从第十章"经验主义的限度"开始的，然后是公设提要—类推—相互作用—结构与因果律—因果线—超越经验的知识—自然种类或有限变异的公设—归纳法的作用—知识的种类，但是在论述时是与他思考的顺序相反，从"知识的种类"开始，到"经验主义的限度"结束。第六部分"科学推理的公设"整整十章所要得到的结果就是要论证经验主义的限度。

根据罗素的说法，科学推理是常识和科学中所用的推理，其特点是，当前提真而且推理正确的时候，所得的结论只具有或然性。那么归纳法与科学推理是什么关系呢？科学推理需要不能证明的、逻辑以外的原理作前提，归纳法在科学推理中有它的作用，但不能用作科学推理的前提。在科学推理中所使用的归纳推理形式可以从概率的有效频率说推出来。罗素用凯恩斯的概率逻辑理论来解决这个问题。[①]

凯恩斯要研究的问题是：现有 A 是 B 的若干实例，没有反例，如果 A 是 B 的实例数目继续增加下去，在什么情况下就有可能使"所有 A 都是 B"这个全称命题接近确定性并以其为极限呢？凯恩斯认为要满足两个条件：

1. 在我们知道任何 A 是 B 的实例以前，"所有 A 都是 B"这个全称命题必须在我们其余知识的基础上有一个有限的概率。

2. 如果这个全称命题是假的，当推理的数目充分增加的时候，我们只看到有利实例的概率应该趋向于零，以零为极限。

只靠归纳法我们不能知道这些条件在什么情况下得到满足。第二个条件没有第一个重要，在以下情况下即可满足：有某个不能达到必然性的概率 p，使得在已知的全称命题"所有 A 是 B"为假和 $n-1$ 个 A 已经是 B 的情况下，在 n 足够大的时候第 n 个 A 将是 B 的概率永远小于 p。

罗素着重考察了第一个条件。我们怎么知道"所有 A 是 B"在未观察到任何实例之前的概率 p_0 为有限数呢？p_0 是相对于一般假设而言的，这种假设可包括除"A 是 B 或不是 B"的实例以外的任何东西。这些假设是由至少有一部分确已成立的类似的全称命题所组成的，从这些全称命题导出有利于"所有 A 是 B"的归

---

① 参看罗素《我的哲学的发展》，商务印书馆 1982 年版，第 184 页；罗素《人类的知识》，商务印书馆 1983 年版，第 519—521 页。

纳证据。凯恩斯所汇集的材料一定不是在只有假定了归纳法的情况下才与本问题有关的材料。

罗素说:"因此我们就得在归纳法之外去寻找这样一些原则,使得在给定了不具有'这个 A 是一个 B'这种形式的某些假设的情况下,全称命题'所有 A 是 B'具有有限的概率。给定了这些原则,又给定了应用这些原则的一个全称命题,归纳法就可以使这个全称命题具有越来越大的概率,在有利的实例数目无限增加时具有趋近确定性并以其为极限的概率。在这样的一个论证中,我们所说的那些原则是前提,但归纳法不是前提,因为在我们使用归纳法的那种形式下,它是概率的有限频率说的一个分析性推论。"[①] 这样,问题就被归结为:在找证据之前,先找出使适当的全称命题具有或然性的一些原则。罗素在研究科学推理时所提出的公设就是这样的原则,用于向我们提供在为归纳法寻找合理根据时所需要的那种在先的或然性。

罗素在对科学推理的研究中,一方面研究了统计的概率和频率理论,另一方面研究了另一种概率,这种概率类似于凯恩斯提出的概率概念,罗素把它称为"可信度"或"可疑度"。可信度适用于每个命题,是一个有理性的人给予每个命题的适当可信性的尺度。每个命题都具有一定的可信度,它或者只靠它自身,或者只作为本身具有合理可信性的前提的结论,或者因为它有某种可信度,并且还是通过证明性的或者概然性的推理从有某种可信度的前提得出的结论。可信度不同于数学上的统计概率,比后者更为重要。科学推理与可信度有关,在科学推理中,不仅是前提(即使是真的)不足以使结论确定,而且更重要的是,前提本身就是不确定的。

综上所说,罗素对于归纳法(实即凯恩斯所提出的归纳推理)

---

① 罗素:《人类的知识》,商务印书馆 1983 年版,第 520 页。

与科学推理之间关系的讨论，提出了一些值得重视的论点：

1. 科学推理与演绎逻辑的推理是不同的，当前提真而且推理是正确的时候，所得的结论只具有或然性。它是以"可信度"为基础的推理。

2. 科学推理需要不能证明的、逻辑以外的原理作为前提，归纳法不是这种原理中的一种。归纳法在科学推理中的作用是，在给定了这些原理和适用这些原理的一个全称命题之后，用来提高这个全称命题的概率。但在科学推理中，所使用的归纳推理形式可从概率的有限频率说推导出来，因此，它不是科学推理的前提。

3. 科学推理所根据的原理是用来使一个已知的全称命题在我们检验正的或反的证据之前，就有一个有限的概率。这些原理是归纳法具有正当性的根据。罗素称它们为"科学推理的公设"，共有五个。

(三) 科学推理的公设[①]

罗素认为，他提出的五个公设对科学推理可能不都是必要的，但他确信它们是充分的。这些公设只表示或然性，不表示确定性，只给予凯恩斯所需要的那种限定的前提的或然性，使他的归纳推理有效。

1. 准永久性公设

这个公设可以表述如下：

给定任一事件 A，在任何一个相邻的时间，在某个相邻的地点，经常有一个与 A 非常相似的事件发生。

依靠这个公设，常识就能应用"人"这个概念和"物"这个概念，科学和哲学就能应用"实体"这个概念。罗素把一个"物"定义为"由这类事件组成的一个系列"。在属于一个"物"的一系列事件中，相似性只存在于时空相隔不远的事件之间。根

---

① 参看罗素《人类的知识》，商务印书馆 1983 年版，第 580—591 页；罗素《我的哲学的发展》，商务印书馆 1982 年版，第 185—187 页。

据准永久性公设,这个非常相似的事件是遭遇到 A 事件的那个人或那件物的历史的一部分。罗素举了一个例子,三个月的胚胎和成年人之间是没有很多相似之处的,但是两者却通过一步一步逐渐过渡而连接起来,因而被人看作一个"物"的发展阶段。

2. 可分离的因果线的公设

这个公设是说:

常常有可能形成这样的一系列事件,使得从这个系列中的一个或两个分子,可以推出关于所有其余分子的某种情况。

所谓"因果线"就是按照这个公设所说的方式,一系列互相连接起来的事件。使上述推论成为可能的东西就是"因果律"。这个公设主要用在它与知觉相关联的方面。例如,声波和光波,由于这些波的持久性,听觉和视觉能够告诉我们远近有什么事情发生。

罗素认为,这是五个公设中最重要的一个。这个公设可以使我们从部分的知识做出部分的有或然性的一个推论。宇宙中的任何事物对于任何别的事物都有或者可以有某种影响。我们对于宇宙中的事物不能件件都知道,因而无法确实无误地说出事事将要如何,但可以具有或然性地说出来,否则,我们就无法获得知识和科学的定律。

罗素指出,只要一条因果线不与另外一条因果线交错在一起,我们就可以推出很多东西。但如果两条因果线相互作用,那么这个公设所允许的推论就要受很大限制。在这种情况下怎么办呢?罗素认为,在可能进行数量测度的情况下,一次相互作用后可以测度的不同可能性的数目是有限的,因此依靠观察和归纳法就可以使一个普遍定律具有高度的或然性。

3. 时空连续性公设

这个公设是说:

如果两个不相邻的事件之间有因果关系,那么在这个因果连锁中必有一些中间环节。

例如，如果甲听见了乙说什么，那么我们认为在甲和乙之间必有什么事情发生。

这个公设主要用于否认"超距作用"，它并不是用来确定因果联系，而是为了在那些早已确定了因果联系的情况下进行推论。

4. 结构公设

这个公设是说：

如果一些结构上相似的复杂事件围绕着一个中心，分布在相离不远的一些区域中，那么所有这些事件通常都属于以一个位在中心的具有相同结构的事件为其起源的因果线。

在这个公设中所说的"围绕着一个中心"可以定义。例如，多人听见同一个声音时，假定有精确的方法确定他们听到声音的时间，由此可以发现他们听到声音的时间与某一已知时间的差别同他们与某一点的距离成正比，这样，在该已知时间的那个点就是时空中心即声音的起源。

时空结构在一系列因果相关联的事件中，是不变的。它能够说明一个复杂事件如何能同另一个复杂事件发生因果联系，这两个事件只需在时空结构的抽象性质上相似即可，而在质的方面可以大不相同。例如，假定甲朗诵一本书，乙把甲所念的记录下来，并且甲在书里所看见的和乙所写下来的字字相同，那么以下四组事情之间就有很相似的时空结构：（1）书里所印的字；（2）甲朗诵时所发出的声音；（3）乙所听到的声音；（4）乙所写下来的字。因此，这四组事情之间就有因果联系。再如，在广播时的电磁波引起了听者的感觉，但除了在结构方面以外，两者是不同的。

5. 类比公设

这个公设是说：

给定 A、B 两类事件，并且给定每当 A 和 B 都能被观察到时，有理由相信 A 引起 B，那么，若在一个已知实例中观察到 A，但却没有方法观察到 B 是否出现，则 B 的出现就具有或然性；同样，若观察到 B，但却不能观察到 A 是否出现，则 A 的出现就具有或然性。

例如，当一个物体既被看见又被摸到时，坚硬与某一种视觉形象是联系在一起的，类比公设使我们在所说的物体不被摸到时能推出：坚硬大概与这种视觉形象联系在一起。类比公设最重要的作用是能推出与我们自己以外的身体相关联的心理事件。罗素认为，归纳推理的准则或科学推理的公设这类关于事实之间的一般联系的知识，起源于动物的期待和心理习惯。他说："真正构成对一个普遍性命题所抱的信念的是一种心理习惯。"① "由于世界是它现在这个样子，事实上某些事件有时是其他一些事件的证据；并且由于动物适应于它们的环境，那些事实上是其他事件证据的事件易于引起对这些其他事件的期待。通过对这个过程的思考并使之完善，我们就得出归纳推理的准则。"② 这样，罗素就把归纳推理的准则的基础归结为人们对事件的期待和心理习惯，这完全是休谟的观点。

二　评论

罗素关于科学推理的理论是值得我们吸收的一种理论。这种理论是与罗素的归纳理论联系在一起的。要了解罗素的科学推理理论，首先要了解罗素对于归纳理论的贡献。罗素在归纳逻辑发展史上有两大贡献：第一是发展了假说—演绎法，提出了假说层次理论，第二是提出了对休谟"归纳法问题"的一种解决方案——归纳法原则。

假说—演绎法特别是假说层次理论是极其重要的科学方法，是科学认识中形成理论的一个必要阶段，也是由一个理论发展到

---

① 罗素：《人类的知识》，商务印书馆 1983 年版，第 515 页。
② 罗素：《人类的知识》，商务印书馆 1983 年版，第 591 页。

另一个理论的桥梁。科学理论是正确反映客观规律的概念、判断和推理的体系。但是科学理论的建立并不是要等到事实材料十分充分、十分完备之后才能开始的，否则，便等于在理论建立起来之前放弃理论研究。科学认识的发展，是在实践基础上由不知到知、由不完全的知到比较完全的知的曲折发展的过程。恩格斯对假说—演绎法在自然科学中的作用做了精辟的论述："只要自然科学在思维着，它的发展形式就是假说。一个新的事实被观察到了，它使得过去用来说明和它同类的事实的方法不中用了。从这一瞬间起，就需要新的说明方式了——它最初仅仅以有限量的事实和观察为基础。进一步的观察材料使这些假说纯化，取消一些，修正一些，直到最后纯粹地构成定律。如果要等待构成定律的材料纯粹化起来，那么这就是在此以前要把运用思维的研究停下来，而定律也就永远不会出现。"①

假说—演绎法不但在自然科学中有重要作用，而且在哲学社会科学中也起着重要作用。马克思和恩格斯在《共产党宣言》中论述的历史唯物主义原理，起初就是一个假说。列宁说："当然，这在那时暂且还只是一个假设，但是是一个第一次使人们有可能极科学地对待历史问题和社会问题的假设。"② 但是，历史唯物主义理论并没有停止在假说的阶段上。马克思写作了《资本论》之后，就把这个学说从假说变为经过科学证明的、确实可靠的理论了。正如列宁所说："自从《资本论》问世以来，唯物主义历史观已经不是假设，而是科学地证明了的原理。"③

罗素的归纳法原则，对归纳推理作了有限频率的处理。这个原则的结论是一个带有概率的全称命题，而不是一个实然命题。罗素认为，归纳法原则是先验原则。这是我们不能同意的。我们

---

① 《马克思恩格斯选集》第三卷，人民出版社 1995 年版，第 561 页。
② 《列宁全集》第一卷，人民出版社 1955 年版，第 119 页。
③ 《列宁全集》第一卷，人民出版社 1955 年版，第 122 页。

认为，罗素的归纳法原则起初是在 1912 年研究休谟的"归纳法问题"时提出的一种假说，否定了休谟用"习惯"解决"归纳法问题"的怀疑论方案。罗素的科学研究活动本身就是一种实践活动，他在提出归纳法原则以后，经过 36 年的实践在 1948 年的《人类的知识》中又提出这个原则，并提出了应用该原则的六点注意事项，正如毛泽东在《实践论》中所说:"人的社会实践，不限于生产活动一种形式，还有多种其他的形式，阶级斗争，政治生活，科学和艺术的活动，总之社会实际生活的一切领域都是社会的人所参加的。"① 这就是说，罗素的归纳法原则不是从天上掉下来的，也不是罗素一拍脑袋拍出来的。根据假说—演绎法，从归纳法原则演绎出一系列具体的归纳推理，这些推理在社会实践中，特别是在逻辑研究活动中经受了多次的反复的检验，以大量的事实和观察证明了这些推理的正确性，从而证明了归纳法原则具有很大概率的正确性，在后来检验过程中的某个时候也可能出现某些推理的结论被证伪，但这并不能够否定一般性的归纳法原则。这样，归纳法原则就由假说变为具有很大概率正确性的原理。由此可见，归纳法原则绝不是像罗素所说的是先验原则，也不是像罗素所说的不能由经验证明。但是，他所说的归纳法原则不能由经验"否证"，是应当肯定的。我们看罗素的例子:"有人看见过许多白天鹅，他便可以根据归纳法原则论证说:根据已有的材料，或许所有的天鹅都是白的;有些天鹅是黑色的这件事实不能反驳这个论证，不能证明对已有材料的或然性估计错了。"② 我们认为，"（或许）所有的天鹅都是白的"是从归纳法原则得出的一个归纳推理的结论，我们可以把"所有的天鹅都是白的"看成是一个假说，根据得出这一结论时的已有材料，这一全称命题正确的概率是极大的，随着时间的推移，在某个时候发现了黑天鹅，"所

① 《毛泽东选集》第一卷，人民出版社 1991 年版，第 283 页。
② 罗素:《哲学问题》，何兆武译，商务印书馆 1999 年版，第 54 页。

有的天鹅都是白的"这个命题就被证伪了，但正如罗素所说的"不能证明对已有材料的或然性估计错了"，不能证明"（或许）所有的天鹅都是白的"这个或然性结论是错误的；另外，人们在发现黑天鹅的时候，还根据归纳法原则进行了其他大量的归纳推理，得到的结论经过检验是正确的；因此，我们绝不能因为发现黑天鹅得出归纳法原则被推翻的结论。我们应当按照上文引用的恩格斯的要求："一个新的事实被观察到了，它使得过去用来说明和它同类的事实的方法不中用了。从这一瞬间起，就需要新的说明方式了——它最初仅仅以有限量的事实和观察为基础。进一步的观察材料使这些假说纯化，取消一些，修正一些，直到最后纯粹地构成定律。"对于具有很大概率的"所有的天鹅都是白的"这个假说进行"纯化"和"修正"，"取消"原来的命题，使之变为一个科学的命题"并非所有的天鹅都是白的并且有的天鹅是黑的"。

罗素深刻地阐明了科学推理同归纳推理的关系，特别是提出了以下三个论点：

1. 科学推理与演绎逻辑的推理是不同的，当前提真而且推理是正确的时候，所得的结论只具有或然性。它是以"可信度"为基础的推理。

2. 科学推理需要不能证明的、逻辑以外的原理作为前提，归纳法不是这种原理中的一种。归纳法在科学推理中的作用是，在给定了这些原理和适用这些原理的一个全称命题之后，用来提高这个全称命题的概率。但在科学推理中，所使用的归纳推理形式可从概率的有限频率说推导出来，因此，它不是科学推理的前提。

3. 科学推理所根据的原理是用来使一个已知的全称命题在我们检验正的或反的证据之前，就有一个有限的概率。这些原理是归纳法具有正当性的根据，提供在为归纳法找寻正当性根据时所需要的那种先在概然性。

罗素的科学推理系统实质上构造了归纳逻辑的一个非形式的公理系统。这一系统推广和加深了人们对或然性的研究,以五条公设补充了归纳法,为或然性推理提供了根据。这个系统的特点是,在五条公设的基础上,已知的一个全称命题"所有 A 是 B"在检验之前有一个有限的概率,归纳法使这个命题的实例数目无限增加时具有以确定性为极限的概率。罗素的科学推理的系统是一个独特的归纳逻辑系统,有很大的实用价值。

综上所述,罗素不但在数理逻辑发展史上起了承先启后的奠基作用,而且在归纳逻辑发展史上也起了先锋作用,为现代归纳逻辑的发展开了先河。

第四节　超越经验的知识与经验主义的限度

一　概述

这里我们根据《人类的知识》第六部分第四章和第十章进行概述。罗素认为,某些近代的经验主义者,特别是大多数逻辑实证主义者,误解了知识对于经验的关系。误解的原因有两个:第一是对于"经验"这个概念的分析不够充分,第二是关于认为某种特定的性质属于某个(未确定的)主体这种信念到底包含什么内容而产生的错误。于是出现了两个特别的问题:一个问题关系到意义,另一个问题关系到叫作"存在命题"的知识,即具有"某种事物具有这种性质"这种形式的命题。人们一方面主张,一个陈述除非有某种已知的证实它的方法,它就没有任何"意义";另一方面却又主张,除非我们能说出一个具有这种性质的主体,我们就不能知道"某种事物有这种性质"。

罗素从常识的观点提出了反驳这两种意见的理由。关于第一个问题即证实原则的问题,罗素提出,有一些人主张,如果不防止原子战争，这就可能导致这个星球上生命的灭绝。罗素认为，这是一个不能证实的意见，因为如果生命灭绝的话，谁还会留下来证实它呢？如果我们往后回顾而不是往前瞻望，我们都相信在地球上还没有生命之前还有过一段时期。那些认为意义需要可证实性才能存在的人并无意否认这类可能性，但是为了承认它们，他们就不得不把"可证实性"的定义放宽一些。有时一个命题被认为是"可证实的"，如果存在着任何一件对它有利的经验界的证据的话。这就是说，"凡 A 都是 B" 是"可以证实的"，如果我们知道有一个是 B 的 A，并且不知道有一个不是 B 的 A 的话。然而这种看法却引导出逻辑上的谬论。假定我们不知道 A 的任何一个分子是否为一个 B，但是我们却知道有一个不是 A 的分子的 x 物体是一个 B。设 A′为 A 类与 x 物体共同组成的类。那么"凡 A′都是 B"由于这个定义就成了可以证实的。因为这蕴涵着"凡 A 都是 B"，所以"凡 A 都是 B"是可证实的。结果每个具有"凡 A 都是 B"形式的概括性命题都是可证实的，只要不管什么地方出现一件已知为 B 的物体。

第二个问题是包含"有的"或者它的同义词的命题；例如，"有的人是黑人"或者"有的四足动物没有尾巴"。一般来说，这类命题都是通过实例才被人认识的。如果有人问甲："你怎么知道有的四足动物没有尾巴？"甲可能回答说："因为我养过一只无尾猫，它没有尾巴"。上述第二种意见却认为这是认识这类命题的唯一方法。从这种意见所产生的悖论和从上面那种关于可证实性的学说所产生的悖论非常相似。罗素举出一个"雨有时降在没人看见的地方"这样的命题。没有一个神智健全的人会否认这一点，但是指出一个从来没被人看到的雨滴却是不可能的。否认我们认识有些未被人观察到的现象是违反常识的。罗素又举了一个例子：我们都相信地球内部有铁，但是我们却不能提供超过最深矿层的例证。

罗素还从严格的逻辑观点，讨论上面这两种学说。罗素得出的结论是：存在超越经验的知识。

以下介绍罗素关于"经验主义的限度"的理论。

罗素认为，"知识"是一个不能得到精确意义的名词。一切知识在某种程度上都是可疑的，我们不能说出可疑到什么程度它就不再算是知识，正像我们不能说出一个人失掉多少头发就算秃头一样。当人们用文字表达一个信念时，我们必须认识到一切不属于逻辑和数学的文字在意义上都是含混的：对于有些对象来说，它们是肯定适用的，对于另外一些对象来说，它们是肯定不适用的，但也有（或至少可能有）一些介乎两者之间的对象，对于这些对象来说，我们不能确定它们适用还是不适用。

人们同意凡是通过证明从一项知识推论出来的东西都是知识。但是因为推论必须从前提出发，所以如果要有知识，就必须有不是从推论得来的知识。并且因为大多数推论不是属于证明方式的，我们就必须看一下在什么时候这样的推论使它的结论成为一项"知识"，假定我们知道那些前提的话。如果已知一个论证，这个论证根据已知前提对于某种结论给予概率 P，那么如果这些前提包含一切已知有关的证据，这个结论就有由 P 来度量的可信度，并且我们可以说我们有了关于这个结论的"不确定的知识"，这种不确定性由 $1-P$ 来度量。因为一切（或几乎一切）知识都是可疑的，所以人们必须承认"不确定的知识"这个概念。

但是这样的准确性是很少可能达到的。我们通常并不知道对于一个非证明性质的推论所给予的概率的任何一种数学量度，并且我们几乎一点也不知道我们的前提的可疑度。然而上面的话却提出一个理想，我们在估量一个非证明性质的论证的结论的可疑性上逐渐接近这个理想。被认为是绝对的"知识"概念应当被"具有必然程度 P 的知识"这个概念所代替，这里 P 将由数学上的概率来度量。

如果已知"经验"的一个定义，我们就能够理解"有些我没有经验过的事件"这个语句，甚至也能理解"有些任何人都没有经验过的事件"。这个连接我们的词汇与经验的原则中没有什么东西排除这样一个语句的可理解性。但是是否能够找到任何理由认为这样一个语句真实，或者认为它虚假，那就是另外一个问题了。例如，"有不曾被任何人知觉过的物质"。"物质"这个词可以通过各种不同的方法来下定义，而在所有这些方法中定义所使用的名词都具有实指的定义。如果我们研究一下"有不曾被任何人知觉过的事件"这个命题，那么我们就将把我们的命题简化。显然，如果"知觉"这个词是可理解的，那么这个命题就是可理解的。一块物质是一个事件的集合；因此我们能够理解那个认为有不曾被知觉过的物质的假设。

我们之所以能够理解那些在它们为真的情形下关于经验以外的事物的句子，原因在于在我们能够理解这类句子时，它们包含着变项（"所有"或"有的"或一个与之意义相同的字眼），而变项并不是在其语言表达形式中出现变项的那些命题的组成部分。比方说，让我们举"有的人我从来没听说过"为例。这句话说："'x 是人并且我没有听说过 x'这个命题函项有时为真。"这里"x"不是一个组成部分；我们没有遇到过的那些人的名字也同样不是。

现在考虑以下问题："我们是不是认识，并且如果认识的话，又是怎样认识：（1）具有'永远 $f(x)$'形式的命题，（2）在我们不知道任何具有'$f(a)$'形式的命题的情况下，具有'有时 $f(x)$'形式的命题？"我们将把前者叫作"全称"命题，而把后者叫作"存在"命题。一个具有"$f(a)$"形式的命题，其中没有任何变项，我们将把它叫作一个"特称"命题。作为一个逻辑上的问题，全称命题如果被推论出来的话，只能从全称命题推论出来，而存在命题不是从其他存在命题就是从特称命题推论出来，因为"$f(a)$"蕴涵"有时$f(x)$"。如果我们认识"$f(x)$"而不知道任何具有"$f(a)$"形式的命题,那么"有时$f(x)$"被称为一个"无例证的"存在命题。

假定我们有某些全称命题的知识,也有某些存在命题的知识。现在探讨这类知识是否可以完全建立在经验的基础之上。

1. 全称命题

我们借知觉得到的知识永远是特殊的,所以如果我们有什么普遍知识的话,这一定至少有一部分是从某种另外的来源得到的。但是我们断定有否定的知觉判断,并且这些判断有时蕴涵否定的普遍命题。例如,如果我们正在收听英国广播公司的广播,我们可以做出"我们听不到报时"这个否定的知觉判断,并推论说:"我们听不到报时信号"。这个规则很简单:如果我们可以知觉到某一种性质不存在,那么我们就可以推论出一切以这种性质为组成部分的复合都不存在。因此就存在着经验主义许可我们认识的全称命题。遗憾的是它们都是否定的,并且不能够和所有那些我们相信我们自己认识的一般命题大体上相符合。

仅仅根据知觉的全称命题只能应用于一定的一段时间,在这段时间内一直有着不断的观察;这些命题一点也不能告诉我们关于在其他时间所发生的事情。特别是它们不能告诉我们任何关于将来的事情。知识的全部实际效用都靠它预测将来的能力,如果让这一点成为可能,我们就必须具有不属于上面这一种的普遍知识。

但是另外一种不同的普遍知识只有在人们不借推论就知道某些这类知识的情况下才有可能;作为一个逻辑上的问题,这是显而易见的。例如,研究一下归纳法的形式,已知n个观察过的事实$f(a_1)$, $f(a_2)$, $\cdots$, $f(a_n)$并且没有一个观察过的事实为非$f(b)$,那么"永远$f(x)$"这个普遍命题就具有随着n的增加而接近必然的概率。但是在这个原理的叙述中,"a_1","a_2",$\cdots$,

"a_n" 以及 "f" 是变项，并且这个原理是一个全称命题。只有凭借这个全称命题，那些归纳法的拥护者才相信他们自己能够在遇到一个特殊的 "f" 的情况下推论出 "永远 $f(x)$" 来。

我们已经看到，归纳法并不恰好就是我们需要用来给科学的推论找出合理根据的普遍命题。但是我们确实十分需要某种或某些普遍命题，不管是所提过的那五个公设还是某种另外的东西。不管这些推论的原理是什么样子，它们却必然不能从经验中的事实演绎出来。

2. 无例证的存在命题

这里有两种不同的情况：（1）在某个人甲的经验中没有例证时；（2）在全部人类经验中没有例证时。

先看第一种情况，如果你说："今天我看见了一只翠鸟"，并且甲相信你的话，那么甲就是在相信一个就甲来说没有任何例证的存在命题。在甲相信"有个名叫塞尔克斯的波斯国王"或者任何其他一件在甲出生以前发生的历史事实时，情况也是这样。同样的说法也适用于地理：甲相信圣文森特角（在葡萄牙）的存在是因为甲看见过圣文森特角，但是甲相信合恩角（智利南部合恩岛上的陡峭岬角）的存在就只是凭着证词了。

罗素认为，由推论推导出这种无例证的存在命题永远要依靠因果律。我们已经看到，在涉及证词的情况下，我们要依靠科学推理的第五公设，这个公设就涉及"原因"。任何想试验见证的真实性的尝试也涉及其他公设。一切证词的证实只有在一个公共的人所共见的世界结构中才有可能，而我们的公设对于这个世界结构的认识却是必不可少的。因此除非假定充分的公设，我们就不能知道上面所说的那类存在命题。

现在来看第二种情况，给对于在任何人的经验中没有例证的存在命题所抱的信念提供合理根据，并不比给对于在某个人的经验中没有例证时所抱的信念提供合理根据需要更多的公设。从原则上说，甲相信地球在它上面有生物以前就存在的理由和甲在听你说你看见一只翠鸟时相信你看见了翠鸟的理由是完全一样的。甲相信有时在无人看见的地方下雨的理由比甲在听你说你看见一只翠鸟时相信你的理由要强；甲相信珠穆朗玛峰在人们看不见它的时候存在的理由也是这样。因此我们必须得出这个结论：这两种无例证的存在命题对于平常的知识都是必要的，没有任何理由可以认为其中一种比另外一种更容易被人认识，而且如果人们能够认识它们的话，两者都需要完全相同的公设，也就是那些让我们得以从观察到的自然界进程推论出因果律来的公设。

关于那种认为所有我们的综合性知识都建立在经验基础上的学说的真实性的程度，罗素做了一个总结。

首先，如果这个学说为真的话，它是不能被人认识的，因为它是一个恰好属于那种单靠经验不能证明的普遍命题。这并不证明这个学说不真；这只证明它不是虚假便是不可知。

一切不待推论就被人认识的特殊事实都是通过知觉或记忆被人认识的，这就是说，都是通过经验而被人认识的。在这一方面，这个经验主义的原理不需要受到任何限制。

推论出来的特殊事实，例如，历史上的特殊事实，永远要求以被人经验到的特殊事实作为它们的前提之一。但是因为在演绎逻辑中，一件或一组事实不能蕴涵任何其他事实，从事实引导出其他事实的推论只有在这个世界具有在逻辑上并非必然的某些特征时才能正确，而我们并不是从经验中认识到这些特征的。

在实际生活当中，经验引导我们得出一些概括，例如"狗吠"。作为科学的一个起点，如果这些概括在大多数情况下为真就够了。但是尽管吠叫的狗足够引起对于"狗吠"这个概括的信念，它本身却不能提供任何相信这个概括在未试验过的情况下为真的理由。如果经验可以提供这样的理由，那么它一定要由那些将使某些类概括具有先在的可信性的因果律原理做出补充。我们"认识"这些原理与我们认识特殊事实在意义上是不相同的。当我们使用经验来让我们相信一个类似"狗吠"的普遍命题时，我们是按照这些原理来进行概括的。随着人类理智的进步，他们的推理习惯已经逐渐变得更加接近自然律，而这些自然律已经使这些习惯变得从始至终常常是真实的期待而不是虚妄的期待的来源。养成引起真实期待的推理习惯是生物赖以生存的适应环境的一部分。

罗素说："但是尽管我们的公设能够以这种方式装进一个具有我们可以叫作经验主义'味道'的框架里去，然而不可否认的是：我们关于公设的知识，就我们确实认识它们的范围来说，是不能建立在经验的基础之上的，尽管它们所有可证实的后果都是被经验所证实的。我们必须承认，从这个意义上讲，经验主义作为一种认识论来看，已经证明不适当了，尽管它比以前任何一种认识论要好。的确，我们似乎已经在经验主义身上找出的这类不适当的地方是由于严格遵守一种唤起过经验主义哲学的学说而发现的：即认为人类的全部知识都是不确定的、不准确的和片面性的。对于这个学说我们还没有发现任何一种限制。"①

二 评论

罗素早期是一个经验主义者，但是在他整个哲学生涯的后期，在《意义与真理的探究》和《人类的知识》中弱化了经验主义，这是值得肯定的。在《意义与真理的探究》中，罗素批判了逻辑实证主义的证实原则即"一个命题的意义就是它的证实方法"，并且用"基本存在命题"论证了"即使我们不能发现方法去获得或支持或反对一个命题的证据，该命题也可以是真的，也就是说是一个真理"。在《人类的知识》中，罗素发展了在《意义与真理的探究》中的论证，进一步批判了逻辑实证主义的两个主张：一

---

① 罗素：《人类的知识》，商务印书馆 1983 年版，第 606 页。

是证实原则;二是除非我们能说出一个具有这种性质的主体,我们就不能知道"某种事物有这种性质"。

罗素得到的结论是:在经验知识之外有"超越经验的知识"①。在此基础上,罗素以"全称命题"和"无例证的存在命题"详尽地论证了经验主义的限度,并且总结了科学推理的公设得出了如下结论:"人类的全部知识都是不确定的、不准确的和片面性的。对于这个学说我们还没有发现任何一种限制。"②

罗素的这个结论要参照上文对"知识"所作的分析:"看来我们所要得出的结论就是知识是一个程度上的问题。知觉到的事实和非常简单的论证的说服力在程度上是最高的。具体生动的记忆在程度上就稍差一等。如果许多信念单独来看都有几分可信性,那么它们相互一致构成一个逻辑整体时就更加可信。一般的推论原理,不管是演绎的还是归纳的,通常都不及它们的许多例证那样明显,我们可以根据对于例证的理会从心理方面把推论原理推导出来。……'知识是什么意思?'这个问题并不是一个具有确定和毫不含糊的答案的问题,正像'秃是什么意思'那个问题一样。"③

由上可见,罗素的知识观具有不可知论的倾向,但还不能等同于不可知论,因为罗素承认,有经验的知识、超经验的知识以及真理。

为什么罗素会倾向不可知论?这是因为罗素在探讨知识时脱离了实践,不懂得直接经验的知识和间接经验的知识之间的关系,不懂得这两种知识都要在以实践为基础的认识过程中,经过从感

---

① 罗素在《意义与真理的探究》中的"知识"只是指经验知识,"真理"是指与经验或事实相符合的命题,经验是事实的子类,所以罗素说有"超越经验的真理";但在《人类的知识》中,"知识"包含经验的知识和超越经验的知识,而知识是真信念(真理)的一个子类。

② 罗素:《人类的知识》,商务印书馆 1983 年版,第 606 页。

③ 罗素:《人类的知识》,商务印书馆 1983 年版,第 195 页。

性认识到理性认识，又从理性认识回到实践中去，并经过实践的检验而成为真知。我们认为，人类的知识具有罗素所说的不确定性、不准确性和片面性的一面，但也具有确定性、准确性和全面性的一面，它们在实践的基础上辩证地统一起来了。从人类在认识过程的某一阶段所获得的知识总体来说，具有不确定性、不准确性和片面性，客观世界还有很多的方面是我们没有认识到的。但是从认识的发展来说，知识的总体在不断增长，在产生"知识的爆炸"，对客观世界的认识不断在趋近确定性、准确性和全面性。这就是知识发展的辩证法。

恩格斯在《反杜林论》中关于思维能不能完全认识存在的问题，说过一段精辟的话："一方面，人的思维的性质必然被看作是绝对的，另一方面，人的思维又是在完全有限地思维着的个人中实现的。这个矛盾只有在无限的前进过程中，在至少对我们来说实际上是无止境的人类世代更迭中才能得到解决。从这个意义来说，人的思维是至上的，同样又是不至上的，它的认识能力是无限的，同样又是有限的。按它的本性、使命、可能和历史的终极目的来说，是至上的和无限的；按它的个别实际情况和每次的现实来说，又是不至上的和有限的。"① 否认思维的至上性，就会走向相对主义和不可知论；否认思维的非至上性，就会走向思想僵化和绝对主义。马克思主义哲学主张思维的至上和非至上的辩证统一。罗素不懂得思维的至上和非至上性的辩证法，片面地强调思维的非至上性，否定思维的至上性，从而倾向不可知论。

罗素认为，"知识"的外延小于"真理"的外延；我们的观点截然相反，主张"知识"的外延大于"真理"的外延。在这两种情况下，研究"知识"的不确定性和确定性，就要研究"真理"的相对性和绝对性，这是同一系列的问题。毛泽东在《实践

① 《马克思恩格斯选集》第三卷，人民出版社1995年版，第427页。

论》中说："马克思主义者承认，在绝对的总的宇宙发展过程中，各个具体过程的发展都是相对的，因而在绝对真理的长河中，人们对于在各个一定发展阶段上的具体过程的认识只具有相对的真理性。无数相对的真理之总和，就是绝对的真理。客观过程的发展是充满着矛盾和斗争的发展，人的认识运动的发展也是充满着矛盾和斗争的发展。一切客观世界的辩证法的运动，都或先或后地能够反映到人的认识中来。社会实践中的发生、发展和消灭的过程是无穷的，人的认识的发生、发展和消灭的过程也是无穷的。根据于一定的思想、理论、计划、方案以从事于变革客观现实的实践，一次又一次地向前，人们对于客观现实的认识也就一次又一次地深化。客观现实世界的变化运动永远没有完结，人们在实践中对于真理的认识也就永远没有完结。马克思列宁主义并没有结束真理，而是在实践中不断地开辟认识真理的道路。我们的结论是主观和客观、理论和实践、知和行的具体的历史的统一，反对一切离开具体历史的'左'的或右的错误思想。"①

综上所说，罗素的知识观和真理观只承认知识和真理的相对性，而否认其绝对性，具有不可知论的倾向。

---

① 《毛泽东选集》第一卷，人民出版社 1991 年版，第 295—296 页。

第十四章

哲学史观

第一节　贯穿《西方哲学史》一书的三个基本观点

一　哲学是某种介乎神学与科学之间的东西

罗素的《西方哲学史》一书，对西方从古代到近代的主要哲学思想作了详尽的阐述。罗素认为"哲学的"人生观与世界观是两种因素的产物：一种是传统的宗教与伦理观念；另一种是广义的"科学的"研究。这是哲学的特征。根据这个特征，罗素将哲学看成某种介乎神学和科学之间的东西，它和神学一样，包含着人类对于那些迄今为止仍为确切的知识所不能肯定的事物的思考；但它又像科学一样是诉诸人类理性而不是诉诸权威的。一切确切的都属于科学，一切涉及超乎确切知识之外的教条都属于神学。但是，介乎神学与科学之间还有一片受到双方攻击的无人之域，这便是哲学。① 根据这种理解，他认为西方哲学在发展过程中始终受到来自科学和宗教两方面的影响，并据此把西方哲学发展史划分为古代哲学、天主教哲学和近代哲学三个时期。罗素认为，第一个时期与神学相区别的哲学，开始于纪元前的希腊。在它经历了古代的历程之后，随着基督教的兴起与罗马帝国的灭亡，被浸

---

① 参看罗素《西方哲学史》（上卷），商务印书馆 1978 年版，"绪论"第 11 页。

没于神学之中。第二个时期是从 11 世纪起到 14 世纪为止，除了像皇帝弗里德里希二世（1195—1250）那样极少数的叛逆者之外，完全受天主教会支配；这一时期以种种混乱而告终，宗教改革就是这些混乱的最后结果。第三个时期是从 17 世纪至今，比前两个时期更受科学的支配；虽然传统的宗教信仰仍占重要地位，但很少有哲学家在天主教立场上是正统派，并且在他们的思想里世俗的国家也要比教会重要得多。在罗素看来，哲学史就是揭示在哲学发展的历程中，科学与宗教、社会团结与个人自由处于一种"冲突状态"或者"不安的妥协状态"的历史。至于学习哲学史的功用，罗素说："教导人们在不确定时怎样生活下去而又不致为犹疑所困扰，也许这就是哲学在我们的时代仍然能为学哲学的人所做出的主要事情。"①

二　哲学史同政治与社会情况有密切联系

罗素在该书"美国版序言"的开始写道："目前已经有不少部哲学史了，我的目的并不是要仅仅在它们之中再加上一部。我的目的是要揭示，哲学乃是社会生活与政治生活的一个组成部分：它并不是卓越的个人所做出的孤立的思考，而是曾经有各种体系盛行过的各种社会性格的产物与成因。这一目的就要求我们对于一般历史的叙述比通常哲学史家所做的为多。"②

例如，罗素论述了希腊化时代的历史知识，这就使人们能够理解斯多葛学派和伊壁鸠鲁学派。为使人们理解经院哲学，罗素论述了从第 5 世纪到第 15 世纪基督教发展的历史知识，他说："经院哲学的大时代乃是十一世纪改革的产物，而这些改革又是对于前一时期的颓废腐化的反作用。如果对于罗马灭亡与中古教权之间的那几个世纪没有一些知识的话，就会难于理解十二三世纪

---

① 罗素：《西方哲学史》（上卷），商务印书馆 1978 年版，"绪论"第 13 页。
② 罗素：《西方哲学史》（上卷），商务印书馆 1978 年版，第 5 页。

知识界的气氛。"① 罗素在讲某一时代的历史背景时，总是把它放在一个更广的范围里，罗素处理了一些只有在一部综合性的历史著作里才能处理的题材，例如，"斯巴达对于卢梭的影响，柏拉图对于十三世纪以前基督教哲学的影响，奈斯脱流斯教派对于阿拉伯人以及从而对于阿奎那的影响，自从伦巴底诸城的兴起直到今天为止圣安布洛斯对于自由主义的政治哲学的影响。"② 他专门分章论述了希腊文明的起源、雅典与文化的关系、罗马帝国与文化的关系、犹太人的宗教发展、黑暗时期的罗马教皇制、意大利文艺复兴、浪漫主义运动，等等。

三　哲学家是他们时代的社会环境与政治制度的产物

罗素在该书"英国版序言"中说："哲学家们既是果，也是因。他们是他们时代的社会环境和政治制度的结果，他们（如果幸运的话）也可能是塑造后来时代的政治制度信仰的原因。在大多数哲学史中，每一个哲学家都是仿佛出现在真空中一样；除了顶多和早先的哲学家思想有些联系外，他们的见解总是被描述得好像和其他方面没有关系似的。与此相反，在真相所能允许的范围内，我总是试图把每一个哲学家显示为他的环境的产物，显示为一个以笼统而广泛的形式，具体地并集中地表现了以他作为一个成员的社会所共有的思想与感情的人。"③ 例如，罗素在写柏拉图之前，首先写了一章"斯巴达的影响"。在这一章里，罗素详细描述了斯巴达的情况及其对希腊社会、思想等方面的影响。"要了解柏拉图，其实，要了解后来许多哲学家，就有必要先知道一些斯巴达的事情。"④ 其次，罗素写了"柏拉图见解的来源"。在此

---

① 罗素：《西方哲学史》（上卷），商务印书馆 1978 年版，第 5 页。
② 罗素：《西方哲学史》（上卷），商务印书馆 1978 年版，第 6 页。
③ 罗素：《西方哲学史》（上卷），商务印书馆 1978 年版，第 8—9 页。
④ 罗素：《西方哲学史》（上卷），商务印书馆 1978 年版，第 131 页。

章中，罗素首先分析了柏拉图的哲学思想受了毕达哥拉斯、巴门尼德、赫拉克利特以及苏格拉底的影响。紧接着，罗素问："所有这一切又是怎样和政治上的权威主义相联系着呢？"[①] 罗素从四个方面分析了柏拉图的思想是怎样与当时的政治相联系的。由此，罗素认为，一个哲学家在哲学史上的地位并不是由他的哲学的优异性所决定的，而是由其哲学对社会、政治的影响大小来决定的。罗素认为，斯宾诺莎是比洛克更伟大的哲学家，但是他的影响却小得多，因此罗素在书中处理他就要比处理洛克简略得多。罗素指出，有些人，例如，卢梭和拜伦虽然在学术意义上完全不是什么哲学家，但是他们深远地影响了哲学思潮的气质，因而不能忽略他们。罗素还说："就这一方面而论，甚至于纯粹的行动家们有时也具有很大的重要性；很少哲学家对于哲学的影响之大是能比得上亚历山大大帝、查理曼或者拿破仑的。"[②]

第二节　评论

在诸多《西方哲学史》著作中，提出哲学史观的哲学家可谓凤毛麟角，罗素就是杰出的一位。他提出的三个基本观点值得我们加以探讨。

一　关于哲学同哲学史、宗教与科学的关系

罗素认为，哲学是人生观和世界观。这两个特征可以看成是哲学的定义，适用于一切时代，当然，再加上一个"方法论"就更完满了。罗素按照这两个特征，讨论了哲学同神学和科学的关系，描述了它们之间的同和异，据此，他把西方哲学史从古希腊哲学直到逻辑分析哲学初步建立为止的发展历程划分为三个时期，

---

① 罗素：《西方哲学史》（上卷），商务印书馆1978年版，第145页。
② 罗素：《西方哲学史》（上卷），商务印书馆1978年版，第5—6页。

描绘了各个时期的主要特点。同时，罗素抓住了整个西方哲学史的主要矛盾：科学与宗教、社会团结与自由主义的矛盾，并在全书中加以贯彻。笔者认为，这是可取的。不过，我们应当补充一点，在罗素的《西方哲学史》之后，西方哲学进入了现代时期，与罗素在第三卷第二篇"从卢梭到现代"有点交叉，现在一般把黑格尔之后的哲学称为"现代西方哲学"，其特点是：新流派众多、思想方式变化深刻、同现代科技和人文诸多学科的关系密切，呈现出一派"百花齐放，百家争鸣"的景象。

二 关于哲学史同政治与社会情况的密切联系以及哲学家与社会环境的关系

罗素对上述的基本观点做了精辟的分析，值得肯定。唯物史观有一条关于社会存在与社会意识辩证关系的原理，社会存在是指社会生活的物质方面，即社会物质生活过程及其条件，包括自然环境、人口因素和物质资料生产方式，其中物质资料生产方式是主要的和决定性的因素。社会意识是指社会生活的精神方面，即人的精神活动及其产品，它是社会存在的反映，包括艺术、道德、政治法律思想、宗教、哲学和科学等社会意识形式和情感、风俗、习惯、传统等社会心理。社会存在决定社会意识，社会意识具有相对的独立性并且能动地反作用于社会存在。笔者认为，罗素的哲学史观与唯物史观的这一原理有相通之处。罗素在书中评述马克思的唯物史观时说："这是一个非常重要的论点；特别说，它和哲学史家是有关系的。我个人并不原封不动地承认这个论点，但是我认为它里面包含有极重要的真理成分，而且我意识到这个论点对本书中叙述的我个人关于哲学发展的见解有了影响。"[①] 例如他认为，直到亚里士多德为止的希腊哲学表现城邦制

---

① 罗素：《西方哲学史》（下卷），商务印书馆 1978 年版，第 340 页。

所特有的思想情况；斯多葛哲学适合世界性的专制政治；经院哲学是教会组织的精神表现；从笛卡尔以来的哲学或者至少说从洛克以来的哲学，有体现商业中产阶级的偏见的倾向；马克思主义是近代工业国家所特有的哲学。罗素的分析可以商榷，但他用他所理解的唯物史观分析哲学的发展，这是难能可贵的。我们应当吸取罗素的《西方哲学史》的合理内核，用以丰富唯物史观的内容，在写作西方哲学史、现代西方哲学的发展或者中国哲学史时加以灵活地运用。

三 关于对哲学家的评价

在这方面，罗素存在一定的缺点。他虽然提出了比较正确的哲学史观，但具体到对每一个哲学家的评价是否能贯彻到底呢？答案是，罗素并没有完全做到，有些地方带有主观主义色彩。例如，对于理性思想的赞同大于对于非理性思想的认同，对欧洲浪漫主义进行了批驳，对德国思辨哲学的态度相对贬低，认为黑格尔的哲学几乎全部是错误的。罗素虽然对马克思的哲学做了比较客观的论述，但是囿于他的阶级立场和观点，对马克思也做了否定性的评价，例如，他说："马克思的哲学里由黑格尔得来的一切成分都是不科学的，意思是说没有任何理由认为这些成分是正确的。"① 看来，罗素对马克思的哲学并不真正理解。对于上述问题，我们不能苛求罗素，要求他对哲学家的评价不能有个人的立场和观点。

---

① 罗素：《西方哲学史》（下卷），商务印书馆 1978 年版，第 344 页。

参考文献

罗素论著

1900, *A Critical Exposition of the Philosophy of Leibniz*, Cambridge：At the University Press. 段德智等译：《对莱布尼茨哲学的批评性解释》，商务印书馆 2000 年版。

1901, *The Logic of Relations*, first appeared in French in Peano's *Riuista di Matematica*［*Revue de Mathematiques*］, Vol. Ⅶ：115 – 148. 《关系逻辑》，载苑利均译、张家龙校《逻辑与知识》，商务印书馆 1996 年版，第 1—45 页。

1903, *The Principles of Mathematics*, Cambridge：At the University Press. Second edition, 1937. 《数学的原则》。

1905, *On Denoting*, *Mind*, 14：479 – 493；repr. in Bertrand Russell, *Essays in Analysis*, London：Allen and Unwin, 1973, 103 – 119；and in Bertrand Russell, *Logic and Knowledge*, London：George Allen and Unwin, 1956, 41 – 56；also appearing in *Collected Papers*, Vol. 4. 《论指称》，载《逻辑与知识》，商务印书馆 1996 年版，第 47—68 页。

1908, *Mathematical Logic as Based on the Theory of Types*, in *American Journal of Mathematics*, 30：222 – 262；repr. in Bertrand Russell, *Logic and Knowledge*, London：Allen and Unwin, 1956, 59 –

102；also appearing in *Collected Papers*，Vol. 5. 《以类型论为基础的数理逻辑》，载《逻辑与知识》，商务印书馆 1996 年版，第 69—124 页。

1910，1912，1913（with Alfred North Whitehead），*Principia Mathematica*，3 Vols，Cambridge：Cambridge University Press；2nd ed.，1925（Vol. 1），1927（Vols. 2，3）；abridged as *Principia Mathematica to* ∗ 56，Cambridge：Cambridge University Press，1962. 《数学原理》。

1912a，*The Problems of Philosophy*，London：Williams and Norgate；New York：Henry Holt and Company. 何兆武译：《哲学问题》，商务印书馆 1999 年版。

1912b，*On the Relations of Universals and Particulars*，in *Proceedings of the Aristotelian Society*，12：1 – 24；repr. in Bertrand Russell，*Logic and Knowledge*，London：Allen and Unwin，1956，105 – 124；also appearing in *Collected Papers*，Vol. 6. 《论共相和殊相的关系》，载《逻辑与知识》，商务印书馆 1996 年版，第 125—150 页。

1914a，*Our Knowledge of the External World*，Chicago and London：The Open Court Publishing Company；2nd ed.，1929，The New American Library. 陈启伟译：《我们关于外间世界的知识——哲学上科学方法应用的一个领域》，上海译文出版社 1990 年版。

1914b，*On the Nature of Acquaintance*，in *Monist*，24：1 – 16，161 – 187，435 – 453；repr. in *Logic and Knowledge*，London：George Allen and Unwin，1956，127 – 174；also appearing in *Collected Papers*，Vol. 7. 《论亲知的性质》，载《逻辑与知识》，商务印书馆 1996 年版，第 151—210 页。

1914c，*The Relation of Sense-data to Physics*，in *Scientia*，16：1 – 27；repr. in *Mysticism and Logic and Other Essays*，New York，

London：Longmans，Green & Co.，1918，145 – 179；also appearing in *Collected Papers*，Vol. 8. 陈维杭译：《感觉与料和物理学的关系》，载洪谦主编《现代西方哲学论著选辑》（上册），商务印书馆 1993 年版，第 329—340 页。

1918，1919，*The Philosophy of Logical Atomism*，in *Monist*，28：495 – 527；29：32 – 63，190 – 222，345 – 380；repr. in Bertrand Russell，*Logic and Knowledge*，London：Allen and Unwin，1956，177 – 281；also appearing in *Collected Papers*，Vol. 8. 《逻辑原子主义的哲学》，载《逻辑与知识》，商务印书馆 1996 年版，第 211—342 页。

1919a，*Introduction to Mathematical Philosophy*，London：George Allen and Unwin；New York：The Macmillan Company. 晏成书译：《数理哲学导论》，商务印书馆 1999 年版。

1919b，*On Propositions：What They Are and How They Mean*，in *Proceedings of the Aristotelian Society*，Supplementary Volume 2：1 – 43；also appearing in *Collected Papers*，Vol. 8. 《论命题：命题是什么和命题怎样具有意义》，载《逻辑与知识》，商务印书馆 1996 年版，第 343—390 页。

1921，*The Analysis of Mind*，London：George Allen and Unwin；New York：The Macmillan Company. 贾可春译：《心的分析》，商务印书馆 2009 年版。

1924，*Logical Atomism*，in J. H. Muirhead，*Contemporary British Philosophers*，London：Allen and Unwin，1924，356 – 383；repr. in Bertrand Russell，*Logic and Knowledge*，London：Allen and Unwin，1956，323 – 343；also appearing in *Collected Papers*，Vol. 9. 《逻辑原子主义》，载《逻辑与知识》，商务印书馆 1996 年版，第 390—418 页。

1927a，*The Analysis of Matter*，London：Kegan Paul, Trench, Trubner；New York：Harcourt，Brace. 贾可春译：《物的分析》，商务印书馆 2016 年版。

1927b，*An Outline of Philosophy*，London：George Allen and Unwin；repr. As *Philosophy*，New York：W. W. Norton，1927. 黄翔译：《哲学大纲》，商务印书馆 2014 年版。

1940，*An Inquiry into Meaning and Truth*，London：George Allen and Unwin；New York：W. W. Norton. 贾可春译：《意义与真理的探究》，商务印书馆 2009 年版。

1945，*A History of Western Philosophy*，New York：Simon and Schuster；London：George Allen and Unwin，1946；rev. ed.，1961. 何兆武、李约瑟译：《西方哲学史》（上、下卷），商务印书馆 1976 年版。

1948，*Human Knowledge：Its Scope and Limits*，London：George Allen and Unwin；New York：Simon and Schuster. 张金言译：《人类的知识——其范围与限度》，商务印书馆 1983 年版。

1959，*My Philosophical Development*，London：George Allen and Unwin；New York：Simon and Schuster. 温锡增译：《我的哲学的发展》，商务印书馆 1982 年版。

1967，1968，1969，*The Autobiography of Bertrand Russell*，3 Vols，London：George Allen and Unwin；Boston：Little Brown and Company（Vols. 1 and 2），New York：Simon and Schuster（Vol. 3）. 胡作玄、陈启伟等译：《罗素自传》（3 卷），商务印书馆 2002—2004 年版。

《罗素文集》第 1—15 卷，商务印书馆 2012 年版。

姜继为编：《哲学盛宴：罗素在华十大讲演》，安徽教育出版社 2007 年版。

其他论著

埃姆斯：《罗素与其同时代人的对话》，于海等译，云南人民出版社 1993 年版。

艾耶尔等：《哲学中的革命》，李步楼译，商务印书馆 1986 年版。

艾耶尔：《贝特兰·罗素》，尹大贻译，上海译文出版社 1982 年版。

艾耶尔：《二十世纪哲学》，李步楼等译，上海译文出版社 1987 年版。

巴斯摩尔：《哲学百年　新近哲学家》，洪汉鼎等译，商务印书馆 1996 年版。

贝纳塞拉夫、普特南编：《数学哲学》，朱水林等译，商务印书馆 2003 年版。

陈波、江怡主编：《分析哲学——回顾与反省》（第二版），中国 人民大学出版社 2018 年版。

金岳霖：《罗素哲学》，上海人民出版社 1988 年版（《金岳霖全 集》第四卷（上），人民出版社 2013 年版）。

卡尔纳普：《世界的逻辑构造》，陈启伟译，上海译文出版社 1999 年版。

克拉克：《罗素传》，天津编译中心组译，世界知识出版社 1998 年版。

克里普克：《命名与必然性》，梅文译，上海译文出版社 1988 年版。

林夏水主编：《数学哲学译文集》，知识出版社 1986 年版。

刘放桐等编著：《新编现代西方哲学》，人民出版社 2000 年版。

马蒂尼奇编：《语言哲学》，牟博等译，商务印书馆 1998 年版。

涂纪亮编：《当代西方著名哲学家评传》（第一卷），山东人民出 版社 1996 年版。

张家龙：《数理逻辑发展史——从莱布尼茨到哥德尔》，社会科学 文献出版社 1993 年版。

张家龙：《论金岳霖对罗素逻辑构造论的批判》，《哲学研究》

1995 年增刊。

张家龙：《论金岳霖对罗素中立一元论的批判》，载《理有固然》，社会科学文献出版社 1995 年版。

张家龙：《罗素哲学论》，载刘培育主编《金岳霖思想研究》，中国社会科学出版社 2004 年版。

张家龙：《逻辑史论》，中国社会科学出版社 2016 年版。

中国社会科学院哲学研究所逻辑研究室编：《数理哲学译文集》，商务印书馆 1988 年版。

P. A. Schilpp（ed.），*The Philosophy of Bertrand Russell*，Evanston and Chicago：Northwestern University，1944.

附录一 张家龙论著目录

一 著作

（一）独著

《艾耶尔》（世界哲学家丛书），台湾东大图书公司1995年版。

《布拉德雷》（世界哲学家丛书），台湾东大图书公司1997年版。

《从现代逻辑观点看亚里士多德的逻辑理论》，中国社会科学出版社2016年版。

《公理学、元数学与哲学》，上海人民出版社1983年版。

《罗素的逻辑与哲学探究》，中国社会科学出版社2021年版。

《逻辑史论》，中国社会科学出版社2016年版。

《逻辑学思想史》（全书主编，撰写第三编西方逻辑部分），湖南教育出版社2004年版。（2006年获中国社会科学院哲学研究所优秀成果奖，2008年获中国逻辑学会优秀科研成果奖二等奖）

《模态逻辑与哲学》，中国社会出版社2003年版。

《数理逻辑发展史——从莱布尼茨到哥德尔》，社会科学文献出版社1993年版。

《形式逻辑要现代化——家龙师谈逻辑》（刘新文、贾青编），科学出版社2018年版。

（二）合著

胡绳主编：《中国大百科全书·哲学》，中国大百科全书出版社

1987 年版。(1993 年获中国社会科学院首届优秀科研成果奖荣
誉奖)

胡泽洪、张家龙等:《逻辑哲学研究》,广东教育出版社 2013
年版。

黄顺基等主编:《逻辑与知识创新》,中国人民大学出版社 2002
年版。

江天骥主编:《西方逻辑史研究》,人民出版社 1984 年版。

金岳霖等:《形式逻辑简明读本》,中国青年出版社,1978 年修订
版和 1979 年青年文库版。

刘培育主编:《金岳霖思想研究》,中国社会科学出版社 2004 年
版。(2005 年获金岳霖学术奖一等奖,2008 年获中国社会科学
院老干部优秀科研成果三等奖)

《逻辑学辞典》编委会编:《逻辑学辞典》,吉林人民出版社 1983
年版。

倪鼎夫、张家龙、刘培育:《学点逻辑》,人民出版社 1974 年版
(1978 年第二版;1984 年第三版,书名改为《逻辑入门》)。

王雨田主编:《归纳逻辑导引》,上海人民出版社 1992 年版。

张清宇主编:《逻辑哲学九章》,江苏人民出版社 2004 年版。

郑锦源、陈创辉、张家龙编撰:《逻辑与方法论》(撰写其中第十
单元"中国逻辑学的发展及特点"),香港公开大学 2002 年版。

周礼全主编:《逻辑百科辞典》,四川教育出版社 1994 年版。
(1996 年获中国社会科学院第二届优秀科研成果奖,1999 年获
国家社会科学基金优秀科研成果三等奖,2004 年获中国逻辑学
会首届优秀科研成果奖)

诸葛殷同、张家龙等:《形式逻辑原理》,人民出版社 1982 年版;
2007 年纳入中国社会科学院文库由社会科学文献出版社再版。
(1993 年获中国社会科学院首届优秀科研成果奖,2004 年获中
国逻辑学会首届优秀科研成果奖)

二 文章

（一）英文

Hao Wang's Life and Achievements（Jialong Zhang et al.），*Studies in Logic*，No. 1，2016.

Logic and Language in Chinese Philosophy（Jialong Zhang et al.），in *Companion Encyclopedia of Asian Philosophy*，Routledge，London and New York，1997.

New Perspectives on Moist Logic（Fenrong Liu and Jialong Zhang），*Journal of Chinese Philosophy*，Volume 37，Issue 4，Pages 605 − 621，December 2010. Article first published online：4 NOV 2010 ｜ DOI：10. 1111/j. 1540 − 6253. 2010. 01607. x

On Aristotle's Catagorical Syllogistic，*Studies in Logic*，*Grammar and Rhetoric*，Warsaw University，Bialystok Branch，1987；*Abstracts*，Vol. 3，LMPS' 87（The 8th International Congress of Logic，Methodology and Philosophy of Science 1987，Moscow）.

On the Intuitionist Philosophy of Mathematics，*Book of Abstracts*，Vol. 1，XIX World Congress of Philosophy，1993，Moscow.

Russell's Theory of Induction，*Abstracts*，Vol. 3，LMPS' 87.

Some Thoughts on Mohist Logic（Jialong Zhang and Fenrong Liu），in A meeting of the Minds，Proceedings of the Workshop on Logic，Rationality and Interaction（Beijing，2007），College Publications，London，8 Jun 2007.

The Three-form Reasoning of New Hetu-vidya in Indian logic from the Perspective of Modern Logic（Zhang Zhongyi，Zhang Jialong），in- *Frontiers of Philosophy in China*，Vol. 4，No. 4，December 2009.

（二）中文

《从数理逻辑观点看〈周易〉》，《哲学动态》1989 年第 11 期。

《从现代逻辑观点看亚里士多德的三段论》，《哲学研究》1988 年第 5 期。

《从现代逻辑观点看印度新因明三支论式》（与张忠义合作），《哲学研究》2008 年第 1 期；人大复印报刊资料《逻辑》2008 年第 3 期。

《从现代逻辑观点看中世纪彼得的语言逻辑理论》，《逻辑与语言学习》1991 年第 4 期和第 5 期。

《从言模态和从物模态的联系、区别及其哲学意义》，《云南师范大学学报》（哲学社会科学版）2010 年第 1 期。

《大陆地区的逻辑教学与研究》，载《两岸逻辑教学学术会议论文集》（台北，2002 年 6 月）。

杜国平整理：《张家龙先生学术访谈》，《逻辑学研究》2020 年 8 月第 4 期。

《繁荣逻辑科学　促进哲学发展——访周礼全、张家龙、张清宇、刘培育、王路》，载《哲学动态》编辑部编《他们的思与想》：《哲学动态》人物专访辑录（1988—2018），江苏人民出版社 2020 年版。

《改革开放以来中国逻辑学研究的发展》（与夏素敏合作），《社会科学战线》2009 年第 1 期；又载《中国学术三十年》，人民出版社 2009 年版。

《个体词、谓词和量词》，《逻辑与语言学习》1983 年第 1 期。

《关系推理》，《逻辑与语言学习》1983 年第 4 期。

《关于三段论的规则》，《沈阳师范学院学报》1979 年第 4 期。

《弘扬周礼全先生的学风》，载《逻辑、语言与思维》，中国科学文化出版社 2002 年版。

《金岳霖教授论主词存在问题》，载《金岳霖学术思想研究》，四川人民出版社 1987 年版。

《卡尔纳普论归纳逻辑的本性》，载《归纳逻辑》，中国人民大学出版社 1986 年版。

《科学方法论与逻辑》,《哲学研究》1980 年第 2 期。

《可能世界是什么?》,《哲学动态》2002 年第 8 期。

《略谈时态逻辑》,《国内哲学动态》1979 年第 12 期。

《略谈问题(问句)逻辑》,载《逻辑与语言研究》(3),中国社
会科学出版社 1983 年版。

《论本质主义》,载陈波、江怡主编《分析哲学——回顾与反省》
(第二版),中国人民大学出版社 2018 年版。

《论本质主义》,《哲学研究》1999 年第 11 期。(2001 年获中国社
会科学院哲学研究所优秀科研成果奖)

《论希尔伯特的元数学纲领及其哲学意义》,《自然辩证法研究》
1991 年第 7 期。

《论公理方法》(与黄顺基、张尚水合作),《北京师范大学学报》
(自然科学版)1978 年第 1 期。

《论胡秋原先生对罗素的逻辑学和哲学的研究》,载《胡秋原思想
研究》,社会科学文献出版社 1996 年版。

《论金岳霖对罗素逻辑构造论的批判》,《哲学研究》1995 年增刊。

《论金岳霖对罗素中立一元论的批判》,载《理有固然》,社会科
学文献出版社 1995 年版。

《论金岳霖先生的〈逻辑〉》,《哲学研究》2005 年增刊。

《论逻辑悖论》,载《逻辑学论丛》,中国社会科学出版社 1983
年版。

《论名称和指示词》,《哲学研究》2002 年第 12 期;又载《中国社
科院建院 30 周年学术论文集·哲学研究所卷》,方志出版社
2007 年版。

《论〈墨经〉中"侔"式推理的有效式》,《哲学研究》1998 年
增刊。

《论偶然模态》,《哲学研究》2009 年增刊(第四届海峡两岸逻辑

教学学术会议专辑）。

《论区别判断》，载《全国逻辑讨论会论文选集（1979）》，中国社
会科学出版社 1981 年版。

《论沈有鼎悖论在数理逻辑史上的地位》，载《哲学研究》2008 年
第 9 期；又载林正弘主编《逻辑与哲学》（第三届两岸逻辑教学
学术会议会后专书论文集），学富文化事业有限公司，2009 年 4
月；另载《改革开放以来中国逻辑学的发展》（纪念中国逻辑
学会成立 30 周年文集），中国社会科学出版社 2012 年版。

《论沈有鼎的两个公孙龙假说》，《哲学研究》1998 年第 9 期。

《论亚里士多德的排中律疑难》，《哲学动态》2004 年第 12 期。

《论印度陈那新因明体系的逻辑性质》（与张忠义合作），《哲学研
究》2017 年第 2 期。

《论语义悖论》，《哲学研究》1981 年第 8 期。

《罗素的逻辑主义及其在数理逻辑史上的地位》，《哲学研究》
2007 年第 9 期；人大复印报刊资料《逻辑》2008 年第 1 期。

《罗素〈数理哲学导论〉》，载《外国学术名著精华辞典》（1），
上海人民出版社 1989 年版。

《逻辑悖论与简单类型论》，《现代哲学》1988 年第 2 期。

《逻辑学的发展——方法、成果及其应用》，载中国政法大学主办
《名家大讲堂》（第六辑），知识产权出版社 2014 年版。

《逻辑与哲学》，载周和平主编《文津演讲录（之八）》（讲座丛
书），国家图书馆出版社 2010 年版。

《迈向 21 世纪的逻辑学》，《社会科学战线》1996 年第 4 期。

《漫谈逻辑》，载温惠琴主编《大学问》（文化素质大讲坛丛书），
广东高等教育出版社 2008 年版。

《摹状词》，《逻辑与语言学习》1983 年第 5 期。

《穆勒归纳法的推广形式》，载《全国逻辑讨论会论文选集
（1979）》。

《涅尔〈逻辑学的发展〉》，载《外国学术名著精华辞典》（1），
　　上海人民出版社 1989 年版。

《评陈那新因明体系"除外命题说"》（与张忠义合作），《哲学动
　　态》2015 年第 5 期。

《评数学基础中的直觉主义学派》，《自然辩证法研究》1992 年第
　　4 期。

《评"四人帮"偷换概念的诡辩术》，《哲学研究》1978 年第 3 期。

《评宋文坚著〈西方形式逻辑史〉》，《哲学动态》1992 年第 9 期。

《评王路著〈亚里士多德的逻辑学说〉》，《哲学动态》1992 年第
　　5 期。

《评维特根斯坦的反本质主义纲领》，《哲学研究》2001 年第 7 期。

《评新托马斯主义关于知识的"抽象级次说"》，甘肃《社会科学》
　　1980 年第 2 期。

《评一本数学教学参考书》，《数学通讯》1981 年第 1 期和第 2 期。

《沈有鼎的广义模态思想》，载《摹物求比》，社会科学文献出版
　　社 2000 年版。

《数理逻辑的产生和发展》，《北京航空航天大学学报》2000 年第
　　1 期。

《思维方法与知识创新》，南京信息工程大学、江苏省社会科学院
　　编《阅江论坛文集》第一辑，2006 年 12 月。

《谈谈时态逻辑》，载《逻辑与语言研究》（1），中国社会科学出
　　版社 1980 年版。

《谈我国逻辑学的落后状况及其出路》，《国内哲学动态》1986 年
　　第 7 期。

《王宪钧教授对中国数理逻辑发展的贡献》，载《逻辑研究文集》，
　　西南师范大学出版社 2001 年版；修改稿载《改革开放以来中国
　　逻辑学的发展》（纪念中国逻辑学会成立 30 周年文集），中国社
　　会科学出版社 2012 年版。

《谓词逻辑的推理规则》,《逻辑与语言学习》1983 年第 3 期。

《我国逻辑学研究取得重要进展》,《人民日报》1997 年 11 月 15 日。

《西方逻辑史研究中的几个问题》,《国内哲学动态》1986 年第 9 期。

《现代本质主义的逻辑基础与哲学意蕴》(与刘叶涛合作),《哲学研究》2012 年第 3 期。

《新时期哲学研究的回顾与展望·努力实现我国逻辑研究的现代化》,载《新时期社会科学的回顾与前瞻——中国社会科学院建院 20 周年纪念文集》,社会科学文献出版社 1998 年版。

《新中国逻辑学 50 年》,《自然辩证法研究》2000 年增刊。

《形式逻辑要现代化》(1978 年 5 月全国第一次逻辑讨论会论文),载《逻辑学文集》,吉林人民出版社 1979 年版。

《学点逻辑——兼评"四人帮"践踏逻辑的罪行》,《安徽劳动大学学报》1977 年第 3—4 期和 1978 年第 2 期。

《亚里士多德的必然三段论》,《湖北大学学报》1996 年第 3 期。

《亚里士多的关系理论探究》,《哲学研究》1996 年第 1 期。

《亚里士多德对"偏好"如是说》,《逻辑学研究》2008 年第 2 期。

《亚里士多德模态逻辑的现代解释》,《哲学研究》1990 年第 1 期。

《亚里士多德模态命题理论的现代解析》,《哲学研究》2007 年增刊。

《亚里士多德直言命题理论的现代解析》,《重庆工学院学报》(社会科学版)2007 年第 3 期,人大复印报刊资料《逻辑》2007 年第 5 期。

《沿着金岳霖先生开辟的逻辑教学和研究的现代化道路奋进》,《重庆理工大学学报》(社会科学版)2015 年第 12 期。

《因明研究的新进展——评张忠义著〈因明蠡测〉》,《哲学动态》2008 年第 6 期。

《再论形式逻辑的现代化》，载《形式逻辑研究》，北京师范大学
　　出版社 1984 年版。

《在第二届全国逻辑与认知研讨会上的讲话》，《中山大学学报》
　　2003 年增刊。

《在中国逻辑学会成立 30 周年纪念大会上的讲话》，载《改革开放
　　以来中国逻辑学的发展》（纪念中国逻辑学会成立 30 周年文
　　集），中国社会科学出版社 2012 年版。

《中国逻辑史研究的力作——喜读〈中国逻辑对"必然地得出"
　　的研究〉》，《燕山大学学报》（哲学社会科学版）2008 年第 9 卷
　　第 2 期。

《中国哲学中的逻辑与语言》（与张春波合作），《吉林大学学报》
　　1990 年第 3 期。

《追求思想的明晰性——中国社科院哲学所逻辑室研究成果概览》，
　　《哲学动态》2000 年第 6 期和第 7 期。

三　译著

（一）主译

威廉·涅尔等：《逻辑学的发展》，商务印书馆 1985 年版；1995
　　年重印。

肖尔兹：《简明逻辑史》，商务印书馆 1977 年版；1993 年重印。

（二）合译

蒯因：《从逻辑的观点看》，江天骥等译，上海译文出版社 1987 年
　　版（翻译其中第四篇同一性、实指和实在化，第八篇指称和模
　　态和第九篇意义和存在推理）；2007 年纳入《蒯因著作集》第 4
　　卷由中国人民大学出版社出版。

罗·格勃尔编：《哲学逻辑》（翻译其中多值逻辑一章），张清宇
　　等译，中国人民大学出版社 2007 年版。

托马斯·鲍德温编：《剑桥哲学史（1870—1945）》，周晓亮等译，

中国社会科学出版社 2011 年版（翻译其中第四十六章一阶逻辑
及其竞争者、第四十七章数理逻辑的黄金时代）。

王浩：《数理逻辑通俗讲话》，科学出版社 1981 年版（翻译其中第
一章 数理逻辑一百年，第二章 形式化和公理方法）。

（三）校订

蒯因：《逻辑方法》，余俊伟、刘奋荣译，载《蒯因著作集》第 2
卷，中国人民大学出版社 2007 年版。

里德：《对逻辑的思考》，李小五译，辽宁教育出版社、牛津大学
出版社 1998 年版。

罗斯：《亚里士多德》，王路译，商务印书馆 1997 年版。

罗素：《逻辑与知识》，苑莉均译，商务印书馆 1996 年版。

苏佩斯：《逻辑导论》，宋文坚等译，中国社会科学出版社 1984
年版。

苏珊·哈克：《逻辑哲学》（校订并补译索引），罗毅译，商务印
书馆 2003 年版。

四 译文

（一）独译

哥德尔：《罗素的数理逻辑》，载《数理哲学译文集》，商务印书
馆 1988 年版。

（二）校订

柏格：《逻辑发展史》，陈银科译，《哲学译丛》1984 年第 4 期。

波亨斯基：《现代逻辑的一般观念和特征》，周子平译，《哲学译
丛》1983 年第 2 期。

怀特海：《数学与善》（校订并加注），欧阳绛译，载《数学哲学
译文集》，知识出版社 1986 年版；又载《数学与文化》，北京大
学出版社 1990 年版。

黎朱斯基：《二十世纪的逻辑学》，王颂平译，《哲学译丛》1984

年第 4 期。

林斯基、查尔塔:《现实化的可能体与最简的量化模态逻辑》,邢
滔滔译,《哲学译丛》1994 年第 1 期。

林斯基:《弗雷格意义理论中的"内容分派"原理》,王学刚译,
《哲学译丛》1993 年第 1 期。

卢卡西维茨:《论三值逻辑》,陈银科译,《哲学译丛》1983 年第
6 期。

欣迪卡:《逻辑哲学》,倪鼎夫译,《哲学译丛》1982 年第 6 期。

雅达斯基:《论所谓的真理理论》,彦冰译,《哲学译丛》1983 年
第 2 期。

附录二　张家龙[*]

　　张家龙（1938—　），江苏江都人。逻辑学家，中国社会科学院哲学研究所研究员、博士生导师。1965 年 2 月北京大学哲学系数理逻辑专业研究生毕业。现任中国逻辑学会名誉会长。主要研究领域是现代逻辑、西方逻辑史和逻辑哲学。他用现代逻辑的技术重新构建了亚里士多德的直言三段论和模态三段论系统，用现代逻辑观点对亚里士多德的模态命题逻辑、关系理论和偏好理论作了解释，将欧洲中世纪逻辑的成果构建成类似于模态逻辑 S_3 的系统；全面系统地研究了从莱布尼茨到哥德尔的数理逻辑发展史。他在中国逻辑史研究方面，从数理逻辑观点构造了《周易》的形式公理系统，用现代逻辑方法将"侔"式推理概括为两类共 6 种有效式。他研究了艾耶尔、布拉德雷和罗素的哲学思想，提出一些新见解。在逻辑哲学研究方面，他分析了国内外已有的悖论定义，提出了不同定义；提出了关于可能世界的"模态结构论"；对本质主义的观点作了新的辩护。1993 年获中国社会科学院第一届优秀科研成果奖，1997 年获中国社会科学院第二届优秀科研成果奖，1999 年获国家社会科学基金优秀科研成果奖三等奖，2004 年

　　[*]　原载钱伟长总主编、汝信主编《20 世纪中国知名科学家学术成就概览·哲学卷》（第三分册），科学出版社 2014 年版，第 553—566 页。

获中国逻辑学会首届优秀科研成果奖，2005 年获得岳霖学术奖一等奖，2008 年获中国逻辑学会优秀科研成果奖二等奖。

一　简历

1938 年 6 月张家龙生于江苏省江都县浦头村。1956 年 7 月，他高中毕业于江苏省重点中学之一的镇江中学，被评为优秀高中毕业生；后考入北京大学哲学系哲学专业，1961 年毕业；后留校师从王宪均教授，攻读哲学系数理逻辑专业研究生，1965 年 2 月毕业；1965 年 8 月到中国科学院哲学研究所（今中国社会科学院哲学研究所）工作。1979 年后历任哲学研究所助理研究员、副研究员和研究员，1993 年被国务院学位委员会批准为博士生导师。他曾任哲学研究所逻辑室主任、哲学研究所学位委员会副主席、哲学研究所职称评审委员会副主任、中国社会科学院正高级专业技术职务评委会委员、国家社会科学基金哲学评审组专家、西南大学兼职教授、中山大学逻辑与认知研究所学术委员会主任、燕山大学特聘教授。1992 年他任中国逻辑学会秘书长，后任副会长、会长，现任名誉会长。

1987 年 8 月张家龙赴莫斯科出席第 8 届国际逻辑学、方法论和科学哲学大会，在第 13 组宣读了两篇论文《论亚里士多德的直言三段论》和《论罗素的归纳逻辑》。1988—1989 年，他受国家教委派遣以高级访问学者身份，赴加拿大阿尔贝塔大学哲学系从事访问研究，并应邀在该系作了关于中国逻辑和亚里士多德模态逻辑两次讲演。1993 年 8 月他赴莫斯科出席第 19 届世界哲学大会，在数学哲学组宣读了论文《论直觉主义的数学哲学》。

1997 年张家龙参加澳门中国哲学会召开的"逻辑学与方法论"研讨会，应邀致开幕词，并在会上宣读论文《论〈墨经〉中"侔"式推理的有效式》。2002 年他参加在台湾大学举行的第一届海峡两岸逻辑教学学术会议，在会上发表主题演讲《大陆地区的逻辑教学与研究》，并在会上宣读论文《论罗素的逻辑主义》。
2006 年他参加在南京大学举行的第二届海峡两岸逻辑教学学术会
议，应邀致开会词，并提交论文《亚里士多德模态命题理论的现
代解析》。2008 年他参加在台湾东吴大学举行的第三届海峡两岸
逻辑教学学术会议，发表了主题演讲"论沈有鼎悖论在数理逻辑
史上的地位"。2009 年他参加在香港科技大学举行的第四届海峡
两岸逻辑教学学术会议，发表了主题演讲"论偶然模态"。

30 年来，张家龙在人才培养方面倾注了大量心血，除了在中
国社会科学院哲学研究所培养硕士生和博士生以外，还为中国科
学院研究生院、北京大学、中山大学、南开大学、西南大学、湖
南师范大学、燕山大学等院校的逻辑学硕士生讲授西方逻辑史、
数理逻辑发展史和数理逻辑等学位课程；他审阅了一些高校的博
士生和硕士生的毕业论文，并参加答辩；他还进行了一系列讲学
活动，除了到过以上高校讲学之外，还到过北京师范大学、首都
师范大学、中国政法大学、南京大学、南京信息工程大学、浙江
大学、华南师范大学、河北大学、河南大学、广西大学、兰州大
学、新疆师范大学和国家图书馆等单位进行讲学。

二 主要研究领域和学术成就

1. 西方逻辑史和数理逻辑史

张家龙首先在逻辑史研究领域提出了一条重要的方法论原则：
"人体解剖法"。马克思在研究经济学说史时说："人体解剖对于
猴体解剖是一把钥匙。低等动物身上表露的高等动物的征兆，反
而只有在高等动物本身已被认识之后才能被理解。因此，资产阶
级经济为古代经济等提供了钥匙。"[①] 他认为，研究逻辑史必须站
在今天逻辑学所取得的最新成果的高度，这样才能深刻地认识以

---

① 《马克思恩格斯选集》第二卷，人民出版社 1972 年版，第 108 页。

往的逻辑成果所表露出来的当代成果的征兆，才能对逻辑学理论的发展做出中肯的概括。用"人体解剖"去研究"猴体解剖"，并不是把"人体"与"猴体"等同起来，而是为了更好地理解猴体的结构、猴体身上表露的人体的某些特征。他还提出了另一条方法论原则，即逻辑与历史相统一的原则。他用这些方法对世界三大逻辑史的一些课题做了创新的研究。

张家龙主编了《逻辑学思想史》一书（撰写其中的西方逻辑部分），这是国际国内第一部从逻辑思想的层面上论述世界三大逻辑学的基本理论和基本概念演进历史的专著。全书分三编：中国名辩学、印度正理—因明和西方逻辑，采用了逻辑与历史统一的论述方法。各编的第一章是概述，第一节论述各大逻辑学产生的历史背景，第二节论述各大逻辑学的发展时期，将各个时期主要逻辑学家和逻辑学派的基本学说作一个历史的鸟瞰。各编的其余各章从世界三大逻辑学的历史发展中概括出各自的基本理论和基本概念，构成一个体系，然后按历史的发展来论述这些基本理论和基本概念的演进。第一编的主要内容有：名、辞、说、辩以及名辩与因明、逻辑；第二编的主要内容有：论证式、因三相规则和过失论；第三编的主要内容有：直言三段论学说、词项理论、命题逻辑、模态逻辑、逻辑基本规律、归纳法和古典归纳逻辑以及逻辑演算。

张家龙收集了国际上研究亚里士多德逻辑理论的丰富资料，运用现代逻辑观点对亚里士多德的逻辑理论进行了全面的研究，取得了一系列新成果。他构造了亚里士多德直言三段论和模态三段论的树枝形自然演绎系统。他把"S 是 P"当成复合的原子谓词，用符号表示为"S—P"，在前面加上全称号和特称号。采用这种处理办法，就可使三段论系统成为一种特殊的一元谓词逻辑系统，符合四种直言命题预设主词存在的要求，在此基础上构造了一个树枝形的直言三段论自然演绎系统，这个系统恢复了亚里士多德原来的三个格，证明了 36 个有效式，建立了一个公理化排斥系统，排斥了 348 个无效式，解决了整个系统的判定问题：存在一种机械程序，在有穷步骤内对任意给定的 Γ_1，Γ_2，Γ_3，…（推出）Γ_{n+1}（Γ_i 是直言公式），可以判定它或是被证明，或是被排斥。

张家龙构建的必然模态三段论的树枝形自然演绎系统，克服了亚里士多德系统原来的不精确性，取消了亚里士多德原来列出的单独的□□□系统（两个前提和结论均为必然的），把它纳入新系统之中，揭示了亚里士多德所不知道的□□□式和□○□式（前提是必然、实然的，结论是必然的）之间的联系，证明了 70 个有效式，并构造了公理化排斥系统，排斥了 38 个无效式，在系统中加入关于可能的定义，得出亚里士多德没有研究过的包含可能前提的模态三段论式，解决了必然模态三段论系统的判定问题：存在一种机械程序，在有穷步骤内对任意给定的 Γ_1，Γ_2，Γ_3，…（推出）Γ_{n+1}（Γ_i 是必然、实然或可能的），可以判定它或是被证明，或是被排斥；并且应用可能世界语义学构建了这个系统的语义模型。

张家龙论证了亚里士多德的"偶然"定义（把偶然 p 定义为可能 p 并且可能非 p）是正确的，符合可能世界语义学，但是这个定义与亚里士多德的偶然模态三段论的两条补转换律是冲突的，应当抛弃这两条补转换律。他提出两条"新补转换律"取而代之，同时证明了亚里士多德提出的偶然全称肯定命题可以换位、偶然全称否定命题不能换位、偶然特称否定命题可以换位等观点都是错误的。张家龙提出，偶然命题的换位律有两条，即偶然特称肯定命题和偶然全称否定命题的换位律。在此基础上，他本着"坚持真理，修正错误"的精神，根据自己的新研究成果，勾画了重新构建偶然模态三段论系统的大纲，修正了他以前构造的偶然模态三段论系统的错误。

　　张家龙全面研究了亚里士多德的模态命题逻辑思想，认为亚里士多德提出了模态对当方阵，提出了现代模态逻辑的 T 公理和 D 公理。他还反驳了那种认为亚里士多德没有关系理论的流行观点，用现代逻辑的工具对亚里士多德的关系理论作了新的解释，指出：亚里士多德是关系逻辑的开拓者，亚里士多德已经考察了性质和关系的不同，提出了关系、逆关系、偏好、较大、较小、同一、关系的相似、关系之间的包含等概念，亚里士多德还提出了一些关系推理。张家龙对亚里士多德的偏好理论做了全面的研究，分析了亚里士多德提出的与现代偏好逻辑类似的 20 条原理。他还指出亚里士多德是归纳逻辑的创始人，分析了亚里士多德的归纳三段论的正确形式是一种完全归纳法，比较了亚里士多德的例证法与类比法的异同。

　　张家龙指出，在欧洲中世纪逻辑中蕴涵着现代逻辑的胚芽，将欧洲中世纪逻辑学家的成果进行综合，构建成类似于路易斯创建的现代模态逻辑 S_3 的系统，并与 S_3 系统进行了比较研究。

　　张家龙根据现代科学材料对穆勒归纳法作了推广，创造性地提出了五种新的归纳方法：比较实验法、求异比较并用法、统计求同求异并用法、抽样求异并用法和抽样比较并用法。

　　张家龙的《数理逻辑发展史——从莱布尼茨到哥德尔》是中国第一部全面系统地论述从莱布尼茨到哥德尔的数理逻辑史专著，内容丰富，史料翔实。该书首先提出了研究数理逻辑史的方法论原则：(1) 数理逻辑理论的发生和发展同社会实践具有辩证关系，一方面要承认数理逻辑的概念和理论的产生从本源来说是由实践决定的，另一方面也要承认其相对独立性；(2) 观点和材料的统一；(3) 逻辑方法和历史方法的统一；(4) 严格区别逻辑学家的哲学观和具体的逻辑学说。他将数理逻辑发展分为前史、初创、奠基、发展初期四个时期，采用逻辑方法与历史方法相统一的原则加以论述，总结出数理逻辑发展的外部动因和内在规律，深刻地阐明了实践和数理逻辑理论的辩证关系。本书对数理逻辑重大成果的论述侧重于逻辑方法的分析，对一些重大成果的哲学意义作了总结和概括。在前史时期，他指出，亚里士多德的三段论和中世纪的形式逻辑是数理逻辑的思想来源。在初创时期，他论述了数理逻辑产生的时代背景，指出数理逻辑具有深刻的社会历史基础、自然科学基础和逻辑学本身发展的基础；论述了莱布尼茨的数理逻辑思想、布尔的逻辑代数、德摩根和皮尔士的关系逻辑。在奠基时期，考察了逻辑演算的建立和发展，详尽分析了弗雷格、皮亚诺和罗素的逻辑演算，简要考察了非经典逻辑的产生；论述了从素朴集合论到公理集合论的发展历程；重点论述了在第三次数学危机之后数理逻辑的发展，科学地评价了逻辑主义、直觉主义和形式主义三大学派的贡献。在发展初期，详尽阐述了哥德尔的伟大贡献，哥德尔完全性定理和不完全性定理的划时代意义；考察了在哥德尔不完全性定理之后，数理逻辑取得的重大成果，包括塔尔斯基的逻辑语义学、一般递归函数论、λ 转换演算和丘吉论题、图灵机和可计算函数、波斯特的符号处理系统、塔尔斯基证明不可判定性的一般方法等。

2. 中国逻辑史和因明

在中国逻辑史和因明的研究方面，张家龙善于借鉴现代逻辑的观点和方法，取得了以下成果：

（1）从数理逻辑观点构造了《周易》的形式化系统。从逻辑的角度看，《周易》的两个组成部分——《易经》和《易传》是统一的，构成一个逻辑系统，而且有丰富的语义解释。

《易经》是由八卦、从八卦派生的六十四卦、卦名、卦辞和爻辞组成的。在《易经》中，构成八卦或六十四卦的基本符号是阳爻━和阴爻━ ━。从━和━ ━只能组成八个三画形，由八个三画形的卦通过每两卦的重叠，可组合成六十四个六画形。由此可看出，八卦和六十四卦是从━和━ ━通过同一种逻辑运算产生的，这种运算就是并置。八卦和六十四卦的卦形是一种由基本符号━和━ ━组成的形式公式。《易传》发展了《易经》的形式化的逻辑思想，使《周易》构成了一个形式系统，并有丰富的语义解释。《周易·系辞传上》说："一阴一阳之谓道。""易有太极，是生两仪，两仪生四象，四象生八卦，八卦定吉凶，吉凶生大业。"太极是宇宙本体，两仪就是阴和阳，其符号是━ ━和━。由两仪生成四个两画形即四象，在四象上面分别加上━ ━和━，即得八卦。在八卦上用"因而重之"的方法即产生出六十四卦。这里使用了并置运算。《周易·说卦传》说："乾，天也，故称乎父。坤，地也，故称乎母。震一索而得男，故谓之长男，巽一索而得女，故谓之长女。坎再索而得男，故谓之中男。离再索而得女，故谓之中女。艮三索而得男，故谓之少男。兑三索而得女，故谓之少女。"震（☳）是从坤（☷）中以阳爻━代第一个阴爻━ ━而产生的，这就是所谓"震一索而得男"。巽（☴）是从乾（☰）中以阴爻━ ━代第一个阳爻━而产生的，这就是所谓"巽一索而得女"。其他四卦的解释类似。这些产生过程都使用了同一种代入运算。六十四卦构成一个系统，阳爻━和阴爻━ ━是初始符号，通过并置得到乾和坤，乾和坤仿佛两条公理，通过代入可得到其他六卦，再由八个三画形的卦进行并置可得六十四卦。

张家龙认为，《易传》明确地提出了语义学的重要概念。《易传》是一个由象组成的系统。象分为卦象和爻象。卦象包括卦形和卦辞，爻象包括爻形和爻辞。它们有极其丰富的语义解释。例如，八卦代表事物的八种性质，这是确定的；但代表什么具体事物，则是不确定的。"乾，健也。坤，顺也。""健"和"顺"分别是乾和坤的性质，但乾可以为天、为马、为君、为父、为玉、为金，等等；坤可以为地、为牛、为母、为布、为釜，等等。《周易》的八卦和六十四卦也可以解释成二进制数。

张家龙还指出，《周易》在世界逻辑史上最早提出了"类"

这个逻辑概念，这是逻辑学产生的一个标志。

（2）对韩非的"矛盾之说"作了新的分析。指出，"不可陷之盾"与"无不陷之矛"可以写成公式 $\forall x \neg R(x, b)$ 与 $\forall x R(a, x)$（R 表示关系"陷"，b 表示"我的盾"，a 表示"我的矛"），它们"不可同世而立"。$\forall x \neg R(x, b)$ 与 $\forall x R(a, x)$ 是一对具有反对关系的关系命题，绝不是互相矛盾的命题，它们不能同真，但可同假；根据全称量词消去律，从它们可推出一对互相矛盾的单称关系命题：

$\neg R(a, b)$ 与 $R(a, b)$。

韩非知道这种推出关系，因为他在揭露楚人的自相矛盾时写道："或曰：'以子之矛陷子之盾何如？'其人弗能应也。"由此可见，韩非实际上是说，从楚人做出的一对矛盾关系的命题："吾矛陷吾盾"和"吾矛不陷吾盾"[$R(a, b)$ 与 $R \neg(a, b)$]，它们不能同真，必有一假。韩非的"矛盾之说"的重要意义在于把矛盾律应用于一对单称的关系命题之中。

（3）把《墨经》中著名的"侔"式推理概括为两类、六种有效式，用一阶逻辑公式作了表述并作了严格的证明。第一类"是而然"，有五种，代表性的例子是"白马，马也；乘白马，乘马也。""获，人也；爱获，爱人也。""狗，犬也；杀狗，杀犬也。""白马，马也；不乘马，不乘白马也。""是璜也，是玉也。"（"璜，玉也；是璜也，是玉也"）。第二类"不是而不然"："人之鬼，非人也；祭人之鬼，非祭人也。"其中五种是关系推理，一种是直言推理。

（4）沈有鼎提出"两个公孙龙"的假说，认为一个是历史上的公孙龙，生活在战国末期，是一个辩者，一个诡辩家，材料几乎没有了，另一个是经过晋代人改造过的公孙龙，今本《公孙龙子》六篇不是辩者公孙龙的著作，而是晋代人的集体创作。张家龙对沈有鼎的"两个公孙龙"假说的方法论意义和学术意义作了深刻的分析，对沈有鼎认为《迹府》是晋代作品的观点补充了两个论据，对沈有鼎认为《通变论》和《名实论》不是公孙龙所著的观点补充了两个例证。此外，张家龙研究了沈有鼎的广义模态思想，据此构建了一个兼容"知道"和"相信"的认知模态逻辑系统。

（5）因明学者们把印度新因明的三支论式与西方逻辑比较，提出四种观点：三段论 AAA 说、充分条件假言推理说、转化说和外设三段论说。综合这些观点的长处和不足，张家龙与张忠义合作，认为三支论式的形式应为四种：①形式蕴涵的肯定式；②全称量词消去后的充分条件假言推理肯定前件式；③形式蕴涵的否定式；④全称量词消去后的充分条件假言推理否定后件式。

3. 西方哲学和逻辑哲学

张家龙全面系统地研究了艾耶尔的分析哲学，论述了艾耶尔哲学思想的发展过程，勾画出艾耶尔在逻辑实证论时期、现象论时期、知识论时期和构造论时期的哲学特点，分析、评价了艾耶尔所取得的成就及面临的困难。在此基础上，对艾耶尔的哲学同英国经验论传统以及维也纳学派的现象论分析传统的关系作了比较分析，指出艾耶尔的哲学是这两种传统的综合，同时也是这两种传统的终结，它赋予经验论以一种最新的形式，从而确定了艾耶尔在西方哲学史上的地位。

他全面系统地研究了新黑格尔主义代表人物布拉德雷的由本体论、逻辑学和伦理学组成的绝对唯心主义体系，对布拉德雷的哲学同黑格尔的哲学进行比较研究，阐明了两者的异同，认为布拉德雷的哲学是对黑格尔哲学的"片断复兴"，在逻辑学和伦理学方面有所发挥，作了创造性贡献；但总的来说，布拉德雷的哲学体系比起黑格尔的哲学体系要逊色得多，其影响也小得多，可是其缺陷却大得多，从而确定了布拉德雷在西方哲学史上的地位。

金岳霖的《罗素哲学》一书完稿于 20 世纪 60 年代初，1988

年由上海人民出版社出版，1995 年收入《金岳霖文集》第四卷，由甘肃人民出版社出版。金岳霖受时代的影响，对罗素哲学的评论主要是批评，有全盘否定的倾向。张家龙在《罗素哲学论》中，本着追求真理的精神，基本上不同意前辈金岳霖的观点，对罗素哲学提出了与金岳霖的评价有所不同的观点，甚或是批评意见。张家龙说："按照金岳霖一贯崇尚学术民主的好学风，如果他的在天之灵得知他的后辈与他进行争鸣，他一定是会感到无比欣慰的。"张家龙认为，罗素的逻辑构造论是一种复杂的哲学理论，绝不能简单地用唯心或唯物的二分法来定性。它总的倾向是唯心主义的，如主张剃掉客观事物，以"服从物理学定律的方面系列"或"方面的类"取而代之，不肯定物质第一性，等等。但是，在逻辑构造论中有许多既具有唯物主义因素又具有辩证法因素的合理内核，如两种空间三个地点的理论、事物的定义，等等。张家龙还提出，罗素的中立一元论是一个复杂的哲学体系，总的倾向是唯心的，但其中也有不少唯物主义因素、辩证法因素和自然科学因素，不能全盘否定。罗素的中立一元论是含有唯物主义和辩证法因素的因果实在论。吸取这些合理内核，对于丰富和发展马克思主义的认识论具有重要意义。

在逻辑哲学研究方面，张家龙取得了以下成果：

（1）提出可能世界的模态结构论。其论题是：可能世界不具有本体论的地位，在直观上可以作各种具体理解（事态、命题集、时期等），其一般的抽象的理解是：各种可能状态；但在模态逻辑的形式语义中，可能世界只是框架 $\langle W, R \rangle$ 或模型 $\langle W, R, D, V \rangle$ 中集合 W 的抽象元素。对可能世界之间的可达关系 R 也应作这种抽象的理解。框架或模型是一种形式结构，是分析和解释模态命题及其推理形式的工具。模态逻辑的各系统不需要对可能世界做出本体论承诺，量化不是施加在世界之上的；但是，各种量化模态逻辑理论需要一种本体论承诺，这是由该理论内部的个体变元的值来决定的，也就是说，各种量化模态逻辑理论在本体论上都承诺了一个非空的个体域，即模型结构〈W，R，D，V〉中的第三个组成部分 D。

（2）对克里普克的指示词理论作了补充论证。假定我们使用罗素的逻辑专名"这"在现实世界 w_1 和其他可能世界（比如 w_2）中指着一个人下实指定义："这是亚里士多德。"对这个实指定义，应作如下解释：对一切可能世界 w 和 w 中的一切个体 x，x 是亚里士多德当且仅当 x 与现实世界 w_1 中"这"所指的那个个体具有相同的人的关系。在这样的解释下，"这"的所指不受那个全称量化的世界变元"w"的约束，这一所指属于现实世界 w_1，但是通过跨世界的"相同的人的关系"，实指定义中的"这"是固定的，因此，"亚里士多德"这个专名就是固定指示词。如果在现实世界 w_1 中确定某个人是亚里士多德，那么他在其他可能世界也都是亚里士多德，在可能世界 w_2 以及其他可能世界中，不可能出现一个不是亚里士多德的人成为亚里士多德。这是因为当我们在可能世界 w_2 中指着某个人说"这是亚里士多德"时，意思是说：在可能世界 w_2 中，x 是亚里士多德当且仅当 x 与现实世界 w_1 中"这"所指的那个人有相同的人的关系。

专名是固定指示词也可以不用实指定义方法，另作如下解释：x 在任一可能世界 w 中是亚里士多德，当且仅当 x 与现实世界 w_1 中被称为"亚里士多德"的人具有相同的人的关系。

对于非固定指示词的摹状词（以实指定义"这是亚历山大大帝的老师"为例）应作如下解释：

对一切可能世界 w 和 w 中的一切个体 x 而言，x 是亚历山大大帝的老师，当且仅当 x 与 w 中"这"所指的那个个体具有相同的人的关系。

根据这样的解释，"这"在全称量词"对一切可能世界 w"的辖域中，因此，"这"的所指受这个全称量化的世界变元的约束。

这样一来，"这"就不是固定的，从而，"亚历山大大帝的老师"也就不是固定的，要受可能世界的制约，在不同的可能世界可以指不同的人。在现实世界 w_1 中，"亚历山大大帝的老师"指称亚里士多德；在另外的可能世界 w_2 中，它可能不指称亚里士多德，而指称柏拉图。摹状词是与可能世界相关联的指示词，在不同的可能世界可以指称不同的对象，因而是一种非固定的指示词。

（3）马克思主义哲学包含本质主义，克里普克和普特南的本质主义对于发展马克思主义的本质主义具有重要意义。张家龙考察了克里普克和普特南的本质主义思想，纠正了其中的不足（如没有考察社会种类的本质，没有区分自然个体和社会个体，把社会个体的个人本质单纯归结为自然起源），批评了维特根斯坦的反本质主义纲领，提出以下几点捍卫本质主义的新论证：

第一，世界万物形形色色，但是它们都形成各个不同的种类。主要有两个大的种类：自然种类和社会种类（人）。各个种类都有表达它们的名称，自然种类的名称有："猫""虎""黄金""水""热""光"等，它们都是"种名"。一个种类就自身而言总有"是其所是"的东西，这就是本质；说得详细一点就是，一个种类的本质是在一切可能世界中该种类所有、其他种类所没有的性质。

第二，种类的本质主要是该种类的内部结构特征。以自然种类的水为例，水的本质就是 H_2O，也就是说，水在一切可能世界中都是 H_2O。假定我们用实指的方法给"水"在现实世界 w_1 和其他可能世界（比如说 w_2）中下定义，指着这个杯子里的液体说"这是水"。对这个实指定义的解释应该是：

对一切可能世界 w 和 w 中的一切个体 x 而言，x 是水当且仅当 x 与现实世界 w_1 中"这"所指的那个东西有相同液体关系。这里，"这"一词的所指属于现实世界 w_1，不受元语言全称量词"一切可能世界 w"的约束。因此，在上述实指定义中的"这"是固定的。实指定义中的种名"水"，是"这"所指的种类之名，因而是一个固定指示词。一旦发现水在现实世界 w_1 中是 H_2O，它在其他可能世界也都是 H_2O，在可能世界 w_2 中，不可能出现水不是 H_2O 的情形。这是因为当我们在可能世界 w_2 中指着这个杯子里的液体说"这是水"时，意思是说：在可能世界 w_2 中，x 是水当且仅当 x 与现实世界 w_1 中"这"所指的那个东西有相同液体关系。假定在可能世界 w_2（比如说孪生地球）中，那里的人所说的"水"是由 XYZ 组成的，他们可以给"水"下实指定义："这是水"，但是，这种"水"与现实世界 w_1 中"这"所指的那个东西没有相同液体关系，因此，它不是水，而是假水。由于相同的液体关系是一种跨世界的关系，因而可以把上述的说明重新表述为：x 在任一可能世界中是水，当且仅当 x 与现实世界中被称为水的物质有相同液体关系。一旦我们发现现实世界中的水是 H_2O，那就不存在一个其中水不是 H_2O 的可能世界。这就是说，"水是 H_2O"是一个必然真理，H_2O 是水的本质。

克里普克没有研究作为社会种类的人的本质。马克思主义哲学认为，人的本质在其现实性上是一切社会关系的总和。作为社会种类的人的本质就是包括劳动、生产关系和社会实践等在内的社会关系结构。人具有社会关系结构是必然的，也就是说，在一切可能世界中，人都具有社会关系结构。设想在一种可能世界，有一些外形像人的动物，比如比类人猿更像人的动物，但是不具有如上所说的社会关系结构，这样，这些动物就不是人。我们用"人"这个语词指示一个具有社会关系结构的社会种类，不属于这个社会种类的任何动物，即使它看上去像人，事实上也不是人。

第三，克里普克在考察个体本质时，没有区分自然个体和社会个体，把社会个体的个人，例如，英国伊丽莎白女王，同自然个体的一张桌子混为一谈，把英国伊丽莎白女王的单纯的自然起源（"伊丽莎白二世是由她父母的一对特定的精子和卵子发育成的"）作为她的本质，这是错误的。个人的本质是在社会关系结构中的起源，英国伊丽莎白女王的本质是由处于英国社会关系结构中的双亲所生并在社会环境和教育的影响下形成的。个人在社会关系结构中的起源在一切可能世界中是不变的。

第四，谈论单独个体的本质，实际上是把它同以它为唯一分子的单元种类联系在一起的。如果两个个体不能有同样的起源，那么它们就分属于不同的单元种类。假设这张桌子 B 是由那块木料 A 制成的，B 是一个专名，"由那块木料 A 制成的（东西）"是一个固定的摹状词，与一般的非固定的摹状词不同，唯一地确定了一个单元种类。由那块木料 A 制成的（东西）= ｛B：B 是由那块木料 A 制成的（东西）｝。假定我们在现实世界 w_1 和其他任一可能世界 w_2 中，指着我房间里的这张桌子 B 说："这是由那块木料 A 制成的（东西）"，对这个定义应如下解释：对一切可能世界 w 和 w 中的一切个体 x 而言，x 是由那块木料 A 制成的（东西）当且仅当 x 与现实世界 w_1 中"这"所指的那个东西有相同材料关系。

以上通过实指定义中的"这"的固定性和跨世界的"相同材料关系"，论证了"由那块木料 A 制成的（东西）"这个单元种类名称的固定性。

当发现我房间里的这张桌子 B 是由那块木料 A 制成的，这样，"这张桌子 B 是由那块木料 A 制成的"这个命题就在一切可能世界成立，就是一个必然真理，即这张桌子 B 的起源是 B 的必然特性，也就是本质。对于克里普克所举的另一个例子："伊丽莎白二世是由她父母的一对特定的精子和卵子发育成的"，要从社会关系结构中的起源进行分析。

第五，现代的模态集合论是建立在本质主义之上的，它的公理中有一条"成员资格固定性原理"，规定了一个集合的成员资格在集合存在的每一可能世界是同样的；还有一条"跨世界外延性原理"，规定了如果两个集合具有同样的成员，而它们在不同的可能世界中，那么它们就是同样的集合。这两条公理描述了每一集合都具有本质而且具有特有的本质。每一自然种类和社会种类（人）都可以处理为集合或类。现代的模态集合论有一个结果：如果带个体变元的 ZF 集合论是一致的，那么模态集合论也是一致的，即模态集合论具有相对一致性，是科学的理论，如果它不一致，那么带个体变元的 ZF 集合论就是不一致的，这在现在是不可能的。现代的模态集合论为本质主义提供了强有力的辩护。

（4）张家龙考察了国内外的五个悖论定义，分析了它们存在的问题，提出了一个更加合理的定义：悖论是某些知识领域中的一种论证，从对某概念的定义或一个基本语句（或命题）出发，在有关领域的一些合理假定之下，按照有效的逻辑推理规则，推出一对自相矛盾的语句或两个互相矛盾的语句的等价式。在这个定义中，包含四个要素：

第一，悖论是一种论证，也就是说，是一个完整的逻辑推导过程。悖论同作为出发点的基本语句不同，后者可称为"悖论语句"，两者不可混为一谈。

第二，悖论的出发点，包括对某一概念的定义或给定的基本语句，以及有关的假定。

第三，有效的逻辑推理规则。

第四，得到逻辑矛盾，或两个互相矛盾语句的等价式。

张家龙指出，悖论的产生是自我指称、否定和总体三个因素有机化合的结果。化合绝不同于混合，三个因素的化合从量变产生了质变，综合形成了一个悖论命题，由此不可避免地陷入悖论。悖论研究具有极其重要的方法论意义。第三次数学危机——集合论悖论的出现，是数理逻辑的一些重要分支得以创建的最伟大的动力，构成数理逻辑发展史上的重要基础。

这个危机不但是推动建立公理集合论的内在动力，而且是促进逻辑主义、形式主义和直觉主义三大学派创建新理论的动力。

悖论还有一个重要的方法论意义就是直接利用或改造悖论建立新理论，哥德尔从说谎者悖论得到启发，领悟到真实性与可证性是两种不同的概念，他巧妙地用可证性来代替真实性，构造了不可判定的命题；哥德尔的不可判定命题与理查德悖论也有联系，他受理查德悖论中所使用的对角线方法的启发，在构造不可判定命题的过程中使用了这种方法。

中国逻辑学家沈有鼎发现了"所有有根类的类的悖论"和"两个语义悖论"，在国际上引起很大反响，张家龙对沈有鼎悖论进行了深入研究，指出沈有鼎悖论在数理逻辑发展史上具有十分重要的地位，这些悖论深刻揭示了直观集合论的缺陷，推进了集合论悖论和语义悖论的研究，深化了人们对公理集合论特别是正则公理和分离公理的认识，加强了人们对哥德尔不完全性定理特别是对不可判定命题及其对偶命题的理解，丰富了数理逻辑的内容。沈有鼎对数理逻辑的发展做出了不可磨灭的贡献。张家龙研究了国际逻辑界的有关文献，澄清了悖论研究历史上的一个事实，认为第一次提出"有根性"概念的逻辑学家是沈有鼎。克里普克说："'有根性'这个名称似乎是在赫兹博格的著作《语义学中的有根性悖论》中第一次被明确引进的。"张家龙指出，克里普克的说法有误，赫兹博格的"有根性"概念应来源于沈有鼎，赫兹博格的论文发表在 1970 年，而沈有鼎的《所有有根类的类的悖论》于 1953 年发表，比赫兹博格的论文早 17 年。

（5）张家龙在现代正规模态逻辑系统中引进亚里士多德的偶然定义（偶然 p 定义为可能 p 并且可能非 p），证明了关于偶然命题同必然命题和可能命题之间关系的 30 多条定理，在此基础上，从哲学上讨论了偶然性同必然性、可能性之间的关系，丰富了马克思主义哲学关于偶然性和必然性的辩证关系的原理。

此外，张家龙还做了大量的翻译和译校工作，为中国逻辑工作者和哲学工作者提供了宝贵的研究资料。

综上所述，张家龙在 30 多年的研究工作中，以他的研究成果为国际国内的同类研究成果宝库增添了新的内容，为全面实现中国的逻辑研究现代化、同国际逻辑研究水平全面接轨的事业做出了重要贡献。他的学生对他的评价是："张家龙教授博览众采，学识渊博，读书精细，治学严谨，工作认真，一丝不苟。他在学术研究方面所具有的开阔视野和深邃见识为同仁们所钦佩。张家龙教授十分重视对人才的培养，对他门下的研究生，总是循循善诱，言传身教，堪为师表。他要求学生多阅读外文原文资料，不仅要知其然，而且要知其所以然。他常激励学生奋发向上，在学业上向国际水平看齐，为国争光。"

附录三　老骥伏枥　志在千里[*]

张家龙（1938 年 6 月 6 日—　　）

　　张家龙，1938 年 6 月 6 日生，江苏江都人。1961 年 7 月在北京大学哲学系本科毕业，毕业后留系攻读数理逻辑专业研究生，1965 年 2 月研究生毕业。同年 8 月到中国科学院（现中国社会科学院）哲学研究所工作，后任研究员，博士生导师。1988 年 10 月至 1989 年 4 月，到加拿大阿尔贝塔大学哲学系做高级访问学者。从 1992 年起，享受国务院颁发的政府特殊津贴。研究方向是现代逻辑、逻辑哲学与逻辑史。历任哲学研究所逻辑研究室主任、职称评委会副主任、学位委员会副主席和中国社会科学院正高级专业技术职务评委会委员。曾兼任中国逻辑学会会长、国家社会科学基金哲学评审组成员。退休前共出版专著 4 部，合著 8 部，译著 2 部，合译 2 部，校订译著 4 部；共发表论文 60 余篇，译文和校订译文 10 余篇。曾获 1993 年的中国社会科学院第一届优秀科研成果奖、1996 年的中国社会科学院第二届优秀科研成果奖、1999 年的国家社会科学基金优秀科研成果奖三等奖。

　　2002 年 1 月 5 日退休。"'老骥伏枥，志在千里；烈士暮年，壮心不已'，是他的晚年理想。他学蜡炬气概，效春蚕精神，为逻

---

　　* 原载刘红等主编《皓首丹心——中国社会科学院老专家风采》，中国社会科学出版社 2019 年版，第 343—350 页。

辑事业不遗余力，增添一份夕阳的红光。"上述诗句引自张家龙在70岁生日时写的一首诗，描述了他退休后的学术工作。

张家龙退休17年共出版著作5部：《模态逻辑与哲学》《从现代逻辑观点看亚里士多德的逻辑理论》（中国社会科学院老年科研基金资助）、《逻辑史论》（中国社会科学院老年科研基金资助）、《形式逻辑要现代化》、《逻辑学思想史》（主编，2008年获中国逻辑学会优秀科研成果奖二等奖）；合著5部，其中《金岳霖思想研究》于2005年获金岳霖学术奖一等奖；发表论文30余篇；合译2部，校订译著2部。

张家龙于2000年5月任中国逻辑学第六届会长，退休后又连任两届。2012年11月以后任中国逻辑学会名誉会长与监事长至今。

张家龙的学术成就入选钱伟长总主编、汝信主编的国家重点图书规划项目《20世纪中国知名科学家学术成就概览·哲学卷》（科学出版社，2014年），获"20世纪中国知名哲学家"称号。张家龙的名字入选长安大学中国人文社会科学评价中心正式发布的《中国哲学社会科学最有影响力学者排行榜》（2017年版）。

张家龙退休后取得的研究成果可以概括为以下五个方面：

新逻辑系统的构建

其一，对国际上用现代逻辑方法构建的各种直言三段论和模态三段论系统进行了深入研究，在此基础上另辟蹊径，构建了树枝形直言三段论系统、必然模态三段论系统和偶然模态三段论系统，并且构造了这些系统的形式排斥系统和语义模型，证明了这些系统的可靠性和完全性，最重要的结果是解决了这些系统的判定程序。

其二，将现代正规模态命题逻辑系统扩展为含有"偶然"算子的系统，揭示出"偶然"同"必然"、"实然"和"可能"之间的逻辑关系，并从马克思主义哲学观点作了分析。

其三，构建了包含"知道"和"相信"两个算子的认知逻辑系统 KBT，建立了这个系统的可能世界语义模型，论证了这个系统具有可靠性和完全性。

逻辑学思想史研究

张家龙主编的《逻辑学思想史》（撰写其中西方逻辑）是从逻辑思想的层面上论述世界三大传统的逻辑学基本理论和基本概念演进历史的专著，在逻辑史研究中别开生面。全书分三编：中国名辩学、印度正理—因明和西方逻辑，采用了逻辑与历史统一的论述方法。各编的第一章是概述，第一节论述各大逻辑学产生的历史背景，第二节论述各大逻辑学的发展时期，将各个时期主要逻辑学家和逻辑学派的基本学说作一个历史的鸟瞰。各编的其余各章从世界三大传统逻辑学的历史发展中概括出各自的基本理论和基本概念，构成一个体系，然后按历史的发展来论述这些基本理论和基本概念的演进。西方逻辑部分还采用了现代逻辑的分析方法。

亚里士多德逻辑研究

张家龙遵循马克思提出的"人体解剖对于猴体解剖是一把钥匙"的历史研究方法，从现代逻辑观点全面系统地研究了亚里士多德的九大逻辑理论，雄辩地证明：亚里士多德不但是直言命题和直言三段论的创始者，而且是模态逻辑、偏好逻辑、关系理论、逻辑规律理论、公理方法、归纳方法、批判性思维的开创者，推翻了长期以来国际国内学术界对亚里士多德逻辑理论的诸多误解（如认为亚里士多德的直言三段论是 4 格 24 式的公理系统、亚里士多德逻辑中没有关系理论、亚里士多德的模态理论充满错误，等等），深刻地揭示出亚里士多德逻辑理论对现代逻辑发展的重大意义。

名辩与因明研究

近年张家龙发表多篇论文，阐释中国名辩学和因明的有关问题。比如，他简述了中国名辩逻辑发展的主要成就及其与西方逻辑不同的特点；从现代逻辑观点论证了印度新因明三支论式的形式应为四种；根据玄奘翻译的《因明正理门论》文本，应用现代逻辑的分析方法阐明了印度陈那新因明体系的逻辑性质是"初步的演绎论证＋类比论证"，进一步揭示出因明界流传的"除外说或最大类比说"的问题所在，引起了学术界同行的关注。

西方哲学与逻辑哲学研究

在西方哲学与逻辑哲学研究领域，张家龙提出了一些新的观点。

他不同意金岳霖对罗素哲学全盘否定的倾向，提出在罗素哲学中有许多既具有唯物主义因素又具有辩证法因素的合理内核，吸取这些合理内核，对于丰富和发展马克思主义哲学具有重要意义。

他提出可能世界的模态结构论，认为可能世界不具有本体论地位，只是框架或模型中集合 w 的抽象元素，框架或模型是一种形式结构，是分析和解释模态命题及其推理形式的工具。

他对克里普克的指示词理论用实指定义的方法作了补充论证，解释了专名不受全称量化的可能世界变元"w"的约束，因而是固定指示词；摹状词要受可能世界变元的制约，在不同的可能世界可以指不同的东西，因而不是固定指示词。他指出克里普克的本质主义思想有两个重大失误，一是没有考察作为社会种类的人的本质，二是没有区分自然个体和社会个体，把社会个体的个人本质单纯归结为自然起源。马克思主义哲学认为，人的本质在其现实性上是一切社会关系的总和，也就是包括劳动、生产关系和社会实践等在内的社会关系结构。个人的本质是在社会关系结构中的起源，个人在社会关系结构中的起源在一切可能世界中是不变的。

关于悖论研究，张家龙在考察悖论历史的基础上，指出国内外五种悖论定义的缺陷，提出含有四个因素的新定义。论证了悖论的产生是自我指称、否定和总体三个因素有机化合的结果，从量变产生质变，综合形成了一个悖论命题，由此陷入悖论。指出悖论研究具有极其重要的方法论意义。集合论悖论的出现，是数理逻辑的一些重要分支得以创建的最伟大的动力。直接利用或改造悖论可以启发建立新理论，哥德尔就是从说谎者悖论得到启发，构造了不可判定的命题。阐述沈有鼎发现的"所有有根类的类的悖论"和"两个语义悖论"，在数理逻辑发展史上具有十分重要的地位，丰富了数理逻辑的内容，对数理逻辑的发展做出了不可磨灭的贡献。在研究国际逻辑界有关文献的基础上，澄清了悖论研究历史上的一桩公案，指出在国际上第一次提出"有根性"概念的逻辑学者是沈有鼎。

关于蕴涵理论研究，张家龙总结了蕴涵理论的历史发展，指出了蕴涵与推理之间的密切联系与根本区别。各种不同的蕴涵理论都是从不同方面刻画同一个逻辑推理关系。蕴涵理论的客观基础是多种多样的事物情况之间的条件联系。各种不同的蕴涵只是条件联系中某一方面的科学抽象。由于条件联系的多样性，新的蕴涵理论将会不断出现。

张家龙参加翻译和校订的 4 部译著都是国际上的名著，为年轻的哲学工作者与逻辑工作者提供了研究资料。

张家龙一直关注中国的逻辑教学与研究的现代化工作。在他担任中国逻辑学会会长期间提出了两个目标：一是全面实现逻辑教学与研究的现代化；二是全面实现同国际逻辑教学与研究水平接轨。改革开放 40 年来，中国的逻辑教学与研究的现代化已经"初步实现"，同国际逻辑教学与研究水平已经"初步接轨"。张家龙表示：他今后将继续关注逻辑教学与研究的现代化工作。

　　2017 年 4 月 21 日，中国社会科学院哲学研究所逻辑学研究室举行"逻辑史与逻辑哲学暨张家龙研究员从事逻辑学研究和教学工作 52 周年学术研讨会"。会议第二阶段是为张家龙庆祝 80 寿辰，他以《我为什么活着》为题发表答谢词："对知识的追求，对社会责任的担当，这两种熊熊燃烧的激情之火支配了我的一生。这两种激情之火在顺境中或者是在逆境中照亮了我前进的道路。"2018 年张家龙在《逻辑史论》序言中写了一首诗《我的墓志铭》：

> 他蒙爱智之神垂青，
> 一生在逻辑与哲学诸领域徜徉。
> 他没有虚度年华，
> 也没有碌碌无为。
> 他一生追求淡泊和宁静，
> 坚守正直和善良。